싱글 레이디스

ALL THE SINGLE LADIES:
Unmarried Women and the Rise of an Independent Nation

by Rebecca Traister

ALL THE SINGLE LADIES

싱글 레이디스

UNMARRIED WOMEN

혼 자 인   우 리 가
세   상   을
바   꾼   다

레베카 트레이스터 지음

노지양 옮김

북스코프

《싱글 레이디스》에 쏟아진 찬사

"강력하고 설득력 있다. 이 나라에서 가장 똑똑하고 도발적인 페미니스트의 목소리!"

《보스턴 글로브》

"싱글 여성들의 집단적 파워를 생생하게 보여준다. 여성의 우정에 관한 장은
그 중요성에도 불구하고 종종 무시되는 관계의 복잡성을 훌륭하게 전달한다."

《뉴요커》

"기발하고 거침없으며 예리한 유머까지 겸비한 책."

《슬레이트》

"딱 알맞은 때에 나왔다. 이 책은 꼭 싱글 여성이 아니라 해도 역사의 중요한 축이 될
순간을 이해하고자 하는 모든 이에게 유익한 정보와 생각할 거리를 안겨준다."

《뉴욕 타임스 북 리뷰》, 에디터의 선택

"이 시대 여성의 모습을 멋지게 엮은 대단히 성공적인 작업."

《로스앤젤레스 타임스》

"나는 성인이 되고 나서 결혼 의욕이 안 생긴다는 이야기를 수도 없이 했다.
고맙게도 레베카 트레이스터의 책 《싱글 레이디스》가 출간되어 이제는 나의 행복한
비혼 생활을 일일이 설명하는 대신 참견쟁이들에게 이 책을 사준다."

《가디언》 미국판

"책장이 술술 넘어가는 이 매력적인 책은 페미니즘과 사회과학,
그리고 미국 역사에 관심 있는 독자들의 마음을 사로잡을 것이다."

《라이브러리 저널》

《싱글 레이디스》에 쏟아진 찬사

"매혹적이고 흥미진진하며 놀랍다. 그리고 용기를 준다.
시선은 따뜻하고 내용은 재미있으며 읽는 즐거움을 주는 멋진 책이다."

카사 폴리트, 페미니스트 시인 겸 비평가

"독보적이다."

모린 코리건, NPR(미국 공영 라디오 방송) 책 소개 담당

"메리 메카시와 조앤 디디온의 '소설처럼 읽히는 저널리즘'의 전통을 잇는다."

에릭 알터만, 《The Cause》 저자

"파격적이며 깊은 이해가 돋보인다."

커티스 시튼펠드, 《Americian Wife》 저자

"모든 종류의 싱글 여성들을 훌륭하게 포괄한 책. 저자의 트레이드 마크인 지성과
위트는 물론 자신의 경험 및 수많은 여성들과 가진 인터뷰, 보스턴 결혼과
브론테 자매들부터 드라마 〈머피 브라운〉과 〈섹스 앤 더 시티〉에 이르는
역사적 맥락까지 잘 배치해 놓았다."

《엘르》 인터뷰, 록산 게이

"이 나라 페미니즘을 이야기하는 가장 독창적인 목소리."

앤 라모트, 《Bird by Bird》 저자

"시의적절하고 중요한 책이며 사회학과 여성학 분야에 추가될 중요한 책."

《뉴욕 저널 오브 북스》

일러두기

1. 본문 중 옮긴이 주는 괄호( ) 안에 넣고 '옮긴이'라고 표시하였습니다.
2. 본문 인용문 중에 대괄호[ ]로 처리한 부분은 저자가 독자 이해를 돕기 위해 첨가한 것입니다.
3. 책과 잡지는 《 》, 기사 제목, 영화명, 프로그램명은 〈 〉로 표기했습니다.

◇

이 문제로 한 번도 내게 잔소리하지 않았던
부모님께

◇

차례

넬리 블라이:

"새 시대 여성의 모습이 어떨 거라 생각하세요?"

수전 B. 앤서니:

"자유롭겠죠."

- 1896

인터뷰에 대하여

이 책을 집필하기 위해 미국 전역의 100명 가까운 여성들과 인터뷰를 진행했다. 내가 쓰려는 이슈와 관련된 분야에 종사하거나 저작을 남긴 여성들을 직접 찾아가 인터뷰 하기도 했다. 그중에는 비혼 여성과 결혼이라는 주제로 통렬한 글을 써온 이들도 있었다. 내 친구의 친구의 친구들에게 연락하기도 했다. 때로 공항에서 우연히 만난 여성들을 붙잡고 이것저것 물은 적도 있다. 처음 만난 사람도 많았는데 가능한 한 넓은 범위의 지리적 · 종교적 · 경제적 · 인종적 경험을 포함하고 싶었기 때문이다. 나의 명석한 연구 보조원 레이나 코헨이 발굴하고 추천한 이들도 있었다. 내가 싱글 여성을 주제로 책을 쓴다는 것을 직장 동료나 지인에게 전해 듣고 나에게 직접 연락 준 여성들도 있었다.

100명 가까이 되는 인터뷰이 중에서 대략 30명의 여성들과 나눈 대화를 이 책에 길게 인용했다. 이 30가지 이야기의 주인공들은 아무래도 나를 대표하거나 나와 비슷한 부분이 많다. 독자들이 실생활에서 만나는 사람들에 비해 대졸 이상의 페미니스트나 작가나 뉴요커가 비교적 많으리라는 점도 인정한다. 그러나 단지 그들만의 이야기가 아니라는 점을 알리려고 최선을 다했다.

거의 모든 인터뷰이들이 성과 이름 공개를 허락했다. 그렇지 않은 이들은 이름이나 미들 네임으로만 표시했다. 인용이나 언급을 할 때도 개인이 선호하는 호칭에 따랐다. 처음에는 성과 이름으로 표기했다가 이야기가 진행되면서 느껴진 친밀감을 반영하고 싶어 이름으로만 불렀다. 그래도 성으로 불리길 원하는 이들은 그렇게 했다.

인터뷰는 2010년에서 2015년 사이에 이루어졌고 그 당시의 경험과 현실을 반영하고 있다. 사실관계를 확인하는 과정에서 몇몇 인터뷰이들의 신상에 변화가 생겼고 싱글 생활에 관한 생각이 바뀌기도 했음을 알게 되었다. 그래서 책을 내기 직전에 그들의 근황을 업데이트 해 마지막 장 '그들은 지금 어디?'에 수록했다.

작업을 시작하기 전에는 이렇게까지 여성들의 말, 여성 학자들의 연구, 여성들의 이야기, 여성들의 통찰력에만 기댄 책을 쓰게 될 줄 몰랐다. 300쪽 이상 집필하고 난 뒤 돌아보니 이 책에 등장한 남자들의 숫자와 존재감이 미미해서 좀 미안했다. 어쨌든 남성은 여성과 여성의 독립성에 관한 이야기를 할 때 사회적으로나 경제적으로나 감정적으로나 중요하며, 우리가 다시 만들어가고 있는 이 세계의 반을 차지한다. 그들은 수세대 동안 많은 여자들 삶에서 중심을 차지했지만 결과적으로 내가 이 책에 펼쳐놓은 이야기에서는 그렇지 않다.

서문

내가 좋아하는 동화 속 여주인공들이 마지막에 꼭 결혼하는 걸 볼 때마다 기분이 나빴다. 어린 시절《초원의 집》시리즈 9권인《처음 4년간》표지를 보았을 때가 그랬다. 그 책에는 로라 잉걸스가 앨먼조 '맨리Manly' 와일더와 마침내 결혼해 귀여운 아기 로즈를 낳았다는 내용이 담겨 있었다.《초원의 집》시리즈 마지막 권으로, 앞부분에는 마을에 태풍과 해일과 눈보라가 몰아치고 전염병이 발생하고 흉년이 닥쳐 주인공들이 수없이 고초를 겪지만 그래도 결혼하고 아기를 낳았으니 해피 엔딩으로 받아들여야 할 것 같았다. 하지만 아무리 그래도 내 눈에는 별로 행복해 보이지 않았다. 마치 로라의 인생이 이대로 끝나 버린 것만 같았다. 실제로 여러 면에서 그러했다.

내가 소장하고 있는《초원의 집》시리즈의 모든 표지 그림과 삽화는 가스 윌리엄스가 그렸고, 이전 책들은 다 표지 한가운데에 로라의 활발한 모습이 담겨 있었다. 언덕에서 천방지축 뛰노는 로라, 맨발로 말을 타고 달리는 로라, 신나게 눈싸움하는 로라가 있었다. 그러나 이 마지막 권 표지에서 로라는 아무 표정 없이 남편 옆에 딱딱하게 서 있다. 로라가 품에 안고 있는 아기만이 이 정적인 장면에서 생명력이 넘치는 존재다. 로라의 이야기는 이제 막을 내리고 있다. 들려줄 가치가 있었던 그녀의 이야기는 로라의 결혼

과 동시에 끝나 버렸다

《빨강머리 앤》의 앤 셜리도 마찬가지였다. 앤에게는 단짝 친구 다이애나 베리와 술에 취하고 길버트 블라이스와 경쟁하던 싱그러운 나날이 있었다. 무려 세 권에 걸쳐 앤은 거절하고 저항하고 버텨보지만 결국에는 길버트의 청혼을 받아들여 결혼하면서 이야기가 끝난다. 《작은 아씨들》의 씩씩하고 사랑스러운 조 마치는 또 어떤가. 어린 시절 옆집 친구이자 영혼의 짝인 로리와 함께하며 평범한 결혼 결말을 거부하는 반전 주인공이 되나 싶더니 결국엔 자애로운 아저씨 같은 베어 교수와 혼인 가약을 맺으며 투박한 결말을 맺고 만다.

여기에서 《제인 에어》 이야기를 하지 않을 수 없다. 아, 똑똑하고 재능 있고 애처로운 우리의 제인. 척박한 삶에서 한 톨만 한 주체성과 자율권을 갖기 위해 젊은 시절 그리도 굳건히 싸워온 제인이 마지막에 받은 선물은? 그 남자와의 결혼이다. 괴팍한 성격에 아내를 다락방에 가두는가 하면 정교한 두뇌 게임으로 순진한 제인을 꼬드기고, 그녀가 돌아왔을 때는 앞을 못 보고 팔 하나를 못 쓰게 된 그 남자 말이다.

사랑의 완성이자 로맨틱한 결말이라고 받아들여야 할 텐데 내 기분은 왜 이리 찜찜할까. 한때는 그들 앞에 드넓은 길이 펼쳐져 있었다. 중간중간 익살스러운 친구들과 얄미운 여자애들과 악행을 일삼는 사촌들이 있는가 하면, 상처와 모험과 희망과 열정으로 가득 차 있었던 그 길은 한순간 너무 좁아져 오직 둔감한 남편 뒷바라지와 말썽꾸러기 아이들 돌보기로 채워진다. 이제 이야기는

《조의 아이들》과 《잉글사이드의 앤》이라는 다소 작품성 떨어지는 속편의 주인공인 아이들에게 넘겨주어야 한다.

물론 내가 느낀 실망감은 어쩔 수 없는 이야기 형식에 부분적으로 기인한다. 교양소설이나 성장소설에서는 주인공이 어른으로 자라면서 뻔한 결말이 나타나기 마련이다. 하지만 문학적 구조든 실제 삶의 구조든 여성의 현실은 뻔해도 너무 뻔했다. 여자에게 어른이 된다는 것, 즉 이야기의 결말은 곧 결혼을 의미했다.

내게는 이 결혼이란 것이 한때 자유롭게 내달렸던, 아니 자유롭지는 않다 해도 새로운 이야기의 가능성을 업고 적어도 앞으로 서서히 나아갔던 여주인공의 길을 완전히 차단해 버리는 것으로 보였다. 이제야 모든 공부가 끝나 어린 시절 꿈을 향해 용감히 한 발을 내딛으려는 찰나, 이 재기발랄한 소녀들은 갑자기 가정으로 들어가며 욕망이 억제되고 체제 순종적인 존재로 축소된다.

내가 조금 더 자라 셰익스피어를 읽었을 때 희극은 결혼식으로, 비극은 죽음으로 종결된다는 것을 알게 되었다. 이야기 구조에서 결혼이 죽음과 같은 역할을 한다는 사실은 이야기를 끝내는 막강한 힘이 결혼에 있을지 모른다는 어릴 적 나의 직감을 뒷받침해 주었다. 셰익스피어 전공 교수인 우리 어머니가 아쉬운 어조로 말해준 데 따르면 《헛소동》의 베아트리체를 비롯해 셰익스피어 작품 중 가장 명랑하고 수다스러웠던 여주인공들에게, 모든 갈등과 드라마가 끝나 혼사가 이루어지고 나면 대사가 한마디도 주어지지 않는다고 한다.

성인이 되자마자 결혼에 골인하지 않는 재미있는 여자 주인공이 있긴 있을까? 어린 시절에도 그게 의문이었다.

커가면서 조금씩 발견하긴 했다. 그렇다. 여주인공이 결혼하지 않는 이야기도 많았다. 토니 모리슨 소설《타르 베이비Tar Baby》의 자딘 차일즈는 성별과 인종의 장벽을 넘으려고 시도하지만 결국 비웃음을 사며 세상에서 배척당한다. 시어도어 드라이저Theodore Dreiser의《시스터 캐리Sister Carrie》속 캐리는 성공과 돈을 위해 섹스를 이용하다가 결국 빈털터리가 된다. 제인 오스틴의《설득》도 있었다. 스물일곱 살까지 결혼하지 않았던 앤 앨리엇은 경제적·사회적으로 불안한 운명 앞에 위태위태하게 초라한 삶을 이어가다 웬트워스 대령에 의해 노처녀라는 불명예에서 구원받는다.《주홍 글씨》의 헤스터 프린,《위대한 유산》의 분노를 안고 늙어가는 미스 하비샴, 또 이디스 워튼의 최선을 다했지만 행복을 얻지 못한 여자 릴리 바트 이야기도 있다.

그들이 딱히 본보기로 삼고 싶은 인물이라고는 할 수 없었다. 여성 본인이 선택했건 우연의 결과이건 결혼하지 않고 남아 있으면 주홍 글씨가 새겨진 옷을 입거나 입지 못했던 낡은 웨딩드레스를 입고 춤을 추거나 약물 남용 환자가 된다. 이 캐릭터들이 비록 결혼은 안 했을지라도 결혼이 그런 것과 마찬가지로 남편의 부재가 그들의 운명을 결정하고 존재를 정의한다.

이 여인들은 시몬 드 보부아르가 현실 세상의 여성들을 관찰하며 낸 결론, 나 또한 점차 동의하게 된 그 결론을 확신시켜 주었다. 우리 여자들은 "결혼하거나 결혼했었거나 결혼할 예정이거나 결혼하지 않아서 고통받는 존재"들이었다.

나는 대학에 들어가 집을 떠나게 되었을 때도 조만간 결혼해 누군가의 아내가 된다는 생각은 전혀 하지 못했다. 세상 돌아가는 이치에 따르면 그래도 몇 년 후에는 결혼의 압박이 나를 삼켜버릴지 몰랐다. 하지만 그 무렵 나는 수강 신청을 하고 룸메이트 때문에 고민하고 맥주 파티를 고대하고 학교 주변 아르바이트 자리를 찾느라 바빴다. 결혼은 나와 가장 동떨어진 머나먼 행성의 이야기일 뿐이었다.

열여덟 살 때까지 내게는 진지하게 사귄 남자친구 한 명 없었고 친한 친구들의 사정도 크게 다르지 않았다. 1990년대 초반에 내 나잇대 지인들은 정식 데이트를 하지 않았다. 그저 남자들과 다 같이 어울려 놀았고 그러다 눈이 맞기도 했고 맥주를 마시고 담배를 피우고 일부는 대마초를 피웠다. 어쩌면 나는 결혼은커녕 사랑에 빠질 운명이 되기에도 여러 모로 부족한 연애부적격 소녀였는지 모른다(몇 시간 동안 고심하여 내린 잠정적 결론이다). 하지만 내 친구들 중에도 머지않아 결혼할 것처럼 보이거나 결혼을 꿈꾸던 사람은 한 명도 없었으니 나만 이상한 건 아니었으리라.

나는 의미 있는 독립생활을 맛보며 내가 누구인지 알아가는 길 위에 서 있었다. 이런 내가 앞으로 몇 년이 지난다고 해서 서로에게 헌신을 약속하고 법적으로 묶이며 영구적이라 예상되는 관계를 맺고 새로운 가족을 만들어 가정을 꾸릴 준비가 되거나 혹은 그렇게 하고 싶어 몸이 달아오르리라는 예상은 절대 할 수가 없었다.

하지만 내 바로 윗세대의 남녀는 갓 성인이 되었을 때 그런 생각을 한 치의 의심도 없이 받아들이며 살았다. 메인 주 외곽에서 자란 우리 어머니는 열여덟 살이 되었을 때 이미 미래를 약속한 남자친구가 있었다. 어머니가 대학 진학을 위해 고향을 떠날 때 고등학교 동창생 대부분은 결혼했거나 임신했거나 결혼 준비 중이었다. 1960년대 초반에 학부생이었던 우리 어머니는 베티 프리단이 《여성의 신비The Feminine Mystique》 강연을 하러 왔을 때 학생 도우미로 활동했다. 그랬던 어머니도 졸업식 며칠 전인 스물한 살에 우리 아버지와 결혼했고 결혼 생활을 하며 석사·박사 학위를 땄다. 어머니보다 다섯 살 어린 이모는 고등학교 때 이미 몇 명의 구혼자가 있었고 대학에서 이모부를 만나 스물세 살에 결혼했다. 역시 박사 학위를 받기 전이었다. 우리 어머니와 이모가 특별히 일찍 결혼한 편도 아니었다. 내 친구의 엄마들, 우리 어머니의 친구들, 우리 선생님들 대부분이 20대 초반에 배우자를 만났다.

미국의 역사를 살펴보면 여성의 성인기는 보통 결혼을 기점으로 시작되었다. 관련 기록이 있는 19세기 말부터 살펴보면 지금부터 몇십 년 전까지만 해도 평균 초혼 연령은 20~22세에 머물렀고 결코 그 위로 올라가지 않았다. 성인기 초입의 결혼은 여성에게 주어진 삶의 형식이자 패턴이자 의미였다.

그러니 역사는 말하고 있었다. 곧 다가올 나의 미래에는 맥주 피처와 기말 보고서 외에 내게는 너무도 낯선 결혼이라는 가능성이 드리워져 있다고, 어쩌면 결혼의 운명에 매여 있다고. 이것이 우리 머리 위에 둥둥 떠 있었던 이유는 결혼하지 않고도 얼마든지 다른 종류의 삶을 살 수 있음을 보여주는 모델이 그리 많지 않았고 그리 매력적이지도 않았기 때문이다.

드라마 같은 역전

내가 이 책을 쓰려고 준비했을 때는 대학 입학으로부터 17년이 지난 후였고 결혼하기 몇 주 전이었다. 나는 서른다섯 살이었다. 예식 날짜가 다가오고 있었지만 고맙게도 결혼은 내 이야기의 엔딩처럼 느껴지지 않았다. 그렇다고 완전히 새로운 시작처럼 느껴지지도 않았다.

예식장에 걸어 들어가기까지 나는 14년 동안 비혼 여성으로 살았다. 우리 어머니가 결혼 생활로 보냈던 성인기 초반의 세월을 나홀로 독립적으로 살았다는 말이다. 친구와 사귀다가 틀어지기도 했고 어떤 아파트로 이사 갔다가 다른 아파트로 들어갔고 여러 회사에 입사했고 해고됐고 승진했고 사표도 냈다. 최고의 룸메이트와 살거나 최악의 룸메이트와 지냈고 나 혼자서도 살았다. 여러 종류의 피임법을 이용했으며 몇 가지 심각한 의료 문제를 겪기도 했다. 집세와 고지서를 처리하거나 처리하지 못했다. 사랑에 빠졌다가 헤어졌다가 5년 동안 가벼운 연애 사건 하나 없이 지내기도 했다. 새로운 동네에서 사는 법을 배우며 무섭기도 했고 더없이 편안하기도 했다. 상처도 받았고 불안했고 사는 게 마냥 신났다가 지루하기도 했다. 나는 성인이었다. 지극히 평범한 보통의 복잡다단한 인간이었다. 다만 한 남자 옆에 내내 붙어 있는 사람이 되지 않은 채 친구들과 가족들과 내가 사는 도시와 내 일과 그리고 나 자신과 함께했다.

나는 혼자가 아니었다.

2009년 미국의 기혼 여성 비율은 50퍼센트 이하로 떨어졌다.[1] 1890년부터 1980년까지 평균 초혼 연령은 20~22세로 고정되어 있었다.[2] 그러나 오늘날 여성의 평균 초혼 연령은 대략 27세이며 도시의 경우는 훨씬 더 높다. 30대 중반까지 내 친구 중 절반은 결혼하지 않았다.

내가 어른으로 살아간 시기에 미국 여성들은 완전히 새로운 종류의 성인기 인생을 개척해 왔다. 이 삶은 결혼과 함께 종료되지 않고 많은 경우 몇 년이나 혹은 평생을 결혼이란 형태 밖에서 독립적으로 사는 생활을 의미했다. 독립적인 여성들은 더 이상 사회적 일탈로 여겨지지 않으며 이전 어떤 시대보다도 덜 낙인 찍힌다. 사회는 변했고 이런 혁명을 허락했으나 혁명의 수혜자들은 여기에 머물지 않고 이 나라를 더 크게 변화시키는 중이다. 여성의 일생을 다른 방식으로 배치하고 결혼과 가정을 다시 정의하며 아내가 아닌 삶, 엄마가 아닌 삶의 형태를 다시 상상하고 있다. 다시 말해서 인구의 절반을 구성하는 국민들이 삶의 범위와 영역을 변모시키고 있는 것이다.

미국 역사상 처음으로 싱글 여성(미혼·사별·이혼 여성, 별거 중인 여성)들이 기혼 상태의 여성을 숫자상으로 앞질렀다. 더 놀라운 조사 결과는 34세 이하 성인 남녀 중에 한 번도 결혼하지 않은 인구가 46퍼센트에 달한다는 것으로[3] 10년 전에 비해 12퍼센트나 상승했다는 점이다. 30세 이하의 성인 여성이 기혼일 가능성은 깜짝 놀랄 만큼 적어지고 있다. 오늘날 29세 이하 미국인들의 20퍼센트만이 기혼 상태인데[4] 1960년대에는 거의 60퍼센트에 달했다. 인구 조사국Population Reference Bureau은 미국의 미혼 비율이 기혼 비율을 앞지른 현상을 '드라마 같은 역전dramatic reversal'이라고 명명했다.[5]

미국 역사상 처음으로, 결혼하지 않은 젊은 여성들이 결혼한 여성보다 더 평범하고 정상적인 상태가 되었다. 물론 피부로는 그렇게 느껴지지 않을 수도 있지만 말이다.

영국 저널리스트 한나 베츠는 2013년에 이렇게 썼다. "내가 사는 동안 이 사회가 가장 크게 달라진 점이 무엇인지 묻는다면 이렇게 대답하겠다. 내가 어렸을 때는 거의 죄악시되었던 '노처녀spinsters'라는 말이 '독신singularist'으로 바뀌었고, 현재 마흔한 살의 나도 나 자신을 그렇게 정의하고 있다."[6]

오늘날 젊은 여성은 어린 시절의 나처럼 결혼하지 않은 여자의 삶이 어떤 모습으로 펼쳐질지 궁금해하지 않아도 된다. 바로 그런 사람들에게 둘러싸여 있으니까. 오늘날 결혼이라는 플롯에 얌전히 순응하기를 거부하거나 실패했다고 해도, 비록 그 안에서 무수한 좌절과 경제적 곤란을 겪는다 해도 자동적으로 사회부적응자나 약물남용자가 되지는 않는다.

성숙한 여성 앞에 완전히 새로운 미래가 펼쳐져 있고 이제 개인이 어떤 선택을 할지만 남았다. 이 삶이 20대 초반의 결혼으로 형성되거나 정의되지 않는 것만은 확실하다.

내가 대학을 졸업하던 1997년에 작가 겸 저널리스트 케이티 로이프가 자기 세대 비혼 여성이 느끼는 혼란스러움을 주제로 글을 발표했다. 4년 전 로이프는 《이튿날 아침The Morning After》이라는 책에서 대학 내 데이트 강간의 원인이 여대생들의 독립심 부족 때문이라며 우리 어머니 세대로 돌아가려는 여학생들을 비판한 적이 있다. 하지만 97년 글에서 로이프는 자신과 친구들이 서른이 되고 이 시대의 미혼들이 성인기의 두 번째 10년으로 들어가면서 길고 긴 독립생활의 부정적 결과를 체감하고 있으며, "경사스러운 결혼으로 종결되는 19세기식 플롯의 단순한 세계"를 은밀히 그리워한다고 말했다.[7]

젊은 남녀들은 쉽게 동거하다가 짐을 싸서 나간다. 정해지지 않은 기간 동안 같은 침대에서 자다가 헤어진다. 더 늦게 결혼한다. 언제든 마음만 먹으면 가볍게 여행한다. 얼마 전 파티에서 한 어여쁜 여성이 약간 아쉬운 듯한 목소리로 이렇게 말하는 것을 들었다. "우리 엄마가 내 나이였을 때는 고양이 대신 남편이 있었는데." 그녀는 지극히 평범하며 자기 관리를 잘하고 있는 20대로, 점점 길어지지만 어떻게 살아야 할지 모르는 청년기를 당혹스러워하고 있었다. 로맨스에 대한 그들의 감성은(고양이냐? 남편이냐? 같은) 연약하고 혼란스럽다. 우리는 파티에 가고 가끔 처음 만난 사람과 하룻밤을 보내기도 하지만, 밤늦게까지 침대맡 스탠드 불빛 아래서 제인 오스틴의 《맨스필드 파크》와 《엠마》를 읽으며 조금 더 질서정연한 세계를 꿈꾸었던 사람들이기도 하다.

로이프는 결혼하지 않은 상태를 일종의 무질서로 보았지만 사실 이것은 새로운 질서이거나 적어도 새로운 표준이다. 여성의 운명은 더 이상 단순한 이진법에 따라 정해지지 않는다(남편이냐 고양이냐). 이제 여성들 앞에는 수많은 선택권과 우회로와 진입로가 있다. 과거에는 한 가지 주제로만 흘렀던 삶의 형태가 줄거리와 주제가 다양한 이야기로 바뀌어간다.

로이프 자신은 결혼으로 그럴듯하게 마무리 짓지 못하고 점점 길어져 불안한 청년기를 보내고 있다고 말했지만 그녀의 삶을 들여다보면 충분히 성인답게 제대로 살고 있었다. 여러 차례 진지한 교제를 했고 하버드에서 훌륭한 교육을 받았고 직업적으로도 성공했다. 자유라는 관점에서 로이프와 친구들의 행복은 남편이나 고양이에 달려 있지 않았다. 그럴 필요도 없었다. 그들에게는 멀쩡한 직업이 있었으니까. 성생활도 있었다. 아껴주고 챙겨주는 서로가 있었다. 그들은 로이프가 은밀히 그리워한다고 말한 '질서정연한 생활'의 제인 오스틴은 상상도 하지 못한 다차원적 세계에 살고 있었다. 제인 오스틴의 소설 속 세계는 여성들의 이상적 청사진이라기보다 결혼이라는 강제 정체성에 대항하고 싶어도 사회구조와 도덕윤리 때문에 그러지 못한 이들의 외침으로 읽어야 한다.

현대 비혼 여성들의 삶은 이전 세대 여성들이 불평 없이 따랐던 단 하나의 옵션에 비하면 복잡하고 혼란스럽고 두렵게 느껴질 수 있다. 로이프도 그렇게 느꼈고 그 이후로도 그런 여성이 많을 것이다. 그러나 현대 여성의 삶은 대대적으로 수정되었고 여러 가지 측면에서 독립적인 성인 여성의 시대는 새롭게 발명되었다고 할 수 있다.

싱글 여성들

독립생활은 만만치 않다. 많은 싱글 여성들이 경제적으로 쪼들리며 힘겹게 살아간다. 최저 생계비나 그 이하를 버는 330만 미국인들의 50퍼센트가 싱글 여성이다.[8] 그중에는 실업과 인종 차별과 계급 차별이 만연한 지역에서 한부모 가정의 가장으로 사는 이도 있고 마약과의 전쟁으로 젊은 남성이 대부분 감옥에 가 있어서 어쩔 수 없이 혼자 사는 이들도 있다. 6세 이하의 아동을 키우는 어린 싱글맘 중 반수 이상이 빈곤선 이하의 생활을 할 가능성이 높으며, 그 비율은 비슷한 조건에 있는 기혼 여성의 다섯 배가 넘는다.[9]

계층과 인종에 상관없이 많은 여자들이 결혼하고 싶어 하는 것도 사실이다. 꼭 결혼은 아니라 해도 사랑을 주고받고 상호 보완적이며 장기적인 동반자 관계를 원하지만 그런 관계를 원하거나 유지해 나갈 짝을 만나지 못했다. 그래서 누군가는 외롭다.

지리적·종교적·사회경제적으로 20대 결혼이 보편적 관습으로 남아 있는 지역에서 서른이 훌쩍 넘고도 결혼하지 않은 여성이나 40대, 50대, 60대에 본인의 선택이 아니라 환경 때문에 독신으로 남아 있는 여성들은 우리가 싱글이 지배하는 새로운 세상에 살고 있다고 느끼지 못할 수도 있다. 그들은 배척되거나 압박을 느낀다. 가족과 주변 사람들의 잔소리나 간섭과 매일 싸워야 할지도 모른다.

하지만 통계상으로 보면 이러한 여성들은 결코 혼자가 아니다. 숫자는 해가 갈수록 증가하고 있다. 2014년에는 2010년에 비해 390만 명이 더 늘어났다.[10] 2008년부터 2011년까지 고등학교 미졸업자들의 초혼 비율은 14퍼센트 떨어졌고 대졸자 이상에서는 10퍼센트 하락했다.[11]

싱글로서의 경험을 주제로, 나는 각각 다른 성장 배경과 계층과 신념을 지닌 다인종의 미국 여성들과 이야기를 해보았다.

"어렸을 때는 스물여섯 살 정도에 결혼할 줄 알았죠." 뉴저지에 거주하는 헤어스타일리스트 키티 커티스가 말한다. 그녀는 26세이며 결혼하지 않았다. "그런데 내 주변에 결혼한 사람이 하나도 없어요. 건너 건너 있다고는 하지만 좀 이상하게 느껴져요. 어색해요. 서른 전에 결혼하다니 다른 나라 이야기 같은 거죠." 켄터키의 근본주의 신학 대학에 다니는 메간 리치는 적어도 22세 전에는 결혼하지 않겠다고 결심했다. 자기 어머니처럼 결혼하기 위해 대학을 중퇴하는 것은 경제적으로 그리 현명한 선택이 아니라고 생각한다. 35세의 뉴요커 아만다 네빌은 청각 장애가 있는 러시아 태생의 여자아이를 입양해 키우고 있다. 1년 전에 와인숍을 열었고 새로운 남자친구를 사귀었다. 브루클린에 사는 중국계 이민자인 네일아티스트 아다 리는 결혼과 출산을 30대 후반으로 미룬 덕에 미국 생활이 훨씬 행복하고 자유로워졌다고 확신한다.

절대 일찍 결혼하지 않겠다고 적극적으로 선언하는 여성들도 있다. 결혼 생활이 그들의 꿈과 야망을 꺾어놓을 거라는 두려움 때문이다. "결혼 반지를 보는 순간에 말이죠." 스물네 살에 청혼을 받았던 저널리스트 제시카 베넷이 말했다. "내 눈앞에 더러운 설거짓감과 지루하기 짝이 없는 교외생활이 펼쳐지는 거예요. 힘들게 들어와 겨우 자리 잡기 시작한 내 직장은 저 멀리 날아가 버리고 이제 막 적응하기 시작한 독립생활이 흔들리겠죠. 반지를 보는 순간 숨을 쉴 수가 없었어요."

40세의 소설가 엘리엇 홀트처럼 인연을 찾고 싶었지만 그러지 못해 안타까워하는 이들도 있다. "젊을 때는 그저 아무 생각이 없었고, 내 인생의 이 시점에 이토록 강력한 외로움이 날 덮치리라고는 예상하지 못했습니다." 앨라배마 주에 사는 32세의 영문학 교수 수사나 모리스는 정작 본인은 별 걱정이 없는데 주변에서 가만두지 않는다고 말한다. "이 사회가 유난스럽게 불안을 조장해요. 잡지나 책이나 텔레비전에서 끊임없이 흑인 여성으로 홀로 사는 게 뭔가 크게 잘못된 것처럼 말한다니까요. 너무 뚱뚱하다, 너무 시끄럽다, 결혼 못 할 거다. 그런 말들이 괴로워요!"

이 여성들은 자신의 진짜 인생이 결혼을 기점으로 펼쳐지기를 기다리지 않는다. 자신에게 주어진 삶을 충실히 살고 있을 뿐이고 그 삶은 각자 다채롭게 펼쳐진다.

확실히 짚고 넘어가야 할 것은 싱글 여성의 수적인 증가는 축하할 일이라는 점이다. 싱글로 사는 것이 커플로 사는 것보다 그 자체로 더 낫거나 더 바람직해서가 아니다. 이것을 혁명이라 부를 수 있는 이유는 선택권이 확장되었으며 필수 의무가 바뀌었다는 데 있다. 지난 몇백 년 동안 이 사회는 거의 모든(노예도 아닌) 여성을, 개개인의 욕망과 야망과 환경과 선호하는 배우자 유무에 상관없이 완전한 성인이 되기도 전에 이성애적 결혼과 엄마 되기라는 단 하나의 고속도로로 밀어 넣어 버렸다. 이제 셀 수 없이 많은 도로가 뚫렸고 노선이 생겼다. 사랑, 섹스, 동반자 관계, 부모 되기, 일, 우정 같은 요소들을 자기 식대로 조합해 각자의 속도로 나아갈 수 있게 되었다.

싱글 여성의 인생은 규칙이 아니라 그 반대다. 해방!

자유와 해방은 미국이라는 국가가 처음 세워졌을 때 가장 먼저 내세웠던 개념이다. 그러나 자유의 약속은 일부에게만 적용되었을 뿐 다른 수많은 시민들 손에는 쥐어지지 않았다. 따라서 이 나라에서 독립적인 여성의 승리는 특권을 가장 많이 부여받은 여성들의 상징이 되곤 했지만 상대적으로 자유를 누리지 못했던 사람들이 이 전쟁에서 싸워왔다는 점을 인정해야 한다. 바로 유색인 여성, 빈곤층 여성, 노동자 계층 여성들이다.

싱글 여성의 신기원

처음 이 책을 쓰기 시작할 때만 해도 지금 내가 살고 있는 현 시대를 주로 반영하고 분석하는 보고서가 되리라 예상했다. 즉 20세기 후반과 21세기 초반, 결혼을 미루거나 피한 현대의 싱글 여성들이 이 나라 정치와 가족을 어떻게 재정립하는지에 초점을 맞추려고 했다. 물론 우리가 과거 세대의 정치 성과를 기반으로 살아가고 있다는 사실을 익히 알고 있었지만 우리 세대 여성들이 주체적으로 이루어낸 행동 양식의 변화와 혁명을 기록해야 한다고 믿었다.

하지만 나는 조사를 시작하면서 다른 관점에서 볼 수밖에 없었다. 현대 여성이 이전보다 경제적·성적으로 자립적인 삶을 살아 갈 능력을 키운 덕분에 유례없이 많은 싱글 여성들이 나타나고 그들의 세계가 넓어지긴 했지만 역사적 전례가 예상보다 많다는 것이다. 오늘날 비혼 여성과 만혼 여성들은 과거의 미국 독신 여성들이 힘겹게 닦아놓은 길을 조금 더 편하게 가고 있다. 당시에는 훨씬 더 급진적으로 여겨졌을 비혼 여성과 만혼 여성들이 자신의 시간과 에너지를 가정과 아이가 아닌 이 나라 권력 구조를 바꾸는 데 써주었기에 오늘날 자유로운 여성 전사들이 존재하게 된 것이다.

최초의 여성 참정권자, 낙태권 운동가, 노동운동가로 평생 결혼하지 않았던 수전 B. 앤서니는 1877년 '싱글 여성들의 집'이라는 제목의 연설을 했다. 그녀는 젠더 평등을 향한 여정에서 여성들이 결혼하지 않고 버티는 시기가 반드시 필요하리라 예언했다. "여성이 대상에서 주체의 위치로 이동하기 위해서는 자립적인 1인 가정의 시대가 있어야 합니다."[12]

그녀가 미래를 어떻게 내다보았는지 더 들어보자.

산업사회에서 젊은 여성들이 고등교육을 받고 내 손으로 버는 빵의 달콤함을 알게 될수록 '남편과 아내는 한 몸이요, 남편은…'이라는 식의 결혼의 한계를 받아들이기가 점점 더 불가능해질 것입니다. 어떤 남성이 지식인으로 확신을 갖고, 진심으로 완전히 여성의 자유를 옹호하며 남녀평등을 지지한다 하더라도, 이 사회의 공고한 관습과 법이 그 한 명의 개인보다 더 큰 권위를 갖게 될 것이며, 결국 주체적이고 자신을 존중하는 여성

들에게 결혼은 취향에 맞지 않을 것입니다. … 수정헌법과 법률이 우리 편에 있다 해도 현실적으로 남성과 여성의 관계가 조만간에 바뀌지는 않을 것입니다. 흑인 남성들이 헌법에 명시된 자유를 갖고 있어도 백인 남성이 바로 어제까지 그들의 법적인 노예였던 흑인들의 시민권과 정치적 권리를 실질적으로 인정하지 않은 것과 마찬가지입니다.

앤서니가 예언했듯이 이 논리가 지금 우리를 여기 '피할 수 없는 싱글 여성의 시대'로 이끈 것이다.

그래서 우리가 여기에 있다.

우리는 앤서니가 상상한 시대의 한복판에 서 있다. 앤서니가 살던 때에도 그랬지만 지금도 역시 세상에서 더 정당하고 공정한 위치를 점하려면 여성의 독립이 결정적 무기다.

저런 여자를 조심해

비혼 공화국의 정치사회적 힘

▶▶

현대 싱글 여성들의 상승세는 당시에는 몰랐지만 내가 대학에 입학하던 해 전후로 시작되었다. 1990년대 초반에는 우리 어머니 세대가 이룬 사회적 · 정치적 혁명의 파동이 실제 생활에 나타나면서 빠른 속도로 결혼과 출산의 패턴이 바뀌어갔고, 미국의 독립적 여성들이 정치적 세력을 형성할 가능성 또한 점점 커졌다.

1991년 10월 11일, 서른다섯 살의 법대 교수 아니타 힐이 상원 법사위원회에서 연방대법관 후보인 클래런스 토머스 밑에서 일하며 당한 성추행을 증언했다. 클래런스 토머스는 조지 H. W. 부시가 인권 영웅인 서굿 마샬 자리에 후보로 지명한 판사였다. 아니타 힐은 오클라호마의 론 트리라는 농촌 마을의 침례교도 가정에서 열세 명의 자녀 중 막내로 태어났다. 그녀의 조부와 증조부는 아칸소 주의 노예였다. 그녀는 고등학교 졸업생 대표였으며 예일 법대에서 수학하고 미 교육부와 연방 고용 평등 위원회에서 자문위원으로 일했으며 오클라호마 대학교에서 계약법을 강의했다. 그리고 미혼이었다.

카메라가 모든 순간을 기록하며, 긴장된 눈으로 청문회에 몰입해 있는 국민들에게 방송을 내보내고 있었다. 백인 일색의 남성 상원 법사위원들 앞에서 힐은 차분하고 명확하게 토머스와 일했던 몇 년 동안 그가 그녀에게 내뱉었던 부적절하고 모욕적인 성적 언사들을 진술하기 시작했다. 그녀의 전 상사가 업무 중에 수시로 포르노 영화배우와 페니스 크기와 거웃 등에 관해 음담패설을 했다고 묘사했다. 그러나 진술이 끝나자 그녀의 상사가 아닌 그녀가 보수 언론의 무차별 공격을 받았고, 법사위원들에게 여성 비하 발언과 인신 공격성 발언을 들었으며, 다른 증인들에게는 비이성적이고 성적으로 문란하며 어쩌면 유력한 남성과의 성적인 관계에 환상을 갖는 이상성욕erotomania[1] 환자일지 모른다는 추문에도 시달려야 했다.

와이오밍 주 상원의원 앨런 심슨은 힐의 '기질proclivities'(이는 보수 진영 칼럼니스트 윌리엄 새파이어가 사용한 용어로 '동성애자를 가리키는 완곡한 표현'이었다²)'에 문제가 있다고 지적했다. 정치평론가 데이비드 브록은 힐을 "약간 머리가 돌고 약간 헤픈 여자"라고 불렀다. 그녀가 증언을 마친 후에 토머스의 대학 동창이자 힐을 개인적으로 조금 알던 존 도깃이 위원들 앞에 섰다. 그는 힐의 정신 상태가 "불안정"하며 "내가 자기에게 이성적으로 관심이 있다고 착각했다"고 말했다. 그는 공적인 자리에서 힐과 몇 번 만났을 뿐이지만 그녀의 내면 분석까지 시도했다. 그녀에게는 "호감 가진 남자에게 거절당하는 것을 못 견디는 성향"이 있으며 "대도시에서 여자 혼자 살아서 그런지 외로워 보였다"며 추측성 발언을 했다.

떠들썩한 청문회가 끝난 후, 힐은 자신의 경험을 이렇게 복기했다. "언론에서 지속적으로 강조하려 한 것은 내가 싱글 여성이라는 사실이었다. 하지만 나의 결혼 유무와 내가 당했던 성희롱은 연관성이 전혀 없었다."³

싱글 여성이라는 상태는 이 사회가 기대하는 여성성이 아니었다. 역사적으로 여성의 가치는 아내와 엄마라는 맥락 안에서만 인정받아 왔는데, 힐에게는 아내의 미덕을 보증해 줄 남편과 엄마의 애정을 확인해 줄 아이가 없었다. 힐이 느끼기에 그녀를 비방하는 사람들은 그녀가 미혼이라는 이유로 '정상적 행동 양식에서 가능한 한 멀리' 떨어뜨릴 수 있었다. "법사위원들은 내가 왜 특정한 사회제도, 특히 결혼제도에 순응하지 않았는지를 이해하지 못했다." 그리고 그녀가 싱글로 남아 있는 이유에 대해 "성격이 이상해 결혼에 적합하지 않거나 결혼을 반대하거나 독신에 환상을 갖거나 남자를 증오하는 여자"라고 멋대로 결론 내려버렸다.

이들의 추측 밑에는 어떤 생각이 깔려 있을까? 그것은 어린 시절에 날 화나게 했던 동화나 소설의 천편일률적 결말이기도 했다. 즉 성인 여성의 자연스러운 상태는 남성과 법적으로 결합한 상태라는 가정이다. 여성들은 직업적 성취라는 비교적 새로운 세계에 당당히 들어와 있었다. 그들은 연방대법관 후보와 동등한 수준의 엘리트 교육을 받고 대등한 위치에 있었고 그 남자의 커리어를 무너뜨릴 증언을 할 수도 있었다. 그때 결혼이라는 기존 제도를 들고 와서 이 낯설고 불편한 평등을 어떻게든 무마할 카드로 썼던 것이다. 이 결혼이란 제도는 편리하게 남성들 의견의 타당성을 강화하고 증언자의 능력을 무효로 만들 수 있었다. 그녀를 어딘가 잘못된 노처녀 몽상가로 낙인찍으면 그만이었다.

힐에 따르면 자신의 결혼 유무와 정신적 안정에 의문을 제기한 위원들은 "결혼, 가치, 신뢰성 사이에 불가분의 관계를 확립하려 하고 있었다". 그리고 사람들에게 의혹을 부추겼다. "왜 서른다섯 살이나 먹은 흑인 여자가 결혼 대신 커리어를 선택하고 싱글로 남아 있는지를 이상하게 보도록 유도했다. 청문회 안건과 전혀 상관없는 방향으로 초점을 맞추어 내가 신뢰할 수 없는 사람이라는 결론에 도달하려 했다."

실제로 법사위원회는 힐의 증언을 신뢰하지 않기로 했고 부분적으로 믿었다 해도 최종 결정에 영향을 미칠 정도는 아니었다. 그녀가 법사위원회에서 증언을 마치고 며칠 뒤, 클래런스 토머스는 상원의 인준을 받아 연방대법관으로 임명되었다.

하지만 힐은 이 시대의 헤스터 프린이 아니었기에 한평생 주홍 글씨를 달고 살 필요는 없었다. 다만 미국 사회에서 그녀 이전과 이후가 생겼다. 당시에는 생소했던 '성희롱sexual harassment'이라는 단어가 미국인의 일상 어휘 목록과 머릿속에 들어갔고 여성이 결혼을 했건 안했건 직장 내 성희롱을 인지하고 불만을 제기할 수 있다는 것을 보여주었다. 그동안 무해하고 악의 없는 행동으로 이해되었던 성희롱이 실상은 성차별이고 여성을 억압하는 이 사회의 권력 구조에서 비롯되었다는 사실을 널리 알린 것이다.

그만큼 강렬한 인상을 남긴 것이 또 있었으니, 힐이 오로지 백인 남성 위원들에게 일방적으로 다그침을 당하던 모습이었다. 이 장면은 미국 의회 정치사를 바꾸어놓았다. 1991년 당시 미국 상원에 진출한 여성은 두 명밖에 없었고 청문회로 인해 이런 당황스러운 상황이 온 국민 앞에 명백히 드러났다. 《뉴욕 타임스》에는 얼마 안 되는 여성들, 사실상 단 두 명의 의원인 퍼트리샤 슈로더Patricia Schroeder와 엘리노어 홈스 노턴Eleanor Holmes Norton이 힐의 증언을 요구하기 위해 국회 의사당 계단을 뛰어 올라가는 사진이 실렸다.

힐의 청문회가 전국적으로 방송되면서 시청자들은 단 하나의 피부색을 가진 남성 대표들로만 이루어진 국가 조직에 의문을 갖게 되었다. 청문회 이듬해에 유례없이 많은 여성들이 상원의원 선거에 출마했고 네 명이 공직에 진출했다. 워싱턴 주의 패티 머리 민주당 상원위원은 토머스 청문회를 계기로 적극적인 정치 행동을 하게 되었다고 여러 차례 밝혔다. "그 청문회를 계속 보면서 생각했습니다. '이럴 수가, 내가 저기 있다면 할 말이 너무 많을 거야'." 그녀가 말했다. "전부 다 남성들이지 않습니까? 그들은 내가 할 말을 전혀 하지 않았고 나는 울분이 터져 견딜 수 없었습니다."[4] 또 다른 의원인 일리노이 주 캐롤 모즐리 브라운Carole Moseley Braun 은 상원으로 선출된 최초의 흑인 여성이었다(지금까지도 유일하다). 언론에서는 1992년을 '여성의 해'로 명명했다.

힐의 인생과 경력은 이 증언으로 촉발된 지나친 대중의 관심으로 (살인과 강간 협박을 포함한) 타격을 받기는 했으나 단축되거나 끝나지는 않았다. 그녀는 개인적으로나 직업적으로나 완전히 배척당하지는 않았다. 현재 브랜다이스 대학교에서 법학을 가르치며 10년 넘게 한 파트너와 보스턴에서 살고 있다.

힐의 행동이 탈선으로 배격당하지 않았던 이유 중 하나는 당시가 1990년대 초반이었기 때문이다. 시대가 달라졌다. 그녀와 동세대 여성들은 힐처럼 자립했고 혼자 살았고 일했고 공적 공간을 차지하고 있었다. 1960년대와 1970년대에 35~45세 여성 중 87퍼센트가 기혼이었으나 1990년에는 이 비율이 73퍼센트로 떨어졌다.[5]

"1990년대부터 여성들은 자신의 섹슈얼리티를 적극적으로 끌어안았고 이전까지와는 다른 방식으로 성적인 표현을 하기 시작했습니다." 2013년에 힐은 나와의 인터뷰에서 이렇게 말했다. 힐은 약간 과거의 인물같이 느껴지지만 실은 미래의 얼굴이었고 어쩌면 그렇기 때문에 제도권 남성들이 발작에 가까울 정도로 불편한 심기를 드러냈는지도 모른다. 앨런 심슨이 판사 인준 청문회 때 힐을 보며 여러 차례 느꼈다며 의원들 앞에서 이렇게 경고했다지 않는가. "저런 여자를 조심해야 합니다!"[6]

1990년대 초반에는 그렇게 조심할 여자들이 아주 많아졌다.

강력한 교차점

토머스 청문회가 끝나고 1년이 채 지나지 않았을 때, 부시의 러닝 메이트였던 댄 퀘일 부통령은 샌프란시스코의 커먼웰스 클럽에서 유세를 했다. 이 연설에서 그는 로드니 킹 사건에 뒤따른 LA 흑인폭동 배경에 관해 자신의 이론을 설파했다. "우리가 목격한 폭력적이고 무법적인 사태의 원인은 무엇입니까? 모두 가정의 붕괴에서 비롯되었습니다." 그리고 자신의 주장을 뒷받침할 근거로 누구도 예상치 못한 캐릭터 한 명을 들고 나왔다.

CBS 시트콤 〈머피 브라운〉의 주인공이었다. 캔디스 버겐이 연기한 머피 브라운은 결혼은 물론 아이 아빠와 연인 관계로 얽히지도 않은 채 아이를 출산하려고 했다. 이에 대해 퀘일은 말했다. "머피 브라운처럼 오늘날 고학력 고임금 전문직 여성이 홀로 아이를 임신하고 그 또한 하나의 생활 방식이라 부르는 것은 아버지의 중요성을 경시하는 것입니다."[7] 이후 전국적으로 미혼모 논쟁이 붙었고 이 드라마 주인공인 머피 브라운과 아기가 《뉴욕 타임스》까지 등장했으며, 퀘일의 애초 의도와는 다르게 이 캐릭터의 독신 상태가 현대 사회의 상징으로 의미 있게 받아들여졌다.

물론 퀘일이 말하고 싶었던 건 머피 브라운이 아닐 것이다. 그는 대중문화라는 커브볼을 던졌지만 사실 그 기저에 깔린 것은 고전적인 보수주의자들의 수사학으로, 복지 프로그램 덕을 보며 결혼하지 않으려는 여성들에 대한 질타였다. 퀘일은 결혼제도를 벗어난 새로운 엄마 모델과 여성 모델이 강력한 소득 계층이 될까 봐 불안해했고 그 불안은 현실로 나타나는 듯했다. 즉 여성이 독립적으로 살 수만 있다면 많은 이들이 그렇게 할 것이며, 그렇게 되면 남성들이 이전과 같은 경제적 안정과 사회적 지위를 누리거나 성생활에서 중심 역할을 할 가능성은 줄어들고 까딱하다가는 부모 역할에서도 밀려날지 모른다는 것이다.

연설할 당시 케일은 짐작하지 못했겠지만 1992년은 이후 연구자들이 '강력한 교차점'이라 부른 시대의 한복판이었다.[8] 1990년대 초반은 결혼 연령이 점점 높아지면서 초혼 연령이 첫 자녀 출산 연령보다 높아진 때였다.

이는 오래도록 당연하게 여겼던 문화적·종교적 규범, 즉 결혼으로 점철되는 여성의 정체성과 이상적인 가족 형태의 전복이라 할 수 있었다. 물론 이 규범이 언제나 현실을 반영하지는 않았다. 혼전 섹스와 혼전 임신은 과거에도 존재했다. 그래도 여전히 공식적이고 바람직한 사회적 관례는 '결혼 먼저, 그 다음 임신'이었다. 이제 그 순서가 뒤죽박죽될 지경이었다. 이 변화에 가장 충격받은 사람은 이제까지 정치권을 통제하면서 이런 관습의 도전을 받지 않았던 남성들이었다.

퀘일이 연설하고 2년 후에 펜실베이니아 주 상원 후보였던 릭 샌토럼은 유세 연설에서 미혼모와 사회 혼란을 연결 지었다. "우리는 지금 이 나라의 근간이 무너지는 것을 보고 있습니다. 이 사회는 점점 망가지고 있어요. 싱글맘이 너무 많기 때문입니다." 1994년 전 대통령 조지 H. W. 부시의 아들 젭 부시는 플로리다 주지사 후보에 올라 복지 정책에 의존하는 여성들에게 "이제 그만 자기 인생을 추스르고 남편을 찾아야 한다"고 조언했다. 많은 젊은 여성들이 결혼제도 바깥에서 아이를 낳는 이유는 "더 이상 사회가 이런 행동을 비난하거나 낙인찍지 않기 때문"이라고도 말했는데 마치 그 낙인과 오명이 다시 돌아와야 한다는 말처럼 들렸다.

1993년 빌 클린턴은 인도적 약물법과 낙태권 옹호 운동을 펼친 조이슬린 엘더스Joycelyn Elders를 미국 공중위생국장으로 임명했다. 이듬해 UN 에이즈 회의에서 엘더스는 성교육의 일부로 학교에서 안전한 자위 방법도 가르쳐야 한다고 발언했다가 큰 논란에 휩싸였다. 이 의견은 에이즈 감염이라는 맥락에서 본다면 지극히 건전한 메시지다. 그러나 엘더스가 파트너나 생식의 가능성 없이 혼자서도 가능한 성적 쾌락을 옹호했다는 이 단순한 사실에 모두가 놀란 나머지, 그녀를 임명했던 대통령마저 그녀에게 사임을 요구했다.

아직은 혼란스러운 시기였다. 2013년에 아니타 힐은 내게 어떤 미국인들은 "아직도 우리가 1950년대에 사는 줄 알고 그 생각을 놓으려 하지 않습니다"라고 말했다. 이 백인들 머릿속에만 존재하는 우주에서 섹스는 이성애 섹스이고 생식의 수단이 되어야 하며, 여성은 안락한 중산층 가정 안에서 이 사회가 주입한 젠더 역할을 기쁘게 받아들인 아내이자 엄마여야만 한다. 힐의 말에 따르면 사실 그런 상상 속 세계는 "단 한 번도 존재한 적 없었다". 그럼에도 그 세계는 여전히 미국인들의 영원한 이상이었다.

이제 대중문화 안에서도 중산층 드라마는 진작에 밀려나고 그 자리를 노동자 계층 가족을 주인공으로 한 시트콤 〈로잔느〉가 차지했는데도 말이다. 극의 제목이자 주인공인 로잔느는 자신의 (사랑스러운) 결혼 생활을 이렇게 표현한다. "이게 가석방 없는 무기징역이지 뭐냐고!" 이제 텔레비전에는 훈훈한 가족 사랑으로 마무리되는 가족 드라마만 있는 것이 아니었다. 결혼이나 가족에 얽매이지 않은 여성들의 이미지가 홍수처럼 쏟아지기 시작했다. 1993년에 퀸 라티파와 룸메이트들이 브루클린에서 싱글 라이프를 즐기는 폭스 사의 〈리빙 싱글〉이 방영되기 시작했고 NBC는 이 드라마의 백인 맨해튼 버전인 〈프렌즈〉로 응수했다. 저널리스트 캔디스 부시넬Candace Bushnell은 1994년부터 1996년까지 신문에 일주일에 한 번씩 〈섹스 앤 더 시티〉라는 고정 칼럼을 썼는데 이것이 책으로 출간되고 HBO 시리즈 최고의 히트작으로 탄생했다.

1992년 테리 맥밀런Terri McMillan의 소설 《사랑을 기다리며 Waiting to Exhale》는 남자 문제와 직장 생활로 고민하는 네 명의 여자친구들이 주인공이었다. 이 책은 수개월 동안 베스트셀러에 올랐으며 휘트니 휴스턴 주연의 영화로도 제작되었다. 4년 후 영국 작가인 헬렌 필딩Helen Fielding은 《브리짓 존스의 다이어리Bridget Jones's Diary》라는 소설을 출간했다. 이 책은 이후 출판계를 휩쓴 새로운 장르, 즉 젊은 여성들의 이야기를 다루는 '칙릿'의 원조로 평가받았다. 브리짓의 단짝 친구는 자신들을 가리키며 이렇게 말한다. "우리는 감히 사랑과 타협하길 거부하고 우리가 버는 돈에 의지하는 획기적인 신세대야."

밀레니엄이 다가오면서 미국을 바꾸려 드는 이 모든 여자들을 조심하기란 불가능해졌다.

이상하게 자꾸 차오르는 감정

1990년대에는 기하급수적으로 늘어난 여성들이 결혼식장에 들어가는 속도를 늦추려 했다. 그것이 그들만의 능력이었을까? 그들이 아무렇지 않게 그렇게 할 수 있었던 이유는 이전 세대가 이루었던 정치적·경제적·사회적·성적 승리 덕분이었다. 가부장적 질서가 강하게 작동하던 당대 사회를 뒤흔든, 흔히 페미니즘 제2의 물결로 일컬어지던 시기의 여성들 말이다. 비혼이나 만혼이라는 현대 사회의 관습은 우리 세대가 발명한 것이 절대 아니다. 어떤 면에서 보아도 우리 윗세대들이 발명한 것이었다.

그들 중 일부는 올바른 선택을 했다. 페미니즘 안에서 의식이 성장하고 페미니즘 덕분에 기회를 부여받은 많은 여성들이, 정치적 이유이건 개인적 이유이건 결혼을 미루거나 하지 않기로 적극적으로 결정했던 것이다.

그 시대의 비혼 여성들은 인구 통계를 흔들 만큼 숫자가 많지 않았기에 결혼에 대한 대중의 시각이 단번에 바뀌지는 않았다. 하지만 그들의 성공이 사회의 지형을 흔들어주었기에 우리 세대가 결혼을 미루거나 하지 않는 것이 한결 쉬워졌다. 페미니즘 제2의 물결이 결혼 자체에 반대 입장을 표명하지는 않았지만 결혼의 숨막히는 상황을 표현하려는 욕망은 더 강했다고 볼 수 있다.

미국 여성들의 마음 깊은 곳에 몇 년 동안 꼭꼭 묻혀 있었지만 차마 입 밖으로 나오지 못한 문제가 있다. 밀어 넣으려 해도 이

상하게 자꾸 차오르는 이 감정의 정체는 무엇일까? 이 답답하고 불만족스러운 느낌은 무엇 때문일까? 20세기 중반, 이 정체 모를 감정으로 고통받던 여성들은 갑자기 소리 지르고 싶었다. 교외의 주부들은 이 문제를 몇 년째 끌어안고 혼자서 끙끙대고만 있었다. 침대 시트를 가지런히 정리할 때, 저녁거리를 사러 갈 때, 식탁 커버를 바꿀 때, 아이들과 피넛버터 샌드위치를 먹을 때, 아이들을 태우고 스카우트 활동지로 갈 때, 밤에 곤히 자는 남편 옆에 누워 있을 때 스스로도 두려운 질문을 조심스레 꺼낸다. "이게 다야?"[9]

이게 다야? 베티 프리단 책의 이 첫 문단은 1950년대와 60년대 미국 백인 중산층 여성들의 마음속 빗장을 열어젖혔다. 수백만 미국 여성들이 경험하고 있던 권태와 분노와 불행은 정치가와 전문가들이 "여성은 아내이자 엄마로서 충만한 행복을 느껴야 한다"고 수없이 강조했던 말들의 결과였다. 프리단에 따르면 현명하신 윗분들은 2차 대전 후 60년대 초반까지 15년이라는 긴 시간 동안 여성들에게 말해 왔다. "어떻게 남편감을 찾아내 그를 옆에 묶어둘까. … 진정 여성스러운 여자는 직업과 교육과 정치적 권리를 원치 않아야 한다. 한물간 페미니스트들이 싸워서 얻어낸 독립과 기회는 필요 없다." 당시 여성들은 여성의 가능성에 한계가 있다는 20세기 중반 미국 사회의 명제 아래에서 성장한 이들이다.

《여성의 신비》는 처음 나온 페이퍼백 판본만 140만 부가 팔렸다. 이 책이 이토록 폭발적인 인기를 누릴 수 있었던 이유는 여러 분야에서 이미 프리단의 생각이 통용되고 탄력받고 있었음을 보여준다. 그럼에도 이 책이 페미니즘 제2의 물결을 알린 결정적 신호탄이었다는 사실을 부정하는 사람은 없다.[10] 이른 결혼과 가정의 속박은 20세기 중반 백인 중산층 여성들에게 너무나 당연한 선택지였으나 이제 대중은 그 관습에 직접적으로 대항해 여성을 해방시키려는 의식적 운동을 전개하기 시작했다.

그러나 여기에는 한 가지 모순점이 있었다. 법학자 레이철 모런Rachel Moran이 지적한 바에 따르면, 1970년대 페미니즘 운동이 부분적으로 "20대 초반에 너도 나도 해버리는 결혼이라는 갑갑한 조건에 대한 직접적인 저항"의 성격이 강했음에도 이상하게 이 운동 안에서 결혼하지 않은 여성들이 설 자리는 별로 없었다는 사실이다.

《여성의 신비》가 여성에게 부과된 결혼과 육아라는 제약에 강하게 반발하는 책이긴 했으나 결혼 자체가 문제적인 요소라거나 여성에게 결혼이 선택 사항이 될 수 있다는 인식은 없었다(처음부터 고려하지도 않았다). 프리단이 강조한 여성의 힘은 가정과 가사노동이라는 한정된 공간을 뛰쳐나가 더 넓은 세상에 여성의 세계를 확장하는 데까지 미쳤지만 결혼이라는 영역이 본질적으로 우리에게 1순위가 되어야 하는가에는 의문을 제기하지 않았다.

이 책 전체에서 프리단은 반복적으로 남성의 관심과 여성의 만족이 서로 관련이 있다고 말했으며 독신 여성들에게는 그리 주목하지 않았다.[11] "이상하게도 정신과 의사 여러 명의 진료 경험에 따르면 미혼 여성 환자가 기혼 여성 환자들보다 더 행복하다고 했다." 이 말을 하면서 프리단은 굉장히 당혹스러워한다. 다른 지면에서 그녀는 수전 B. 앤서니를 언급하며 '까탈스러운 노처녀'라는 신화에 가장 가까운 1세대 페미니스트라고 말하기도 한다. 물론 앤서니가 "다른 참정권자 동료들이 결혼하고 아기를 갖기 시작할 때 배신감을 느꼈다"고는 하지만 다행히 '고양이나 키우는 까칠한 노처녀'로 남지 않았다는 점은 인정했다.

프리단은 1966년 전미 여성 기구NOW의 공동 설립자이자 초대 회장이 되었으며 텔레비전 인터뷰에서 NOW의 미션이 무엇이냐는 질문에 이렇게 대답했다. 이 기구가 전하려는 메시지는 "결혼과 모성과 직업을 쉽게 연결 짓지 못하는 현재 이 사회 여성이 처한 조건을 개선하는 것"이다.[12] NOW에서 밝힌 미션을 보면 이런 의도가 더욱 강하게 드러난다. NOW는 "여성이 결혼과 모성을 선택할지 아니면 어떤 산업 분야나 직업 세계에 참여할지 양자 택일해야 한다는 전통적 사고를 받아들이지 않는다. … 남녀 사이의 평등한 동반자 관계가 이루어지기 위해서는 다른 개념의 결혼이 필요하며 책임이 평등하게 분배되어야 한다."[13] 물론 매우 혁명적인 비전이 아닐 수 없다(사실 지금 보아도 그렇다!). 하지만 이 조직은 전미 여성 기구이지 전미 '기혼' 여성 기구가 아니지 않은가. 모든 여성의 인생에 결혼과 자녀가 그 순서대로 포함되지 않을 수도 있다는 인식은 왜 보이지 않았을까?

프리단이 보지 못한 것은 이뿐만이 아니다.

백인 중산층 여성 중에 모두가 한다는 이유로 떠밀리듯 결혼제도로 편입되길 원치 않는 사람이 있을 수도 있다는 사실은 생각지 못했을 뿐만 아니라 이미 결혼 패턴을 바꾸고 있는 여성들이 적지 않다는 사실도 고려하지 못했다. 결혼을 안 하거나 늦게 하고 집이 아닌 밖에서 일하면서 스스로를 책임지고 아이까지 부양하는 여성들, 때로는 남편이 없기도 한 그런 여성들도 고려하지 않았다. 흑인 여성들 말이다. 프리단의 비전 안에 흑인 여성은 없었다.

흑인 여성은 백인 여성처럼 대학 학위를 받거나 경제적 능력을 가질 가능성이 적었고 임금 면에서 남녀 차별과 인종 차별이라는 이중고를 겪고 있었다. 동시에 그들의 잠재적 남편들도 대학 졸업장이나 경제력을 가질 확률이 낮았기에 백인 여성들과는 달리 가정 바깥에서 일하는 것이 그들에겐 선택 사항이 아니었다. 따라서 프리단의 독자들이 괴로워하는 육아와 가사노동의 허무함과 권태로움을 경험할 가능성도 적었다.

흑인 여성들은 프리단이 두 팔 벌려 맞이하려 했던 그런 변화를 이전부터 만들어나가고 있었다. 필라델피아 변호사 세이디 알렉산더Sadie Alexander는 프리단보다 훨씬 앞선 1930년에 이렇게 주장했다. "여성들은 이 세상 생산자들의 자리에 자신을 위치시키고 있었고 그 결과 상품 가치가 있는 물건들을 만들어냈다."[14] 알렉산더가 주장하기를, 여성의 일은 이 세상 안에서 여성의 지위와 안정성을 높여줄 뿐만 아니라 "자신이 소비자가 아니라 생산자라는 사실에서 오는 만족은 여성에게 평화와 행복을 선물하며 모든 가정에 꼭 필요한 것도 그런 감정을 가진 일원이다".

흑인 여성들은 이미 몇 세대 동안 가정 바깥에서 돈벌이를 해왔다. 그런데 프리단이 여성의 그런 활동을 지지하며 여성운동의 시작을 알렸다고 평가받은 그 시점에 공교롭게도 흑인 여성들은 사회 붕괴의 책임자라는 비난을 받았다. 《여성의 신비》가 출간되고 2년이 지났을 때 흑인 가족의 퇴행과 그로 인해 발생했다는 사회경제적 혼란을 주제로 국민 토론이 벌어졌고, 이 책이 주장하는 신념에 따라 살고 있었던 흑인 여성들이 모든 공격을 떠안았다.

1965년 노동부 차관보이며 나중에 뉴욕 주 상원의원이 된 대니얼 패트릭 모이니핸Daniel Patrick Moynihan은 〈니그로 가족: 국가 조치를 위한 실태 조사The Negro Family: The Case for National Action〉라는 리포트를 발표했다. 이 보고서는 어떤 면에서 설립 시기부터 국가를 병들게 한 구조적인 인종 불평등에 대한 신중한 보고서라고도 할 수 있었다. 모이니핸은 이렇게 주장했다. "미합중국은 탄생할 때부터 흑인 노예제도라는 크나큰 약점을 안고 있는 국가였고 역사적으로 흑인 시민들을 불평등하게 대우하면서 독립 선언서의 약속에서 한참이나 동떨어져 있었다." 모이니핸은 교외의 백인 중산층 부상과 도심의 빈곤한 아프리카계 미국인의 체념이 인종 간 불평등을 형성해 왔다고 인정했다. "이런 새로운 주거 유형, 이는 대부분이 주 정부의 재정 지원을 받아 이루어진 형태인데 이로 인해 미국의 학교 시스템은 지난 20년간 격차가 줄어드는 것이 아니라 점점 더 벌어지고 있다."

모이니핸은 이렇게 미국의 불평등 역사와 흑인과 백인 인구의 전망을 냉철하게 분석했지만, 끝에 가서는 자신의 주장을 단 하나의 공격적인 관점으로 요약했다. 흑인 빈곤의 뿌리는 결혼제도의 붕괴에 있으며 그 책임은 체제에 순응하지 않은 여성들에게 있다는 것이다. 모이니핸의 주장에 따르면 '니그로 가정의 파탄'은 결혼 기피와 미혼모들, "흑인 가정의 대략 4분의 1에서 여성이 가계를 책임진다는 점"때문이었다.

여기에도 타당한 부분은 있다. 경제적으로 불안정한 집단에서 싱글로 자녀를 키우다 보면 저임금이라는 본질적으로 불안정한 조건에 처할 수밖에 없다. 하지만 이 보고서는 여성들이 홀로 가정을 꾸려가는 것이 원인이기도 하지만 결과이기도 하다는 점을 무시했다. 결혼하면 경제적 기회가 줄어들기 때문에 여성에게 결혼은 좋은 게 별로 없는 선택이다. 여성의 바깥 노동은 손해를 끼치기는커녕 불리하게 살아가는 흑인 지역사회와 가정이 그나마 빚지지 않고 살 수 있는 열쇠가 된다. 하지만 모이니핸은 이런 조건을 무시하고 여성이 남성으로부터 독립하고 가정의 중심이 되는 상황을 '병리적 상태'의 원인으로 지목했다.

싱글도 괜찮아

페미니스트 운동이 활기를 띠면서 프리단보다 더 급진적인 목소리를 가진 인물들이 주목받기 시작한다. 여성이 노동 시장에 진출해야 할 뿐만 아니라 여성의 가치를 하락시키는 결혼으로부터 멀어져야 한다는 이야기가 드디어 나오기 시작했다.

1969년 시카고 대학교 사회학 교수인 마를레네 딕슨Marlene Dixon은 "결혼제도는 여성 속박을 영속화하는 주요 수단이다. …

아내의 역할은 역사적으로도 여성 반란의 기원이 되곤 했다." 다음 해에 페미니스트 실라 크로난Sheila Cronan은 이렇게 썼다. "결혼제도는 여성을 노예로 만드는 제도일 뿐이기에 … 여성의 자유는 결혼제도를 제거하지 않고는 이루어질 수 없다." 급진적 페미니스트 작가인 안드레아 드워킨Andrea Dworkin은 이런 유명한 말을 남겼다. "제도로서의 결혼은 관행으로서의 강간이 발전한 것이다."

1970년대에 여성의 초혼 평균 연령은 여전히 21세에 머물러 있었고 18세 이상 미국 인구의 69.4퍼센트가 기혼이었다.[15] 이 수치가 놀라운 이유는 같은 시기에 다른 사회적 · 정치적 변혁은 활발히 이루어지고 있었기 때문이다. 1960년대에 FDA는 피임약을 허가했으며 이는 성혁명으로 가는 첫 단계(혹은 징후)라 할 수 있었다. 1969년에는 동성애자 집단의 스톤월 항쟁이 게이 인권운동을 촉진했다. 이성하고만 동반자적 관계를 맺어야 한다는 관습에 맞서 싸웠던 사람들이 이 운동에 합세하기도 했다.

정치적 당파로서 여성 동성애자들의 출연은 제2의 물결 안에서 그리 환영받지 못했다. 프리단도 레즈비언을 비이성애자를 상징하는 라벤더 색에 빗대어 '라벤더 위협'이라 칭한 것으로 유명하며, 몇 년 뒤 "남성을 혐오하는" 페미니스트 여성들에게 혐오감[16]을 드러내기도 했다. 이들은 "남자를 무시하고, 결혼을 무시하고, 임신과 출산을 모두 무시하는 여성"들이며, "남녀평등을 원하지만 남편과 자녀를 사랑하고자 하는 여성"들이 추구하는 페미니즘을 위협한다고 보았다.[17]

실제로 어느 시기까지는 게이 인권운동과 여성 인권운동이 교차하면서 사회 진보주의자들과 젠더 규범 타파주의자들 사이에 호모포비아의 근거 또한 제공하는 것처럼 보였다. 1970년대 페미니스트들 사이에서도 이성애자 여성이 자기 의지로 미혼으로 산다는 것은 있을 수 없는 일이라는 의견이 있었다. 페미니스트들조차도 여성이 반드시 남성과 결혼할 필요가 없다는 생각을 받아들일 때는 그 여성이 동성애자라는 뜻으로 이해했다.

적어도 글로리아가 등장하기 전까지는 그러했다.

1970년대 초반 페미니즘은 남다른 능력과 대중성과 인기를 업은 새로운 인물을 한 명 얻었다. 이 여성은 본질적으로 다양하고 모순도 많고 결점도 있으며 다면체적 속성을 지닌 페미니스트 운동을 대표하게 되는데(그래도 여전히 한 사람이 페미니즘을 대표하기엔 불충분하고 본인 자신도 종종 실망을 느끼긴 했다) 그녀는 가끔은 거부감을 불러일으키는 이 날선 페미니즘을 보다 폭넓은 대중에게 부드럽게 전달할 수 있었다.

글로리아 스타이넘은 오하이오 주 톨레도 출신으로, 뉴욕의 언론·방송 분야에서 글 쓰는 사람으로 이름을 날리기 시작했다. 그녀는 톰 울프 같은 스타 기자와 함께 '뉴 저널리즘'을 선도한 언론인으로 불렸다. 1960년대 뉴욕 미디어계의 세련된 멋쟁이였으며 유명 남성들과 찍은 사진이 종종 공개되었고 그중 몇몇과 연인 관계로 발전하기도 했다.

스타이넘은 페미니즘에 조금 늦게 눈뜬 편이었다. 1962년 그녀는 피임으로 인해 여성들이 직업과 결혼 중에 하나를 선택하게 되었다는 글을 썼다. 다음 해에는 휴 헤프너의 플레이보이 클럽을 잠입 취재해 폭로 기사를 쓰기도 했다. 그러나 그녀의 정치 활동은 언제나 민주당, 인권운동, 반전 운동 쪽이었다. 이제 막 타오른 여성운동으로까지는 아직 미치지 못했다. 《여성의 신비》가 출간되던 1963년에 스타이넘은 《더 비치 북The Beach Book》이라는 여행 안내서를 썼다. 호일을 이용한 태닝법을 소개하는 책이었다.

본인은 의식하지 못했을지라도 1960년대 말까지 스타이넘의 삶은 당시 여성들에게 열린 새로운 가능성의 빛나는 상징이고 본보기였다. 그녀는 결혼하지 않았고 세계 각지를 여행했으며 일에서 성공했고 성생활에도 당당했다. 1968년 텔레비전 인터뷰에서 캐나다의 유명 방송인 모제스 즈나이머는 서른네 살의 스타이넘에게 "바이브레이션을 누구보다 잘 아는 아가씨"라는 소문을 어떻게 생각하느냐고 묻기도 했다. 그는 플레이보이 잠입 취재에 대해 물으면서 "버니 걸이 되려면 가슴을 풍만하게 만들어야 했을 텐데"라고 말했다. 요리를 하느냐고 물었고 결혼하고 싶은지도 물었다.

"언젠가 할 수도 있겠죠." 스타이넘은 대답했다. "하지만 두 사람이 편안한 거리를 갖기까지 2년을 포기해야 할 것 같은데요." 그녀가 이전에 결혼에 대해서 생각해 보았을까? 그렇다. 이렇게 말했기 때문이다. "지금 만나고 있는 사람과 결혼하면 어떨지 상상해 본 적은 있어요. 어쩌면 제가 여자라서 그런지 모르겠지만요. … 그런데 이 생각부터 떠올라요. '그래, 이제부터 내 이름은 글로리아 버거마이스터야. 아! 그건 싫어요.'" 이 인터뷰에서 즈나이머의 마지막 질문은 '커서' 뭘 하고 싶은가였다.

"자유롭고 싶어요." 그리고 이렇게 말을 이었다. "그리고 늙겠

죠. 약간 사나워지고."¹⁸

1년 후에 스타이넘은 〈블랙 파워 이후 여성의 해방After Black Power, Women's Liberation〉이라는 기사를 쓰면서 페미니스트 운동을 취재할 기회를 가졌다. 같은 해 그리니치 빌리지(뉴욕 맨해튼 남서부 지구로, 예술가, 지식인, 보헤미안 들이 모여들었던 지역-옮긴이)의 낙태권 운동을 취재했다. 20대 초반에 어쩔 수 없이 유럽에서 낙태를 했던 그녀는 이때 페미니스트로 개종했다.

몇 달 후, 그녀는 상원 법사위원회에서 남녀평등헌법 수정안 상정을 위해 증언했다. 셜리 치좀, 벨라 앱저그, 마릴리 에버스, 패니 루 헤이머와 공동으로 전국 여성 정치 회의NWPC를 조직했다. 1971년에는 레티 코틴 포그레빈Letty Cottin Pogrebin과 《미즈》를 창간했다. 제목부터 결혼이 여성의 정체성을 규정한다는 개념을 거부하는 잡지였다.

스타이넘의 가장 뛰어난 재능은 급진적 감성을 매력적이고 간결하며 시대에 딱 맞는 절묘한 말로 직조해 내는 재주였다.

"우리는 우리가 결혼하고 싶었던 남성이 되고 있다." 그녀는 결혼을 반대한다 해도 남자나 사랑을 거부하는 것이 아니고 여성의 삶을 윤택하게 하고 남자와의 평등한 관계를 이루고 싶기 때문이라고 설명했다. 이 문장 역시 그녀를 대표한다. "물고기에게 자전거가 필요 없듯이 여자에게는 남자가 필요 없다." (사실 이 문장을 처음 쓴 사람은 오스트레일리아의 교육자 이리나 던이다.¹⁹) 좀더 날카롭게 스타이넘은 결혼이 여성을 '반쪽 인간'으로 만든다고 주장했으며, 자신이 결혼을 하지 않았고 앞으로도 하지 않을 이유는 "포로 상태로 짝짓기를 할 수 없기 때문"이라고 설명했다. 귀에 쏙쏙 들어오는 재치 있는 문구이면서 수많은 세월 동안 여성의 삶에 뿌리 내린 불만족과 분노에서 나온 말이었다.

모두가 그녀의 매력에 넘어간 건 아니었다.

"미혼 여성들을 약간 안심시키려고 한 것이겠지요." 베티 프리단은 스타이넘에 대해 이렇게 말했다. "하지만 솔직히 글로리아는 약간 위선적이에요. 언제나 그녀 곁에는 남자가 있었잖아요. 그리고 유명 헤어숍에서 최고급 머리 염색을 받으며《보그》잡지 뒤에 숨어 있는 걸 여러 번 봤어요."[20]

스타이넘은 2012년에 나와의 인터뷰에서도 이 점을 인정했다. 그녀가 페미니스트이지만 남성 혐오자라는 캐리커처를 피해 갔고 언론의 공격에서 "약간은 보호받았"는데 이는 "언제나 내 인생에 남자가 있었기 때문"이라고. 하지만 어쩌면 그랬기 때문에 그녀의 싱글 라이프가 이전에 가능했던 모습들보다 더 매력적인 비전을 제공할 수 있었다는 걸 잊지 말자. 스타이넘의 미모, 독립성, 뻔뻔할 정도로 당당한 남성 편력, 끊이지 않은 구애자들 덕분에 그녀는 남자를 혐오하는 불평분자 내지 동성애자로 오인받거나 비난받지 않을 수 있었다. 스타이넘과 그녀처럼 사는 여성들이 미움을 사는 이유는 그들이 남자들의 팔짱을 끼고 있느냐 아니냐 때문이 아니라 그녀들이 진정으로 자유를 즐기고 있었기 때문이다.

70년대 초반에 여성운동의 분수령이 된 두 가지 판결 덕분에 점점 더 많은 젊은 싱글 여성들이 스타이넘의 대열에 합류했다.

대법원은 1965년에 '그리즈월드 대 코네티컷Griswold v.

Connecticut' 재판에서 기혼 부부의 침실처럼 "가장 신성한 장소"에서 일어나는 사생활은 침해할 수 없다는 의견에 근거하여 부부의 피임을 법적으로 허가했다. 하지만 싱글 여성들에게는 같은 결정이 7년 후에나 이루어졌다. 1972년의 '아이젠슈태트 대 베어드 Eisenstadt v. Baird' 소송 사건 이후 대법원은 미혼 커플에게 피임약 판매를 금하는 법안을 위헌이라고 판결하면서 "기혼이건 미혼이건 개인에게 임신처럼 한 인간의 인생을 좌우하는 결정에 국가가 원치 않는 침범을 하지 않는다"고 했다.

이런 결정은 남녀 모두가 권리를 가진 독립체임을 확인시켜 주는 동시에 지난 2세기 동안 다양한 형태로 결혼한 여성의 정체성과 자유를 침범했던 혼인법의 강고한 원칙을 깨는 것이었다. 윌리엄 브레넌 판사는 판결문에서 이렇게 썼다. "결혼한 부부는 하나의 머리와 마음을 가진 한 쌍이 아니다. 각각 다른 정신과 감정을 가진 두 개인의 결합이다." 법조계의 《미즈》라 할 만한 내용이다. 여기에는 미국인의 권리가 단순히 결혼 유무에 따라 제한되거나 더 얻기 힘들어서는 안 된다는 인식이 담겨 있다. 역사학자 낸시 코트는 썼다. "기혼 부부에게 부여한 프라이버시를 미혼에게는 거부한다면, (아이젠슈태트는) 결혼을 공식적인 도덕의 자리에서 멀리 떼어놓는 것과 같다."[21]

1년 후 '로 대 웨이드 Roe v. Wade' 판례에서 대법원은 낙태 합법 판결을 내렸다. 이 법안은 기혼 여성과 미혼 여성 모두에게 막대한 영향을 미쳤다. 특히 미혼 여성에게 합법적인 낙태권은 결혼제도 바깥에서 살 수 있도록 보호해 주는 또 다른 도구였다.

1973년 '독립적인 여성'에 관한 관념이 천천히 퍼지면서 일반 국민들의 머릿속에도 자리를 잡아갔고 급기야 《뉴스위크》는 너무 앞서 나간 커버스토리를 내놓았다. "독신생활은 강하게 의식화되고 있는, 그리고 새롭게 존중받는 미국인의 라이프 스타일이다. … 싱글로 완전하게 사는 것이 충분히 가능해지고 있다."[22] 1974년에는 신용 기회 균등법이 통과되어 여성들도 남성과 같은 조건으로 신용카드를 발급받고 은행 융자와 담보 대출을 받아 주택을 구매할 수 있게 되었다.

아직은 여성운동이 싱글 여성들을 지지하기 위해 눈에 보이는 노력을 하지는 않았다. 하지만 이 운동이 정치, 경제, 법 등에 영향을 미치면서 결혼 바깥에서나 결혼에 우선한 선택지들이 만들어졌다. 1970년대에는 해마다 여성의 존재를 재평가하는 방법들이 생겼다. 지원할 직장이 많아지고 연애할 기회가 늘어났으며 급여가 인상된 것이다.

이처럼 새롭고 매력적인 삶의 기회들이 실제 결혼 생활이라는 구식의 세계와 충돌하는 일은 페미니즘이 나타나기 전부터 시작되었고 이혼율은 고공행진하여 1970년대와 80년대에는 거의 50퍼센트에 달했다. 이혼 붐이 일어나자 절대 결혼하지 않으려 하거나 아직 안 한 여성들은 큰 영향을 받았다. 첫째, 이혼은 더 많은 싱글 여성들을 양산하면서 손가락에 반지를 끼지 않은 여성을 무시하거나 비방하는 일들이 줄어들었다. 또한 일반 대중은 결혼을 변수가 있는 제도로 인식하게 되었다. 고통스러운 이별을 감내해야 할 정도로 결혼이 끔찍할지 모른다는 깨달음은 단점 투성이 결혼제도로 들어가기보다 미리부터 피할 명분이 되어주었다.

그렇다고 해서 1970년대 여성운동이 결혼 욕구나 남성과의 연애에 대한 욕망을 잠재운 것은 아니다. 그보다는 결혼이라는 그림자가 다른 가능성들을 모두 덮어버릴 위험을 감소시켜 세상을 좀 더 넓게 보도록 해주었다. 법률학자 레이첼 모런은 이렇게 쓰고 있다. "제2의 물결 페미니즘의 역설 중 하나는 싱글 여성을 저 머나먼 세계에 사는 집단처럼 무시했지만 여성들이 결혼을 점점 더 거부할 수 있는 조건을 만들어주었다는 데 있다."[23]

1970년대를 종합해 보면, 결혼을 한 번도 하지 않은 인구는 가장 낮게 기록되었지만[24] (이런 통계가 나온 이유는 결혼했다가 이혼한 수많은 베이비부머들을 모두 결혼 인구로 계산했기 때문이다) 결혼하는 여성들의 숫자는 눈에 띄게 줄어들었고 첫 결혼의 평균 연령은 22세로 한 살 정도 높아졌다.

1981년 로널드 레이건은 남편 대신에 정부 지원에 의존하는 여성들을 '복지 여왕'이라 불렀고 그들을 비방하는 흐름을 타고 백악관에 입성했다. 그가 등에 업은 것, 또 어깨를 나란히 하고 나아간 집단은 신자유주의 정책을 지지한 신보수파 뉴라이트였다. 뉴라이트는 근본주의적 종교를 표방하고 신자유주의 정책을 지지하는 보수적인 극우 집단으로 21세기 사회 진보의 시계를 거꾸로 돌렸다. 로널드 레이건은 공화당 지지를 기반으로 1940년대부터 유지해 온 남녀평등헌법 수정안을 무산시켰고, 거의 모든 낙태를 금지하고 수정체를 생명으로 정의하는 소위 인간 생명 법안을 지지했다.

포스트 페미니스트 시대 미국에서는 하루아침에 이렇게 후퇴가 이루어졌고 여성운동과 싱글 여성들을 향한 공격이 최고조에 달했다. 점점 늘어나는 싱글 여성들은 성공한 여성운동의 가장 불편한 상징이 되어버렸다.

1985년 하버드와 예일 대학교 남성 연구자들의 연구논문이 발표되었다. 결론인즉슨 결혼 경험이 없는 대졸 40세 여성이 앞으로 결혼할 확률은 2.6퍼센트라는 것이다. 이 연구 결과는 《뉴스위크》에 그 악명 높은 〈결혼 크런치The Marriage Crunch〉라는 제목의 기사로 태어났다. 40세 여성이 결혼하기란 테러리스트 손에 죽는 것보다 어렵다는, 오류로 유명한 주장이 여기에 담겨 있었다. 《피플》 잡지는 〈이 노처녀들은 누구인가?〉[25]라는 표제 아래에 결혼하지 않은 유명 연예인 사진을 붙이고 "35세 이상의 싱글 여성들 대부분이 결혼에 대해 잊어버린다"고 경고했다. 결혼이란 말을 거부하는 이들에 대한 사회적·문화적 공격이 거세게 이루어졌다.

그럼에도 여성들은 여전히 결혼하지 않았다. 1990년에 여성의 초혼 평균 연령은 24세로, 20세기 기록상 최고였다.

미래는 이미 와 있었다. 결혼하지 않은 여성들이 이루어놓은 발전이 반향을 불러일으켰지만, 보수로 회귀하려는 사회는 여성들이 전 세대에게 물려받은 성적·경제적 힘을 위협하고 있었다. 낡은 정치 문화의 방해가 새롭게 나타나곤 했고 아마존의 여성들을 다시 결혼이라는 울타리에 몰아넣고 싶어 안달하는 인물들도 나왔다.

현재

1970년대와 80년대에는 일부 여성들이 결혼을 회피하거나 미뤘지만 이제는 일반 대중도 그렇게 한다. 가장 과격한 페미니스트 아이디어였던 결혼 해체는 보수주의자들의 바람과 달리 이 사회의 관습으로 받아들여지고 있다. 정치적 의도를 벗어버리기는 했지만 그것이 평범한 여성의 인생행로를 새롭게 개조하는 한 더 강력한 잠재력을 발휘할 것이다. 한때 모이니핸이 결혼을 꺼리는 독립적인 여성들을 이 나라 가부장적 질서에 위배되는 병리현상이라고 비난했으나 이젠 너무나 평범하고 정상적인 모습이 되어버렸다.

2013년에 첫 출산의 50퍼센트가 혼외 출산이었고, 30세 이하의 경우 60퍼센트에 육박했다.[26] 같은 해 전국 가족 결혼 조사 센터NCFMR는 미국 혼인율이 지난 100년을 통틀어 최저를 기록했다고 발표했다.[27] "결혼은 더 이상 필수가 아니니까요." 이 센터의 공동 디렉터는 연구 결과를 발표하며 이렇게 말했다. "사람들 앞에 다양하게 놓인 선택지 중 하나일 뿐이죠."

다양한 선택지라니! 불과 몇십 년 전만 해도 대부분의 여성들이 이성애 결혼과 출산과 육아라는 좁은 길에 들어갔다는 사실과 비교하면 대단히 혁명적이다. 이제 수백만 명의 여성들이 결혼하지 않은 채 오랜 기간 한 파트너와 살아간다. 한 사람과 관계를 유지했다 헤어지고 또 다른 사람과 그런 관계를 시도하기도 한다. 성적으로도 다양한 삶을 누린다. 연애나 성생활과는 먼 삶을 살기도 하고, 자녀를 낳거나 낳지 않기도 하고, 동성과 정식 결혼을 하기도 하며, 이 중에 몇 가지를 자신에 맞게 조합하기도 한다.

게이와 레즈비언이 결혼 합법화를 위해 달려온 여정을 생각하면 이성애자들이 결혼에서 탈출하려고 하는 세태와는 모순되는 것처럼 보인다. 그러나 실제로 이 둘은 같은 프로젝트에 속한다. 한때 같은 모습으로만 존속했던 제도를 해체하려 하기 때문이다. 그 제도는 한 성이 다른 성에게 법적·경제적·성적 권한을 행사할 수 있는 수단으로 활용되었다. 그러나 이제는 탄력적인 결합을 통해 이상적으로 대등한 관계에 들어설 수 있는 제도를 새롭게 그릴 수 있다.

이러한 사회 변혁이 보수주의자들에게는 최대의 악몽이다. 여성과 남성이 각각 어떤 존재인지 처음부터 다시 생각해야 하는 것은 물론이고 가족이란 무엇이고 가정 안팎에서 누가 주도권을 쥘지도 다시 정해야 하는 성가시고 불쾌한 도전이다. 독립적인 개체로서 여성 존재의 확장은 모든 종류의 권력이 재분배되는 것을 의미하는데 거기에는 최근까지만 해도 남성들이 휘두르던 선거 권력도 포함된다.

싱글 여성 유권자들

2012년, 놀랍게도 결혼하지 않은 여성이 전체 유권자의 23퍼센트를 차지했다. 약 4분의 1이 남편 없는 여성인데 4년 전에 비해 3퍼센트 상승한 숫자였다. 유권자 참여 센터Voter Participation Center

창립자인 페이지 가드너에 따르면 2012년 대통령 선거에서 경제권과 생식권 보장을 주장한 미혼 여성 유권자는 실질적으로 모든 인구에 골고루 퍼져 있어, "아프리카계 미국인 인구의 40퍼센트, 라틴계 인구의 30퍼센트였고 젊은 유권자의 3분의 1에 달했다."

싱글 여성들은 버락 오바마를 백악관에 재입성시키는 데 큰 역할을 했다. 그들의 표 중 67퍼센트가 오바마에게 갔고 31퍼센트가 롬니를 뽑았다. 반면 기혼 여성의 표는 롬니에게 더 많이 갔다. 2013년 버지니아 주 주지사 선거에서 민주당 후보가 공화당 후보보다 여성 유권자들의 표에서 9퍼센트를 앞질렀는데 《뉴욕 타임스》에 따르면[28] 싱글 여성들 사이에는 "충격적일 정도로 큰 42퍼센트 차이가 났다." 결혼하지 않은 여성들의 정치적 편향성은 일부에서 추측했던 것처럼 인종에 관계없이 나타난다. 미국 정치전략 연구소인 레이크 리서치 파트너스에서 실시한 여론 조사에 따르면 전체적으로 백인 여성들은 오바마보다 롬니에게 더 많이 표를 주었지만, 미혼 백인 여성들의 경우 오바마 49.4 대 롬니 38.9로 오바마의 승리였다.[29] 2013년, 컬럼니스트 조너선 라스트Jonathan Last는 2000년 선거에서 표를 행사한 25~30세 여성 유권자들을 분석했고 《위클리 스탠다드Weekly Standard》에 이렇게 발표했다. "다른 어떤 변수보다 이 여성들의 결혼 유무가 최종 선택의 결정적 요소였다."[30]

싱글 여성의 생활과 선거 참여도 사이의 관계는 시답잖은 비밀이 아니다. 2014년 《뉴욕 타임스》 기사는 이렇게 시작한다. "지난 세대부터 이루어진 혼인율의 하락은 비혼 여성이라는 새로운 유권자 세력을 형성했고 이는 미국 유권자들의 특성을 완전히 재설정하고 있다.”

보수주의자들 또한 이런 현상을 직시하고 있다. 반페미니즘 활동가 필리스 슐래플리는 2012년에 오바마 대통령이 여성들에게 너무나 많은 복지 서비스를 제공해 여성들의 결혼을 막고 있다고 했다. “오바마 대통령은 사람들이 정부의 무상 복지 정책에 더 의지하도록 종용하고 있습니다. 그래야 지지율이 유지된다는 것을 아니까요.”[31] 이것이 오늘날 싱글 여성들이 두려운 이유이고, 공화당 정치가들이 이들을 어떻게든 채찍질하고 싶어 하는 이유다. 2012년 10월 대선 토론에서 미트 롬니와 버락 오바마는 ‘반복되는 총기 사고를 어떻게 막을 것인가’라는 질문을 받았다. 롬니는 미국의 ‘폭력 문화’를 바로잡기 위한 주요 조치는 “우리 자녀들에게 아기를 갖기 전에 결혼부터 고려해야 한다”고 말하는 것이라고 대답했다. 물론 여기서 결혼은 이성과의 결혼을 의미한다.

21세기 두 번째 10년을 보내며 모든 당파의 정치가들은 미혼 여성의 힘을 인식하고는 있으나 여전히 결혼 맥락 바깥에 있는 여성의 삶을 이해하는 데는 역부족으로 보인다. 그들은 더 이상 남성에게 얽매이지 않는 미국 여성들이 이제 정부와 결합하려 한다는 메타포에만 의지하고 있다. 2014년 중간 평가 사전 준비에서 폭스 뉴스 진행자 제시 워터스Jesse Watters는 결혼하지 않은 여성들을 ‘비욘세 유권자’라 명명하며 이렇게 주장했다. “그들은 남편에게 의지하지 않고 정부에 의지하려고 한다. 그들은 피임, 의료보험 같은 것들을 절실히 필요로 하고 동등한 임금에 관해 이야기하기를 좋아한다.”

한편 공화당 대학생 전국 위원회에 속한 젊은 보수주의자들은 조금 덜 나무라는 어조로 접근한다. TLC 방송국의 리얼리티 쇼 〈웨딩드레스에 예스를 외쳐Say Yes to the Dress〉(결혼할 여성들의 완벽한 드레스를 찾는 리얼리티 쇼-옮긴이)를 패러디 해서 싱글 여성 유권자들에게 웨딩드레스를 입으라고 외치는 텔레비전 광고 시리즈를 만든다. 이 신부가 입으려는 드레스는 사실 공화당 주지사 후보다. 자유주의 성향의 잡지《코스모폴리탄》은 선거일인 11월 4일에 소셜 미디어를 통해 '그날은 비워두세요Save the Date'라는 선거 홍보 광고를 시작했다. 이 광고는 "당신과 투표소가 결혼하는 날"이라는 뜻이었다.

도시개발학 교수인 조엘 코트킨은 뉴스 웹사이트 '더 데일리 비스트The Daily Beast'에 올린 글에서 싱글 여성 유권자의 힘은 약해질 수밖에 없다고 주장했다. 왜냐하면 싱글 남녀는 "그 단어가 의미하듯 2세가 없는"[32] 반면, 그들 반대편에 있는 보수주의자들은 부모의 정치 성향을 물려받을 아이들을 열심히 낳아 이 나라의 인구를 다시 채우고 "보수적인 가정 중심적 가치가 결국 다시 돌아오게" 만들 것이기 때문이다. 코트킨의 첫 번째 오류는 결혼하지 않은 사람에게는 당연히 자녀가 없으리라 가정한 것이고(실제로 점점 더 많은 싱글들이 2세를 갖고 있다), 두 번째는 왜 사람들이 결혼에서 그렇게 벗어나려 했는지 생각해 보지 않은 것이다. 결혼에서 벗어나 독립적인 삶으로 이행하려는 바람은 어느 날 갑자기 뚜껑을 열고 튀어나온 것이 아니다. 몇 세대에 걸친 사람들이 불평등한 종교적·보수적·사회적 관습에 불만을 느끼면서 서서히 나타난 현상이다. 보수 성향의 부모가 낳은 아이들이 부모와 비슷한 길을 걷고 부모들의 보수적 가치를 고수하리라는 보장은 또 어디 있나? 전통 교육을 받은 시민들이 가장 열심히 그 가치들을 벗어나려고 노력해 오지 않았나? 엄격한 보수적 사고라는 예방 주사를 놓는다고 해서 해방되고 싶은 욕구를 막을 수 있는 것은 아니다. 오히려 더 고취될 때가 많다.

보수파들이 유난히 선거 때 말이 많아지는 이유는 독립적인 여성들이 유례없는 영향력을 행사할 때 나타날 결과가 두렵기 때문이다. 물론 이 여성들이 전부 다 투표를 한다면 더욱 그렇겠지만 사실 그렇게 되기는 매우 어렵다.

결혼하지 않은 여성들은 투표율이 가장 낮은 유권자에 속한다. 이들은 가난하고 두세 가지 일에 매여 있는 싱글맘일 경우가 많고 저임금 노동자 중에는 투표장에 갈 시간적 여유조차 없는 이들이 많다. 또한 사회 정책 실패를 체감하면서 선거로 세상이 바뀌지 않는다는 냉소주의에 빠져 있기도 하다. 유권자 참여 센터의 페이지 가드너는 2016년이 되면 "사상 최초로 여성 유권자의 다수가 결혼하지 않았을 가능성이 있다"고 예고했다. 하지만 2012년 대통령 선거에서 싱글 여성의 약 40퍼센트가 투표를 하지 않았다.[33]

그러나 비교적 적은 퍼센트가 투표에 참여했다고 해도 이 싱글 국민들은 그들에게 미국을 바꿀 힘이 있다는 것을 이미 보여주었고 그 점에서 많은 사람들을 불편하게 만들었다.

여대생, 창녀 그리고 결혼 치유

2012년 당시 미혼의 조지타운 대학교 로스쿨 학생이었던 샌드라 플루크Sandra Fluke는 의회에서 피임이나 출산 계획과 관련된 의료비도 건강보험 적용 대상에 포함되어야 한다고 말했다. 플루크는 성적인 자유라는 주제는 건드리지도 않았다. 그것은 돈, 임금, 교육에 관한 문제였고, 이제는 성인 여성의 삶에서 결혼이 중심이 아니므로 비용 부담 없이 재생산을 통제하며 좀더 다면적인 삶을 살 수 있어야 한다는 권리의 문제였다.

보수파 방송인 러시 림보는 생방송에서 플루크의 증언을 낱낱이 까발리며 조롱과 비난과 욕설을 퍼부었다. 그녀가 자유로운 섹스를 가능하게 하는 제품이나 시술에 대한 권리를 주장한다는 사실에 참을 수 없는 분노가 치밀었던 모양이다. 림보는 20년 전에 아니타 힐이 당한 것처럼 결혼하지 않는 여성들은 성적으로 문란하다고 중상 모략하는 방식을 택했다. 라디오 쇼에서 플루크를 '창녀' '걸레'라 불렀고 '너무 많은 섹스' '너무 많은 섹스' '너무 많은 섹스'라고 수차례 반복했으며 나아가 플루크 세대의 이 '여대생'들이 "원하는 대로 잠자리 파트너를 갈아치우려고 난리를 친다. 이들의 난잡한 생활에는 끝이 없다"고 말했다. 림보는 '끝없는'이라는 단어를 반복 사용하여, 결혼과 관습이 부여했던 규제들을 영악하게 피해 간 여성들에게 있는 그대로 분노를 쏟아냈다.

플루크와 그녀가 대표하는 독립적인 여성들의 점점 커지는 힘은 보수주의자들에게 눈엣가시와도 같은 존재였다. 아니 그 정도가 아니라 공포스러운 존재였다. 이 여자들은 강한 전염성으로 역병을 일으키는 암적인 존재였다.

《아메리칸 스펙테이터The American Spectator》의 한 필자는 그래도 예의상 플루크를 '미즈'라 칭하며 "21세기형 복지 여왕의 대표적 모델"이라고 말했다. "그런 부류의 대학생 수천수만 명이 올해 졸업해서 정부에 들어오거나 정치 캠페인을 벌일 것이다. 이런 생각을 모두에게 퍼뜨리고 말 것이다."[34]

플루크를 공격하고 일주일 후 림보는 방송에서 또 한 명의 젊은 여성이 쓴 음식 정치에 관한 책을 맹렬히 비판하다 말고 이렇게 물었다. "아니, 요즘 결혼 안 한 젊은 백인 여자들은 다 이럽니까?"

이 여자들을 조심하라고 이 남자들은 말하고 있다. 그들은 도처에 깔렸다.

백인 로스쿨 학생 플루크처럼 특권층이 아닌 비혼 여성들에게는 입법자들이 더 쉽게 권력을 휘두를 수 있고 그들을 결혼이라는 상자에 가두려는 시도는 말과 정책으로 끝없이 이루어진다.

21세기 초반 10년 동안 공화주의자들은 혼인율 감소 때문에 빈부격차가 점점 더 심해진다는 주장에 열을 올렸다. 플로리다 주 공화당 상원의원 마르코 루비오는 이런 의견을 냈다. "어린이와 가족을 가난에서 구출하는 방법은 정부의 복지 수당이 아니다. 결혼이다."[35] 릭 샌토럼과 젭 부시를 포함해 2016년 루비오와 경쟁했던 공화당 대선 후보 주자들은 1990년대 중반 '강력한 교차점' 때부터 싱글 여성들의 명예를 갉아먹는 발언을 해왔다.

2013년 미트 롬니는 서던버지니아 대학교 졸업 축사에서 학생들에게 거의 애원조로 빨리 결혼하라고 말했다. "어떤 젊은이들은 결혼할 수 있는데도 자기 자신을 위해 시간을 더 갖겠다고 이야기합니다. 30대 혹은 40대까지 결혼을 생각하지 않겠다고 하는 이들도 있습니다. 그들은 삶에서 너무 많은 것을 놓치고 있고, 저는 그것이 안타깝기 그지없습니다."

싱글 여성 인구 증가에 따라오는 이런 사회정치적·경제적 불안과 함께 또 다른 불안이 있다. 이 여성들이 아이를 충분히 갖지 않으리라는 불안이다.

"우리가 안고 있는 문제들의 근본 원인은 출산율 저하에 있다." 칼럼니스트 조너선 라스트는 이렇게 썼다. 《월 스트리트 저널》에 개인이 어떤 정당을 지지하는가에 결혼 유무가 가장 중요한 요소라는 글을 발표한 바로 그 사람이다. 이 글은 2013년에 《아무도 아기를 기대하지 않는데 무엇을 기대하리What to Expect When No One's Expecing》라는 책으로 출간되기도 했다.

이런 경고는 다른 분야로도 퍼져 성인 여성이 결혼과 육아에 시간을 쓰지 않고 다른 데 쓰는 행동이 우리 국가의 미래를 좀먹고 있다고 비판한다. 《뉴욕 타임스》 보수주의 칼럼니스트 로스 다우댓Ross Douthat은 〈제발 아기를 낳아주세요More Babies, Please〉라는 제목의 칼럼에서 '임신과 육아에서 멀어지는 것'은 '데카당스'이며 "미래보다 현재만을 중시하는 유아적 태도"이며 "태고부터 인류 문명 건설에 가장 중요한 기초적 희생은 하지 않고 현대적인 것의 안락함과 쾌락만을 끌어안는 태도"라고 비판했다. 다우댓은 인구가 꾸준히 유지되어 온 것이 과연 누구의 희생으로 가능했는가를 구체적으로 밝히지 않았으나 라스트는 훨씬 직설적이었다. 출산율이 낮은 까닭을 열거하며 조심스럽게 '확실히 그럴듯한'이라고 밝힌 이유는 이것이다. "여성이 남성과 같은 비율로 대학에 다니고 있다. 더 중요한 것은 여자들이 교사, 간호사 같은 직업 이외의 분야로 넓혀가고 있다." 마지막으로 이렇게 말한다. "피임약과 동거의 증가가 합쳐지면서 섹스, 결혼, 출산, 이 세 가지를 하나로 묶은 철의 삼각형이 분해되었다."

보다 못한 여성주의 경제학자 낸시 폴브레Nancy Folbre는《뉴욕 타임스》에서 미래 인구 분포를 걱정하는 비관론자들에게 설명했다. "어떤 사회의 생산성과 창의성이 인구의 연령 구조에 따라 결정된다는 역사적 증거는 전혀 없다." 하지만 이들의 불안은 역사적 증거에서 나온다기보다 역사적 염원에서 나온다. 라스트가 '철의 삼각형'이라고 묘사했던, 여성과 결혼과 출산을 하나로 묶었던 시대의 지반이 흔들린다는 데서 오는 불안이다.

걱정하는 이들이 아이가 많이 태어날까 봐 걱정인지 적게 태어날까 봐 걱정인지, 가난하게 사는 여성이 걱정인지 힘 있는 여성이 걱정인지 몰라도 모두가 같은 결론에 도달하는 것만큼은 확실하다. 결혼을 반드시 정상적 상태로 되돌려야 한다는 것, 다른 영역에서 성공하는 것이 여성에게 어떤 무게를 갖건 간에 결혼은 여성 존재의 표지이자 기준이 되어야 한다는 것이다.

이 나라를 만든 여자들

이 모든 경고와 진단과 공포는 사실 완전히 근거가 없지는 않다. 실제로 싱글 여성들이 모든 것을 전복시키고 있다. 점점 커져 가는 그들의 존재감이 남녀 사이의 경제적·정치적·성적 권력 구조에 영향을 미치고 있다. 여성이 결혼하지 않고 살 수 있는 능력이 정치권과 선거에 영향을 미치고 있다. 미국에 살고 있는 막대한 숫자의 싱글 여성은 가족의 정의를 바꾸고 있고 그에 따라 사회 정책에도 영향을 미칠 것이다.

사회가 이런 여성들에게 강력하게 반대를 표명하는 이유는 무엇일까? 이것이 사회적·정치적 파열을 알리는 결정적 신호가 될지도 모른다고 (어쩌면 무의식적으로) 생각하기 때문이 아닐까? 결혼 기피가 피임약 발명처럼, 성혁명처럼, 노예제 폐지처럼, 여성의 참정권 주장과 여성운동, 인권운동, 게이 인권운동, 노동운동처럼 기존 사회의 질서를 허물지도 모른다는 불안 때문이다.

실제로 싱글 여성들은 과거의 사회 격변기에 큰 역할을 했다. 싱글 여성의 증가와 그들의 영향력이 이 국가를 흔들어댄 것이 지난 50년에 불과하다고 보는 사람도 있지만 실제로 국가의 틀을 잡을 정도로 큰 힘을 지녔던 싱글 여성들의 이야기는 이 나라 건국 초기부터 시작되었다.

여성들, 특히 결혼제도에 매이지 않고 살아왔던 여성들은 이 국가가 세워질 때부터 사회 진보를 앞당긴 당사자들이었다.

2

노처녀에서 비혼까지

싱글 여성들의 역사

1563년 잉글랜드 의회는 여왕에게 청원했다. "여왕 폐하, 부디 고집을 꺾고 혼인하여 주십시오. 어디에서 누구와 하실지는 여왕 폐하 뜻대로 하시되 되도록 빨리 해주시길 간청드립니다."

이 군주는 1558년부터 1603년까지 잉글랜드를 다스렸고 죽을 때까지 결혼을 거부했던 '처녀 여왕' 엘리자베스 튜더다. 엘리자베스 1세에게는 여러 차례 혼담이 들어왔고 그중에는 중요한 국제

동맹을 맺을 수 있는 제안도 있었으나 그녀는 평생 독신으로 살았고 1558년에 의회가 처음 탄원한 후에 이렇게 말하기도 했다. "짐은 국가와 결혼했다." 또 다른 자리에서도 독신을 지키겠다는 소망을 전달했다. "나는 남편이라는 주인을 두지 않은 한 여성으로서 여기에 있겠다." 외국 대사에게도 이렇게 말한 것으로 기록되어 있다. "대사에게 내가 선호하는 것을 밝혀야 한다면 나는 내 본성이 따르는 대로 하고 있다고 말하겠다. 바로 이것이다. 거지이면서 독신인 여성이 결혼한 여왕보다 낫다고."[1]

솔직히 거지 여성이 독신으로 사는 건 엘리자베스 여왕이 독신으로 사는 것보다 몇백 배 힘들다. 중세 유럽의 독신 여성을 연구한 역사학자 주디스 베넷과 에이미 프로이드에 따르면 "여성은 남성만큼 돈을 벌 수 있는 직업을 거의 찾을 수 없었다". 결혼하지 않고 사는 것은 원천적으로 불가능했지만 지배 계층은 예외였다. "자신의 운명을 결정할 수 있는 부유한 상속녀는 다른 여성들보다 결혼을 거부하기가 쉬웠다." 그들은 엘리자베스를 "여성의 재산 유무와 독신 간의 연관성을 보여주는 분명한 예"라고 지적한다.[2]

엘리자베스 1세는 수세기 동안 여성이 결혼제도 바깥에서 잘 살아나가는 것이 얼마나 드문지를 보여주는 예이기도 하지만, 이렇게 의지적으로 독신을 고수한 여성은 결혼한 여성보다 훨씬 더 자신의 운명을 잘 개척할 수 있고 특별한 경우 역사에 발자취를 남길 수 있음을 보여주는 예가 될 수도 있다.

대부분의 여성들에게 결혼 말고는 달리 길이 없었다. 경제적 안정을 얻고 사회적으로 허용된 성생활과 생식 활동을 하고 지역

사회 안에서 살아가려면 말이다. 그러나 남편이 (그리고 아이들 때로는 아주 많은 아이들이) 있다는 것은 곧 아내이자 모성을 가진 어머니로만 살아야 한다는 것을 의미했다. 아니 그뿐이 아니었다. 결혼과 함께 자립성, 법적 권리, 사회적 성취를 이룰 가능성을 자연스럽게 잃어버렸다. 가까스로 역사에 흔적을 남긴 몇 안 되는 여성들은 부유한 귀족 출신이었고 그중 많은 숫자가 평생 독신이었거나 세상과의 거리를 좁히려 노력했던 그 시기에는 독신이었다.

작가나 화가 같은 예술가 중에서 그런 여성들을 많이 찾아볼 수 있다. 화가 메리 카사트, 시인 에밀리 디킨슨과 크리스티나 로제티, 소설가 앤 브론테와 에밀리 브론테, 역시 작가인 윌라 캐더와 캐서린 마리아 세즈윅, 다작의 아프리카게 미국인 소설가 폴린 홉킨스 등은 한 번도 결혼하지 않았다. 의학 분야에서 장벽을 깨뜨린 여성들도 있다. 최초의 여의사라 불리는 의사 자매 엘리자베스와 에밀리 블랙웰, 간호사인 플로렌스 나이팅게일과 클라라 바턴, 도로테아 딕스 등이 독신으로 남았다. 여권 운동가 제인 애덤스, 수전 B. 앤서니, 프란시스 윌라드, 앨리스 폴, 메리 그루, 도로시 하이트, 교육자인 캐서린 비처와 메리 라이언, 이들에게도 남편이 없었다.

그렇다고 해서 이 여성들에게 성적으로나 가정적으로 친밀한 관계가 없었던 것은 아니다. 예외는 있지만 남성 혹은 다른 여성과 지속적인 애정 관계를 유지하기도 했다. 그저 남성이 주도권을 갖고 여성이 복종하는 제도에 편입되어 사회의 기대를 충족시키지 않았을 뿐이다.

앤서니는 기자인 넬리 블라이Nellie Bly에게 이렇게 말한 적이 있다. "나는 천 번도 넘게 사랑에 빠졌었습니다! 하지만 영원히 사랑할 거라 생각되는 단 한 사람을 만나지 못한 것뿐입니다. 그리고 내 자유로운 삶을 반납하고 남자만 바라보는 가정주부가 되고 싶지 않았어요. 내가 젊었을 때는 처녀가 가난한 사람과 결혼하면 자동적으로 가정부이자 일꾼이 되었습니다. 부자와 결혼하면 애완동물이나 인형이 되고요. 생각해 보세요. 스무 살에 결혼해서 55년 동안 일꾼 아니면 인형으로 산다는 걸요."[3]

물론 젠더와 시대의 한계를 벗어나 성공을 누린 기혼 여성들도 있다. 영국의 소설가 엘리자베스 개스켈과 미국 작가 해리엇 비처 스토는 결혼을 했을 뿐 아니라 이 제도를 여성에게 유리하도록 바꾸는 데 앞장섰다. 하지만 대부분의 기혼 여성들은 세상과 여성 사이를 갈라버리는 전통적 결혼의 굴레를 받아들여야 했다. 19세기 사회운동가이자 일곱 아이를 둔 기혼 여성 엘리자베스 캐디 스탠턴은 결혼한 여자들의 처지를 자조하곤 했다. 여성운동 동지 앤서니에게는 최근에 소식을 통 듣지 못했다며 편지에 이렇게 썼다. "수전, 어디 갔어요? 어디서 뭐하고 있어요? 당신의 침묵이 아주 신경 쓰이는군요. 혹시 죽었나요? 아니면 결혼했나?"[4]

뛰어난 족적을 남긴 여성 중에 결혼한 여성들은 또 있다. 여성운동가인 아이다 B. 웰스, 앤젤리나 그림케, 파울리 머리, 작가인 조지 엘리엇, 마거릿 풀러, 조라 닐 허스턴, 화가 프리다 칼로와 조지아 오키프, 배우 사라 베른하르트, 비행사 브레이브 베시 콜먼 등은 시대가 부여한 관습을 뛰어넘은 이들이다. 이들은 비교적 자유로운 결혼 생활을 했거나 아이가 없거나 결혼 생활이 짧았거나 경제적·직업적으로 성취를 이룬 후에 결혼했기에 여성을 부속물이 아닌 동등한 동반자로 받아들일 파트너를 찾을 수 있었다.

하지만 전통적 아내 역할이라는 부담스러운 제약을 피한 채로 자기만의 창의적인 인생을 걸어나가기란 여간 어려운 일이 아니었다. 결혼은 수백 년 동안 법의 틀 안에 마련된 다양한 방식으로 여성을 억압하고 여성의 힘을 억눌러왔다. 결혼제도로 말미암아 그 제도 바깥에서는 사회적·정치적·의학적·문화적 힘이 작동하기 어려웠다. 따라서 본인 의지이건 인연이 없어서건 그 시절에 독신으로 남은 여성들은 어느 정도의 힘과 자기 정체성은 유지하더라도 사회적 비난을 피하거나 경제적 독립을 누리기는 거의 불가능했다.

미국 역사 전체에서도 그들이 걸어온 고난의 길을 따라가다 보면 오늘날 싱글 여성들에게도 전혀 낯설지 않은 도전과 저항을 발견하게 된다. 그때나 지금이나 싱글 여성들의 삶은 공격받고 있다. 건국 초기부터 여자들은 정치가, 설교자, 유명 언론 들에 대항해 독립 전쟁을 치러왔다. 그러나 지난 200년 동안 독신 여성들이 담당한 사회·경제적 변혁 덕분에 오늘날의 싱글 여성들이 훨씬 더 수월하게 자립 생활을 누리게 되었다.

독신녀, 물레 돌리는 여자, 가시고기

초기 식민지 시대 미국은 유럽처럼 확립된 정부가 없었기 때문에 가정을 사회 통제의 기관으로 삼는 데 주력했다. 17세기 플리머스 식민지, 매사추세츠 베이 식민지, 코네티컷과 뉴 헤이븐 등에서 결혼하지 않은 사람들은 교회를 다니고 땅을 소유한 남성이 '통치하는' 가정 내에서 살아야만 했다. 1650년대 뉴 헤이븐의 칙령을 보자. "가정에 속하지 않거나, 어떤 친족관계 안에도 귀속되지 않은 사람들은 이 사회의 불편과 무질서의 원인이 되므로" 각 가정의 '통치자'들에게 "이러한 독신 남녀의 태도와 행동거지와 행위를 관찰하는" 의무를 부여한다. 결혼하지 않은 여성이라면 어떤 가정의 하녀 신분이라도 유지해야 했고 독립성을 띤 모습으로는 그 세계에 발붙일 수 없었다.[5]

세일럼Salem에서는 마을 장로들이 아주 짧은 시기 동안, 결혼하지 않은 여성에게 재산권을 허락했으나 통치자들은 곧 그 법을 수정했다. "처녀들이 가혹한 운명으로 과거의 전례들과 사악한 사건에 노출되는 것을 조기에 막는" 것이 최선이라는 이유였다.[6] 역사학자 앨리스 케슬러-해리스가 지적했듯이 토지 소유를 인정하는 것은 결혼 외의 존재 방식을 가능하게 하는 길이었고 다른 식민지들 또한 "여인에게 땅을 물려주는 것은 그들의 종속적 역할을 해친다는 사실을 점차 깨달았다." 그리하여 이 선택권을 없애버리는 조치들을 취하기 시작했다. 1634년, 토지를 소유한 독신녀가 7년 안에 결혼하지 않으면 그 땅을 몰수해야 한다는 법안이 메릴랜드

하원에 상정되었다.[7]

그 시기에 그나마 개인의 힘을 행사할 수 있는 여성이라면 부유한 과부였을 것이다. 일단 한 번은 결혼을 했고 법적 상속자이기에 사회에서 인정되는 신분을 유지할 수 있었다. 다만 그런 경우는 극히 드물었다. 대부분의 과부는 가난했고 식솔들을 부양할 방법이 없었기에 지역사회의 자비에 기대지 않으면 가족들을 먹여 살릴 수 없었다.

대체로 결혼하지 않은 여자들은 사회나 가정을 피난처 삼아 기생하는 존재로 여겨졌다.

'독신녀spinster'라는 단어는 '물레 돌리는 사람spinner'라는 단어에서 유래했다. 13세기 유럽에서는 여성, 특히 십자군 전쟁으로 늘어난 과부와 여자 고아들을 칭하는 말로 쓰였고 16세기부터 결혼하지 않은 여성을 지칭했다. 이들은 늙어 꼬부라질 때까지 아무런 보수 없이 원료를 생산하는 사람이 되어서라도 가정 내에서 가치를 증명해야 했다.[8]

신대륙에서 '독신녀'는 좀더 구체적인 뜻을 얻게 되었다. 식민지 시대에 이 단어는 23~26세의 결혼하지 않은 여성을 가리켰다. 아직 배우자가 없는 26세의 여성은 가시고기thornbacks라고도 불리었다. 가시고기란 등과 꼬리에 날카로운 가시들이 박혀 있는 물고기다. 칭찬의 의미는 아니었을 것이다.

보스턴의 서적상이었던 존 던턴John Dunton은 1686년에 이런 글을 남겼다. "나이 든 (혹은 노쇠한) 여자는 보스턴에서 그 무엇과도 비교할 수 없는 저주로 여겨졌고 암울하기 짝이 없는 모습으로 비쳤다."[9] 하지만 실제로 결혼하지 않은 여성의 '암울하기 짝이 없는 모습'은 식민지 시대에 희귀한 존재였다. 신대륙 정착민들 중에는 남성이 여성보다 압도적으로 많았고 성비 불균형이 심해서 구조상 여성들은 아주 어린 나이에 결혼해야만 했다. 1755년에 벤저민 프랭클린이 이런 기록을 남겼다. "미국에서 결혼은 유럽에 비해 좀더 보편적이고 좀더 보편적으로 일찍 결혼한다."

초기 정착민들이 결혼을 대하는 태도와 결혼 안에서 남성과 여성의 역할은 커버처coverture로 알려진 영국 일반법의 원칙을 따랐다. '커버처'란 여성의 법적·경제적·사회적 신분이 그 여자가 결혼한 남성의 사회적 신분으로 '덮인다는' 뜻이다. 결혼한 여성은 '덮인 여자feme covert', 결혼하지 않은 여성은 '혼자인 여자feme sole'다. 윌리엄 블랙스톤의 《영국법 주해Commentaries on the Laws of England》에서는 커버처를 이렇게 설명했다. "여성의 존재 근거와 법적 지위는 결혼 중에는 유예된다. 혹은 남편에게 편입되거나 통합된다. 아내는 남편의 날개, 보호, 커버 아래에서 모든 일을 수행하도록 한다. 남편은 아내에게 어떤 것도 상속할 수 없고 돈을 주겠다는 계약을 할 수 없다. 그것은 여성을 독립적인 존재로 간주하기 때문이다. 여성에게 돈을 주겠다고 계약하려면 자기 자신과 계약해야 한다."

법사학자 아리엘라 더블러는 이 커버처를 가리켜 "법적 지위를 최대한 놀라울 정도로 제한하는 법률"이라고 말한다. 이 법 아래에서는 아내가 자신이 번 돈을 갖지 못하고 계약을 하거나 법적인 행동을 하는 것도 금지된다.[10] 역사학자 낸시 스콧은 이렇게 썼다. "전통적인 결혼 계약의 엄격한 경제적 조항은 주인과 하인 사이의 신탁 증서와 매우 흡사하다."[11] 역사학자들은 유럽과 신세계에서도 적지 않은 여성들이 가정 안팎에서 어떻게든 자신의 능력을 행사할 방법을 찾아왔음을 보여주었지만 근본적으로 불평등한 혼인법을 본다면 그 과정이 얼마나 전쟁 같았을지 짐작할 수 있다.

커버처를 가까스로 피한 '혼자인 여자'들이 마음 놓고 살지 못하게 방해하는 작전들도 많았다. 청교도 여성은 성적 자유를 누릴수가 없었다. 당시의 전설적 설교자인 코튼 매더는 "겉모습과 말과 행동에서 성적 욕망, 문란함과 불결함, 대담함과 버릇없음이 드러나는"[12] 여성들이 있다며 격분하곤 했다. 여자들이 겨우 혼자 먹고 살 정도로 돈을 벌 수 있는 직업이 몇 가지 있긴 했다. 산파, 재봉사, 유모, 가정부, 가정교사 등으로 모두가 여성의 본성이라고 알려진 돌봄이나 가사와 보육의 특징을 반영하는 직업들이었다.

미국 혁명으로 식민지는 영국과의 주종관계에서 벗어나 공식적으로 독립 국가를 건설했고 법률도 성문화되면서 젠더 관계는 더욱 복잡해졌다. 첫째, 1770년대와 1780년대 영국과의 끊임없는 전쟁, 1812년 영미 전쟁은 각 가정에서 젊고 건강한 남자들을 앗아갔다. 그 이후에는 미국이 북미 전체를 지배할 운명을 갖고 있다는 '명백한 사명'이라는 말로 정당화한 영토 확장의 시대가 찾아왔다. 남성들은 서부로 떠났고 수천 명의 여성들이 고향인 동부에 남으면서 전국적으로 성비 불균형이 심해졌다.

그러나 이 시기 여성들이 결혼 관계를 재고한 이유는 남성이 부족했기 때문만은 아니었다. 18세기 말은 정치적 격변의 시대였다. 미국 독립전쟁 후에 프랑스혁명이 발발했고 프랑스혁명은 서인도 제도 프랑스령의 세인트 도밍고의 흑인 반란으로 이어지면서 노예가 해방되고 1804년에 아이티 공화국이 수립되었다. 계몽주의 시대 개념인 자유, 개인의 권리, 대표제 등이 무게를 갖게 되면서 권력 구조의 근간마저 흔들고 있었다. 영국에서는 메리 울스턴크래프트가(그녀는 늦게 결혼했고 혼외 자녀가 한 명 있었다) 여성을 남편에게 종속된 존재로 보는 프랑스 철학자 장 자크 루소를 공격했다. 그녀는 1792년 《여성의 권리 옹호》라는 저서에서 "여성을 사랑의 노예로 만들어 여성 비하를 조장하는 [루소의] 태도"에 선전포고하며 여성의 교육과 독립을 주장했다.

"혁명 중에 등장한 평등주의 수사학 덕분에 여성운동은 최초의 어휘를 갖게 되었다"[13]라고 역사학자 메리 베스 노턴은 주장한다. 반면 리 버지니아 체임버스-실러는 말한다. "혁명 전인 1780년경부터 중산층과 상류층 여성이 여성의 독립성을 극적으로 표명하기 시작했다. 북동부의 공장주, 상인, 농부 들의 딸들과 가난한 직업여성들이 점점 더 '혼약 관계'를 거부했다."[14]

개인의 자유에 관한 언어는 결혼뿐만 아니라 미국의 일부 주민들을 속박하는 다른 제도와도 날카롭게 대립했다. 그것은 바로 새로운 국가의 경제적 안정을 뒷받침하고 백인 권력을 확고하게 해주었던 노예제였다.

결혼과 노예제가 동일한 관습은 아니었다. 노예들은 일종의 가축이나 재산이었다. 숫자를 셀 때도 헌법에 명시된 대로 5분의 3명으로 계산되었다. 사유재산으로 사고팔 수 있었고 자기 몸에 어떤 권리도 없었다. 결혼은 둘 중 한 명이 권리와 정체성을 잃는 계약이긴 하지만 자유로운 여성은 인간으로 인정되었고 공식적으로는 자기 의사에 따라 들어간 제도였다(물론 경제, 가정, 지역의 압력이 가해졌지만). 결혼으로 아내는 경제적 이득을 취하고 상속권도 얻을 수 있었고 사회와 종교의 승인을 받고 지위 상승을 누리기도 했다.

하지만 노예법과 혼인법이 교차한다는 사실은 흑인 여성이 인종 차별과 성차별로 인해 얼마나 이중으로 착취당했는가를 말해줄 뿐 아니라 특정 인구 집단에 가해지는 정치적 · 사회적 · 성적 권력이 결혼을 압박하거나 금지하는 방식으로 강화될 수 있음을 시사한다. 남북전쟁 전의 미국에서 노예 간 결혼은 법적으로 허가되지 않았다. 노예 남녀의 관계는 정당한 법적 결합이 아니었기에 노예 주인들은 결혼의 결속을 깨지 않고도 노예들과 마음대로 성관계를 가질 수 있었다.[15] 반대로, 어떤 노예 주인들은 강제로 노예들을 결혼시켜 더 많은 노예 자녀들을 생산하거나 가족 응집력을 만들어 탈출을 막기도 했다. "노예들은 자신이 선택한 상대와 결혼하지 못할 때면 아예 결혼을 하지 않기도 했다"고 역사학자 프랜시스 스미스 포스터는 썼다. 그녀가 인용한 흑인 노예 여성 해리엇 제이콥스는 주인이 자신이 사랑하는 자유인 남성과의 결혼을 금지하고 다른 노예 중에서 남편감을 고르라고 하자 이렇게 물었다. "주인님, 노예도 결혼에 대해서만큼은 취향이 있다고 생각하지 못하십니까?"[16]

물론 노예 여성과 남성도 사랑에 빠지고 결혼하고 사랑스러운 가정을 이루었다. 그러나 이런 가족들은 노예 매매 때문에 흩어지곤 했다. 여성과 아이들은 강간당했고 주인이나 주인 아들들의 아이를 가졌다. 결혼권과 생식권 지배는 여성의 힘을 억압하는 가장 확실한 방법이었다.

그래도 사회는 빠르게 바뀌었다. 독신으로 남기가 쉽거나 즐길 수 있을 정도는 아니라 해도 어떤 여성들에게는 선택지가 되었다. 19세기로 넘어갈 즈음 뉴올리언스에는 아이티 난민들이 넘어 오면서 자유 신분의 혼혈인이나 흑인 인구가 많아졌다. 자유로운 흑인 여성은 상속을 받을 수 있었고 사유재산과 일과 노예도 가질 수 있었다. 결혼하라는 압박도 없었다. 자유 여성들이 상대적으로 경제적 · 성적 자유를 누렸기에 마리아 젠틸리Maria Gentilly의 운명을 어느 정도 피할 수 있었다. 자유 신분 여성이었던 마리아 젠틸리는 남편이 자신을 재산을 탕진해 버리자 1790년대에 소송을 벌였고[17] 이는 '결혼의 멍에the yoke of matrimony'라 불리었다.[18]

살림의 여왕 아니면 일상의 예비군이라도

18세기 말 농경사회에서 산업사회로 이행하면서 적어도 중산층 가정에서는 남성과 여성의 역할을 실질적으로 재고해야 할 필요성이 떠올랐다. 긴긴 시간 아이를 낳아 키우고 가내에서 음식, 옷, 침구류 등을 원료 단계부터 생산해야 했던 여성들에게 갑자기 시간적 여유가 생겼다. 공장에서 생산된 식료품과 옷감 덕분이었다. 의술 발전, 유아 사망률 감소, 수명 연장, 농장일 감소 등은 더 적은 수의 자녀를 낳아도 된다는 뜻이었다.

이 젊은 국가에서 역할을 바꾸기 위해서는 여성의 가치를 다시 생각해야 했다. 1800년대 초반에는 기독교의 부활과 여성 잡지 사업의 확대를 통해 달라진 여성의 미덕과 가치가 퍼져나갔다. 《고디의 레이디 북Godey's Lady's Book》에서는 여성들이 동경하는 상류층 여성들의 특징은 이렇고 여성이라면 이런 걸 지향해야 한다며, 역사학자들이 '살림의 여왕 신화'라 부르는 것들을 요란스럽게 떠들어댔다. 부유한 백인 주부에게는 가정에서 음식과 옷을 생산할 필요가 줄어든 대신 가정 살림을 세심하고 면밀하게 돌봐야 할 책임이 생겼다. 바깥의 공적인 공간은 남성들이 만들어가고 가정은 여성들이 바꾸어간다는 개념이었다. 가정은 남성들의 신성한 안식처이자 도덕적 은신처로 새롭게 고안되었다.

1829년 《영 레이디 북The Young Lady's Book》에는 이런 글이 실렸다. "여성이 처한 삶의 환경이 어떤 것이든 그녀에게는 요람에서 무덤까지 복종과 순종, 유순한 성격, 겸손한 마음이 요구된다."[19] 모든 집안일에 더 많은 시간이 소요되고 손이 가게 되었는데 그렇게라도 해서 시간을 때워야 여자들이 지루한 나머지 집에서 나갈 일이 없어질 것이기 때문이었다. 《고디의 레이디 북》은 독자들을 이렇게 인도했다. "젊은 아가씨들은 믿기 어렵겠지만 커피와 차를 따르는 방법만 해도 수백 가지라서 배워야 할 것이 너무나 많다."[20] 교육 개혁가로서 가정 기술 부문의 교육을 강력히 주장했던 캐서린 비처는 1841년에 출간된 책 《가정 경제에 관한 보고서A Treatise on Domestic Economy》에서 여자는 빨래하는 법을 배울 때도 "예술로 승화시키고 빨래통 안을 신비로 채워야 한다"고 말했다.[21]

그러나 18세기에 서부로 떠난 남성들 때문에 동부의 혼인율은 하락했고 미혼 여성들이 점점 더 늘어났다. 이런 미혼 여성들에게도 가사노동과 여성성을 신화처럼 강조하며 여성을 억압하는 사회 구조로 어떻게든 편입시켜야 했다. 이에 따라 19세기 초반에는 현재의 역사가들이 '독신의 축복 신화'라 부르는 수사가 생겨났다. 독신의 축복이란 선택이든 우연이든 결혼하지 않은 여성에게도 헌신의 의지가 있다는 생각이었다. '홀로이며 축복받은 이들'은 남편이나 아이를 돌볼 필요 없이 신과 가정과 지역사회의 완벽한 봉사자로서 헌신하는 경건한 존재로 여겨졌다. 남편 없는 여인들은 보통 지역사회의 환자나 빈자를 돌보거나 형제들이 결혼하고 떠난 집에 홀로 남아 나이든 부모를 돌보는 역할을 하도록 권장되었다.

19세기 목사 조지 버냅은 미혼 여성들을 '예비군'이라 부르면서 독신 축복의 음울한 논리를 전달했다. 《여성의 의무와 다른 주제에 관한 강의Lectures on the Sphere and Duties of Woman and Other Subjects》라는 책에서 그는 설명한다.[22] "현명한 장군이 모든 병력을 한꺼번에 전쟁터에 보내지 않고 일부는 남겨서 부족함을 채우듯이 결혼하지 않은 여성들은 주둔하고 있다가 … 자신의 의무를 하려 하지 않은 이들의 자리를 대신해야 한다." 그는 또 설명한다. "부부가 세상에 나가 인생의 쾌락을 즐길 때에 독신 여성들은 즐거움과 무지에 빠진 구성원들이 잊어버린 집안일의 의무를 감당해야 하고 고통과 질병과 죽음의 침상 곁을 지켜야 한다."[23] 으악!

가정에 쏟지 않는 열정을 어떻게든 희생으로 돌리려는 비열한 노력에도 불구하고 19세기 여성들 특히 돌볼 남편과 자녀가 없는 여성들의 넘치는 에너지를 막을 방도는 없었다. 이들은 직업의 범위와 지적 야망의 범위를 빠르게 넓혀갔다. 매사추세츠 출신의 여성 천문학자는 여성의 미래를 이렇게 예견했다. "'한 땀 한 땀 바느질'에서 해방된 여성들은 바늘이 절대 주지 못하는 배움의 즐거움과 공부에 집중할 시간을 갖게 될 것이다."[24]

미국에서 가장 유명한 문학적 선동가로서 감옥 같은 혼인을 반대하고 여성의 독립적 삶을 지지했던 루이자 메이 올컷도 이런 의견에 동의했다. 초월주의 개혁가이자 사회사업가의 딸인 올컷은 어린 시절부터 결혼하지 않겠다고 결심했고 이 결심은 성인기 내내 지켜졌다. 1868년 올컷은 내가 아는 "바쁘고 유능하고 독립적인 독신녀들은 모두 자유가 사랑보다 더 나은 남편이라 주장한다. 자유와 행복과 자기 존중을 잃는 대가는 겨우 '미스' 대신 '미세스'라 불리는 쓸데없는 명예뿐"이라고 말한다.[25]

올컷이 경제적으로 독립해야겠다고 결심한 이유는 아마도 그 가정의 경제적 필요성 때문이었을 것이다. 올컷은 교사, 간호사, 재봉사, 가정교사, 작가, 가정부, 잡지 에디터로 쉬지 않고 일하면서 부모와 형제자매들의 생계를 책임졌다. 그러면서도 매우 독보적인 길을 걸어갔다. 가족 부양에 그치지 않고 한발 더 나아가 《작은 아씨들》을 비롯해 열 권이 넘는 동화책과 소설책의 작가로 성공해 경제적으로 자립했으며 작가로서 명예도 누렸다. 하지만 그녀와 동시대를 살던 여성들에게 창조적인 직업은 보수를 거의 받지

못하는 취미에 불과했으며 우리가 오늘날 '커리어'라 부르는 것과
는 거리가 멀었다. 그중에서 가장 야심차고 재능 있고 성공한 여성
이라 해도 남성 동료와 동등한 위치까지 올라갈 가능성은 거의 없
었고 일을 해서 안정적인 생활을 유지하기란 꿈에 지나지 않았다.

교사 일은 월급이 매우 박하고 안정성이 떨어졌지만 점차 자리
가 늘어났다. 산업화로 인해 어린이들이 직업 전선으로 뛰어들 필
요가 적어졌고 학교에 더 오랜 기간 남아 있었기 때문이다. 미국의
문맹률은 1700년대 후반에서 1800년대 중반까지 가파르게 낮아졌
고 초등·중등 학교가 증가하면서 교육자 수요가 많아졌기에 양육
자로 여겨지던 여성들이 그 자리에 들어갈 수 있었다. 저널리스트
다나 골드스타인에 따르면 1800년대에는 미국의 교사 90퍼센트가
남성이었다. 1900년대에는 4분의 3이 여성이었고 그중 반 이상이
독신이었다. 학교 측이 기혼 여성을 해고하거나 평생재직권을 빼
앗을 수 있는 결혼퇴직marriage bars 정책 때문에 결혼한 여성은 교
사 일을 계속할 수 없었던 것이다.[26] 골드스타인에 따르면, 호러스
만과 독신이었던 캐서린 비처 같은 교육 개혁자들은 "가르치는 일
을 확실히 독신 여성의 일로 인식했다". 이 직업은 "노처녀라는 낙
인을 지울 수 있었고"[27] 본인의 자녀가 없어도 미혼 여성들이 어린
아이들을 돌보면서 그들 가정의 요구를 충족할 수 있었다.

1853년 크림전쟁이 발발하고 여성들은 곧 또 다른 직업군으로
들어가야 했다. 간호 분야였다. 또한 산업혁명은 공장의 확산을
의미했고 많은 공장에서는 대부분의 직원이 젊은 독신 여성들로만
구성되기도 했다. 가사노동은 여성들이 최후에 선택하는 일이었

기에 대체로 가장 가난한 흑인 여성들에게 돌아갔다.

이런 맥락에서 또 19세기 중반 종교 부흥을 포함해 개개인의 도덕적 양심과 사회 발전 및 개혁에 관한 관심이 일면서 여성들은 가정 영역 바깥에서 서로 만나게 되었다.

국가가 성장하면서 새로 생겨난 영역이 어떤 모습을 띨지가 중요한 관심사로 떠올랐다. 여성들은 학교나 공장에서 자기와 같은 동료들을 만났다. 대부분 젊고 미혼인 그들은 서로 공통 관심사를 키우며 대화에 참여했고 연합했으며, 이것이 곧 이 나라의 미래를 바꿀 사회운동으로 발전했다.

여성 인권과 노예제 폐지

매사추세츠 공장 도시의 간행물 《더 로웰 오퍼링The Lowell Offering》 1840년호를 보자. 수천 명의 젊은 미혼 여성들이 일하고 있던 이 도시는 이후 노동운동의 시초가 되는 곳이었다. 베시라는 한 통신원이 이렇게 썼다. "가장 불운하고, 가장 많이 조롱당하며, 때로는 거의 핍박까지 당하는 여성들 중에는 소위 처녀, 독신 자매들, 수녀들이라고 불리는 이들이 있다. 이들을 통칭하는 유명한 호칭은 '올드 메이드'일 텐데 이들의 존재는 하나님의 현명한 판단이 아닐 수 없다. 이 세상에는 올드 메이드가 반드시 있어야만 한다." 부분적으로 "이들은 반 노예제, 도덕 개혁, 그리고 모든 종류의 종교단체와 자선단체의 설립자들이며 기둥"[28]이었기 때문이다.

봉사와 도덕적 개혁이라는 개념은 전복적 구호가 될 소지가 있었다. 만약 더 위대하고 도덕적인 선에 봉사하려는 여성들이 거대 권력 구조에 따르지 않고 그것을 전복하기 위해 연합한다면 어떻게 될까?

흑인 노예제 반대 운동가였던 프레드릭 더글러스는 1881년에 이렇게 썼다. "반 노예제 운동 대의의 역사를 다시 쓰게 된다면 여성이 그 페이지의 상당 부분을 차지할 것이다. 노예제의 대의는 여성의 대의와 거의 흡사했기 때문이다."[29] 시간과 능력이 있는 여성들 중 여성해방이라는 대의에 온몸을 바친 여성들은 적어도 적극적인 활동 기간에는 남편이나 아이가 없었다. 노예 폐지론자인 수전 B. 앤서니와 사라 그림케는 한 번도 결혼하지 않았으며 대중 앞에서 노예제 반대 연설을 했던 사라의 여동생 안젤리나는 서른세 살에야 노예 폐지론자 동료와 결혼했다.

노예 폐지론자의 사고는 여성 인권 옹호자들의 사고와 자연스럽게 겹쳤다. 여성운동가이자 노예제 폐지론자였던 앤서니와 그림케를 비롯해 엘리자베스 캐디 스탠턴, 루크레티아 모트, 소저너 트루스, 해리엇 터브먼, 마리아 스튜어트, 리디아 마리아 차일드는 처음에는 노예제 폐지를 위해 싸우다가 관심을 넓혀 여성의 법적·사회적 권리와 시민권을 위해 발언하기 시작했다. 이들은 남성들과 연합해 활동하기도 했다. 1840년 런던에서 열린 세계 노예제 반대 대회에 여성 노예 폐지론자들의 입장이 금지되자 윌리엄 로이드 개리슨은 여성들 편에서 목소리를 높였다. 프레드릭 더글러스는 1848년 〈감성선언서Declaration of Sentiments〉에 서명한 32

명의 남성 중 하나였다. 뉴욕 주 세네카 폴스에서 작성된 이 선언서는 여성해방운동의 초기 계획 중 하나를 보여준다.

　이런 운동들에 참여한 여성이 모두 독신은 아니었다. 그러나 독신 여성과 노예 폐지론자들이 겹친다는 사실은 명백했고, 일부 초기 노예 폐지론자 여성들은 흑인과 결혼하기 위해 흑인을 해방시키려 한다는 비난도 들어야 했다.[30] 많은 개혁론자들은 미혼이었거나 적어도 결혼 모델의 한계를 고통스럽게 인식하고 있는 이들이었다. 노예 폐지론자이자 참정권자 루시 스톤은 1855년에 헨리 블랙웰과 결혼했는데 이 커플은 주례 목사에게 결혼의 불평등에 반대하는 선언서를 만들어달라고 요청했다. 내용의 일부는 이렇다. "우리는 상호간 애정과 신뢰를 인정하고 공적으로 남편과 아내가 되길 선서하지만 … 우리 입장에서 이 행위는 아내를 독립적이고 이성적인 존재로 보지 않고 남편에게 우월성을 부여해 해롭고 부자연스럽기 그지없는 현재의 혼인법을 지지하거나 자의적으로 복종하겠다고 약속하는 행위가 아니다." 스톤은 자신의 성 last name을 지켰고 그녀처럼 행동했던 여성 세대들은 '루시 스토너 Lucy Stoners'라 불렸다.

　결혼이라는 역학 관계의 잠재적 결함을 인식한 이들은 한창 일어나고 있던 주류 불법화 운동에 참여하기도 했다. 대표적으로 프란시스 윌라드Frances Willard 같은 독신 활동가들뿐 아니라 기혼 여성들도 주류 판매와 소비를 금지하는 절제 운동을 통해 알코올 중독으로 인한 남편들의 나태(최하의 경우)와 폭력(최악의 경우)을 줄이고자 했다. 당대 여성들에게 결혼이 얼마나 파괴적인 힘을 갖고 있었는지는, 잠깐 동안이지만 혼인법 개혁이나 가정 내 불평등 시 정보다 주류 금지가 배우자 학대 방지에 더 실질적인 방도로 여겨 졌다는 사실을 보면 잘 알 수 있다.

전쟁으로 인한 기회

대략 300만 명의 남성들이 남북전쟁에 참전하러 집을 떠났다. 그중 60만 명 이상이 전장에서나 이후 합병증으로 사망했고 북군 과 남군 모두 전쟁터로 파견된 여성 간호사에게 치료받았다. 전쟁 중과 전후 몇 해까지만 해도 독신이나 과부로 살아가는 미국 여성 이 흔했다.

1865년 매사추세츠 주지사는 38,000명의 '초과' 여성들을 여성 수가 적은 오리건 주나 캘리포니아 주로 이전시키자고 제안했다. 이 주의 입법부가 반대하면서 결혼하지 않은 여성의 노동력에 사 회가 얼마나 의지하게 되었는지가 드러났다. 입법부는 주장했다. 뉴잉글랜드의 모든 여인들이 떠난다면 "수백만 대의 물레가 돌아 가는 아름다운 음악 소리가 그치고 도시는 무덤처럼 조용해질 것 이다. 또한 10만 가정의 여주인들은 가정에서 한두 명, 아니 세 명 이상의 가정부들이 이탈하면서 큰 타격을 받을 것이다."[31]

역사학자 레이철 사이드먼Rachel Seidman에 따르면 전후 몇 년 간 중산층 개혁가들 사이에는 "여성이 남성에게 '의지해서는 안 된 다'"는 새로운 생각이 싹트기 시작했고 노동자 계층 여성들 사이에는 남편, 아버지, 형제들이 전쟁에 나가거나 서부로 떠나면서 남성에게 의지하는 게 '불가능하다는' 인식이 생겼다. 여성들은 대다수가 일터로 나갔고 수입이 생기면서 젠더 불평등과 계급 불평등에 눈뜨게 되었다.

전직 교사인 버지니아 페니Virginia Penny의 1869년 저서 《생각하고 행동하라Think and Act》는 갈수록 남성의 도움 없이 살아가고 있는 노동자 계층 여성들이 직면한 임금 격차의 현실을 다루었다. 그녀는 동일 임금 정책을 위한 정부의 노력을 촉구했고 미혼 여성을 지원하기 위해서는 혜택받고 있는 미혼 남성에게 세금을 더 부과해야 한다는 주장도 펼쳤다. 같은 시기에 보스턴 여성 노동자 연합의 오로라 펠프스Aurora Phelps는 '가든 홈스테드Garden Homesteads' 제정을 청원했다. 이는 보스턴 인근 정부 소유의 토지를 이 땅을 일구어 소득을 내려는 여성들에게 나누어주어야 한다는 내용으로, 서부에서 남성들에게 토지를 무상으로 제공했던 홈스테드법Homestead Act의 동부 버전이라 할 수 있다.[32] 물론 이런 제안이 쉽게 통과될 리 없었다. 그러나 싱글 여성들이 세상 속에서 자신들의 공간을 만들기 위해 정책 토론까지 벌이기 시작했다는 데에서 의미를 찾을 수 있다.

직접 서부로 떠난 여성들도 있었다. 리 버지니아 챔버스-실러의 기록을 보면 1900년 이전에 콜로라도 주 두 개 카운티의 토지 대장 중 10퍼센트가 미혼 여성 명의의 토지였다. 그중에는 사우스다코타 주의 홈스테드 소유자(홈스테더)였던 일명 '독신 베스Bachelor Bess'로 불린 코리Corey처럼 남자보다 땅에 욕심이 많은 이들도 있었다. 1893년 오클라호마의 체로키 인디언 지구가 홈스테더들에게 개방되자 로라 크루스Laura Crews는 말을 타고 17마일(약 27킬로미터-옮긴이)을 한 시간 만에 달려 그 땅을 차지했고 거기서 석유가 발견되기 전까지 혼자 땅을 관리했다.[33] 크루스는 체로키 토지 소유권자 중 마지막 생존자였고 1976년 105세의 나이로 사망할 때까지 결혼하지 않았다.[34]

이렇게 소수이긴 해도 그전까지는 전무했던 기회가 독신 여성에게 열렸다. 자산을 구입하고 사유재산을 지키는 일은 단순히 부동산의 문제가 아니었다. 예전부터 토지 소유권은 정치에 참여할 권리와 긴밀히 엮여 있었다. 미국 최초의 유권자들은 그냥 백인 남성이 아니라 토지를 소유한 백인 남성이었다. 1869년 영국에서는 토지 및 자산을 보유한 비혼 여성에게 지방선거 선거권이 주어지기도 했다. 최초로 참정권을 요청한 여성도 토지를 소유해 온 여성이었다. 미혼이었던 마거릿 브렌트Margaret Brent는 메릴랜드 주 역사상 최초의 여성 지주였고 1640년대에 지방 민사소송법 제정 투표에서 두 개의 표를 요구했다.

여성들이 토지권을 갖고 있었던 중서부 지역에서 여성 참정권 운동이 먼저 시작되어 수정헌법 제19조(여성에게 선거권을 보장한 조항-옮긴이) 통과를 이끈 것도 우연은 아닐 것이다. 와이오밍, 유타, 워싱턴, 몬태나, 콜로라도, 아이다호, 캘리포니아, 애리조나, 캔자스, 오리건, 네바다, 오클라호마, 사우스다코타, 미시건, 알래스카에서는 1920년 전에도 여성이 투표할 수 있었다. 반면 도시가 발달한 동부의 주에서는(뉴욕 주는 제외하고) 헌법 수정까지 기다려야 했다.

19세기 사회개혁운동은 여성이 세계와 관계 맺는 방식이 근본적으로 바뀌고 정체성과 의존에 대해 새로운 사고가 나타났기에 가능했다. 미국의 독신 여성 비율은 1865년에서 1875년 사이에 태어난 여성들 가운데에서 11퍼센트를 기록하면서 처음으로 최고점을 찍었다.[35]

사내 같은 처녀들

19세기 말 미국은 점점 더 증가하는 독립 여성 인구와 새롭게 자유를 얻은 노예들이 반란을 일으킬지 모른다는 공포로 가득했다.

여성들은 사회운동에 참여했을 뿐만 아니라 이전과 다른 교육의 기회를 부여받기 위해 스스로를 채찍질했다. 교사 수요의 증가는 곧 '일반 학교'로 알려진 교육 기관의 급증을 의미했다. 유복한 가정의 딸들을 위한 사립대학이 문을 열기 시작했다. 1837년 마운트홀리요크를 필두로 1861년에는 바사, 1870년에는 웰즐리, 1871년에 스미스 대학이 설립되었다. 브린모어가 1885년에 설립되었고 10년 후 이 대학의 두 번째 학장인 M. 캐리 토머스의 가르침을 받았던 참정권론자 학생이 자신의 어머니에게 이런 편지를 보내기도 했다. "결혼은 자유의 상실이자 가난이자 내 입장에서는 아무런 이득이라고는 없는 개인의 희생을 의미해요. … 사랑하는 어머니, 어머니도 이제 마음의 준비를 해주세요. 한 명의 독신 딸을 갖게 될 테니까요."

1862년 모릴 법Morill Act에 따라 무상으로 부지를 받아 대학을 설립하는 것이 용이해졌고 서부와 중서부에 농업 전문학교와 공업 전문학교가 세워지면서 보다 융통성 있는 교육과정하에 남학생뿐만 아니라 여학생들의 입학도 허용되었다.[36] 1884년 미시시피의 인더스트리얼 인스티튜트 칼리지(원래는 '백인 여학생 교육을 위한'이라는 말이 붙어 있었다)는 여성의 고등 교육을 위해 세워진 최초의 주립대학이었다.[37] 두 명의 독신 여성이 설립한, 흑인 여학생들을 위한 스펠먼 대학이 1881년에 개교했다.

최근까지만 해도 두 말 없이 복종하며 국가의 권력 구조를 떠받치고 있었던 이들이 이렇게 적극적으로 자유를 찾게 되자 독신 여성을 비난하는 어조는 점점 더 험악해졌고, 사회 붕괴의 책임을 전적으로 그들에게 돌리기 시작했다. '사내 같은 처녀들'[38]이란 수식어가 빠지지 않았고 가정생활에 맞지 않다는 주장이 나왔다. 1853년《뉴욕 선New York Sun》지에는 금주 운동을 하는 수전 B. 앤서니를 가리켜 이런 기사가 실렸다. "우리 딸과 아내와 어머니들의 고요한 의무는 반대의 성을 이겨 누르고 챔피언 타이틀을 차지하려는 저런 자웅동체적 정신과 어울리지 않는다."

사회 동요와 미혼의 연관성은 사실 상상의 산물에 불과했지만 너무나 강력해서, 때로는 기혼 활동가들까지 혼자 살고 냉담하고 결혼에 적합지 않은 인물들이라고 싸잡아 비난당했다. 1938년《마더스 매거진Mother's Magazine》은 그림케 자매 같은 여성들을 이렇게 비방했다(동생인 안젤리나는 그해 결혼해 아이 셋을 낳았고, 언니 사라는 적어도 한 번의 청혼을 거절했었다). "이런 아마존 여자들은 자기 스스로를 처형하는 자들이다. 그들은 대중 앞에서 스스로를 성별 없는 사람으로 만들었다. 그들이 자기네 인종을 재생산할 위험은 없다."³⁹

어쩌면 결혼을 기피하는 여성들을 막기 위해서였는지 결혼제도 안에서 여성이 독립성을 약간씩 허용하는 법들이 제정되기도 했다. 물론 그 권리를 얻어내는 과정도 전쟁이었다. 여성들은 '기혼 여성 자산 소유 법안Married Women's Property Acts'과 아내가 남편 없이 개인적으로 판사와 이야기할 수 있는 권리를 계속 청원해 오고 있었다. 1839년에 법원은 이 법안을 승인하면서 거의 1세기 넘게 여성들을 지배한 커버처 법을 폐기했다. 1860년 말 일리노이 주의 가정주부였던 미라 브래드웰은 변호사 자격증을 따고 등록을 청구했다. 수정헌법 제14조에 따르면 여성의 법조계 활동이 가능했기 때문이다. 그러나 일리노이 주 대법원은 그녀가 결혼했기 때문에 자기 이름으로 변호사 사무실을 개업할 수 없다며 기각했다. 그녀가 판결에 이의를 신청하고 제소하자 조지프 브래들리 판사는 재기각하면서 이러한 판결문을 썼다. "그 청구를 인정할 수 없는 이유는 역사적으로 그것[자신의 직업을 선택할 권리]이 이 성의 기본적인 특권이자 면책권으로 확립된 적이 없기 때문이다." 브래들리는 이런 문장을 덧붙인다. "여성에게 최우선이 되어야 할 운명과 의무는 아내와 어머니라는 숭고하고 자비로운 의무를 수행하는 것이다."⁴⁰

한편 법률 체계는 여성이 '숭고하고 자비로운 의무'를 완전히 벗어나려 하거나 보다 주체적으로 행사하려는 여성들을 돕기 위한 관행은 어떻게든 엄중 단속하려 했다. 1873년 컴스톡 법Comstock Act을 비롯해 여러 주에서 이른바 '부도덕한 음란물' 판매와 유통을 금지하는 법안을 통과시켰는데 그중에는 우편으로 피임 기구를 배달하거나 피임에 대한 정보를 제공하는 행위도 포함되었다. 여러 주에서 그전까지 불가피한 상황에서 허락되었던 낙태를 전면 불법화했다. 1880년에는 산모의 생명이 위험한 경우를 제외하고 모든 낙태 시술을 불법으로 규정했다.

비슷한 시기에 전 세계 과학자들은 여성과 비백인의 복종을 정당화하기 위해 이들이 지적으로 열등하다는 내용의 의학적 소견을 내놓았다.

독일 과학자 카를 포크트Carl Vogt는 1864년에 이렇게 썼다. "성인 니그로는 지적 능력 면에서 어린아이, 여성, 백인 노인에 가깝다." 프랑스 사상가이자 사회심리학자인 구스타브 르 봉Gustave Le Bon은 1879년에 "가장 지능이 높은 인종이라 할지라도 대다수 여성의 두뇌 크기는 발달한 남성의 두뇌가 아니라 고릴라의 두뇌와 비슷하다. 이런 열등함은 너무나 명확하기에 누구도 반박할 수 없다. 다만 여성에 따라 정도의 차이만 있을 뿐이다." 르 봉은 결론 낸다. "의심할 바 없이 일반 남성에 비해 지능이 높고 우월한 여성도 존재하지만 그것은 기형처럼 예외적인 경우로 이를테면 머리가 두 개 달린 고릴라 같은 것이다. 따라서 그들의 존재는 완전히 무시해도 좋다."[41]

이렇게 진단 내리는 사람들의 머릿속에 폭동에 대한 두려움이 도사리고 있었다는 건 두말할 필요도 없다. 르 봉도 이렇게 쓰고 있으니 말이다. "[여성에게] 동등한 교육을 시키려는 욕망은 위험한 희망이다. 자연이 여자에게 부여한 열등한 직분을 오해하는 날, 여자들은 집을 뛰쳐나가 우리와 전쟁을 벌일 것이다. 사회 혁명이 시작될 것이며 가정이라는 신성한 유대는 사라지고 말 것이다."[42]

유럽의 견해를 기반으로 한 미국의 의학 기관들 역시 이런 이론들을 끌어와 여성의 삶을 가능한 한 협소하고 한정되게 만들고 또 남성에게 귀속시키려고 했다. 하버드 대학교 교수인 에드워드 클라크Edward Clarke는 1873년 《교육에서의 성, 또는 여성을 위한 정당한 기회Sex in Education; or A Fair Chance for the Girl》에서 남녀가 같은 학업 과정에 참여할 때 여성의 두뇌는 과부하를 겪게 되고 자궁과 난소가 위축된다고 했다.[43] 챔버스-실러의 기록에 따르면 의료 기관에서는 "생식기에 정기적으로 남성의 정자가 들어가지 않으면 고통스러운 폐경을 겪게 된다"고 추정했다.

하지만 이 모든 궤변에도 여성들은 계속 결혼하지 않았고 계속 변화를 촉구하며 저항했다.

진보의 시대

1890년부터 1920년까지를 진보의 시대라고 칭하는데 이 시기 미국 여성들은 이전보다 더 결혼을 기피했으며 대규모 정치 · 사회적 선동이 이루어졌다. 이 몇십 년 동안 공정한 노동 행위를 규정하는 싸움과 세금법 개혁 운동, 공공 교육 운동, 린치 반대 운동 등이 일어났다. 린치는 남부에서 점점 세력이 커지는 아프리카계 미국인을 억압하는 방법으로 사용되곤 했었다.[44]

초기에 동부의 도시로 모여들었던 유럽 이민자 중 일부는 중서부로 빠져나갔으나 일본 이민자들은 주로 서부 해안에 정착하기 시작했다. 중국인들의 이민은 억제되고 있었으나 이미 미국 내에서 중국인 지역사회는 팽창하고 있었다. 미국인들이 풀어야 할 문제는 점점 더 복잡하고 난감해졌다. 노동조합 운동은 여성 참정권 캠페인과 관련되어 있었고 이는 금주법 주장에 힘을 실어주었으며 새로운 사회 복지 대책을 실시하자는 주장과도 맞닿았다. 이 모든 싸움은 이 시기의 기술 혁신과도 관련이 깊었다. 새로운 직업군이 생겨 새로운 미국 국민을 고용했고 이들은 당시에 불붙기 시작한 노동권, 참정권, 교육권, 인권운동에 자연스레 이끌렸다.

1873년과 1893년 불황으로 두 차례 혹독한 위기를 겪었던 젊은 여성들은 일자리를 찾아 도시로 갔고 빠른 속도로 늘어나는 직업의 기회를 찾았다. 공장제 상품을 파는 소매 시장이 생겨나고 타이프라이터와 전화기가 발명되면서 매장 직원, 타이피스트, 전화 교환수, 비서 같은 여성 특화 직업들이 생겨났다. 1870년에는 비농업 분야의 여성 인력이 7퍼센트밖에 되지 않았으나 1920년에는 두 배가 되었다.[45]

많은 여성들, 특히 가난한 이민자 여직공들은 일주일에 7일, 장시간을 먼지투성이 속에서 화재 비상구 없는 불법 건물에 갇혀 착취당하며 일했다. 이런 열악한 노동 환경을 체험한 수백만 여성 노동자들이 노동운동의 물꼬를 텄고 비교적 자유로운 기혼 여성들이나 결혼하지 않은 여성들이 이 운동에 박차를 가했다.

"미국 최초의 노동자 파업은 여성이 이끌고 주도했다." 역사학자 낸시 스콧은 보스턴의 한 신문이 1830년대 매사추세츠 로웰에서 최초로 '드러난' 파업에 관해 쓴 기사에 근거해 이렇게 쓰고 있다. "파업 주동자 중 한 명이 펌프에 올라가 여성의 권리에 대해 메리 울스턴크래프트 식으로 열정적인 연설을 했다."[46]

공장에서 일하는 여성 대부분은 꽃다운 나이의 미혼이었다. 역사학자 케시 페이스에 따르면 뉴욕 시에서 임금을 받고 일하는 여성 343,000명 중 5분의 4가 미혼이었다.[47] 1909년에 '셔츠웨이스트'라는 블라우스를 만들던 여성 공장 노동자들의 동맹 파업인 '2만 명 총파업'이 일어났다. 이 파업은 국제 여성 의류 노동자 협회 International Ladies' Garment Workers' Union가 조직했고 23세의 우크라이나 이민자였던 클라라 렘리치Clara Lemlich가 앞장섰다. 미혼이었던 이 여성은 셔츠웨이스트 노동자들 앞에서 이렇게 연설했다. "저는 도저히 참기 힘든 처참한 조건에서 일하다 파업을 선언한 여성 노동자입니다." 파업은 12주 동안 이어졌고 거의 모든 셔츠웨이스트 공장주들과 노조 합의가 이루어졌다. 예외도 있었다. 합의가 이루어지지 않았던 트라이앵글 셔츠웨이스트 팩토리에 2년 후 대형 화재가 발생했다. 146명 중 17명을 제외하고 모두 여성이며 대부분이 서른 살 이하의 미혼이었던 노동자들이 사망했다. 공장 물건을 훔쳐 가지 못하게 하려고 공장주가 바깥에서 문을 잠가놓아 빠져나가지 못했기 때문이다.

이 총파업을 대표한 또 한 명의 인물은 러시아-폴란드 이민자이며 노조 조직자이자 참정권론자이며 역시 미혼 여성이었던 로즈 슈나이더만Rose Schneiderman이었다. 그녀는 1911년에 노동운동사에 길이 남을 연설을 했다. "우리 노동자들에게는 빵이 있어야 합니다. 하지만 장미도 필요합니다." 최소한의 생존권인 빵과 인간의 존엄인 장미를 강조한 이 말은 1912년의 매사추세츠 로렌스의 여성 의류 공장 노동자들의 이른바 빵과 장미 파업의 구호가 되었고 이후에도 여성운동과 노동운동의 슬로건이 되었다. 엘리자베스 걸리 플린Elizabeth Gurley Flynn은 급진적 사회주의자로 열일곱 살에 결혼했지만 2년 후에 헤어지고 전국을 돌며 광산 노조와 의류업 노조 파업을 주도하다가 수차례 연행되었다. 작가 시어도어 드라이저가 그녀를 '미국 동부의 잔다르크'라 칭송했고, 그녀를 주인공으로 〈반항 소녀The Rebel Girl〉라는 팝음악이 만들어지기도 했다. 그녀는 미국 시민 자유 연맹ACLU의 창립 멤버였다.

공장 노조원들이 일터에서의 물리적 위험을 강조했다면 교육계 노동운동은 정당한 임금 체계에 관심을 쏟았다. 평생 결혼하지 않았던 마거릿 할리Margaret Haley는 언론에서 '노동계 여성 강타자 lady labor slugger'로 알려졌고 미국에서 가장 공격적인 교사 노조인 시카고 교사 연합회를 이끌었다. 그녀는 1910년 국가 교육 협회 조사에 따라 비혼 여성이건 부모와 가족의 부양자건 여자 교사는 각 가정의 주 수입원으로 밝혀졌기에 여성이 적은 임금을 받는 일은 있을 수 없다고 주장했다. 할리는 여성들이 투표를 할 수 없기 때문에 교사들이 남성 노조와 연합해야 한다고 생각했다. 그래서 97퍼센트가 여성인 자신의 노조를 블루컬러 노조인 시카고 노동 연합에 가입시켜 교사 노조를 그 도시의 대표적 정치 세력으로 만들었다. 그 결과 보수적인 반노조 사업가들에게 '불쾌하고 여자답지 않은 여자'라 불렸다.[48]

1920년까지 흑인 여성의 거의 40퍼센트가 임금 노동을 하고 있었던 데 반해 백인 여성은 18퍼센트가 일하고 있었다. 1919년 조사에 따르면 뉴욕 시에 거주하는 전형적인 흑인 노동자는 젊고 미혼이며 적어도 중등학교grammar school를 졸업한 이들이었다. 역사학자 폴라 기딩스는 이렇게 묘사한다. "역사상 처음으로 [흑인 여성들이] 기계를 사용하도록 허가받았으며 어떤 이들은 서기, 속기사, 경리로 취직하기도 했다. 이처럼 새로운 기회들은 임금이 높아지는 것에 버금가는 유익한 효과를 낳았다." 물론 사실이고 그런 기회가 확장된 건 맞지만 흑인 여성들은 백인 자매들이 차지했던 직업을 이어받고 있었다. 즉 백인 여성들이 싸워서 얻어냈지만 더 나은 기회를 찾아 떠난 후 남겨진 직업군에서 일한 것이다. 흑인 여성들은 여전히 가장 덥거나 춥고 가장 더러운 공장에서 가장 험한 일을 했다. 기딩스는 이렇게 쓰고 있다. "그들은 최저 임금을 받는 백인 여성보다 10~60퍼센트 적은 임금을 받았다."[49]

그즈음에 대부분 여성 참정권자, 사회주의자, 노동운동가들이었던 다른 개혁가들은 사회복지관 운동Settlement House Movement을 준비하고 있었다. 부유층과 빈곤층이 같이 만나 서로를 이해하고 계급과 인종의 불평등을 토론하며 평화주의 운동을 할 수 있는 터전을 만들려는 것이었다. 그중 대표적 사회복지관은 역시 미혼이었던 사회운동가 제인 애덤스Jane Addams와 엘렌 게이츠 스타 Ellen Gates Starr가 설립한 시카고의 헐 하우스Hull House로 아동복 지부터 평생교육까지 많은 사회사업 프로그램을 제공했다.

사회복지관들은 결혼 밖에서 공동체나 훌륭한 생활 구조를 찾는 싱글이나 이혼 여성들에게 적합한 장소로 기획되었다. 진보적이고 근대적인 경제 정책의 산실이 되었고 이곳에서 활동하던 여성들이 후대의 지도자가 되기도 했다. 헐 하우스에서 일하던 프랜시스 퍼킨스Frances Perkins는 33세에 결혼했고 (자신의 성을 지키기 위해 법원에서 싸우기도 했다) 여전히 가족의 유일한 생계 부양자였다. 퍼킨스는 프랭클린 델러노 루스벨트의 노동부 비서로 들어가 사회복지법을 발전시켰다. 참정권자, 사회주의자, 인권운동 지도자, 노조 조직가였던 플로렌스 켈리Florence Kelley는 아동 노동과 노동 착취를 반대하며 최저 임금 법을 위해 싸웠고 여성과 아동의 여덟 시간 노동 준수를 위한 일리노이 법안을 청원했다. 남편과 이혼한 후에는 헐 하우스로 옮겼다가 헨리 스트리트 복지관에서 살았다. 이곳은 뉴욕의 독신 시민운동가 릴리언 왈드가 설립한 곳이었다.

노동운동과 사회복지관 운동은 꾸준히 이어지고 있던 참정권 운동과 자연히 연계되었다. 클라라 렘리치는 이렇게 설명했다. "공장주들은 투표권이 있다. 사장들은 투표권이 있다. 공장장들은 투표권이 있다. 여성 노동자들은 투표권이 없다."

앤서니와 린치 반대 운동가인 아이다 웰스Ida B. Wells 같은 행동주의자들이 영국의 급진파 페미니스트들의 전략을 배운 젊은 여성들과 힘을 합쳤다. 둘 다 미혼이었던 앨리스 폴Alice Paul과 루시 번스Lucy Burns는 '한 마음과 영혼'으로 불리던 단짝 친구들로 백악관 앞에서 피켓 운동을 하고 참정권을 위해 단식 투쟁을 하는 등 역동적으로 움직였다. 앨리스 폴은 '남녀평등 헌법 수정안ERA'의 초안을 작성하기도 했다. "남성과 여성은 미합중국과 그 사법권이 미치는 모든 지역에서 동등한 권리를 갖는다." 이 개헌안은 1923 년부터 1972년까지 매 의회에서 발의되었고 1972년에 마침내 상하 양원에서 통과되었으나 50개 주 중에 35개 주에서만 비준되면서 수정헌법으로 제정되지 못하고 폐기되었다. (1982년부터 재추진되고 있으나 역시 모든 주에서 비준되지는 않았다.)

그러나 가장 큰 승리는 이 나라의 젠더 정치를 영원히 바꾸었다는 것이다. 1919년 의회는 수정헌법 제19조를 비준했고 1920년에는 모든 주에서 도입되었다. 미국 역사상 최초로 이 나라의 여성 시민들이 법적으로 (짐 크로우 법이 있는 남부는 실질적으로 그렇지 못했지만) 투표소에 나가 소중한 한 표를 행사할 수 있게 되었다.

여성이 독립성을 쟁취해 나가는 이 지난한 100년이 흐르고 이전보다는 여성이 이 세상에서 혼자 사는 것이 조금 더 가능해졌고 독립적인 여성이 주도한 사회운동의 결과, 수정헌법 14, 15, 18, 19조가 미국 헌법에 추가되었다.

그 수정헌법들이 이 나라를 재탄생시켰다.

신여성, 선망과 비난을 한 몸에

20세기에는 정치 지형만큼이나 문화 지형도 바뀌었다.

도시의 거리마다 전기 가로등이 켜졌고 이 '밝은 밤길' 덕에 여성들은 밤에도 안전하게 돌아다닐 수 있었다. 이러한 기술 발전으로 여성이 할 수 있는 직업에 변화가 일어났고 여성이 돈과 여가를 쓰는 방식도 바뀌었다. 도시의 노동자 계층 여성들은 경제적으로 여전히 고달팠을지 몰라도 이제 그들에게는 밝아진 거리가 있었고 5센트짜리 영화관, 공연장, 볼링장, 음악과 댄스홀이 속속 생겨나고 있었다. 이 여성들(그리고 남성들)은 케시 페이스의 말에 따르면 "가족과 떨어져 여가를 누릴 수 있었고 그들의 부모나 결혼한 형제자매, 특히 결혼한 또래 여성보다 사회적 자유를 더 누릴 수 있었다." 젊은 여성들이 "화려한 옷에 장신구를 걸치고 도시의 거리를 활보하고 놀이 공원에 늦게까지 남아 있는 것이 직장 여성들에게는 매우 중요한 문화적 스타일이 되었다."[50]

페이스는 노동 계급 여성들의 사회적 자율권과 성적 자율권이 점점 커지는 과정을 기록했다. "일하는 미혼 여성은 즐거움과 오락거리를 찾기 위해 거리로 모여들었고 공공장소에서 대담하게 자신을 표현했다." 물론 가끔은 소위 '노는 여자들'이라며 도덕성 논란에 오르내릴 수밖에 없었다. 페이스는 이렇게 쓰고 있다. "젊은 여성들은 계속 거리로 나가 남자를 찾고 재미있는 시간을 갖고 공공장소에서 옷과 스타일을 자랑했다."[51]

아프리카계 미국인들이 남부에서 북부로 대이동을 했고 동유럽 이민자들이 뉴욕으로 들어왔다. 흑인과 이민자들이 도심에 섞였고 거리가 항상 평화롭지만은 않았다. 하지만 서로 다른 인종이 모이면서 계층과 인종의 경계선은 약간이나마 흐려졌고 패션과 오락 분야에서 새롭고 자유분방한 장르가 유행했다.

뉴올리언스 흑인 거리에서 탄생한 싱커페이션 리듬에 맞춰 추는 랙타임 댄스가 선풍적 인기를 끌었다. 그다음에 온 재즈의 시대에는 정열적이고 섹시한 찰스턴이나 블랙 바텀 댄스가 댄스홀을 휩쓸었다. 뉴욕의 바우어리와 웨스트 빌리지에서 일하는 여성들은 머리를 짧게 자르거나 치마 길이를 줄이는 시도를 했는데 공장에서 일하기에는 그 편이 더 적합하고 안전했다. 사람들이 북적이는 도시의 거리나 극장 같은 곳에서 이런 스타일들이 점점 더 눈에 뜨이면서 중산층이나 상류층 여성들도 그런 스타일을 따라했다. 여성들은 19세기에 10킬로그램까지 나갔던 무겁고 거추장스러운 드레스를 벗고 짧은 스커트에 몸을 죄지 않는 옷을 입었다.[52]

1914년 구애 의식courtship rituals이 가정이나 모두가 아는 동네 댄스홀이 아닌 다른 곳에서 펼쳐졌는데《레이디스 홈 저널》은 현대적 의미의 '데이트'란 단어를 사용해서 이런 유행을 소개했다. 연인들은 성적인 실험들이 좀더 쉬워졌다. 스테파니 쿤츠는 1920년대 여자 대학생의 92퍼센트가 목 아래 애무를 한 적이 있다고 대답했다고 하는데 이즈음부터 "젊은 중산층 청년들이 창녀가 아니라 자신과 같은 위치의 젊은 여성들과 첫관계를 갖는 경우가 더 많아졌다."[53]

수세기 동안 이어진 탄압의 역사가 서서히 물러가면서 사회운동가들은 산아제한을 조금 더 쉽고 편리하게 하기 위한 싸움을 시작했다. 섹스에 관해서는 결혼한 부부나 결혼하지 않은 커플이나 임신의 위험 없이 쾌락을 즐길 수 있는 선택권이 있어야 했으며, 다양한 파트너를 가질 가능성, 대수롭지 않은 실험을 자유롭게 할 가능성, 아니면 그저 단순히 아이를 좀 적게 갖거나 위험한 임신을 피하기 위해서라도 피임은 꼭 필요했다.

생식과 관련된 통제권을 확보하려는 싸움에, 러시아 태생 엠마 골드만Emma Goldman을 비롯한 아나키스트 활동가들도 관심을 보였다. 두 번 결혼한 전력이 있던 골드만은 자유연애를 믿었고 초창기부터 동성애자 인권에 관심을 가졌다. 그녀는 열렬한 결혼 비판론자이기도 했는데 결혼이 여성을 "평생 동안 종속과 기생을 강요하는, 개인에게나 사회에게나 아무런 쓸모가 없는 무의미한 제도"라며 화끈하게 비판했다. 1890년대 로어 이스트 사이드(맨해튼 남동쪽 지역-옮긴이)에서 간호사 겸 산파로 일한 골드만은 피임과 낙태에 대한 정보를 금지하는 컴스톡 법안과 전쟁을 벌인 적이 있었다. 20세기 초반에 유럽에서 피임용 페서리와 자궁경관에 끼우는 고무 피임약을 밀수해 들여온 적도 있었다. 그녀는 젊은 간호사이자 보헤미안이었던 마거릿 생어Margaret Sanger의 멘토이기도 했다.

생어는 결혼하고 자녀도 있었는데, 22년 동안 총 열여덟 번 임신하고 자궁경부암과 결핵으로 일찍 세상을 뜬 어머니의 생애를 잊지 못했다. 그녀는 1912년 사회주의 잡지인 《뉴욕 콜New York Call》에 성교육 관련 기사를 쓰기 시작했다. 이듬해에는 헨리 스트리트 복지관에서 일하기 시작했고 곧 남편과 별거에 들어갔다.

1914년 《여자의 반란The Woman Rebel》이라는 소식지를 창간해 모든 여성은 '자기 몸의 완전한 주인'이 되어야 하고 따라서 피임도 할 수 있어야 한다고 주장했는데 생어는 이때부터 피임을 '산아제한birth control'이라 부르기 시작했다.

1916년 생어는 브루클린 브라운스빌에 가족계획 클리닉을 열었다가 열흘 만에 경찰에 체포되었고 감옥에서 30일을 보내야 했다. 5년 후 남편과 이혼한 그해에 미국 산아제한 연맹의 전신인 미국 산아제한 연합을 설립했다. 이 기관은 1942년에 미국 가족계획 연맹으로 이름이 바뀌어 지금까지 유지되고 있다.

여성들은 조금씩 의상의 격식을 버리고 맨살을 노출하며 여성의 성적 욕구를 스스로 인정하기 시작했고, 임신을 예방하는 방법에 뭐가 있는지를 찾아보았다. 그리고 이 모든 것들이 모여 사회에 한 가지 메시지를 보냈다. 결혼을 자제한다고 해서 성생활이나 쾌락까지 꼭 자제할 필요는 없다는 것이다. 20세기 초반의 언론들은 교육받고 정치에 관여하며 자기 손으로 돈을 벌고 자유로운 성생활을 즐기는 이런 여성들을 '신여성the new woman'이라 불렀다.

신여성이 모두에게 칭송받은 것은 아니다.

"우리가 살고 있는 현대 산업사회에는 영광과 승리도 있지만 그에 맞먹는 심각한 위험이 도사리고 있습니다." 시어도어 루스벨트는 1905년 전국 어머니 회의The National Congress of Mothers 기조연설을 이렇게 시작했다.[54] 그 위험 중 하나는 여성들이 "고의적으로 자녀 양육이라는 지상 최고의 축복을 멀리하려는 것"이라고 했다.

루스벨트는 1890년 인구 조사에서 출산율이 떨어진다는[55] 결과가 나온 다음부터 매우 초조해하며 '인종 자멸'을 걱정하기 시작했다. 여기서 인종 자멸이란 백인 앵글로 색슨 족이 인구를 늘리지 않으면 이 나라가 망가진다는 뜻이었다. 루스벨트는 여성 참정권과 여성 노동권은 지지했지만 출산율 하락에는 늘 불만이었고, 출산율 하락이 자기 일이 있고 정치적이며 집 밖의 일에 신경 쓰면서 결혼을 늦게 하거나 아예 하지 않는 백인 여성들 때문이라고 생각했다. 루스벨트는 이렇게 거칠게 말하기도 했다. "만약 여성이 출산하지 않는다면 그 인종은 쓸모없다."

대통령직에서 물러난 후에도 루스벨트는 여러 번 불안을 표명했고 "영양 결핍에 제멋대로 자라는 아동들이 줄줄이 딸린 생활보호대상자 가족들"이 문제가 아니라 "훌륭한 시민으로 잘 살고 있는 결혼한 남녀의 자발적 불임이 문제이고, 가장 최고의 계급이 생식을 하지 않으면 국가는 망한다"고 했다. 루스벨트의 이런 발언은 당시만 해도 얼마든지 대놓고 말할 수 있었던 인종주의에서 나온 것이며 서부로 들어오는 일본과 중국 이민자들을 향한 것이기도 했다. 비교적 다산이었던 그들이 백인이 주인인 이 나라를 위협한다고 생각했기 때문이다. 하지만 그의 발언에는 새로운 형태의 자치권을 행사하려는 여성들에 대한 판단도 담겨 있었다. 루스벨트는 말했다. "독신 생활의 동기가 무엇이 되었건, 종교적이건 박애정신 때문이건 정치적이건 직업적이건, 2세가 없는 삶은 아무 의미가 없는 삶에 가깝다는 것이 내가 아는 진실이다."

루스벨트의 근심은 50년 후 모이니핸에게 그대로 계승된 인종 전복에 대한 두려움이며 최근의 인구문제 투사라 할 수 있는 조너선 라스트나 로스 다우댓의 발언에서도 일관성 있게 드러난다. 시대 분위기와 인종적 태도에 의해 형성되어 반복 재생되는 불안감은 비슷한 맥락을 공유하고 있다. 여성이 아내가 되지 않고 엄마가 되지 않는 건 단순히 개인적 선택의 문제가 아니라 이 국가와 인종까지 위험에 빠뜨릴 중차대한 문제이며 따라서 얼마든지 직접적으로 공격할 수 있다는 것이다.

"인종, 인종! 왕이 외치고, 대통령이 외치고, 자본가들이 외치고, 목사들이 외친다." 엠마 골드만은 1911년 글에 이렇게 썼다. "그들은 외친다. 여성을 단지 아기 낳는 기계로 전락시키면서까지, 인종은 반드시 유지되어야 한다고…. 사실 결혼제도란 여성이 성적으로 각성하는 치명적 사태에 대한 유일한 안전장치일 뿐이다."

19세기 말 챔버스 - 실러는 이렇게 썼다. "여성의 독신 상태는 정치적으로 중요한 논제다. 독신주의와 독립성이 긴밀하게 연관되어 있다는 점을 고려하면 더욱 더 그렇다. … 이로 인해 정치적 · 문화적 반발이 나타났고 1920년대 들어 여성들을 다시 결혼과 가정생활에 묶어놓으려는 시도가 일어났다."

밀려난 결혼

1924년 《예일 리뷰Yale Review》는 사회학자 윌리엄 섬너 사후에 그의 글을 실었다. 그는 산업 시대에 여성들에게 새로운 기회가 열리면서 "그들의 우선순위와 인생의 계획 중 결혼이 첫 번째 자리에서 밀려나게 되었다. 이것은 결혼제도라는 조건에서 가장 위대한 혁명이다. 역사를 통틀어 이렇게 많은 수의 여성이 남편을 찾지 않는다는 것에 대해 쉽게 인정받은 적은 없었다."[56]

여성에게 유일한 길로 여겨졌던 결혼이 후순위로 밀려났다는 사실은 이렇게 해서 결혼하지 않은 여성들이 독립적으로 살고 다른 여성들과 동료이자 활동가로 협력하면서 정치, 직업, 인구에 영향을 미친다는 사실은 말할 것도 없고, 더 큰 문화적 타격을 예감하게 하는 위협이었다.

그 반향이 때로는 우스울 정도로 분명했다. 여성 참정권자들은 종종 '여성을 위해 투표하세요' 같은 문구가 새겨진 옷을 입고 정치적 '미인대회'에 섰다. 그런데 1921년, 수정헌법 제19조가 제정된 다음해에 이러한 활동에 대한 왜곡된 반응이 나타났다. 미스 아메리카 대회 참가자들이 자신은 정치에 관심 없다는 태도를 보이며 정치적인 여성들과 선을 그은 것이다.[57]

심리학이 점차 대중적으로 확산되면서 결혼하지 않은 여성을 병적 상태라 진단할 새로운 전문가 집단이 등장했다. 지그문트 프로이드의 추종자 중 한 명으로 오스트리아 물리학자이자 심리학자였던 빌헬름 스테켈Wilhelm Stekel은 1926년《사랑에 대한 여성의 불감증Frigidity in Woman in Relation to Her Love Life》이라는 책에서 이렇게 주장한다. "결혼에 대한 두려움과 아이 양육 거부는 우리의 '수준 높은' 사회 집단에 영향을 미쳐 '상위 계층'에 속한 여성들을 미혼으로 남게 한다. 그들은 '속박되지 않았다.' 그들은 점점 자신에게만 의지하고 자신으로 만족하며 경제적으로도 자립한다.

그들은 점점 더 남성에게서 독립한다."

독신 생활자의 비율은 20세기에 접어들며 최고를 기록하다가 다시 결혼의 시대가 오면서 떨어졌다. 경제공황 시기에 출산율은 뚝 떨어졌지만 1930년대에는 광범위한 반발이 나타난다. 재즈 시대의 성적 자유에 대한 반발도 있었지만 진보의 시대 때 여성 개혁자들의 정치에 대한 반발도 상당했다.

오늘날과 마찬가지로, 이렇게 공격하는 사람들 중에는 직업적·정치적으로 높은 자리에 앉아 있던 여성들이 있었다. 자유주의 운동가이자 기자이며 로라 잉걸스 와일더의 딸이기도 한(책에서 나온 그 베이비 로즈!) 로즈 와일더 레인은 성인기 내내 직업을 갖고 일했으면서도 1936년 《레이디스 홈 저널》에 이런 주장을 폈다. "여성이 있을 장소는 가정이다." 그녀는 페미니스트의 동요와 불안은 "굉장히 깊고 풍부하고 유익한 남녀 관계의 중요성을 위험할 정도로 깎아내리고 있다"고 말한다. 엄마의 책 편집을 돕기도 한 성공한 저널리스트였던 레인은 여성의 진짜 직업은 "모범적인 가정을 가꾸어가는 것"이라 말하기도 했다.[58]

일찍 결혼하라

경제공황과 제2차 세계대전의 잇따른 공격은 여성들을 기혼이건 미혼이건 일터로 내몰았다. 전에는 한 번도 제 손으로 돈을 벌어보지 않았던 백인 중산층 여성들에게는 낯설지만 특별한 경험이었다. 항상 일을 해왔던 흑인 여성들에게는 백인들에 비해 임금이 적다고는 해도 더 능력과 기술이 필요한 분야의 직업군이 늘어나는 기회이기도 했다. 그러나 경제가 회복되고 참전군들이 돌아오면서 가부장제도 더 강하게 돌아왔고, 전보다 더 강제적이고 새로운 종류의 가정 생활이 강조되었다.

GI 법안(참전 군인들에게 대학 교육을 지원하는 법안-옮긴이) 덕분에 제대 군인들은(대학 입학 허가를 받기 쉬웠던 백인들) 대학에 가게 되었고 졸업 후 곧바로 백인 중산층 집단으로 대거 편입했다. 한편 주 정부는 대출을 해주고 여성들이 쉼 없이 만들어낸 아이들을 수용할 기반시설을 교외에 건설했고 이는 미국 역사상 유례없는 베이비붐을 일으켰다. 아주 말끔하지만 두루뭉술한 시스템이었다. 광고주들은 전통적인 가정 숭배 시대의 이상형을 여성과 남성에게 팔았다. 여성의 위대한 소명은 그들이 경제적으로 의존하는 남성들에게 가정이라는 성소를 유지해 주는 것이었다. 가정을 돌보기 위해 여성들은 새로운 제품에 눈을 돌려야 마땅하다고 광고했다. 신형 진공청소기와 세탁기 판매는 이런 회사를 경영하거나 이 제품을 생산하는 공장에 다니는 남편들의 주머니도 두둑하게 해주었다.

이런 소비주의 사이클은 자본주의에 의존하는 동시에 그것을 강화했다. 핵전쟁이나 공산주의 같은 전후 시대의 불안도 잠재워 주었다. 그런 불안은 여성의 섹슈얼리티가 뿜어내는 힘에 대한 두려움과 연결되어 있었다. 역사학자 일레인 타일러 메이는 말한다. "전쟁 이후, 결혼 관계 밖에서 일어나는 모든 형태의 성적 행동에 대해 국가가 집착적으로 검열했다." 그즈음 두드러지게 나타난 여

성의 진보를 저지하는 데에는 결혼이 가장 좋은 치료제였다.[59]

20세기 중반 백인 여성들에게 가해진 압박은 그냥 결혼이 아니라 조혼이었다. 독립적인 삶을 맛보기 전에 결혼해 버리라는 것이다. 미트 롬니보다 60년 앞선 1949년에 미국 사회 위생 협회 책자에는 일찍 결혼했을 때의 장점이 이렇게 설명되어 있다. "결혼은 안 하는 것보다 늦게라도 하는 것이 좋다. 그러나 일찍 결혼하는 것이 더 행복한 동지 의식을 얻을 기회, 아이를 일찍 낳아 키우고 가정을 지역의 자산으로 만드는 기회, 손자 손녀들이 성인이 되는 것을 지켜볼 수 있는 기회를 늘린다."[60]

1950년대 후반에는 60퍼센트의 여학생들이 대학교를 중퇴했는데 결혼 때문이기도 했지만 공부를 하면 할수록 남편 찾기가 어려워진다고 미디어에서 선전해 댔기 때문이다. 그전 세기에 여성의 자립을 고취시켰던 고등교육이 이제 부분적이지만 자립성을 떨어뜨리도록 작동했다. 1957년 《하퍼스》 기사 〈미국 젊은이들이 일부일처제로 간다American Youth Goes Monogamous〉에서 애머스트 칼리지의 학장이었던 찰스 콜Charles Cole 박사는 쓰고 있다. "대학 3학년 때까지 남편감을 찾지 못한 여대생은 노처녀가 될 가능성이 높다는 생각을 주입받거나 스스로 하고 있다." 콜은 안타까워하면서 당시의 학생들과 1920년대에 자신이 가르친 여학생들을 비교한다. 그들은 남자가 아니라 직업을 찾기 위해 대학에 왔었다.[61]

게일 콜린스의 보고서에 따르면 바너드 대학의 1960년 졸업생 중 3분의 2가 졸업 전에 약혼한 상태였다. 약혼한 여학생은 졸업 파티에서 코르사주를 받고(결혼을 상징하는 장식-옮긴이) 싱글인 학

생은 레몬을 받았다. [62]

그 몇 년 동안 신부의 반 정도가 20세 이하였고[63] 1,400만 명의 여성들이 17세 전에 약혼했다. [64] 1934년생인 글로리아 스타이넘은 나를 만났을 때 폴란드 이민자들이 많았던 자신의 고향 오하이오 주 톨레도에서는 대부분의 친구들이 고등학교 때 결혼했다고 말했다. "그때는 결혼하지 않고 어떻게 살아야 하는지도 몰랐습니다. 미치지 않은 다음에야 어떻게 결혼을 안 하느냐는 식이었죠." 결혼하지 않고 유럽의 적십자사에서 일하는 사촌이 있었는데 다들 정서적으로 문제 있는 처녀라고 쑥덕거렸다고 한다.

그녀는 한 폴란드 결혼식 연회에 갔던 날을 기억했다. "그때 십대였는데도 알겠더라고요. 신부가 너무 우울해 보이는 거예요." 스타이넘이 신부에게 다가가 왜 그러느냐고 물어보니 신부는 울상을 지으며 대답했다. "너는 모를 거야. 난 벌써 스무 살이란 말이야." 스타이넘이 설명했다. "자기는 너무 늦었다는 거예요. 다들 열여섯 살이나 열일곱에 결혼했는데 스무 살까지 적당한 혼사를 찾지 못했던 거죠. 스무 살이 되자 가족들이 더 어린 남자와 결혼시켜 버린 건데 끔찍했겠죠."

전 세대의 추진력 덕분에 이 세대의 여성들은 그 어느 때보다 수준 높은 교육을 받았지만 막상 그들이 살아가는 사회는 결혼만을 압박하는 후진적인 사회였다. 세계적인 동화 작가 주디 블룸 Judy Blume은 작가가 되려는 야심 가득한 대학생이었지만 빨리 결혼하라는 주변의 압력에 굴복할 수밖에 없었다고 말했다. 대학 졸업할 때 임신 중이었던 블룸은 그때 느낀 좌절감을 이렇게 회고했다. "내 학사 학위증이 세탁기 위에 초라하게 걸려 있었다."[65] 영화 〈해리가 샐리를 만났을 때〉 각본을 쓴 작가 노라 에프론Nora Ephron 은 1996년 모교 웰즐리 대학의 졸업 축사에서 이렇게 연설했다. "우리에게는 미래가 없는 줄 알았습니다. 결혼해야 하는 줄만 알았습니다. 정치도 못하고 중요한 직업도 못 갖고 우리에겐 의견도 인생도 없는 줄 알았어요. 오직 남자와 결혼해야 하는 것으로만 알았습니다. 건축가가 되고 싶으면 건축가와 결혼해야 했습니다."

에프론과 스타이넘도 결국 졸업 전에 약혼을 하긴 했다. 에프론은 자신의 약혼 경험을 이렇게 쓴 적이 있다. "지금 생각해도 황당하고 부끄러운 기억이다. … 완전 멍청이에다 하버드 비즈니스 스쿨에서 샌드위치점을 운영하던 남자인데 뉴햄프셔에서 12월 1일에 내가 갑자기 예의상 그랬던 것 같은데 아무튼 결혼하고 싶다고 말했다." 그녀는 그 남자와 결혼하지 않았다.

스타이넘은 대학 때 만난 약혼자를 사랑했고 그 뒤로도 친구로 남아 10년 정도 만났다 헤어졌다를 반복했다. 하지만 결혼을 생각하면 "한숨밖에 나오지 않았다"고 한다. "물론 그가 썩 괜찮은 남자긴 했지만 결혼을 생각하면 끔찍했어요. 그 사람은 사냥을 좋아했고 스키를 좋아했죠. 내가 가장 싫어하는 것들만 골라서 말이죠." 결국 청혼을 받아들였는데 그저 "그것 말고 다른 뭘 해야 할지 몰랐기 때문"이었다. 마침내 졸업을 하고 결혼을 안 하면 안 될 것 같은 상황이 오자 스타이넘은 다른 대륙으로 도망가 버렸다. "사실 제가 인도에 간 이유 중 하나는 이렇게 괜찮은 남자와 결혼하지 않으려면 그 방법밖에 없었기 때문이에요. 아주 멀리멀리 가버려야 한다는 걸 알았습니다. 약혼반지를 그의 베개 밑에 놔두고 떠나버렸죠. 쉽지는 않았어요."

교외의 그림 같은 집으로

1950년대의 가정 중심 풍조가 경제공황과 세계대전들, 특히 제2차 대전에 대한 반응이었고 전시에 유입되었던 여성 인력이 이제는 필요 없어졌기 때문이라고 이해할 수도 있다. 그러나 여성들을 공장에서 밀어내고 믹서기만 팔려고 든 것은 아니다. 지난 100년간 결혼을 자아 정체성의 중심 요소로 삼지 않으려고 노력했던 여성들에게 다시 결혼을 목구멍으로 밀어 넣으려 했다는 점이 문제였다.

아니 특정 여성들의 목구멍으로 밀어 넣으려 했다는 말이 맞을 것이다. 1940년대와 1950년대 백인 중산층 여성의 혼인율은 하늘 끝까지 치솟은 반면 흑인 여성에게는 상황이 180도 달랐다. 노예해방 이후부터 흑인 여성 대다수는 백인들보다 더 어린 나이에 결혼했다. 2차 대전 직후 군인들이 돌아오면서 흑인 혼인율은 살짝 상승했다.[66]

하지만 1950년대 내내 백인 여성들이 더 많이 더 어린 나이에 결혼한 반면에 흑인 혼인율은 서서히 낮아졌고 초혼 연령이 점점 높아졌다.[67] 1970년대에는 역전이 일어났다. 흑인 여성들은 백인들처럼 빨리 혹은 빈번히 결혼하지 않았다.

그렇게 바람직한 일이 우연히 일어난 것은 아니다. 백인 중산층이 널리 퍼질 수 있었던 이유가 백인 여성들을 이상적인 핵가족 속 가정주부 역할로 밀어붙인 것이라면, 그 기반의 또 다른 측면은 아프리카계 미국인들에게 기회와 지역사회를 빼앗아 핵가족을 꽃피우지 못하게 하는 것이었다.

좀더 분명히 말해, 뉴딜 정책과 전후 경제 호황으로 인한 이익이 백인 중산층에게만 집중되었고 아프리카계 미국인에게는 전혀 돌아가지 않았다. 1935년에 마련된 사회보장제도가 아프리카계 미국인, 아시아 이민자, 멕시코 이민자들이 대다수인 수공업 노동자나 농업 종사자들에게는 적용되지 않았다. 고용 차별, 점점 강해지는 노조에서 흑인 노동자의 미미한 숫자, 계속되는(약간은 좁혀졌다 해도[68]) 인종 간 임금 격차, 재향 군인 관리국의 의심스러운 정책 등이 존재했다. 실질적으로 많은 대학에서 흑인 학생 입학이 금지된 현실에서 흑인 참전 용사들은 대학 교육을 제공하는 GI 법안의 혜택을 받기가 어려웠다.[69]

주거 상황도 문제였다. 전후 미국 도심 주변에 교외 주택지가 번성했다. 아직도 20세기 중반 가족 중심 사회의 상징으로 소환되는 이미지들은 오직 백인 가족용으로 건설된 것이었다. 교외에 저렴한 주택을 많이 지어 보급하는 교외 발전 정책은 재향 군인 관리국과 연방 주택 관리국 보증을 받아 자격을 갖춘 참전 군인에게 주택을 제공했는데 이 혜택을 받은 흑인 거주자는 단 한 명도 없었다.[70] 1934년부터 1962년까지 정부는 신규 주택 보급에 1,200억 달러를 지원했고 이 주택의 98퍼센트가 백인 가족에게 돌아갔다. 도시사학자 토머스 서그루의 조사에 따르면 필라델피아에서는 전쟁 직후와 1953년 사이에 "12만 채의 신규 주택이 건설되었고 이 중 347채만이 흑인들에게 돌아갔다." 서그루가 쓴 대로 이러한 불균형 때문에 흑인 매수자가 있다 해도 수요가 공급을 초과해 가격은 감당 못할 수준으로 올라갔다. 따라서 아프리카계 미국인들은 어쩔 수 없이 "낡고 쓰러져가는, 대체로 인구 밀도 높은 도심의 소형 주택으로 들어갈 수밖에" 없었다. 대부분 백인들이 교외로 가기 위해 버리고 간 집들이었다. 은행은 소수 민족 거주지에는 주택 담보 대출을 거부하거나 엄청나게 높은 이율을 요구했는데 아프리카계 미국인에게 돈을 빌려주면 리스크가 크다고 생각했기 때문이다.[71]

교외와 도심을 잇는 새로운 고속도로가 건설되면서 흑인 거주 지역이 붕괴되는 경우도 잦았다. 이 도로들은 흑인 거주 지역과 비즈니스 구역을 분리했으며 흑인들에게 직업이나 공공 서비스를 연결해 줄 대중교통도 차단했다. 전후 미국 빈곤층 대상의 공영 주택을 짓기 위해 기획된 '도시 재건' 프로젝트는 종종 비백인 지역사회를 무너뜨리고 소수 인종들을 공공 서비스가 빈약한 지역으로 내쫓는 격이었다.

흑인이 백인과 같은 직업을 얻어 백인들과 경쟁하고 백인 거주지 근처에 집을 사고 선거권을 갖고 백인 학교에 등록하고 백인 여성과 사귀는 것이 가능해졌다고 해도 이에 대한 반응은 특히 전후 짐 크로우 법이 시행된 남부에서는 폭력적일 때가 많았다. KKK단의 유권자 협박, 린칭, 십자가 처형, 주택 및 기물 파손이 성행하던 시기였다.

이러한 교묘한 술책으로 경제적 불평등의 악순환이 굳어지면서 결혼, 특히 백인 여성들을 등 떠밀어 보내려 했던 케케묵은 가부장적 결혼으로부터 흑인들은 실질적 이익을 별로 얻을 수가 없었다. 흑인 여성들은 하루 종일 일하지만(보통 백인 여성의 집을 쓸고 닦는 일) 백인 여성들에게 권장되는 이상적인 엄마와 아내의 역할을 할 수가 없었다. 흑인 남성이 교육받고 직업을 얻고 동등한 수준의 임금과 안정적인 대출을 받기가 어려운 한, 가장의 역할을 제대로 하기도 어려웠다.

흑인 여성들은 어쩌다 보니 혹은 내키지 않아서 이상적인 가정을 경험하지 못한 게 아니다. 그들은 적극적으로 거부당했고 또 다른 방식으로 갇혀 있었다. 도시에서 높은 봉급을 받고 일하는 백인 남편들이 집으로 돌아가는 고속도로 옆 낙후된 동네에는 흑인 여성들이, 그림처럼 관리되지만 무기력한 교외에는 백인 여성들이 갇혀 있었다.

진보와 퇴보는 번갈아 작동하는 경향이 있다. 과거 주변인이었으나 19세기 말에서 20세기 초반 진보를 이루어 이제 막 힘을 얻어가던 여성들과 아프리카계 미국인들은 둘을 동시에 찍어 누르는 힘에 진압되었다. 다시금 백인 남성이 주도권을 갖게 되었다.

이 같은 반동의 재미있는 점은 가끔 크게 역풍을 맞는다는 사실이다.

미국 중산층 백인 여성을 조혼과 가정의 속박이라는 상자에 억지로 우겨 넣었지만 이 상자는 아주 최근에 그들의 어머니와 할머니들을 괴롭혀서 혁명적 기회를 만들어주었던 바로 그 상자였다.

1960년대가 되자 세상은 숨 쉴 공기도 없을 정도로 답답해졌고 이제 터질 일만 남게 되었다. 그 어느 때보다 강력하게 말이다.

"미국 여성들의 마음 깊은 곳에 몇 년 동안 꼭꼭 묻혀 있었지만 차마 입 밖으로 나오지 못한 문제가 있다. '이게 다야?'" 드디어 《여성의 신비》가 출간되었다.

미국 여성들은 결혼제도 안팎에서 구불구불한 길을 걸어와 결국 해방과 투표권과 공정한 노동권과 고등교육을 얻었다. 20세기 중반에 그들을 숨 막히게 했던 그 반동은 실은 60년대 여성운동의 무대를 만들어주었고 결국 우리를 결혼하지 않은 여성이 50퍼센트가 넘는 이 시대에 안전히 착륙시켜 주었다.

글로리아 스타이넘이 말했던 오늘날의 '자유로운 여성'은 이 세계를 새롭게 만들어가고 있으며 자신들을 위한 공간과 다음 세대 독립적인 여성들을 위한 공간까지 창조하고 있다.

이것이 바로 우리 전 시대의 여성들이 만들어준 싱글 여성의 시대다.

3

도시의 성별

도시 생활과 여성의 자립

▶▶

수사나 모리스는 앨라배마에 있는 오번 대학교 영문학 교수다. 1980년생으로 코네티컷과 포트로더데일에서 성장했고 매사추세츠의 마운트홀리요크 대학을 졸업한 후 보스턴, 시카고, 노트르담에서 공부하며 박사 학위를 받았다. 이전 직장은 애틀랜타의 에모리 대학교였다. 그곳을 선택한 이유는 연봉이 가장 높다는 현실적인 이유도 있었지만 지리적 이유도 한몫했다. 모리스는 학부와 대학원 시절 단풍잎 떨어진 거리를 거닐며 에밀리 디킨슨의 시와 사랑에 빠졌던 뉴잉글랜드의 추억을 간직하고 있었다. 하지만 박사 학위를 끝낸 20대 후반, 성인기의 새로운 단계로 들어가면서 무언가 다른 것을 갈구하게 되었다. "저는 의식적으로 애틀랜타 주로 이사 갔어요. 여기는 말하자면 나 같은 사람들이 많은 초콜릿 도시 잖아요."

그녀가 2002년 애틀랜타에 도착했을 때는 꿈에 그리던 완벽한 장소와는 거리가 멀었다고 한다. 빈부 격차가 극심해 고급 주택지 옆에 판잣집들이 늘어서 있기도 했다. 하지만 모리스는 그 시기의 애틀랜타를 '블랙 할리우드의 르네상스'라고 불렀다. 이전부터 흑인 칼리지와 대학이 모여 있던 이 도시는 젊고 야심찬 흑인 학생들을 끌어들였고 아프리카계 미국인 사업가, 예술가, 사회운동가, 교육가 들의 활동 중심지가 되었다. "어딜 가나 눈만 돌리면 흑인들이었고요. 그 사람들이 중요한 일을 다 맡고 있었고 그걸 이상하다고 보는 사람도 없었어요." 그곳에서의 나날들은 뜻 맞는 친구들, 미술관과 박물관, 영화관과 극장, 11시 이전 여성 무료 입장인 클럽들로 채워졌다. 대학원 동기 중에는 결혼한 친구도 드물었다. "우리는 젊었고, 싱글이었고, 신나는 시간을 보내고 있었죠. 도도하고 자신감 넘치는 싱글 흑인 여자들이 가득한 도시에는 뭔가 특별한 게 있었어요."

그 뭔가란 드라마 〈섹스 앤 더 시티〉를 의미하기도 했다. 마운트홀리요크 대학을 다니던 시절 그녀는 도미니카 출신의 레즈비언 룸메이트와 이 드라마를 즐겨 보곤 했다. 물론 화면 속 백인 여성들이 자신들을 대표한다고 볼 수는 없었지만 보는 재미가 있었다. 〈섹스 앤 더 시티〉가 표방하던 특유의 활기와 에너지는 애틀랜타에도 있었다. "여기선 그게 너무 쉬웠어요. 흥미로운 친구를 사귀고, 저녁마다 약속을 잡고, 하고 싶은 대로 하면서 여자들끼리 결속을 다지는 것 말이죠." 모리스가 잠깐 멈추었다가 말을 이어갔다. "애틀랜타에서 자유롭게 내가 원하던 대로 살던 시절은 좋은 말을 다 갖다 붙여도 모자랄 정도로 만족스러웠어요."

나도 모리스가 묘사한 그런 순간을 처음 강렬하게 느꼈던 적이 있다. 아니 그제야 인식했다고 할 수 있다. 당시 나는 서른이었고 맨해튼의 편안한 레스토랑에서 친한 회사 동료와 친구들과 둘러앉아 식사를 하고 있었다. 우리는 일 이야기, 남자 이야기, 친구 이야기, 가족 이야기를 끊임없이 풀어놓았다. 그때 우리 옆에 있던 남녀 커플이 언성을 높여 싸우기 시작했는데 급기야 둘 중 하나가 접시 위의 음식을 상대방 얼굴에 끼얹었다. 그 소동 때문에 그들에게 눈을 돌렸다가 레스토랑 전체를 둘러보게 되었다. 이 옥신각신 민폐 커플을 제외하면 스무 개 정도 되는 테이블에 오직 여자들밖에 없었다.

단둘이 온 여성, 여럿이 몰려온 여성, 20대, 30대, 40대 여자, 백인 여성, 흑인 여성, 라틴계와 아시아계 여성들이 있었다. 머리부터 발끝까지 신경 써서 차려 입은 이들도 있고 소박하고 털털한 차림새의 여성들도 있었으나 대부분 우리처럼 사무실에서 나온 듯 무난하고 단정한 차림이었다. 주변을 둘러보면서 놀랐던 이유는 첫째, 우리 주변에 남자가 거의 전멸이었다는 것, 두 번째는 내가 그 연인들의 사랑싸움인지 이별 전쟁인지를 보기 전까지만 해도 이런 광경이 너무도 흔하고 익숙해서 우리가 아마조네스의 영토에 있다는 사실 자체를 알아채지 못했다는 점 때문이다.

뉴욕은 내가 거의 10년 동안 살아온 도시였고 그사이 이 도시에서 이성애 커플은 평범함이 아니라 예외에 가까운 풍경이 되어버렸다. 내 주변에는 온통 술 마시고 차 마시고 웃고 떠들고 서로에게 끝없이 이야기하는 여자들, 여자들뿐이었다. 그들은 돈을 쓰고 수다를 떨고 어쩌면 인생의 중요한 결정 앞에서 서로에게 진지하게 조언을 구하고 있었다. 그들은 회사와 가족 이야기를 했고 인생과 섹스와 연애 고민을 털어놓았다. 또 새로 생긴 식당과 잘나가는 클럽과 술집, 볼 만한 영화와 재미있게 읽은 책에 대해 끊임없이 정보를 나누었다. 그들, 그러니까 우리는 이 도시가 내뿜는 에너지의 마지막 한 방울까지도 빨아들이고 있었다. 도시의 거리를 씩씩하게 걷고, 이 도시의 극장과 사무실과 아파트를 꽉꽉 채우고, 이 도시에 특유의 캐릭터와 리듬과 아름다움과 스피드를 부여하는 건 우리 여자들이었다.

대도시에는 자연에 대한 인간의 승리를 표방하듯 하늘로 치솟은 남근 형상의 고층 건물들이 빽빽하고 자유 시장 경제는 왠지 남성성과 더 관련이 깊은 것처럼 보인다. 햇살에 반짝이는 통유리 건물과 점멸하는 주식 시세 표시기도 남성이 이 도시의 주인공이라고 말하는 것 같다. 그러나 조금만 자세히 들여다보면 이 도시들의 독특한 개성과 견고한 캐릭터는 이 안에서 오랫동안 살아온 여자들이 만들어가고 있음을 알 수 있다.

모든 여성들은 아니다. 도시를 안전한 터전으로 삼고 지금 이 모습과 분위기로 가꿔온 이들은 싱글 여성들이었다.

도시에는 남녀 구분 없이 싱글들로 가득하다. 결혼한 적 없는 비혼과 이혼 남녀, 배우자와 사별한 사람들, 애인과 헤어진 사람들이 속속 모여든다. 미국 전역에서 25퍼센트가 1인 가구이며 신시내티, 세인트루이스, 피츠버그, 시애틀, 덴버는 독신 인구가 전체 인구가 40퍼센트 이상을 차지한다. 인구 조사 자료에 따르면[1] 수사나가 살았던 애틀랜타는 1인 가구 비율이 가장 높은 지역으로 44퍼센트에 달한다. 워싱턴 D.C.와 주변 교외도 비슷하다. 뉴욕 대학교 사회학과 교수 에릭 클라이넨버그의 책《고잉 솔로Going Solo》에 따르면 맨해튼에는 1인 가구가 거의 50퍼센트에 육박한다고 한다.[2]

2010년 뉴욕 시 여성 인구의 41.7퍼센트는 한 번도 결혼한 적 없는 비혼이었는데 2006년의 38.7퍼센트에서 몇 년 만에 크게 상승했다.[3] 이것이 체감상 어떤 의미인지 생각해 보자. 뉴욕의 5개 자치시구에 사는 여성 열 명 중 네 명이 결혼한 적이 없다는 것이다. 보스턴에서는 절반 이상(55퍼센트)이 결혼식을 올린 적이 없는데 물론 이 도시에 학생 비율이 높기 때문이기는 하지만 그 이유로만 설명할 수는 없다. 보스턴에 거주하는 여성의 평균 초혼 연령은 30세 정도로 전국에서 가장 높은 편에 속한다.[4]

유독 도시에 싱글 여성 거주자들의 비율이 높다는 사실은 과거부터 현재까지 면면히 이어진 만국 공통의 현상이다. 역사학자 주디스 베넷과 에이미 프로이드는 15세기 피렌체에도 20퍼센트의 여성이 미혼이었고 15세기 말 취리히에서는 "전체 여성 중 거의 절반 정도가 남편을 얻지 않았다"고 썼다.[5]

그렇다면 왜 지금, 아니 왜 예전부터 지금까지 도시에는 싱글 남녀들이 많이 사는 걸까? 역사적으로 도시는 곧 일자리를 의미하기 때문이다.

근대 유럽에서 농업이 아닌 어떤 종류의 기회가 구체화되기만 하면 여자들은 나고 자란 시골을 버리고 마을과 도시로 올라와 레이스 짜기나 실잣기 같은 일거리를 찾아냈다. 인구 밀도가 높은 이런 마을 중심가에는 다른 여성들과 어울릴 가능성과 돈을 벌 기회가 있었고 좀더 다양한 남성을 만날 확률도 높았으며 비록 잠시뿐이라 해도 아버지나 남편의 간섭에서 벗어나 살 수 있는 기회도 있었다.

여성이 도시로 이동하며 자연스럽게 결혼 연령은 상승했고 결혼하지 않는 여성도 증가했으며 출산율이 하락했다. 도시에 여성들이 집중되자 성비 불균형이 찾아왔고 적당한 남편감을 찾으려 해도 찾기가 힘들어졌다. 하지만 이 여성들은 권위적인 아버지나 지방 목사들이 지배하는 시골을 벗어나 잠깐이나마 해방감을 느끼며 콧바람을 쐴 수 있었던 것도 사실이다. 경제적으로 남편을 의지해야 하는 아내와 엄마라는 피할 수 없는 미래를 잠깐이라도 미루고 싶었던 것이다. 역사학자 마리안느 코발레스키는 근대 초기 유럽의 학자들이 조사한 바에 따르면 로테르담이나 런던 같은 도시에서 하녀 같은 미천한 직업에 종사하던 여성들도 "사실상 결혼하지 않고 싱글로 남아 있길 바랐는데 그런 서비스직이라 해도 최소

한의 안정성과 독립성은 보장해 주었기 때문"이라고 지적한다.[6]

농경사회에서 산업사회로 이행하면서 이런 인구 이동의 규모가 더욱 커졌다. 19세기 미국, 특히 뉴잉글랜드 지방에는 새로운 방직 공장과 제조 공장들이 속속 세워졌고 이 공장들은 저렴한 노동력의 젊은 여성들을 적극적으로 모집했다. 그에 맞춰 도로, 운하, 철도 같은 기반 시설이 발달해 젊은 여성들이 고향을 떠나 도시로 오는 것이 과거보다 용이해졌다. 이 여성들은 도시에서 재봉사, 모자 제작사, 가정교사, 세탁부 일을 구했다. 북부와 남부의 자유로운 흑인들과 빈곤층 여성들은 점점 증가하는 중산층 도시 상공업자의 입주 가정부 일도 구할 수 있었다.

이런 여성 노동자들이 넉넉하고 여유로운 생활을 했을 리는 없다. 쥐꼬리만 한 주급을 받고 과로에 시달렸으며 말투와 행동거지 하나하나가 인색한 사장과 말 많은 이웃과 고지식한 목사와 깐깐한 하숙집 여주인들의 감시 대상이었다. 하지만 도시라는 한정된 지역 안에 많은 남녀가 모여 있으니 자연스럽게 애인이나 남편 후보자를 만날 가능성이 많아졌고 또래 친구를 사귈 기회도 커졌으며 적더라도 자기 손으로 생활비를 벌 수 있었다. 미국 역사상 최초로 미혼 여성들이 도심에서 경제적으로, 공적으로 자기 영역을 넓혀가고 있었다.

물론 이 여성을 끌어들인 일이라는 것이 대체로 보수는 형편없고 육체적으로 고된 노동이었다. 역사학자 크리스틴 스탠셀의《도시 여성: 1789-1806년 뉴욕의 성과 계층》이라는 책에 소개된 1805년 뉴욕 인구 조사를 보면 식료품점이나 잡화점, 과일가게나 선술

집, 상점 등에서 소수의 여성들이 일하고 있었고 대부분은 먼지 가득한 방직 공장에서 재봉사로 일했다. 스탠셀의 논문에 따르면 불결한 도시는 언제나 세탁부를 필요로 했고 그런 일은 보통 흑인 여성들에게 돌아갔다고 한다. 얼음장 같은 물에 손이 얼거나 뜨거운 물에 델 수도 있는 가장 고된 육체노동이었기 때문이다.[7]

그럼에도 19세기 중반에 매주 수백 명의 처녀와 어린 소녀들이 보따리 하나만 들고 뉴욕으로 상경했다.[8] 마치 바다를 건너 미국으로 들어오려 애쓰던 이민자들 같았다. 백인 여성과 흑인 여성 모두 도시라는 공간에서 다양한 직업을 체험했지만 각각의 상황은 달랐다. 작가 엘리스 맥두걸드Elise McDougald가 쓴 1925년 에세이 〈이중고 : 성해방과 노예 해방을 모두 이뤄야 하는 흑인 여성의 고투〉를 보자. 이 에세이는 흑인 거주 구역인 할렘의 여성들에게 초점을 맞추었다. "흑인 인구가 밀집해 있는 맨해튼 북부에서는 흑인 여성이 가사노동자밖에 할 수 없다는 편견에서 벗어난 경우가 많았고 성차별과 인종 차별에서 자유로운 편이었다. 흑인 여성들은 이 위대한 도시의 지식 분야와 산업 분야에서 자신의 능력을 과시할 기회가 상대적으로 많았다." 할렘의 워킹우먼들은 전통적으로 백인 남성의 영역이었던 분야로 진출하기 시작했다. 그들은 보호 감찰관으로 일했고 교도관이 되었으며 도서관과 박테리아 실험실에 취직했고 의류 산업과 지역 보건소로 진출했다. 하지만 맥두걸드는 이렇게 지적하기도 한다. "뉴욕에서조차도 니그로 여성을 대하는 전반적인 태도와 정서는 매우 심각할 정도로 불평등했다. 흑인 여성들은 이 세계에 조금이나마 남아 있는 기사도 정신이 자신들에게 향한 것이 아님을 예민하게 의식하고 있었다. 순수 미술 분야에서 그리는 이상적인 미인이 언제나 흑인 여성을 철저히 배제한다는 점도 인식하고 있었다."⁹

시끄럽게 나대는 여자들

레티 코틴 포그레빈은 1959년에 브랜다이스 대학교를 졸업하고 보헤미안의 삶을 꿈꾸며 뉴욕으로 건너와 극작가 에드워드 올비의 집 건너편 아파트에 짐을 풀었다. 자동차를 도난당하는 바람에 스쿠터를 한 대 사서 몰고 다녔다. 남자 친구 중 한 명이 애완용 오리를 선물로 주자 '모세'란 이름을 지어 키웠고 얼마 후에는 애완용 토끼 버케티를 입양했다. 포그레빈은 10대에서 20대 초반까지 출판계 홍보 및 저작권 부문에서 일하며 두각을 나타내 젊은 여성에게는 "전무후무한" 고액 연봉을 받았다. 헬린 걸리 브라운이 쓴 베스트셀러 《섹스 앤 더 싱글 걸Sex and the Single Girl》이 그녀의 작품이며 이후에도 연달아 히트작을 만들어냈다.

뉴욕 동부의 퀸즈 출신 유대인인 그녀의 어머니는 학대하는 남편과 일찌감치 이혼하고 의류 회사에서 일했으며 중년에는 주부로 살다가 포그레빈이 10대 때 암으로 세상을 떠났다. 하지만 맨해튼에서 포그레빈은 다소 불우한 집안 환경이나 과거로 정의될 필요가 없었다. 자신을 재창조하고 오리와 토끼와 스쿠터에 둘러싸여 살면 그만이었다. 자유롭게 섹스를 즐겼고 직장에서 승승장구했으며《인형의 계곡The Valley of the Dolls》홍보를 맡았을 때는 표지에 피임약을 붙여 화제를 모으기도 했다. "제가 보낸 60년대요? 화려하고 화끈했죠." 포그레빈은 도시에서 젊은 싱글 여성으로 살았던 그 시절을 이렇게 말했다. "이렇게 말하면 쉬울까요? 〈티파니에서 아침을〉에 나오는 홀리 골라이틀리처럼 살고 싶었습니다. 그리고 어느 정도는 내가 꽤 잘해 내고 있다고 느꼈지요."

언제나 그래왔듯이 여성들은 일과 돈을 찾아 도시로 몰려든다. 하지만 이제 그들은 재미있어서 오고 재미 때문에 살기도 한다.

대도시에서 여성들은 다양한 사람을 만나 깊은 연애를 할 기회가 많으며 성적인 탐험을 하기도 수월하며 커뮤니티와 익명성이라는 황금 조합을 찾아낼 수 있다. 이 안에서라면 수세기 동안 그들에게 기대되었던 조신함이나 여자다움이라는 갑갑한 옷을 벗어버릴 수 있다. 책이나 영화 속에서 도시는 섹스와 흥분과 힘을 상징하게 되었다. 이런 문화적 상상력이 여성을 도시로 끌어들였고 여성해방의 기폭제가 되었으며 여성들은 여성으로서 보다 충만한 삶을 산다는 것이 무엇인지 각자 다시 상상하게 했다.

도시의 풍경을 생각해 보자. 다양한 계층, 젠더, 인종, 종교의 사람들이 물리적으로 섞이며 그들이 공유하는 공간에서 서로를 만나게 된다. 19세기 말과 20세기 초반의 협소한 공용 주택은 위생 상태가 불량해 질병에 노출되어 있었고 입주민들은 건강을 위해서라도 집에서 나와야 했다. 이들은 집 앞 나무 밑에 옹기종기 모였고 창문 앞이나 현관 앞 계단에서 어울렸고 큰길가에서 오며 가며 인사했다. 보통 방 한두 개짜리 아파트에서 부모 형제 친척들 사이에 끼어 살아야 했던 젊은이들은 좁아터진 집에서 일단 나와 바우어리(뉴욕에 있는 큰 거리로 값싼 술집, 여관이 많은 지역-옮긴이)에만 가면 비슷한 처지의 친구들을 얼마든지 만날 수 있었다.

케티 페이스는 20세기 초반 뉴욕 노동자들의 여가 생활과 쇼핑 장소를 조사했다. "노동자 계층 밀집 지역에서 거리는 사교의 중심이었다. … 로어 이스트 사이드의 거리마다 온갖 오락거리가 있었고 잔돈푼으로 즐길 것들이 충분했다. 풍금 연주자들이 있었고 거리의 악사들이 인기곡들을 연주했고 순회 곡예사들이 마술과 곡예를 했고 구운 감자와 삶은 옥수수를 파는 가판이 있었고 음료수 자동판매기들이 놓여 있었다."[10] 일을 다니는 여성들은 출퇴근길 아침저녁으로 이런 거리를 지나칠 수밖에 없었다. 그러면서 자연스럽게 그 안으로 스며들었고, 남녀가 눈이 맞아 수작을 건다고 해서 놀라는 사람들은 점점 사라졌다. 여성들은 점점 더 이 도시 풍경의 일부로 받아들여졌다.

1896년 넬리 블라이와의 인터뷰에서 수전 B. 앤서니는 자전거 타는 여자들만 보면 흐뭇하다고 말했다. "다른 어떤 것보다도 자전거가 여성을 해방시켜 주었다고 생각합니다. 자전거를 타고 신나게 달리는 여자를 볼 때마다 잠깐 멈춰 서서 지켜봐요. 자유롭고 주체적으로 느껴집니다. 본인들도 자기가 독립적이고 주체적으로 세상을 헤쳐간다는 기분이 들 거예요."[11]

여성이 고개를 꼿꼿이 든 채 산책하고 사람들과 스스럼없이 어울리고 산업화 도시의 허파와도 같은 공원에 드나들기 시작했다. 이렇게 밖으로 자주 다니다 보면 고루한 관습이나 성적인 선을 넘을 수도 있었다. 페이스는 이렇게 쓰고 있다. "젊은 남녀는 거리를 이성을 만날 장소로, 성적인 느낌을 탐험하고 서로를 유혹하는 장소로 활용했다. 지켜보는 눈길과 부모의 훈계를 피할 수도 있었다."[12] 이런 도시 남녀의 생활이 점점 거침없어지자 YWCA가 이렇게 우려를 표하기도 했다. "젊은 처자들이 전과 달리 바깥에 쏘다니면서 시끄럽게 나대고 있다."

20세기 초반, 벳시 이스라엘은 자신의 책《독신녀》에 이렇게 썼다. "너무나 많은 싱글 여성들이 밖에 보인다. 그들은 일하고 레스토랑에서 먹고 춤춘다. 이제 그들을 하나로 분류하기가 점점 어려워지고 있다."[13] 여성을 어떤 정체성이나 기대 안에 가두는 것이 불가능해진다는 것은 곧 개개인이 새로 만난 사람들 사이에서 자신을 재창조하고 잠재력을 실험할 기회가 증가한다는 뜻이었다.

도시의 문제

앨리슨 터코스는 1988년 버몬트의 언더힐에서 태어났다. 인구 3,000명에 교통 신호등 하나 없는 시골 마을이었다. 고등학교와 대학교에서 그녀는 이렇다 할 연애 사건 하나 없었다. 사실은 자신의 정체성과 성적 지향성과 관련해 고민에 빠져 있었기 때문이다. 뉴욕으로 와서 여성의 생식권 보장 운동에 참여하게 되었고 그러면서 "퀴어 남녀들의 놀라운 커뮤니티를 발견했고 뉴욕에는 퀴어 인구가 굉장히 많다는 것도 알게 되었다". 그제야 해방감이 파도처럼 밀려왔다. 그녀는 자기 자신을 있는 그대로 받아들이게 되었고 커밍아웃을 했다. 먼저 가족들에게, 그리고 고향 사람들에게도 했다.

물론 도시 생활의 끝없는 매력에도 결점이 있게 마련이다. 앨리슨은 뉴욕에서 혼자 사는 것이 너무나 좋지만 도시 특유의 탐욕스러움이 가끔은 불편해진다고 말한다. "모두가 자기 외모가 더 돋보여야 한다고 믿고, 더 돈이 많거나 더 지적이고 더 흥미로운 사람을 찾아내야 한다고 생각하는 것 같아요. 사실 언제나 더 잘난 사람이 있고 더 재미있는 일이 있으니까요."

저 광란의 무리와 우리 앞에 놓인 수많은 가능성은 때로 압도적으로 느껴진다. 많은 도시 거주자들을 인터뷰 해보면 도시에 기회가 많아 보이지만 나와 맞는 짝을 만나기가 얼마나 어려운지 토로한다. 특히 (이성애자 여성에게는) 과거의 인구 이동 형태 때문에 더욱 그런 현상이 심화되었고 남자들은 도시를 떠날지라도 여자들은 도시에 남았다.

전통적으로 미혼 남성들의 숫자가 미혼 여성보다 많은 지역들이 있다. 한때 홈스테더들을 끌어들였던 중서부 도시들이 그렇고 지금은 기술 산업 도시에 남초 현상이 심각하다. 반면 동부의 보스턴, 애틀랜타는 아직도 여성 인구 비율이 높다. 뉴욕에는 싱글 남성보다 싱글 여성이 15만 명가량 더 많다.[14] 한편 알래스카 주에는 여자가 너무 귀해서 오프라 윈프리는 1990년대에 알래스카 독신남 짝 찾아주기 특집쇼를 정기적으로 기획하곤 했다.

남자친구를 사귀고 싶은 이성애자 여성들에게 이 성비 불균형은 즐거운 도시 생활에 살짝 찬물을 끼얹는 이야기가 되곤 한다.

나는 대학을 졸업하고 스물두 살에 들어간 첫 회사에서 40대의 이혼한 선배와 친해졌다. 사무실에서 줄담배를 피우며 남자 이야기를 할 때마다 그녀는 항상 이 말을 잊지 않았다. 스물여덟 살까지 결혼을 못 하면 여기에만 있지 말고 좀 덜 도시적인 곳으로 가라고. "안 그러면 너도 그런 여자가 될 거야." 그녀는 미간을 찡그리며 말을 이었다. "좋은 시절 다 갔는데도 그 자리에 남아 있는 초라한 여자 말이야."

10년이 지났고 나는 30대에도 여전히 좋은 시절을 보내고 있었다. 그때 한 친구와 저녁을 먹으면서 했던 이야기가 생각난다. 뉴욕에 살던 그 친구는 30대 중반에 뉴올리언스로 파견 근무를 나갔다가 바로 남자를 만나 사랑에 빠졌다. 그녀가 내게 말했다. "너도 허드슨 강만 건너면 돼. 그쪽엔 널린 게 남자야." 얼마 전에는 여러 여자들과 모여서 도시 여자들, 특히 성공한 흑인 여자가 뉴욕에서 믿음직한 남자 만나기란 하늘의 별 따기만큼이나 어렵다는 이야기를 하다가 MSNBC(마이크로소프트와 NBC가 합작하여 만든 케이블 뉴스 채널-옮긴이) 사회자이자 정치학자인 멜리사 해리스-페리Melissa Harris-Perry의 한마디에 모두 박장대소하고 말았다. "남자? 그냥 노스캐롤라이나의 쇼핑몰에 서 있기만 하면 되는데?" 해리스-페리는 자신의 표현이 좀 거칠다고 느꼈는지 이렇게 덧붙였다. "남편감을 구할 수 있다는 거지 완벽한 남편이나 운명의 짝을 만난다는 이야기는 아니야." 그러더니 좀더 진지한 표정으로 자신의 의도를 설명했다. "내 경험상 남부에서는 남녀가 20대만 되면 결혼하는 것이 당연하고 바람직하다고 여겨. 그쪽 남자들은 실제로 결혼을 무척

하고 싶어 하고 그렇게 될 거라 생각해. 결혼을 해야 진짜 어른이 된다고 믿는 편이지."

정확히 그렇다. 그래도 만약 대부분의 여성이 쇼핑몰에 서 있기를 거부하고 적자생존인 싱글들의 도시에서 어떻게든 버텨보려고 한다는 것(혹은 한 번 사는 인생을 제대로 살아보려 한다는 것)은 우리에게 무언가를 말해 주고 있지 않은가? 어쩌면 이 여자들은 결혼해야 진짜 어른이라고 굳게 믿는 남자들을 굳이 찾아내 결혼하고 싶지 않은 것이다.

저널리스트 젠 돌Jen Doll은 뉴욕 시에서 싱글로 사는 즐거움을 주제로 《더 빌리지 보이스The Village Voice》에 매우 흥미로운 글을 썼다. "그래서 우리가 여기 사는 것인지도 모른다. 인내심 있고 듬직한 그저 앞만 보며 뚜벅뚜벅 걸어가는 남자와 정착해서 아기들 낳고 방 세 개에 차 두 대 넣을 차고가 있는 집에 살면서 여름에는 바비큐, 겨울에는 찜 요리나 만들며 살고 싶지 않아서, 죽을 때까지 그렇게 하루하루 똑같이 살고 싶지 않아서 그럴지도 모른다. 살아보지 않아도 앞날이 훤히 보이는 그런 인생을 살고 싶지 않아서."

돌의 관점은 이미 1세기 전에 저널리스트 줄리엣 윌버 톰킨스 Juliet Wilbor Tompkins가 〈왜 여자들은 결혼하지 않는가Why Women Don't Marry〉라는 에세이에서 거침없이 내뱉은 내용과 거의 흡사하다. 톰킨스는 싱글 여성을 이렇게 말했다. "그들은 누구보다 행복하다. … 자유의 함성 속에서! 그들은 모르겠지만 인생은 일련의 매혹적인 가능성을 제시하고 있다. 그들 앞에는 수십 개의 길이 나 있으며 하나의 지루한 고속도로밖에 모르던 과거의 여성들에게 경멸적인 동정심을 느낄 뿐이다."

물론 경멸적인 동정심이라는 표현이 그리 온당하거나 적절해 보이지는 않지만, 확실히 모든 사람이 한 길로만 뻗은 지루한 고속도로를 택하지 않아도 된다는 점은 분명하다. 그런 면에서 도시는 일종의 자기 선택을 허용한다. 다른 누군가와 일하고 놀고 자려는 사람들을 도시가 아닌 지역의 데이트 세계로부터 뽑아내 도시로 옮겨놓는다. 이렇듯 산만하고 성적으로 적극적인 사람들은 결혼해 정착하려는 사람과는 결혼하지 않는 편이 좋다. 그리고 도시는 이런 사람들이 마음껏 살고 성장할 장소를 제공한다.

우리는 여전히 영원히 함께할 인생의 파트너를 선택하지 않았다는 것을 실패나 비극으로 보고, 누구 한 사람과 살아가는 삶을 모두가 열망해야만 하는 정상적 상태로 가정한다. 하지만 도시는 이렇게 한자리에 있지 못해 들썩들썩하고 쉽게 만족하지 못하고 항상 다른 무언가에 목말라 있어 파트너를 불행에 빠뜨렸던 사람들이 결혼이라는 고속도로를 빠져나와 옆길로 새도 된다고 말한다. 그들이 방향을 틀어서 좀더 어울리는 길로 가게 도와준다.

언제나 무언가 할 일이 있고, 만날 사람이 있고, 경쟁할 일이 있고, 잡아타야 할 지하철이 있고, 마실 맥주가 있고, 달려야 할 마라톤이 있고, 참석할 수업이 있다는 것이 그리 나쁜 건 아니다. 그러다 때가 되어 드디어 정착하고 싶은 짝을 찾았을 때는 그렇게 하면 된다. 그 또한 그리 나쁜 전망은 아닐 것이다. 도시 생활의 즐거움에 푹 빠져 있다가 혹은 도시에 쥐어짜이며 힘들게 홀로 살아보다가 나중에 결혼한다면, 마치 밤새 나가 놀다 들어와 상쾌하고 사각

사각한 내 방 침대 시트에 눕는 것처럼 편안함을 느낄 것이기 때문이다. 남들도 하니 나도 결혼해야 한다는 압박에 일찍 결혼했다면 어땠을까. 아래층에서는 와자지껄 파티가 열리는데 억지로 침대에 들어가야 하는 아이처럼 억울하게 결혼 생활을 했을지 모른다.

끝내 결혼하지 않을 수도 있고 할 수도 있다. 한 가지 확실한 것은 우리 중 어떤 여자들은 좀더 늦게까지 남아서 놀고 싶어 한다는 사실이다. 돌은 이렇게 썼다. "우리가 원하는 것이 무엇인지 아직은 모른다. 그래서 모든 걸 조금씩 해보고 마음에 드는 건 몇 번이고 또 하고 싶다." 돌이 말하는 싱글의 공식은 이렇다. "싱글이고 독립적이며 경제적 능력이 있는 뉴욕 여성이라는 우리의 위치 … 우리는 전 세대가 한 번도 누려본 적 없는 수많은 옵션들의 산 위에 올라가 있다. 옵션이라니, 이 얼마나 매혹적인가. 우리는 모든 옵션을 원한다. 더 크고 더 괜찮고 더 빠르고 더 빛나는 옵션, 혹은 더 키 크고 더 섹시하고 더 강하고 더 똑똑한 옵션, 어딘가 우리와는 다르면서도 완전히 내 것이 되는 옵션을 원한다. 우리는 가능한 한 제일 꼭대기의 것을 원한다. 안 될 게 없지 않나?"

인프라와 공동체

레티샤 마레로의 부모는 둘 다 뉴욕에서 성장했다. 그들은 푸에르토리코계였고 아이들에게 미국인의 정체성을 주고 싶어 가족 모두가 캘리포니아 교외로 이사했다. 레티샤는 가능한 나이가 되자마자 뉴욕으로 다시 와 연예잡지사에서 이력을 쌓고 어퍼 웨스트 사이드에 아파트도 샀다. 데이트는 꾸준히 했지만 인연이라고 할 만한 사람을 만나지는 못했다. 서른다섯 살에 그녀는 헤어지려던 남자의 아이를 임신했고 홀로 아이를 키우기로 결심했다.

그러자 이제까지 그녀를 신나게 달리게 했던 이 도시가 갑자기 불친절하게 다가왔다. 경제적 안정을 위해 그녀는 맨해튼의 작은 아파트를 팔고 그 돈으로 브루클린 주택가에 값싼 세를 구했다. 하지만 파트너 없이 아이를 키우기란 쉽지 않았고 아이를 돌보며 일할 만한 자리도 찾기 어려웠다. 경제 사정이 점점 나빠져 다소 낙후된 지역으로 들어갈 수밖에 없었다. 그녀는 싱글맘에게 꼭 필요한 안전하고 편안한 커뮤니티를 찾으려 애썼다. "총소리는 더 이상 듣고 싶지 않았죠. 여길 떠나야 한다고 생각했어요."

레티샤는 2009년에 직장에서 정리해고를 당했고 이제 삶의 터전을 옮겨야 할 시점임을 깨달았다. 그녀는 딸 롤라와 함께 가족과 롤라의 아빠가 있는 버지니아로 내려가기로 했다. 그녀는 이 도시를 떠나며 약간은 안도했다. "서로 상처 주는 관계를 청산하는 것 같았어요. '와, 이제 매일매일 전투적으로 살지 않아도 되겠구나! 무거운 식료품을 들고 5층 계단을 올라가지 않아도 되겠구나.'" 딸을 뉴욕의 사립학교에 보내고 이 공공 시스템 속 영재 교육 프로그램에 집어넣는 것에 대해 그녀는 이렇게 말한다. "모든 것이 전쟁이죠. 그럴 돈도 없지만 초등학교 아이에게 1년에 25,000달러를 쓸 생각도 없었어요." 이제 모녀는 버지니아의 아파트에서 살고 있다. 레티샤는 자신의 부모님이 누렸던 교외 생활, 즉 잔디 깔린 앞

마당에서 바비큐 즐기는 생활을 시도해 볼까 고민 중이다.

레티샤는 뉴욕이 그립기도 하다. "뉴욕에서는 동네 사람들이 내가 누군지 알았어요. 아, 저기 항상 아이와 강아지 데리고 다니는 갈색 피부 여자." 그녀는 거리에서 성추행당한 적도 없었고 가게 앞에 나와 앉아 있던 주인은 마치 비공식적인 동네 보안관처럼 느껴졌고 같은 아파트에 사는 동네 사람들과도 편안하게 지냈다. 짐이 많을 때나 유모차를 들고 계단을 올라갈 때 가끔은 동네 주민들에게 도움을 받기도 했다. 롤라를 동네 가게에 잠깐 맡기고 건너편 세탁소에서 옷을 찾아온 적도 있었다. "그 사람들의 태도는 이런 식이었죠. '그녀는 우리 무리이고 우리가 우리 사람을 지켜야지.' 내가 위험에 처할 거란 느낌은 없었어요. 하지만 뉴욕에서는 총기 사고를 막을 수가 없고, 이 동네 사람들이 여는 파티에는 갈 생각이 없었죠."

레티샤가 지금 살고 있는 버지니아 아파트에는 얼굴을 익히거나 친해진 이웃이 없다.

아이가 있건 없건 싱글 여성에게 도시는 가사 인프라를 제공한다. 도시 자체가 일종의 파트너가 되어 몇 세대 동안 여성이 남성에게 제공했던 종류의 서비스를 제공한다. 남성이 공적 영역에서 활동할 수 있었던 것은 집에서 요리하고 빨래하고 청소하고 자잘한 것들을 처리해 주는 아내 덕분이었다. 남자가 싱글일 경우(싱글이 아닐 경우에도) 가사도우미가 되어주고 세탁부, 재봉사, 비서, 때로는 잠자리 상대가 될 저임금 여성을 어렵지 않게 구할 수도 있었다.

최근까지만 해도 대부분의 싱글 여성들은 이런 서비스를 누리지 못했다. 물론 금전적 여유가 있는 사람들에게는 도시가 어느 정도 맞춰주기는 했다. 이를테면 청소와 관리가 많이 필요하지 않은 작은 생활공간들이 생겨났다. 도시에서는 가사를 도와줄 사람을 구하기 쉽고, 부유한 편이라면 도어맨이 택배와 짐을 받아주고 손님에게 인사도 해주는 건물에 입주할 수도 있다. 골목마다 상점과 가판대가 있어서 출근하는 사람들은 모닝커피와 따뜻한 아침 식사를 할 수도 있다. 도시에는 오븐을 서랍으로 쓰는 직장 여성에 대한 정형화된 이미지가 있다. 옷장 공간이 부족할 만큼 집이 작지만 근처에 가격 좋고 메뉴 다양한 24시간 테이크아웃 식당이 있다. 도시 여성들에게 음식 준비는 상당히 타협 가능한 일이 되었다. 빨래방이 있고 수선점이 있다. 아마도 아이를 잠깐 맡길 동네 친구나 월세와 전기세를 같이 낼 룸메이트를 구할 수도 있다. 이 모든 편의 사항 때문에 사회학자 앨리 혹실드Arlie Hochschild가 제기한 문제의 해답은 도시 생활이 될 수도 있다. "이제 1950년대식 주부는 더 이상 가정에 없다. 우리는 질문해야 한다. '누가 그녀의 일을 대신할 것인가?'"15

그 밖에도 대도시가 제공하는 다른 기반 시설들이 있다. 다양한 공연장, 바와 클럽과 영화관과 헬스클럽과 농구장과 공원이 지척에 있다. 편리한 대중교통도 있다. 기차와 지하철과 버스와 트롤리는 저렴한 가격에 (대체로) 신속하게 직장과 친구와 가족에게 데려다 준다.16

도시의 장점들을 최대한 이용할 수 없는 사람들에게도 사람이 많이 모여 사는 곳은 레티샤가 말한 '동네 보안관' 느낌을 준다. 거리에는 동네 사람들이 모이고 주민들은 인도에 잔디 의자를 펴놓고 앉아 지나가는 사람들에게 시선을 준다. 아파트 주민들은 서로를 알고 당장 필요한 보육 서비스를 찾을 수 있고 설탕 한 컵을 내줄 사람도 있다.

도시 중심가의 높은 인구 밀도는 더 많은 직업을 창출한다. 물론 그 직업이 부유한 사람들의 심부름꾼 같은 음식 배달이나 헬스클럽 수건 세탁처럼 저임금 노동일 수도 있다. 그렇다고 해도 일자리가 있는 쇼핑몰, 놀이공원, 병원까지 몇 마일이나 차를 몰고 가야 하는 지방보다는 확실히 일자리가 많다.

그래서 어떤 이들은 걱정하기도 하지만, 도시는 이렇게 수많은 종류의 필수품과 도움을 제공함으로써 사람들이 굳이 짝을 찾지 않아도 되게끔 한다.

다른 시대였다면 여자들이나 남자들이 결혼을 통해 얻을 수 있었던 것들을 도시에 거주하면서 모두 취하게 될 때, 결혼의 의미를 완전히 급진적이고 진보적인 방식으로 재고해 보게 된다. 도시는 우리가 전통적인 결혼에서 성역할이라고 가정했던 필수불가결한 서비스들을 결혼에서 쏙 빼내어 돈만 내면 얼마든지 받을 수 있는 체계적인 전문 서비스로 탈바꿈시켜 놓았다. 이런 구조 안에서 여성들은 과거에는 불가능했던 방식으로 살아갈 수 있게 되었다. 도시가 배우자 역할을 하고 때로는 진정한 사랑이 되기도 하는 것이다.

도다이 스튜어트는 뉴욕에서 자랐다. 어머니보다 스무 살이나 많았던 의사 아버지는 도다이가 10대 때 돌아가셨고 어머니는 재혼하지 않았다. 도다이는 여러 남자들과 사귀다 헤어졌고 결혼할 마음이야 늘 있었지만 여러 가지 이유로 결혼까지 가지는 않았다. 그러다 마흔을 훌쩍 넘긴 도다이는 내게 이렇게 말했다. "내가 가장 오래 사귄 상대는 아무래도 뉴욕 같아요. 확실히 그래요. 나는 이 도시를 소재로 글을 써요. 이 도시 사진을 찍고요. 이 도시는 맨해튼이 아니라 걸해튼이라니까요."

도다이의 전 남자친구는 샌프란시스코 남자였는데 그녀에게 얼른 결혼해서 잔디 깔린 집을 갖고 싶다고 했다. 잔디 깔린 집? 그녀는 그런 것을 원한 적이 없었다. 그 남자는 CBGB라는 오래된 펑크 나이크 클럽이 뭐하는 곳인지 몰랐다. 그는 문화적으로나 지리적으로나 업타운과 다운타운을 구분할 줄 몰랐다. 도다이는 그것만큼은 받아들일 수 없었다고 한다. "도시를 이해하지 못하는 사람은 나를 이해하지 못해요." 그녀는 남자가 아닌 뉴욕을 택했다. 그녀는 도시가 남자보다 더 많은 것을 줄 수 있는 짝꿍이라고 느꼈다. "도시가 나에게 항상 말을 거니까요. 나에게 메시지를 남겨요. 그래피티 옆을 걷잖아요? 그것들이 말하는 걸 읽다 보면 모든 게 갑자기 변하죠. 뉴욕은 내 인생에 들어온 하나의 존재예요."

도다이가 뉴욕 태생이고 그녀의 어머니가 20년 이상 홀로 잘 살아왔기 때문에 가족들도 그녀의 독립적인 길을 쉽게 받아들였다. 하지만 일찍 결혼하는 관습이 여전한 지방에서 자라고 일찍 결혼하는 친구들에게 둘러싸여 있는 도시 거주민들에게는 조금 더 복잡한 양상이 펼쳐진다.

도시의 신화

니샤는 일리노이 주 나피어빌 출신으로 워싱턴 D.C.의 소설 미디어 업계에서 일하며 교제는 하지만 결혼은 하지 않고 있다. 스물네 살인 그녀는 고향에서의 삶과 워싱턴 D.C.에서의 삶이 얼마나 분리되어 있는지 나에게 말해 주었다. 어릴 적 친구들은 하나둘 결혼하기 시작하는데 워싱턴 친구들, 혹은 그녀가 가끔 출장 가는 뉴욕의 동료들은 하나같이 결혼 생각이 없다고 한다.

"도시에서 사귄 친구들은 경력 쌓기에 집중하고 도시 생활을 즐기느라 바쁜데 중·고등학교 친구들은 남자친구가 언제 청혼할지 고민하더라고요."

그녀가 아는 워싱턴 친구들은 모두 본업 외에 다른 프로젝트들이 있고 다이어리는 약속과 행사로 가득 차서 전통적 결혼을 해서 그 기준에 맞춰 산다는 건 상상도 할 수 없다. 그녀가 볼 때 5년 후면 자신의 관점도 약간은 달라질 것 같다고 한다. "아무래도 여자에겐 서른 살이 보이지 않는 선이죠. 서른에 가까워지면 사람들이 왜냐고 묻기 시작하거든요." 인도 이민자인 그녀의 부모도 딸이 너무 오래 기다리지 않기를 내심 바라고 있다. 하지만 그녀는 "여자가 경제적으로 남자에게 의존하는 건 그다지 바람직하지 않다"는 새로운 경제 관념 역시 잘 알고 있다.

물론 태어난 지역을 떠나지 않은 무수한 여자들이 있고 도시에서 다시 교외나 지방으로 역이주하는 여성들도 있다. 분명 전국적으로 평균 결혼 연령이 높아지고 있다고는 해도 일찍 결혼하는 풍조가 여전한 지방에서는 결혼하지 않고 싱글로 남아 있는 것이 매우 큰 스트레스가 된다.

크리스티나는 35세의 고고학 관련 변호사로 노스다코타 주 비스마르크에 살고 있다. 필라델피아에서 나고 자랐지만 고고학이라는 일과 연구의 특성상 어른이 되어서는 매사추세츠에서도 살았고 텍사스 주 달라스, 뉴멕시코 주 칼스배드, 네바다 주 리노, 로드아일랜드, 코네티컷 페어필드, 뉴멕시코 주 파밍턴, 몬태나 주 미줄라에서도 잠깐씩 살아보았다.

이렇게 다양한 지역에서 살아봤던 크리스티나는 자신 있게 말했다. "지방으로 갈수록 싱글이라는 건 핸디캡이에요." 그녀가 친구들에게 미줄라에서 비스마르크로 이사 간다고 하자 친구들은 걱정스럽다는 듯 보호자 격의 남편이 없을 때는 도시 근처에서 사는 것이 좋다고 조언해 주었다. 하지만 그녀는 대답했다. "나는 코네티컷에서 살다가 혼자 뉴멕시코에서도 살아본 사람이야. 지금 비스마르크의 높은 범죄율이 걱정이겠어?"

크리스티나는 노스다코타 주에서도 친구를 사귀었는데 그들 중 몇몇은 그녀가 결혼하지 않았고 결혼한 적도 없다고 하자 충격받은 표정을 지었다. 남자에게 데이트 신청을 받았지만 거절했다고 말하면 이런 반응을 보였다. "왜요? 대체 왜 그랬어요?" 하지만 이른 결혼이 정상으로 여겨지는 지역에서 오래 살다 보니 그녀 역시 결혼하지 않은 사람에 대한 편견을 키우게 되었다고도 했다. 결혼한 적 없는 동년배 남자를 만나면 이렇게 반응했다. "빨간 경고등이 깜박거리기 시작하는 거죠. '이 남자 혹시 무슨 문제 있나?'

이렇게 대놓고 묻고 싶더라니까요. '나는 싱글이지만 동부 도시 출신 여자니까 그렇다 치고 당신은 왜 여태까지 혼자인지 설명 좀 해 줄래요?'." 그녀는 도시에 살았다면 조금 더 편하게 싱글 남자들과 데이트 했을 것이라고 한다. 도시에서는 성인 미혼 남자가 워낙 흔한 현상이기 때문에 도시의 싱글은 뭐랄까, 정상으로 여겨지기 때문이다.

진실을 말하자면 도시뿐 아니라 도시 지방 할 것 없이 전국적으로 여성들은(남성들도) 대체로 결혼을 늦추고 있다. 결혼하지 않은 삶을 의식적으로라도 수용하는 태도, 아니면 적어도 이른 결혼을 이상으로 여기지 않고 눈을 가늘게 뜨고 의심해 보려는 태도는 이제 전적으로 도시에만 특화된 정서가 아니다.

2013년 24세의 텍사스 주 골든 출신의 케이시 머스그레이브스는 아메리칸 컨트리 뮤직 어워드에서 여성 보컬상 후보에 올랐다. 그녀의 노래 〈메리 고 라운드〉의 첫 소절을 들어보자. "당신이 스물한 살에 아이 둘이 없으면/아마 혼자 죽게 될 거야/아니 적어도 어른들은 그렇게 말할걸." 그녀는 어른들 말과 어른들 말대로 사는 인생이 의심스럽다고 노래한다. "우리는 지루해지고 그래서 결혼을 하지. 그리고 먼지처럼 이 마을에 정착해 버려. … 우리는 다 처음이면서 이 정도면 괜찮다고 생각해/그래서 고등학교 첫사랑이랑 머물고 마는 거야."

자기만의 방

가난한 여성에게는 결혼 유무에 관계없이 공동체 생활이 필수였다. 역사학자 크리스틴 스탠셀의 책에 나오는 1855년 뉴욕 인구 조사에 따르면 400명의 싱글 여성 중에서 단 11명만이 온전히 혼자서 살았다.[17] 최근까지도 가난한 미혼 직장 여성들은 좁디좁은 공동 주택의 다닥다닥 붙은 방에서 부모, 형제, 사촌, 조부모와 사는 것이 일반적이었고 아직도 빈곤층 이민자 가족들은 그렇게 살고 있다.

어쩔 수 없이 또는 본인이 원해 대가족에게서 떨어져 나왔다고 해도 혼자 살 집을 구하기란 여의치 않았다. 오랜 세월 사회가 개인의 성생활을 통제하고 도덕을 주입하고 여성의 안전을 보호해야 한다는 사고를 갖고 있었기에 돈을 버는 젊은 여성들은 하숙집에서 살았다. 1863년 사회운동가 버지니아 페니의 기록을 보자. "소매점에서 일하는 여성들은 다락방에서 여섯 명이 같이 자곤 했다."[18] 보통 중년 여성인 사감이 젊은 여성들의 일거수일투족을 감시하고 귀가 시간을 단속하고 부모처럼 사생활을 간섭했다.

역사학자 조앤 메이어로위츠의 논문에 이런 내용이 있다. 1891년 시카고에서 성인 여성 기숙사 사감이 일리노이 구조 단체에 연락하고 이 구조 단체는 한 젊은 여성 입주자의 양어머니에게 연락을 한다. 딸이 고향 사우스다코타에서 온 청년과 데이트를 하려고 하는데 허락되고 되느냐고 묻기 위해서였다. 이 양어머니는 딸을 "도시의 수많은 덫과 함정에서" 보호해 주어 고맙다고 전한다.[19]

그러나 여성들은 본능적으로 혼자만의 공간을 갈망한다. 버지니아 울프가 말한 '자기만의 방' 말이다.

19세기 의사 해리엇 헌트Harriot Hunt는 부모와 살다가 결혼한 언니 집에 얹혀살게 되었는데 그때의 답답함을 이렇게 표현했다. "자기만의 집이 없는 건 그 사람을 절름발이로 만든다."[20] 루이자 메이 올컷은 열두 살 때 이런 일기를 썼다. "나는 머릿속으로 나만의 작은 방을 상상한다. 하지만 아마 가질 수 없겠지. 나에게 방만 생긴다면 항상 그 방에 가서 노래하고 생각할 텐데." 올컷은 결국 자기만의 공간을 소유한 몇 안 되는 여성이 되었고 이후에 자신을 "거미줄에 홀로 매달려 있고 싶은" 한 마리 거미로 묘사했다.[21]

한편 가난한 남자들은 노동자 계층 누이들처럼 가족들과 낡고 협소한 아파트에서 살거나 나와서 동료들과 살았다. 유산을 상속받거나 집세를 낼 정도로 급여를 받는 미혼 신사들에게는 선택권이 더 넓고 다양했다. 그들은 아파트에 살기도 하고 독신자 클럽에 들어가 살기도 했는데 가사를 돌봐줄 사람은(어쩌면 성적인 도움까지 줄 사람) 돈을 주고 고용하면 되었다. 19세기 말 맨해튼에서 15세 이상 남성의 3분의 1에서 2분의 1 정도가 결혼하지 않았는데 많은 이들이 자기 집에서 혼자 살았다. 어떤 독신 남성은 신사들 클럽 안에 있는 자신의 숙소를 이렇게 묘사했다. "이곳의 신사들은 각자 자신들의 성에 사는 성주처럼 안락하게 지내고 있다. 이 건물은 항상 청결함이 유지되고 정확하고 편안하게 관리되어 개인 주택에 버금간다. 모든 입주민이 집주인이고, 주인에게는 귀찮거나 성가신 일이 있어선 안 된다."[22]

오호라, 참 좋아 보이는군요! 반면 이와 동등한 수준의 여성 숙소는 그 후로도 오랫동안 전무했다. 하지만 점점 더 많은 여성들이 가사노동자가 아닌 새로 생겨나는 여성 전문직 분야에서 일하기 위해 도시로 모여들면서 여성들의 거주 공간 마련이 시급해졌다.

일자리를 찾아 뉴욕에 온 여성들의 개인 숙소로 처음 지어진 건물은 1903년에 건축된 12층짜리 마사 워싱턴 호텔이다.[23] 2012년에 이 건물이 뉴욕의 랜드마크로 지정되었을 때 《뉴욕 타임스》는 이 건물의 시대적 배경을 이렇게 설명했다. "싱글 전문직 여성들은 비도덕적 행동을 한다는 의심을 받지 않고 자유롭게 살 장소를 찾기가 무척 어려웠다." 마사 워싱턴은 처음에 500명의 입주자를 받았다. 그중에는 속기사, 에디터, 이후에 뉴욕 최초의 여성 치안판사가 된 변호사까지 입주했지만 여전히 엄격한 규칙이 존재했다. 1층 외에는 남성 출입 금지였고 처음에는 남성 사환이 무거운 짐을 전부 옮겼으나 1904년에는 14명의 여성 직원으로 바뀌었다.

1906년 그리니치 빌리지의 싱글 여성들을 위해 지어진 트로마트 인Trowmart Inn의 건립 취지는 이러했다. "적은 보수를 받는 노동자들, 도시 안에 부모의 집이 없는 여성들이 우선으로 입주한다." 트로마트에는 귀가 시간이 따로 없었는데 사실 이곳은 여성들이 결혼식 단상에 오르기 전 중간 기착지로 기획된 공간이었기 때문이다. 설립자는 《뉴욕 타임스》에 남녀가 만날 수 있는 장소가 되길 바란다는 의견을 피력하기도 했다. 아무래도 독립적 공간이 없으면 데이트, 연애, 섹스가 어려울 수밖에 없다. 《타임스》는 이렇게 대신 말해 주었다. "가정교육을 잘 받은 세련된 처녀들도 사람이 많은 길가나 공원에서 데이트 하는 것을 꺼리지 않고 그러다 보니 이 세상에는 나이 든 처녀들이 넘쳐난다. 구혼자를 즐겁게 해줄 적당한 장소가 있다면 충분히 훌륭한 아내, 행복한 엄마가 될 법한 이들이다." 트로마트의 설립자는 《타임스》에 실린 "만약 처녀들이 행복한 집을 가질 수 있다면 매년 트로마트 인에서 여러 커플이 성사될 것이다"라는 말에 매우 흡족해했다.

이런 시설들이 혼자 살려는 여성들에게 확실히 더 나은 생활 조건을 만들어주었고 더 멋진 선택지도 제공했다. 그중 하나가 1927년에 등장한 "전문직 여성들을 위한 클럽 레지던스"를 표방한 더 바르비종The Barbizon이다. 이곳은 방이 매우 작고 간소했지만 한 가지 다른 점은 신사들의 주택처럼 편의와 서비스를 제공한다는 것이었다. 《시카고 트리뷴》에 따르면 "바르비종은 직장 여성과 전문직 여성들을 위한 공간으로 체육관, 수영장, 작업실 등을 비롯해 남성 클럽에서만 볼 수 있었던 편의 시설을 제공한다." 2년 후 《타임스》는 바르비종의 운동 시설을 이용하는 여성들을 가리켜 "현대의 여전사들"이라 보도했고 "이런 클럽에서 여성들은 남성들보다 저 자유롭다고 알려져 있다"고도 했다.

20세기 중반경에는 여성들이 손쉽게 자기 아파트를 구했고 신문에 광고를 내서 룸메이트를 구했다. 하지만 완전히 혼자 산다는 것은 여전히 닿을 수 없는 이상향처럼 여겨졌다. 베치 이스라엘은 1980년대에도 "임대료 안정"이라는 말이 "대단히 황홀하게 들렸으며 '나랑 결혼해줘'보다 더 많은 가능성과 진정한 어른의 세계다운 느낌을 주었다"[24]고 말했다.

나는 대학을 졸업하기 바로 전 친구와 같이 뉴욕을 찾아갔다. 그곳에 정착할 마음을 먹고 그 친구 언니를 만나기로 했다. 안정적인 직장에 다닌다는 그 언니는 어퍼 웨스트 사이드의 아파트를 빌려 쓰고 있다고 했다. 그런데 나중에야 친구가, 미안하지만 나는 언니의 아파트에 들어가 살 수 없다고 말하는 것이 아닌가. 알고 보니 언니는 그 공간에 가족이나 애인 외에는 아무도 들일 수 없다는 원칙을 세워두고 있었다. 그 원룸 아파트는 그녀가 세상에서 누릴 수 있는 유일한 프라이버시였고, 그녀는 어린 나의 눈으로는 이해할 수 없을 정도로 자신의 공간을 사수하고 있었다.

비록 몇 평 정도라도 자기만의 공간을 찾는 여성들이 점점 증가하면서 도시 계획에도 영향을 미쳤다. 2013년 뉴욕 박물관은 도시 주택 개발 위원회와 뉴욕 건축가 리그와 연합해 전시회를 기획했다. 제목은 〈방 만들기〉였고 기획 의도는 "변하는 뉴욕 시와 놀라운 속도로 증가하는 싱글들을 위한 더 나은 공간을 만든다"는 것이었다. 이 전시회에서는 구조가 다양한 325제곱피트(약 9.1평-옮긴이)짜리 아파트 내부를 전시했는데 이 크기는 전 뉴욕 시장인 마이클 블룸버그가 늘어나는 독신 남녀를 수용하기 위해 건설한 '마이크로 아파트'와 비슷한 크기였다.

워싱턴 D.C.에 있는 뒤퐁 서클의 맨션은 평균 350제곱피트(약 9.8평-옮긴이)짜리 아파트 92채가 들어가는 건물로 개조되었다.[25] 2012년, 복도에 줄줄이 이어진 150~250제곱 피트(약 4.2~7평-옮긴이)의 아파트들은 미래에 얼마나 작은 집이 가능한지 보여주었다.[26] 시애틀에서도 마이크로 아파트 붐이 일고 있다. 오래된 일반 주택이 허물어지고 200제곱피트(약 5.6평-옮긴이)의 방과 공유 부엌이 있는 건물들이 너무 많이 들어서면서 주민들이 반발하기도 했다.《시애틀 타임스》에서 한 시애틀 주민은 이렇게 말했다. "우리는 그들(극소형 아파트를 렌트하는 사람)이 어떤 사람들이고 누군지는 관심 없어요. 다만 그 수가 어느 정도인지는 알고 싶어요. 한정된 곳에 너무 많이 들어서고 있어요."[27]

도시사학자이자 건축가였던 돌로레스 헤이든Dolores Hayden의 고전인《대혁명The Grand Domestic Revolution》에서는 기존 주택들이 어떻게 여성을 가족과 분리시키고 가사노동 의무에 가두었는지를 설명한다. 페미니스트 유토피아 소설《허랜드Herland》의 작가 샬럿 퍼킨스 길먼Charlotte Perkins Gilman은 유급 직원들이 요리를 맡고 여성들은 부엌에서 해방되는 집을 꿈꾸었다. 19세기 개혁가이자 페미니스트 멜루시나 페이 페어스Melusina Fay Peirce는 협동 주택 운동을 이끌면서 여성을 분리된 각자의 집에서 요리사이자 엄마로 살게 하는 것이 남녀평등을 저해한다고 주장했다.[28]

점점 더 많은 현대 여성들이 부엌과 아이들 방에 갇혀 종종거렸던 전 세대와 다른 종류의 삶을 누린다. 우연인지 아닌지 모르지만 과거의 운동가들이 꿈꾸었던 환상대로 살게 된 것이다. 요리와 여가 장소는 공유하고 개개인은 1인 가구 생활을 하면서도 공동체 생활을 체험한다. 이때 배우자는 필요 없다.

경고성 이야기들

자유에는 위험도 따른다. 익명성과 자유는 달콤한 위안거리이지만 위험성도 열어놓는다. 성추행이나 성폭행, 각종 폭력 범죄, 불법 행위에 노출될 확률이 아무래도 높아진다.

초기에 도시에서 혼자 살거나 룸메이트와 사는 여성의 가장 큰 위험은 매춘부 취급을 받는 것이었다. 또는 극심한 가난과 도시 특유의 수요가 합쳐져 어쩔 수 없이 매춘부가 되기도 했다.

1832년 뉴욕의 맥덜린 소사이어티Magdalene Society는 (아마도 잘못된) 이런 경고를 내보냈다. "도시에 여성 시민들이 증가하면서 스스로의 인생을 포기하고 매춘부가 되는 여성이 최소 '1만 명'이라고 확신한다!!!!"[29] 시카고 도심 낙후 지역의 '가구 딸린 쪽방'에 사는 여성들이 매춘으로 가욋돈을 번다는 말도 나돌았다. 20세기 초반 그 동네에 살았던 한 주민은 이렇게 말했다. "예쁘장한데 따로 '용돈벌이'를 하지 않는 여자들은 멍청하다는 말을 들었지요."[30]

그러나 도시는 이 여성들에게 자비를 베풀고 스스로 속죄하고 갱생할 피난처를 마련해 주기도 했으며 이것은 소도시나 시골에서는 거의 찾아보기 힘든 환경이었다. 그것이 바로 다양한 선택과 자기 반성의 공간을 남겨놓는 도시의 수용적 태도였다. 크리스틴 스탠셀은 이런 도시의 수용적 태도가 여성의 잠재력 팽창을 가져온 결정적 요인이었다고 주장한다. "미국 여성의 역사에서 공동 주택, 공장, 산책길, 거리가 중요한 역할을 했다."[31]

여성성과 도시 생활을 논의하다 보면 도시가 여성을 타락하게 하는지, 아니면 여성이 이 도시에 유혹의 분위기를 가져오는지에 관한 논란이 다시 한 번 고개를 든다. 도시에는 점점 더 많은 여성들, 그리고 더 강한 여성들이 들어오지만 그들에게 일어난 몇 가지 사건 사고와 슬픈 결말이 언론에 의해 하나의 상징적 사건으로 그려지기도 한다. 자신만만하고 독립적으로 사는 것도 좋지만 도를 넘어선 안 된다는 이야기를 하고 싶은 것이다.

1890년대에 그런 현상을 대표하는 이는 텍사스 출신의 젊은 여성 에이다 베커였다. 그녀는 사촌의 권유로 뉴욕에 왔다가 냉혹한 도시에서 인간들에게 버림받고 두 번이나 자살을 시도한다. 그녀의 이야기는 타블로이드 신문에 쉬지 않고 등장했고 이 외롭고 감시자 없는 도시라는 물에 헤엄쳐 들어온 여성에게 어떤 일이 생길 수 있는지 알려주는, 말하자면 교훈 동화였다.[32]

약 100년 후, 센트럴 파크에서 조깅하던 여성이 강간을 당한 후 거의 죽을 만큼 폭행당한 사건이 발생했다. 피해자로 밝혀진 트리샤 메일리는 백인이며 28세 미혼에 웰즐리에서 최우수 학생으로 졸업하고 예일에서 미술과 경영으로 석사 학위를 받고서 투자 은행을 다니던 여성이었다. 그녀는 고등 교육을 받고 높은 임금을 받는, 1980년대 말에 뉴욕에 들어오기 시작한 독립적 여성의 전형이었다고 할 수 있다. 그녀는 공원을 자주 애용했다. 도시를 활기차게 만드는 가장 중요한 인프라인 공원에서 운동을 했다. 싱글 여성으로서 도시와 공생했고 바로 그 도시에서 폭행을 당했다. 이 범죄는 (피해자는 가해자의 인상착의를 기억하지 못했고 다섯 명의 흑인 청소년이 유죄 판결을 받았으나 나중에 진범이 따로 밝혀졌다) 그해에 가장 많이 보도된 뉴스였다.

1999년 켄드라 웹데일은 32세의 뉴욕 주 북부 출신으로 뉴욕 시의 '공원과 박물관을 사랑하고 사람들과의 만남과 무한한 가능 성'을 무척 즐기며 살았다고 전해진다.[33] 그녀는 그렇게 사람들이 섞여 있는 장소 중 하나인 지하철에서 여성 폭행 전과가 있는 정신 질환자에게 떠밀려 사망하고 말았다. 2006년에는 범죄학 전공으로 대학원에서 상위 5퍼센트 성적으로 졸업한 이메트 세인트 길리엔의 살인 사건이 벌어졌다. 그녀는 친한 친구들과 바에서 술을 마시며 놀다가 혼자 조금 더 마시겠다고 남았는데 그 술집 기도에게 강간 살해 당했다.

언론 매체들은 빈곤 여성이나 흑인 여성에게 일어난 비극보다 이런 기사들을 훨씬 숨가쁘게 보도하는데 그 메시지는 이렇다. 이 도시에서 경제적으로 성공하고 사회적으로 힘을 얻은 여성들이 위험에 노출되어 있다는 것이다. 용감한 여성들이 도시에 와서 삶을 즐긴다. 그러나 재미, 자유, 성생활, 일터로 실어주는 지하철, 그들의 독립성을 지지해 주고 그들을 자유롭게 해주었던 바로 그 장소가 그들을 위험에 빠뜨릴 수 있다. 이 여성들이 고학력 고소득이란 사실은 그들의 젠더(와 외로움)에서 비롯된 잔인한 공격을 막아주지 못한다.

섹스 앤 더 시티

나는 1997년에 뉴욕으로 왔다. 내 의지와는 상관없이 당시에는 아무런 매력이 없었던 브루클린에 자리 잡을 수밖에 없었는데 이유는 간단했다. 맨해튼의 월세를 도저히 감당할 수 없었기 때문이다. 당시 시장 3년차였던 루돌프 줄리아니 전 시장은 거의 파시스트같이 뉴욕의 포르노 극장, 노숙자, 자동차 유리를 닦아 돈 버는 청년들을 몰아내고 있었다. 1990년대에 뉴욕 시 경찰관의 35퍼센트가 증가했고 줄리아니 임기 동안 경찰은 특히 흑인 남성들에 대한 폭력 진압으로 악명 높았다. 그의 정책도 정책이지만 당시에는 전국의 도시 범죄율이 전반적으로 하락하는 추세였다. 월 스트리트의 규제 완화와 기술 산업 발전이 맞물리면서 뉴욕에 부유층들이 모여들기도 했다. 급진 성향의 게이들이 몰려 살았던 값싼 지역이 대대적인 리노베이션을 거쳐 투자 은행가들의 놀이터가 되었다. 한때 트로마트에 사는 싱글 여성들이 거주했다가 최근에는 매춘 중심지였던 정육업 지역이 이제는 고급 술집들이 즐비한 곳으로 바뀌었다. 나는 아쉬움을 삼키며 브루클린으로 갈 수밖에 없었다.

그 시기에 조앤 디디온Joan Didion이 남편과 사별한 후 이 도시에 쓴 편지 〈모든 것이여 안녕Good bye to All That〉을 읽었지만 나는 조금도 공감할 수 없었다. 디디온은 이 도시에 대한 느낌을 "밤새 깨어 있을 수 있고 실수할 수 있고 그 실수가 아무런 문제도 되지 않는 도시"라고 썼다. 뉴욕에 대한 그녀의 사랑은 흔히 말하는 애정이 아니었다. "나는 이 도시와 단단히 사랑에 빠져 있었다. 자신을 처음 만진 사람과 사랑에 빠져 그 후 누구와도 같은 식으로는 사랑할 수 없게 된 바로 그런 식으로 말이다."

실수해도 괜찮다는 자신감이 전혀 없었던 나는 대학 졸업 후 뉴욕에 왔을 때 내 공간이 사라질지도 모른다는 불안감에 늘 시달렸고 한 번만 실수해도 여기서 쫓겨날 거라고 믿었다. 처음 몇 년 동안 내가 이 도시를 연인으로 여겼다면 분명 냉담하고 무정한 연인이었을 것이다. 나처럼 가난하고 외로웠던 룸메이트와(테네시 동부에서 온 친구였는데 도시로 오기 위해 가족과 피 터지게 싸워야 했다) 소파에서 2달러짜리 덤플링과 싸구려 맥주를 먹으며 드라마 〈X파일〉을 보곤 했다. 그리고 우리가 여기서 친구나 사귈 수 있겠느냐며 한숨 쉬었다.

어쩔 수 없이 브루클린에 살아야 하는 것도 약 올랐지만 뉴욕에서 살던 첫해에 HBO에서 막 시작한 〈섹스 앤 더 시티〉가 심기를 건드렸다. 그 방송사는 튀튀를 입은 여자 주인공이 지나가는 버스의 물세례를 맞는 광고를 수도 없이 내보냈다. 특별히 그 프로그램을 싫어한 건 아니었다. 그냥 별로라고 생각했고 거의 본 적도 없었다. 그 드라마의 메시지를 반대한 것도 아니었다. 물론 나와는 거리가 멀었지만 그것이 불완전하다 해도 여성에게 열린 새로운 가능성의 시대를 조망하고 있다고는 생각했다.

내가 〈섹스 앤 더 시티〉 열풍에 동조하지 않은 이유는 모든 친구와 가족들이 그 드라마를 기준으로 도시에 사는 모든 여성의 삶을 추측하고 평가하려 했기 때문이다. 나를 보며 너무도 해맑게 "와, 〈섹스 앤 더 시티〉처럼 사는구나"라고 한 사람이 몇 명인지 세기도 힘들다.

내가 20대의 대부분을 성생활 없이 보냈다는 사실은 그렇다 치자. 이 드라마가 명품 옷들로 가득한 옷장과 아찔한 하이힐을 현대 여성들에게 의미 있는 공간과 위치의 상징으로 썼지만 나는 항상 빈털터리 신세였다는 사실도 (가난하지는 않았지만 늘 쪼들렸다) 그렇다 치자. 사실 내가 그 유명한 〈섹스 앤 더 시티〉를 볼 수 없었던 결정적 이유는 케이블 요금을 낼 돈이 없었기 때문이다.

만약 그 시절 내 주머니 사정이 더 나았고 더 예쁜 신발을 신었고 더 자주 남자와 잤다 해도 나는 그 비교에 화가 났을 것 같다. 부분적으로는 돈 많고 능력 있는 백인 여성의 이미지가 현대 여성성의 비전을 제한하고 있어서였고 내 인생이 〈섹스 앤 더 시티〉 같다는 사람들 말에 약간은 가시가 있다고 느꼈기 때문이다.

〈섹스 앤 더 시티〉 방영 시기에 역시 뉴욕의 싱글 여성이었던 텔레비전 비평가 에밀리 너스바움은 나에게 이렇게 말했다. "나는 사람들이 '당신 인생은 〈섹스 앤 더 시티〉 같다'고 말할 때 기분이 나쁘지 않더라고요. 왜냐하면 그전에는 '만화 주인공 캐시처럼 산다'고 했거든요." 캐시는 1976년부터 2010년까지 캐시 가이즈와이트 Cathy Guisewhite가 연재한 신문 연재만화로 여주인공의 다이어트와 멍청한 남자친구와 지겨운 직장 이야기로 채워져 있었다. 그랬다. 아주 오랫동안 비혼 여성의 삶의 모델은 이런 식이었다. 너스바움은 나와 이런 대화를 나눈 뒤《뉴요커》에 〈섹스 앤 더 시티〉 관련 칼럼을 한 편 썼다. "그래도 우리의 인생이 처량하고 고독하게 보이는 것보다는 멋지고 사치스러워 보이는 것이 더 낫지 않을까?"[34]

너스바움은 사람들이 〈섹스 앤 더 시티〉에 기죽는다는 사실이 정말 재미있다고 말했다. "이 드라마가 사람들을 겁주는 게 좋았어요." 그녀가 내게 말했다. 과거의 싱글 여성들이 한결같고 사랑스럽거나 고달프고 절박하게 그려졌던 것과 비교하면 성적으로 탐욕적이라 할 수 있는 캐리나 사만다가 남자들을 겁주는 것이 나쁘지 않았다는 것이다. "이 드라마에서는 캐리가 항상 일을 망치고 성격도 단점 투성이잖아요. 그녀는 '왜 저렇게 괜찮은 여자가 사랑을 찾지 못할까'라고 생각되는 사랑의 화신이 아니죠. 신선했어요. 왜냐면 이 프로는 한 대 때려주고 싶을 정도로 얄밉고 신경질적이고 이상하고 징징거리고 전혀 사랑스럽지 않은 여성들이 이 세상에 설 자리를 마련해 주었으니까요."

〈섹스 앤 더 시티〉에 나오는 여성들은 복잡했고 그런 점에서 이 도시와 그 여자들이 닮아 있다고 느끼게 되었으며 나도 서서히 이 드라마에 호감을 갖기 시작했다. 왜냐하면 나도 이 도시 뉴욕이 자기 매력을 한껏 발산하면서도 얼마나 얄밉고 신경질적이고 이상하고 사랑스럽지 않은지 잘 알고 있었기 때문이다.

뉴욕에 입성한지 5년 만에 드디어 룸메이트 없이 나만의 자그마한 아파트를 갖게 되었다. 나와 뉴욕의 관계는 그 즉시 180도 달라졌다. 내 아파트에 혼자 있을 때가 가장 행복했다. 손바닥만 한 아파트였고 모던한 인테리어와는 거리가 멀었지만 나는 내 아파트 구석구석을 사랑했다. 가끔은 아파트에서 쫓겨나는 악몽을 꾸기도 했다. 꿈속의 나는 바깥에서 아파트의 커다란 창을 하염없이 바라보며 어떻게든 다시 들어오려 애썼다.

나만의 공간을 구하면서 사교 생활의 영역이 넓어졌고 직장 생활도 더 수월하게 느껴졌다. 나는 정서적으로 안정되었고 더 어른스러워졌다. 그 아파트에서 자고 일어난 첫날 아침처럼 편안하게 눈뜬 적도 없었다. 〈섹스 앤 더 시티〉가 구두와 옷장과 칵테일을 자유와 해방의 상징으로 삼았다면, 나도 그것들이 전혀 부럽지 않을 정도의 사치품을 갖고 있었다. 수리가 전혀 되어 있지 않은 12평짜리 월세 아파트 말이다.

그런데 이 책 인터뷰를 하고 있을 때 저널리스트 제시카 베넷이 혼자 도시에 살면서 절망했던 기억이 잘 잊히지 않는다고 자세히 말해 주었다. 오래 사귄 남자친구와 결별하고 4층 아파트에 에어컨을 혼자 끌고 올라가면서 모든 걸 다 놓아버리고 싶었고, 전쟁에서 참패해 홀로 벌판에 서 있는 것처럼 처참했었다고 했다. 그 이야기를 듣자마자 나도 그날의 기억이 생생하게 떠올랐다.

나는 전자제품 매장 바깥에 서 있었다. 얼마 전에 이사한 마음에 쏙 드는 새 아파트, 진짜 나 혼자 사는 나만의 아파트에서 네 블록 떨어진 곳이었다. 초여름이었고 뉴욕에 온 지도 5년 반이나 되었고 나는 충분히 행복했으며 잘 적응하고 있었다. 하지만 그해 여름에는 기록적인 폭염이 계속되었다. 연일 37도가 넘는 불볕더위였다. 일단 에어컨을 사긴 했는데 무거워서 집까지 운반은커녕 혼자 들 수도 없었다. '난 행복해.' 혼잣말을 했다. '까짓것, 혼자 할 수 있어.' 그러나 난 너무 피곤했다. 그리고 너무 외로웠다.

누구한테 도와달라고 하지? 이 도시는 아니었다. 이 위대한 도시는 언제나 독립심을 칭찬하고 친구와 공간을 주었지만 이런 것까지 나 혼자 하게 만든 것도 바로 이 쌀쌀맞은 도시였다. 차는 없고, 더위에 아스팔트까지 녹아내릴 것 같고, 계단은 가파르고, 친구라고 해봐야 나와 비슷한 처지의 결혼 안 한 친구들밖에 없었다. 착한 친구들이지만 이들에게도 차가 없는 건 마찬가지고 다들 자기 집에 에어컨 들여놓느라 바쁘거나 이 질식할 정도의 더위와 고독 속에서 사투를 벌이고 있을 터였다.

그 순간 내가 원한 건 딱 하나, 애인이었다. 나를 도와주는 사람이 아니라 나와 함께 이 모든 걸 해나갈 사람. 나는 스물일곱 살이었고 나에겐 젠장할 남편이 필요했다.

그런 생각을 막 떠올릴 찰나, 아니 입 밖으로 꺼내려던 찰나에 당시에는 보기 힘들었던 여자 기사의 택시가 내 앞에 멈춰 섰고 매장에 들어갈 손님을 내려주었다. 내가 그 택시를 애처로운 눈길로 바라보자 여자 운전기사는 창문을 내리고 탈 거냐고 물었다. "그런데 현금이 없어요." "집에는 있어요?" "그럼요." 그녀는 차에서 내리더니 나와 같이 에어컨을 트렁크에 실어주었다. 택시가 내 아파트 앞에 서자 다행히 우리 건물주 아저씨가 현관 앞에서 담배를 피우고 있다가 에어컨을 집까지 옮기는 걸 도와주었다.

돈을 가지고 내려와 택시비를 낸 다음 감사하다고 말했다. "아까 무척 막막한 표정이더라고요." 그녀는 동유럽 억양으로 말했다. "다들 그럴 때가 있죠. 그럴 땐 차만 얻어 탈 수 있으면 돼요."

〈섹스 앤 더 시티〉가 HBO에서 풀렸고 그 아파트로 옮기던 시점에 재방송을 하기 시작했다. 하루 종일 전 시즌을 연달아 본 건 아니지만 잠깐 텔레비전을 틀었을 때 재방송을 하고 있으면 끝까지 보곤 했다. 이상하게 얼마 동안은 꼭 그 에피소드만 보게 되는 것 같았다. 해군들이 뉴욕에 오는 에피소드였는데 그 끝에 디디온이 한 말과 비슷한 캐리의 독백이 흐른다. "만약 나에게 단 하나의 위대한 사랑이 있다면 그 사랑은 뉴욕이다."

그 내레이션은 들을 때마다 좋았다. 이 빡빡한 대도시에 나만의 애틋한 공간을 마련하게 되자 나 역시 그 말에 동의할 수 있었다.

루시퍼 성냥처럼 위험한 것

여자들의 우정

▶▶

2009년 워싱턴 D.C.에 사는 두 명의 여성이 드라마 〈가십 걸〉 단체 관람 이벤트에 초대되었다. 스물일곱 살의 앤 프리드먼은 남자친구와 같이 왔다. 스물넷의 아미나투 소우는 이 드라마의 인기를 책임진 끈끈한 커플 '척'과 '블레어'를 응원하기 위해 두 사람 이름이 적힌 셔츠를 직접 만들어 입고 왔다. 수많은 사람들 중에서 앤과 아미나투는 서로에게 바로 시선이 꽂혔다.

아미나(아미나투의 애칭-옮긴이)는 시원시원한 외모에 입담 좋은 앤을 처음 본 순간, 살면서 늘 찾고 있던 사람임을 단번에 알아챘다. 행사가 끝나고 헤어질 때가 되자 아미나는 앤 일행과 같은 방향이기를 바랐다. 하지만 그렇지 못했다. "다시는 못 볼까 봐 굉장히 마음 졸였던 기억이 나요." 아미나가 말했다. 그런데 집에 와 보니 앤이 이미 페이스북 친구 요청을 해왔고 아미나는 그들이 '인연'임을 깨달았다.

운명도 그들 편이었는지 두 여성은 바로 다음날 또 다른 이벤트에서 마주쳤다. 그날부터 두 사람은 거의 매일 만나 함께 시간을 보냈고, 방송과 연예와 패션에 둘 다 관심이 지대하다는 것을 알게 되었다. 앤은 저널리스트였고 아미나는 디지털 마케팅 기획자였다. 서로를 더 잘 알아가기 위해 둘은 같이 '인스타보너Instaboner'라는 이름으로 블로그를 열었고 정치적 견해와 문화생활 후기, 패션 관련 글 등을 부지런히 올렸다. "우리는 우리만의 언어로 말하고 있었죠." 아미나가 말했다.

"우리는 대번에 친해졌어요." 따로 만난 앤도 그렇게 말했다.

그들의 관계는 성적인 것이 아니었지만 서로에게 첫눈에 반해 급속하게 빠져든 과정은 거의 로맨스였다. 앤은 아미나와 함께 있을 때의 느낌을 이렇게 말했다. "내가 항상 갈망해 왔지만 남자들과의 연애에서는 얻을 수 없는 게 있었어요. 그들의 요구나 기대와는 상관없이 내가 더 나은 사람이 되어간다는 느낌이요." 그녀는 아미나에게 점점 더 정서적으로 의지하게 되었고 일상생활의 크고 작은 모든 일을 의논했다. "사람들이 보통 애인한테 구하는 그런 것들을 아미나에게 찾았죠." 앤이 말했다.

여성의 삶에서 가장 간과되는 진실 중 하나는 여성들끼리 맺는 이러한 일차적이고 근본적이며 협조적인 관계가 남성과의 관계만큼이나 중요하다는 사실이다. 하지만 어렸을 때부터 우리는 이런 관계는 남성과 맺어야 하고 여성들은 남성을 사이에 두고 경쟁을 벌이는 관계라고 들어왔다.

여성들의 우정은 여성들이 존재하는 한 그들 삶에서 가장 중요한 지지 기반이다. 오직 경제적이고 사회적인 이유로 이른 나이에 결혼을 하지만 결혼이 딱히 정서적·지적 유대감을 주지 못했던 고대나 중세에는 자연스럽게 동성의 친구들이 친밀감과 안정감을 제공해 주었다. 근대에 이르러 결혼의 의미가 서서히 변하면서 감정적 결속까지도 결혼 안에서 이루어져야 한다는 생각이 나타났다. 하지만 사람들이 점점 결혼을 늦게 하거나 하지 않게 되면서 여성이 자아를 발견하고 정체성을 확립하고 꿈과 목표를 키워나갈 때 바로 옆에 있는 사람은 남편이나 전통적 가족이 아니라 다른 여성들이 되었다. 친구들 말이다.

아미나투 소우는 기니공화국에서 태어났다. 아버지는 이슬람교를 믿는 외교관이었고 어머니는 기니 최초로 공과대학을 졸업한 여성 중 한 명이었다. 아미나는 아버지를 따라 나이지리아, 벨기에, 프랑스에서 성장했고 텍사스오스틴 대학교를 졸업했다. 졸업 후 어머니가 갑작스럽게 돌아가셔서 벨기에로 가 아버지와 형제자매들을 돌보다가 미국으로 다시 와서 직장을 구했다. 9개월 후 여성 할례를 피하는 망명권을 인정받아 미국에 살 수 있게 되었다.

앤 프리드먼은 아이오와 주 동부 출신이다. 부모님은 가톨릭이고 미주리 대학교를 다녔다.

"저는 국제적으로 자란 편이에요. 앤은 미국 중서부 아가씨고요. 출신이나 성장 배경만 따지면 많이 다르다고도 할 수 있죠. 서로 견해가 다른 부분도 있었지만 그만큼 서로의 부족한 점을 보완해 줄 수도 있었어요."

그들의 공통점 중 하나는 자립 의지가 남다르다는 점이었다.

아미나의 부모는 일가친척을 통틀어 중매결혼이 아닌 연애결혼을 처음 한 사람들이었다. 할아버지는 아내가 셋이었고 21명의 자녀가 있었다. 따라서 그녀가 20대 후반까지 결혼하지 않고 독자적으로 살기로 한 것은 거의 정치적인 결심이었다고 할 수 있다. "내가 속한 세상에서는 여성의 독신 생활이라는 게 없었어요. 과거에도 없었고 앞으로도 없을 일이었죠." 그녀는 집안에서 결혼하지 않은 최초의 딸이고 그 정도로 돈을 버는 여자도 전무했다.

앤은 아미나와 절친이 된 몇 달 후, 〈가십 걸〉 파티에 데려갔던 남자친구와 헤어졌지만 전보다 훨씬 더 만족스러운 생활을 해나갔다. 공식적으로 솔로였던 기간의 많은 부분을 우정이 차지했기 때문이다. "2년 동안 남자와 연애도 안 했고 성생활도 거의 없었던 것 같아요." 두 여성은 '내가 선택한 가족'이 있을 수 있다고 믿는다.

"페미니즘이나 학문적 관점에서 그렇다는 게 아니에요." 앤이 조금 더 정확히 설명하고 싶어 했다. "만약 내가 어떤 사람에게 투자하기로 선택하고, 그 사람이 나에게도 같은 정도로 투자한다면 그 관계는 감정적으로 계속 유지되겠죠." 과학계에서도 이런 생각이 점차 지지를 얻고 있다. 과학 저술가 나탈리 앤지어의 저작에도 나와 있듯이, 과거의 인류학자들은 핏줄로 맺어지지 않은 사람들의 가족 같은 유대를 '가상의 친족fictive kin'이라 부르며 대수롭지 않게 보는 편이었지만 최근의 연구자들 사이에서는 "이런 구분이 필요 없다는 쪽으로 나아가고 있으며 스스로 구성한 가족이 전통적 가족과 달리 진짜가 아니라거나 의미가 없지는 않다는 의견이 지배적"이며 이제는 그들을 '자발적 친족voluntary kin'이라 부른다.[1] 앤지어에 따르면 자발적 친족과 우리가 일반적으로 우정이라 부르는 것 사이에는 차이가 있다. "자발적 친족은 정체성의 중심이 되고 인생에서 매우 중요한 기능을 담당한다. 그들은 소속감을 줄 뿐만 아니라 재정적으로나 정서적으로나 전적으로 기댈 수 있는 존재다."

앤은 친구가 많지만 그중에서도 아미나를 최고의 친구라고 말한다. "내가 무조건 의지할 수 있는 사람, 나의 전부나 마찬가지예요." 아미나도 이렇게 말했다. "앤에게도 종종 말해요. 너와의 관계가 내 인생에서 그 무엇보다 중요하다고요. 부담을 주려는 게 아니라 그게 진실이니까요. 아주 오래전부터 알았던 사람 같아요."

몇 년 후에 앤과 아미나는 각자의 삶을 위해 떨어지게 되었다. 앤이 더 나은 일자리를 제안받아 워싱턴을 떠나게 된 것이다. 이별은 생각만으로도 고통스러웠다.

아미나는 헤어지기 전의 날들을 아주 세세히 기억하고 있었다. 한 사람의 새 출발을 위해서 둘이 같이 힘을 냈다. 같이 짐을 싸고 앤의 물건들을 팔고 고별 파티를 했다. 앤이 나라 반대편으로 떠나던 날 아침(앤은 텍사스 주 오스틴으로 갔다가 LA로 가기로 되어 있었다) 아미나는 펑펑 울었다. "허전하고 먹먹해서 아침 일곱시부터 밖에 나가 커피를 마셨어요. 커피 잔을 앞에 놓고 얼마나 울었는지 몰라요. 주체 못 할 정도였어요. 제 인생에서 가장 힘들었던 경험이었죠."

나 역시 그 느낌을 분명히 알고 있었다.

사라

사라와 나는 1999년에 직장 동료로 만났다. 처음부터 단짝은 아니었다. 몇 년 동안 회사 동료나 친구들 모임에 자주 동석했어도 둘만 따로 만나지는 않았다. 그런데 우리 둘 다 사귀던 남자친구와 헤어지고 난 후 어떤 파티에서 만났고 실연의 아픔과 상처를 하소연하다가 어느새 우리 둘이 얼마나 말이 잘 통하는지 깨달았다.

우리는 회사의 업무 강도가 점점 세지고 직장 스트레스가 극에 달하던 시기, 또 이 도시에 뿌리를 내려가던 시기에 절친한 친구로 지냈다. 사라와 나는 둘 다 성취욕에 불탔고 다행히 현재 하는 일을 좋아하고 열성적이었다. 퇴근하고 만나 같이 먹고 쉬기도 하고, 서로 치켜세우며 용기를 주기도 하고, 힘들다고 투정하거나 그날 하루와 감정을 정리하기도 하면서 온갖 시시콜콜한 이야기를 쏟아놓았다. 각자의 모임에 서로를 데려갔고 아는 사람들을 소개시켜주었다. 내 직장 동료들은 사라를 알았고 사라 회사 사람들도 나를 알았다. 각자 직장 동료의 장단점에 대해 모르는 것이 없을 정도였다. 서로의 가족사에 대해서도 모든 것을 들었고 결국 가족을 직접 만나 친해졌다.

나와 사라 사이에는 수많은 맥주병과 수십 갑의 담배가 있었고 대체로 오래 사귄 애인이나 가족에게 느낄 법한 지극힌 일상적인 편안함이 있었다. 물론 우리는 남자 이야기도 많이 했다. 안 넘어오는 남자를 놓고 길고 긴 분석과 작전의 시간을 가졌고, 술집에서 만난 핸섬한 남자와 소개팅에 나온 한심한 남자를 비교했으며, 서로의 몸속에서 일어나는 일까지 보고했다. 이번 달에 생리가 없다는 것부터 시작해 몸 한구석에 콘돔이 빠진 일까지 허물없이 이야기했다. 하지만 우리가 수다 떨면서 보낸 그 어마어마한 시간에 비해 남자가 화제가 되었던 시간은 일부에 불과했다.

이상한 뾰루지나 피부병, 좌충우돌 직장생활에 대해서는 끝없이 얘기했지만 오르가즘이나 다른 인간의 페니스에 대해서는 그렇게 할 말이 많지 않았다. 새 집을 구할 때 같이 갔고 회사를 옮길 때 조언해 주었다. 돈 관리법을 공유하기도 하고 대통령 선거를 주제로 밤새 토론했으며 같이 책을 읽고 같이 영화를 보러 가고 벌레약을 같이 뿌리고 모든 시상식을 같이 보았다.

우정에 관해서라면 때로는 정말 둘도 없이 가까운 사이라 해도 배타성이 요구되지 않는다. 앤도 나에게 그렇게 말했다. "여자들의 우정에서 좋은 점이 뭐냐면요, 〈하이랜더Highlander〉가 될 필요가 없다는 거죠. '오직 한 사람만 있어야 돼' 이런 게 없다고요."

사실 사라와 내가 서로의 공식 '베스트 프렌드'였던 것도 아니다. 우리는 아주 많은 '베스트'들을 공유하고 있었다. 휴가 때면 우리 둘 다 아는 네 명의 친구들과 여행을 갔다. 그러면서도 각자의 모임과 친구들을 유지했다. 우리가 서로의 가장 친한 친구와 친하지 않기도 했지만 알기는 전부 알았다. 우리는 한 세계 안에 있었다.

깨닫지 못하는 사이에 우리는 여성의 역사만큼 오래된 여성 유대관계의 현대적 버전을 만들어가고 있었다. 우리 관계는 역사학자 캐롤 스미스-로젠버그가 묘사한 19세기 여성들의 관계와 흡사했다. "친구들은 고립된 세계에서 태어나는 한 쌍이 아니라 보통은 서로 긴밀히 연결된 네트워크의 일부였다."[2]

우정에는 내가 어른으로 살며 배우길 원했던 것들, 그러니까 친밀한 관계, 감성 공유, 즐거움이 다 들어 있었다. 앤이 아미나와의 우정에 관해서 이야기한 것처럼 남자와의 로맨틱한 관계, 성적인 관계에서 원했지만 잘 느끼지 못했던 감정을 친구는 넉넉히 채워주었다. 몇 번 안 되는 연애를 할 때면 내가 사라지고 에너지가 고갈되는 느낌이었는데 여자친구들과 있으면 나의 부족한 점이 채워지고 내 삶의 다른 영역으로 건강한 관계가 퍼져나갔다. 우정은 내가 갈망하던 것들을 이루어주었다. 더 일 잘하는 나, 더 자기 확신 있는 나, 더 공정한 평가를 받는 나가 되었다. 아무 생각 없이 하루 재미있게 놀고 싶을 때도 친구만 있으면 언제든 가능했다.

여성의 우정은 연애 패배자들에게 주어지는 아차상이 아니다. 진정한 친밀감의 비법과 기쁨을 발견한 이들은 아무나 사귀지 않는다. 사실 그 반대가 된다. 연애가 쉽게 채워주지 못하는 중요한 가치를 알기 때문에 남자 보는 눈도 높아지고 건강해진다.

"모든 사람에게 그런 존재가 있을 거라고 생각하지는 않아요."

아미나는 인연에 대해서 이렇게 말했다. "하지만 사람들이 남자 파트너에게 기대하는 걸 저는 우정에서 찾아요. 앤뿐만 아니라 다른 친구들에게서도요. 나는 나 자신을 위해 이런 가족을 만들어야 했어요. 나 자신을 위해서 실제로 많은 투자를 했죠. 그 가족 안에서 이런저런 불만을 털어놓고 치유받기도 해요. 남자와의 관계에서 이런 일이 지속적으로 가능할지 잘 모르겠네요. 남자는 우선순위가 아니에요. 저에겐 친구들이 최우선이에요."

내가 사라와 친해진 지 4년째 되었을 때 사라가 사귀던 남자가 보스턴에서 더 좋은 일자리를 제안받았다. 그들은 1년 정도 장거리 연애를 하다가 결정을 내려야 할 시기가 왔다. 그는 보스턴에서 사라와 같이 지내고 싶어 했지만 보스턴은 사라에게 직업적 기회가 많은 도시가 아니었다.

사라가 갈팡질팡하는 모습을 보면서 나도 괴로웠다. 그녀는 서른이었고 뉴욕을 사랑했다. 충분한 수입이 따르는 멋진 직업이 있었다. 자기 집을 얼마나 예쁘게 꾸며놓았는지 모른다. 아끼는 친구들도 많았다. 하지만 그녀는 남자친구도 사랑했다. 그와 새로운 인생을 시도해 보고 싶었고 그 인생이 어떤 모습일지도 궁금했다.

성인기의 중간에 우리가 한 번씩은 치르게 되는 격동과 갈등의 시기였다고 할 수 있다. 인생은 여전히 버거우며 때로는 빨리 결혼해버릴 걸 그랬나 후회하기도 하고 빨리 결혼했을 때의 장점도 인정하게 된다. 어렸을 때의 우리는 어쨌든 더 순하고 유연한 사람들이고 큰 난리법석 없이도 여러 가지를 조합해 시작부터 만들어갈 수 있다. 그러나 우리가 기대지 않고 홀로 살아가다 보면 책임을 스스로 감수하게 되고, 상사에게 보고하는 사람이었다가 상사가 되기도 한다. 혼자 적금을 들고 대출을 받고 임대 계약도 하게 된다. 내 삶이 기반을 잡아가고 다른 삶과의 연결 고리들이 생긴다. 그로 인해 우리 삶은 더 견고해지고 쉽게 구부러지지 않는다. 이렇게 쌓아온 모든 것을 무너뜨리고 새로 무언가 다른 것을 시작한다는 것은 스물둘에 결혼해서 이런 것들을 처음부터 누군가와 같이 시작하는 것보다 훨씬 두려운 프로젝트가 될 수 있다.

사라는 몇 주 동안 짐을 싸고 물건을 버리고 나누었고 마침내 보스턴으로 이사 가는 날이 왔다. 우리 친구들이 트럭에 짐을 실어주었고 서로 한참을 안아주고 난 후 떠나는 그녀에게 오래오래 손을 흔들었다. 그녀가 떠나자 나는 혼자가 되었고 많이 울었다.

오해는 말아주기 바란다. 나도 사라가 떠나야 한다고 믿었다. 그녀가 행복하길 원했고 우리가 궁극적으로 원하는 것이 그저 단단한 우정이나 보람찬 직업이나 즐거운 시간뿐만이 아니라 한 명의 다정하고 든든한 남자와 만들어갈 수 있는 따뜻하고 협조적인 관계라는 사실도 충분히 이해하고 있었다. 우리 둘 다 영원한 사랑, 약속과 헌신, 사랑하는 가족에 대한 꿈과 소망이 있다는 것을 잘 알았다. 그때 내게는 그런 삶을 만들어가는 방법이 싱글 생활은 이제 그만하고 앞으로 나아가는 것이었다.

우리 둘의 우정과 우리가 함께한 다양한 결의 삶이 파트너와 함께하는 '진짜' 삶에 방해가 되거나 지연시키는 원인이 되고 싶지는 않았다. 하지만 우리가 서로 나눈 것들이 살면서 꼭 필요한 친밀감을 연습하고 유지하는 법이었음을 부정할 수는 없을 것이다. 우리는 서로를 통해 어떻게 마음을 열고 어떻게 말다툼하고 어떻게 화해하고 어떻게 타협하고 어떻게 공감하는지 배웠다. 하물며 보통은 연인 관계에서 배운다는 인간관계의 기술들, 어떻게 질투심을 극복하고 권태를 이기는지도 서로에게서 배웠다.

그뿐이 아니었다. 우리는 각자의 더 나은 버전이 되도록 서로를 밀어붙였다. 파트너와의 관계를 더욱 건강하고 행복하게 가꾸어갈 능력을 키워주었다(능력이라기보다 가능성을 높여주었다고도 할 수 있겠다). 우리의 우정이 사라의 연애를 도와주었다고 할 수 있다. 그 시절 나는 나 자신이 사라라는 우주선을 우주로 보내는 로켓이라고 생각했다. 그 로켓은 자기의 사명을 다하고 나면 떨어져 나가야 한다. 내가 앤의 이사와 아미나의 이야기를 들으며 그토록 절절하게 공감했던 이유는 10년 전 사라와 헤어지던 순간이 떠올랐기 때문이다. 어른이 된 후로 가장 큰 상실감을 느꼈고 그전에 남자친구와 헤어졌을 때보다 몇 배나 힘들었던 것이다.

이런 책을 쓰게 될 줄 모르던 오래전에 나는 이 뜻밖의 감정을 어떻게든 머리로 이해해 보고 싶어 〈여자친구는 새로운 남편이다 Girlfriends Are the New Husbands〉라는 제목의 글을 썼다. 여성들이 더 이상 결혼이라는 환경에서 성숙해 가지 않는다 해도 성인기를 홀로 보내지는 않으며 친구가 사실상 배우자가 되어준다는 내용이었다.

보통은 비관적인 말을 많이 하던 또 다른 친구에게 사라 이야기를 했다. 나보다 열 살이 많고 30대 중반까지 싱글이었던 존경하는 선배였다. 그녀는 단호하게 말했다. "걱정 마. 그 친구 돌아와." 나는 물론 안다고 했다. 나를 보러 오긴 하겠지만 전과 같지는 않을 거라고 말했다. "아니." 그녀는 더 단호하게 말했다. "돌아올 거라니까. 그 애 인생은 여기 있으니까."

확신에 찬 그녀의 말은 당황스러울 정도였다. 사라는 돌아오지 않았다. 원래 우리 여자들의 인생은 그렇게 흘러가지 않는다. 나는 아주 오래전에 로라 잉걸스와 앤 셜리와 조 마치를 보며 반복해서 배웠다. 뼛속 깊이 아주 잘 알고 있었다. 우리 앞에 놓인 결혼이라는 운명은 잠시 미룰 수 있을지는 몰라도 결국엔 가야만 하는 궁극적 종착지였다. 그 자석 같은 힘은 결국 우리 모두를 그쪽으로 끌어당긴다.

사라와 나 사이는 어떤 면에서 그렇게 끝났다.

그녀는 내 사람

앤이 떠나고 아미나의 슬픔은 쉽게 사그라들지 않았다. 그녀는 전문가에게 상담을 받기 시작했다. '내 이야기를 하고 싶은 유일한 사람이 옆에 없기' 때문이었다. 워싱턴 D.C.에서의 생활도 잘 풀리지 않자 아미나는 도시를 떠나기로 했다. "앤은 내 삶의 중심이었어요. 앤이 없으니 내가 꼭 여기 있을 필요도 없었죠."

앤은 로스앤젤레스에서 바라던 일을 찾았고 그 도시와 사랑에 빠지고 있었기 때문에 다시 동부로 돌아올 가능성은 없었다. 아미나는 그들이 같이 떠났던 서부 여행을 떠올렸다. 앤은 차 번호판을 이제 막 캘리포니아 것으로 바꾸어 달았고 햇살 가득한 도시에서 새 생활에 대한 기대로 한껏 달떠 있었다. 아미나는 이렇게 말했다. "네가 캘리포니아와 사랑에 빠지는 걸 보니까 예쁘면서 멍청해 보여. 꼭 그린치의 심장이 커지는 걸 보는 것 같아."(판타지 영화 〈그린치〉에서 괴물 그린치의 작은 심장은 크리스마스의 진정한 의미를 발견하고 세 배나 커진다-옮긴이)

연인이나 부부 관계에서 한 명이 다른 곳에서 일자리를 얻으면 그곳이 세상 어디가 되었건 보통은 파트너가 따라갈지 아닐지를 의논한다. 우리가 어른의 삶에 관해 배운 바에 따르면 인생에서 가장 중대하고 까다로운 선택인 거주지 문제 앞에서 친구를 먼저 고려하는 건 영 익숙하지가 않다. 인생을 친구 중심으로 만들어가서는 안 되고 그럴 수도 없을 것 같다. 반면 가족이나 부부가 중심이 되는 것은 얼마든지 괜찮다. 직업 때문에 이사할 수도 있고 때로는 나이 든 부모 병간호 때문에 삶의 터전을 통째로 옮길 수도 있다.

그러나 앤과 아미나에게는 우정이 그들의 미래에 아주 중요한 요소였다. 이사 문제를 진지하게 의논했다. "장거리 관계가 점점 피곤해져서 둘 중 한 명이 이사를 해야 했어요." 아미나가 말했다. 앤도 동의했지만 그 선택이 좀더 현실성을 띠려면 아미나가 일을 찾을 수 있어야 했다. 그들은 6주 이상 서로를 안 만나는 일은 없게 하려고 노력했다. 2014년에 아미나는 캘리포니아 북부에서 일자리를 찾을 수 있었다.

"그 친구에게 하루에 몇 번씩이나 문자를 보내거든요." 앤이 말했다. "문자가 안 가면 내가 죽은 줄 알지도 몰라요." 앤은 1년 동안 어떤 회사의 책임자였지만 직장 동료들에게는 남자친구나 성생활에 대해 한 번도 이야기를 꺼낸 적이 없다. "그런데 그들 모두 아미나가 내 사람이라는 건 알았어요."

아미나도 말했다. "내 직장 동료들이 앤을 안다는 사실이 중요해요. 앤이 나에게 얼마나 큰 부분을 차지하는지 알 수밖에 없죠. 원래 사람들은 자기에게 가장 중요한 사람 이야기만 하기 마련이니까요. 내 입으로 앤이 베스트 프렌드라고 말한 적도 없는 것 같아요. 사실 그 이상이니까요. 당연히 매일 그녀 이야기만 하게 되지요. 그녀는 내 사람이니까."

아미나가 그 관련성을 언급하지는 않았지만 나는 '그녀는 내 사람'이라는 표현을 듣자마자 TV 드라마 〈그레이 아나토미〉의 대사를 떠올렸다. 이 드라마는 성적 관계는 아니지만 서로를 징글징글하게 사랑하는 두 외과 의사 메레디스와 크리스티나의 우정을 중심으로 이루어진다. 서로 비슷하면서도 다른 두 여자는 매일 만나 싸우고 경쟁하고 같은 침대에서 자고 같이 술을 마신다. 이들은 쓰다듬고 안아주는 건 질색하고 싸구려 감성을 거부하며 일과 남자에 집착하며 서로를 약간의 소유욕이 담긴 단어인 '내 사람'이라는 말로 부른다. 어쩌면 여성들 간의 강렬한 우정 묘사는 〈그레이 아나토미〉의 제작자가 숀다 라임스Shonda Rhimes라는 점과 관련 있을지도 모른다. 다양한 배경의 복잡한 캐릭터를 가진 여성들을 주인공으로 한 TV 드라마의 작가이자 제작자로 그녀가 이룩한 엔터테인먼트 왕국을 가리켜 여성의 힘이 살아 있는 환상의 섬 '숀다랜드'라 부르기도 한다. 라임스는 아이 셋을 키우는 싱글맘이다.

서로를 '내 사람'이라 부를 정도로 친밀한 여성들의 관계는 사회에서 오랫동안 매우 중대한 역할을 해왔다. 특히 전통적 결혼 관계 바깥에서 살고 있는 여성들에게는 더욱 그랬다. 역사학자 샤론 파머Sharon Farmer는 말한다. "중세 파리의 미혼 여성들은 역시 짝이 없는 다른 여성들과 동반자적 관계를 형성하며 그 안에서 실질적·경제적·정서적 도움을 주고받았다."[3] 파리의 13, 14세기 세금 기록을 보면 여성들이 한 집에서 같이 살고 일하고 같이 세금을 냈다는 증거가 있다.

　　과거부터 결혼하지 않은 처녀들이 유난히 한 몸처럼 가깝게 지내는 일은 눈에 자주 띄었고 셰익스피어는 이들의 각별한 우정을 (때로는 같은 침대를 쓰기도 했다) 극의 플롯 장치로 자주 이용했다. 《한여름 밤의 꿈》 주인공 헬레나는 허미아와 자신이 '고대부터 이어진 사랑'을 공유하고 있다면서 이런 대사를 읊는다. "우리는 한 가지에서 익은 한 쌍의 사랑스러운 딸기가 아닐까. 몸은 두 개처럼 보일지 몰라도 우리의 심장은 하나로 이루어졌어." 19세기 미국에서는 서부 확장 정책 때문에 동부의 신랑감 기근 현상이 벌어졌고 여성들이 친교를 넘어 평생 한 집에서 애정을 나누며 사는 동반자적 관계가 유행했다. 이른바 '보스턴 결혼'이라 불리던 현상이다.

　　여학생 기숙학교와 여자 대학이 생기면서 여학생들이 청소년기부터 붙어 지내는 일이 잦아졌다. 10대 때부터 형성된 단짝 친구 관계가 당연한 것으로 받아들여졌으며 이들 사이를 묘사하는 단어도 있었다. 바로 '찰떡같은 사이smashed'였다. 벳시 이스라엘에 따르면 부모들도 '찰떡같은 친구' 둘을 긍정적으로 바라보았는데 이들이 "앞으로도 계속 친한 친구로 남아 인간관계에서 중요한 신뢰, 의리, 관용, 인내를 배우게 된다"고 생각했기 때문이다. 이렇게 서로를 아끼고 존중하고 이해하는 연습은 이후 혼인 생활에도 도움이 되리라 가정했던 것이다. 하지만 이스라엘은 지적한다. "물론 이런 관계를 유지하다가 결혼했다고 해서 남편에게 그와 동일한 감정을 느낄 수 있었던 것은 아니다."

캐롤 스미스-로젠버그는 1975년에 〈사랑과 의식의 여성 세계: 19세기 미국 여성들의 관계The Female World of Love and Ritual: Relations Between Women in 19th Century America〉를 발표했다. 이 논문에 따르면 여성들의 관계가 서로에게 중심이 된 현상은 몇 세기 전에 남자의 영역과 여자의 영역을 엄격하게 분리한 데서 출발했으며 이로 인해 '남녀의 감정적 분리 현상'이 일어났다는 것이다.[4]

여자들은 대가족 안에서 혹은 여학교에서 기숙학교에서 로웰이나 매사추세츠의 공장 기숙사에서 늘 같이 살을 맞대고 살았다. 서로가 감정적·육체적으로 성숙하는 모습을 지켜보며 도와주었고 연애와 결혼과 출산 같은 결정적 경험을 함께했다. 스미스-로젠버그는 이렇게 썼다. "이들은 바로 옆에서 모든 감정을 느꼈다." 남성과 여성은 어렸을 때부터 분리되어 양육되고 교육받고 사회생활을 하게 되었고 이런 남녀가 결혼을 하면 "남성이나 여성 모두 근본적으로 외국인과 같이 사는 기분으로 처음부터 적응해 가야 한다."[5] 그리고 "여성들과의 관계에서는 친밀함, 애정 표현, 거리낌 없는 육체 접촉이 너무나 자연스러운 특징이었으나 남녀 관계에서는 그 반대라고 볼 수 있었다."

여성에게 친구와의 우정은 인간적 관심과 정을 나누고 지성적·정치적 의견을 교환하는 창구 역할을 한다. 여전히 경제적이고 사회적인 필요에 의해 이루어졌던 결혼은 성적 쾌락이나 우애의 충족을 당연히 기대할 수 있는 제도가 아니었다. 여성이 결혼한 후에는 완전히 다른 역할을 연기해야 했으므로 두 여성 중 한 명이나 둘 다 결혼한 후에도 친밀감 유지는 현실적으로 반드시 필요했다. 진정 행복한 결혼 생활을 하고 있는 여성도 다른 여성과의 만남 속에서 남편에게서 찾을 수 없는 무언가를 찾았다. 헌신적인 아내이자 다섯 아이의 어머니였던 엘리자베스 캐디 스탠턴은 같이 활동하는 동료 수전 B. 앤서니를 두고 이렇게 말했다. "우리의 삶과 인생 목표, 경험이 하나처럼 얽혀 있어서 서로 떨어지면 불완전하다는 느낌을 받곤 했다."

실제적인 이유로, 또 감정적인 만족감을 위해 동성에게 의지했던 건 여성뿐만이 아니었다. 남성이 주도했던 미국 남부 식민지 사회에서 청년들은 담배 농장에서 같이 살았는데 이들은 "친우-mate"[6]라고 불리었다. 에이브러햄 링컨은 친구 조슈아 스피드와 몇 년 동안 같은 침대를 쓴 것으로 유명하다. 링컨이 1842년 이 친구에게 보낸 애정 어린 편지를 보자. "자네와 영원한 벗으로 남고 싶어 하는 나의 심정을 잘 알고 있으리라 생각하네."[7] 잡지 《애틀랜틱The Atlantic》에는 제임스 가필드 대통령이 절친한 사이였던 대학 동창 해리 로드에게 쓴 편지가 실렸다. "우리가 서로의 팔을 베고 밤새워 이야기하는 날을 그려보곤 하지."[8]

침대에 같이 눕고 서로에게 다가가 끌어안고 쓰다듬는다는 이야기가 예사롭게 등장하는 동성 친구들 사이의 이런 감성적 언어들을 보면서 현대의 독자들은 지금 우리가 이해하는 식의 동성애 관계를 상상할지도 모른다. 물론 그런 이들도 분명히 있었다. 하지만 성적 정체성으로서의 동성애는 20세기 초반에야 등장한 개념이다. 오직 현재의 관점으로 당시의 매우 친밀하고 육체적 표현도 서슴지 않았던 동성 간 유대의 본질을 평가할 수는 없다.

그 옛날에도 삶을 공유하고 사랑을 느끼는 상대 여성을 향해 자기 진심을 인정하고 공개적으로 사랑의 맹세를 한 경우가 있었다. 사회운동가인 프란시스 윌라드는 1889년의 자서전에서 오직 여성들하고만 감정적 관계를 맺고 같이 살았다고 밝혔다. "여성들이 서로를 사랑하는 경우는 나날이 늘어나고 있다. … 유능하고 성실한 여성이 어렵지 않게 스스로를 돌볼 수 있는 오늘날에는 '한 침대를 쓰는 두 사람'이 없는 마을은 없을 것이다. 물론 여기서의 두 사람은 모두 여성이다."[9]

때로는 육체적 욕구와 감정적 욕구 사이에 확실히 선을 그으려는 이들도 있었다. 초월주의 작가이자 문학 비평가인 마거릿 풀러 Margaret Fuller는 캐롤라인 스터지스Caroline Sturgis와 길고 아름다운 서신을 교환하며 우정을 지켰으나 말년에는 남성과 열정적 사랑에 빠져 결혼을 결심했다. 그러면서도 여성과의 강렬한 연대관계가 소중하다는 점을 언급했다. "나의 모든 진심을 바쳐 안나를 사랑했다. 당시에는 너무나 그 열정이 강해서 특별하게 느껴질 정도였다. 그 사랑은 내 안에 있었던 또 다른 보물 창고를 열어주는 역할을 했다. 인간 본성의 어두운 동굴에 빛을 비추어준 석류석과 같았다. … 여성이 여성과 사랑에 빠질 수 있고 남성이 남성과 사랑에 빠질 수도 있다. [그런 관계는] 고귀하고 지적이고 영적인 것이며 그보다 낮은 차원의 본능으로 더럽혀지지 않는다."[10]

앞서 말한 스미스-로젠버그는 현대인들이 개인 성 심리의 역학 관계에 너무 몰두하다 보니 오랜 기간 여성의 우정을 보다 넓은 사회적·정치적 맥락에서 읽지 못하게 되었다고 주장한다. 여성들 관계의 에로틱한 측면은 그 당사자 여성들에게는 중요하겠지만 삶의 지지자로서 다른 여성의 역할을 살펴볼 때는 이성애자와 동성애자 사이에 명확한 구분을 두는 것이 그리 중요하지 않다.

그 시대보다 게이와 레즈비언 정체성을 훨씬 더 예민하게 인식하고 있는 요즘 같은 시대에도 우리는 잘 알고 있다. 여성들은 여전히 매우 강렬하게 감정적 연대를 하고 때로는 육체적 친밀감까지 공유하고 있으며 오늘날에도 멀리서 보면 동성애로 보이지만 실제로는 그렇지 않은 관계가 상당히 많다.

중학교 때 나에게는 주디가 있었다. 아마 1세기 전이었다면 우리도 '찰떡같은 사이'라고 불렀을 것이다. 우리 사이는 확실히 풋사랑의 순결한 버전이라 할 수 있었다. 둘 다 남자친구(혹은 여자친구)가 없었다. 서로에게 모든 것을 퍼주고 오직 서로밖에 몰랐기 때문에 남자친구가 없었을까. 나는 그 반대라고 생각한다. 우리는 10대 사춘기였고 에너지와 자기애, 인간적 정을 나누려는 욕구가 엄청나게 강했다. 이처럼 넘치는 에너지를 받아줄 마음에 꼭 맞는 이성 친구가 없으니 10대의 불꽃을 서로에게 불태웠던 것이다. 생일 카드와 연말 앨범 메시지란과 수업 시간에 수없이 주고받는 쪽지 속에서 우리는 마음껏 애정 표현을 했다. 우리끼리만 아는 농담을 하고 걸프 전쟁에 대해 토론하고 〈해리가 샐리를 만났을 때〉를 같이 보고 열렬히 질투하기도 했다. 주디와 친해지려는 다른 친구를 질투했고 취향 하나 바꾸는 것도 견딜 수 없어 했다. 우리는 서로를 완벽하게 비추는 거울이 되어야 했다.

'진정한' 파트너십의 본질을 정의하기 위해서 우리는 어떤 기준을 적용해야 할까? 두 사람이 정기적인 성적 접촉을 하거나 육체적 욕망에 끌려야만 정식 커플이라고 인정할 수 있을까? 정기적으로 서로를 성적으로 만족시켜주어야 진짜 커플이라 말할 수 있을까? 오직 서로에게만 배타적으로 충실해야 할까? 그런 기준이라면 많은 이성애 결혼도 그런 기준에 부합하지 못할 것이다.

동성의 여성 한 쌍과 이성애 커플의 본질을 굳이 구분해야 한다면 한 가지가 있긴 하다. 동성 결합은 오로지 젠더라는 기준에 따라 권력, 지위, 경제적 가치가 자동적으로 정해지지는 않는다는 점이다.

악쓰고 떼쓰는 여성 연대

베티나 첸과 앨리스 브룩스는 스탠포드에서 만났다. 각각 캘리포니아 공과대학과 매사추세츠 공과대학에서 학부를 졸업한 후 스탠포드 공대 대학원에서 함께 석사 과정 중이었다. "우리 과에는 여학생이 별로 없었어요." 서로 어떻게 친해졌는지 묻자 첸이 이렇게 대답했다. "우리는 서로 공감할 수 있는 부분이 많았죠. 공대 여학생이었으니까요. 우리는 주변에 여성을 위한 공간을 좀더 많이 만들고 싶었어요."

이들은 급속히 친해졌고 남학생 위주의 공대 문화에서 겪은 장단점을 토론했으며 어떻게 하면 더 많은 여학생들을 끌어들일 수 있을지 의논했다. 그들이 이쪽 전공을 택하게 된 이유부터 비교해 보기 시작했다. 베티나는 오빠가 갖고 놀던 레고 블록과 링컨 로그(집짓기 장난감-옮긴이)처럼 남아들을 주 대상으로 한 만들기 장난감을 조립하며 놀았다. 반면 앨리스는 크리스마스 때 바비 인형을 원했는데 톱을 받게 되면서 그것으로 직접 장난감과 인형과 공룡을 만들었다고 말했다.

우정이 깊어지면서 자연스레 휴가도 함께 갔고 둘이 있는 시간이 가장 편하게 느껴졌다. 졸업 후에 같이 일하는 것도 괜찮을 거란 생각이 스쳤다. 이들은 여자아이들을 위한 공학 장난감 회사 루미네이트Roominate를 설립했다. 이 회사는 여성들끼리의 협업으로 만들어졌을 뿐 아니라 여성 이공계 인재를 키우는 목적을 갖고 있다. 여자아이들이 어렸을 때부터 과학과 엔지니어링에 더 많이 관심을 갖는다면 남성 주도적인 세계에 들어와 교류의 폭을 넓힐 수 있을 것이다.

역사적으로 여성은 지적인 영역과 공적인 영역, 특히 남성들이 평등을 약속하는 것은 고사하고 초대조차 해주지 않는 영역에서 다른 여성을 밀어주고 끌어주었다. 사회복지관과 대학을 세운 것도 결국 여성들이었고 이 여성들이 사회운동과 아카데미를 중심으로 협력관계를 맺었다. 여성 활동가, 학자, 과학자, 예술가 들은 서로를 찾아냈고 서로의 연구를 비교하고 아이디어를 교환하고 협업하였다. 이 활동이 여성 참정권 운동과 금주법 운동의 모태가 되고 낙태권 운동의 열쇠가 되었다. 그들은 개개인으로 따로 활동하지 않고 같이 모여 노동 현장의 위험성과 부당함을 고발했고 이 목소리들이 여성 노동자들의 총파업을 이끌고 초기 여성 노조 설립을 가능케 했다.

여성들이 함께 일을 도모하고 세력이 커지면 언제나 불안해하는 목소리들이 출연한다. 19세기 안티페미니스트 저널리스트인 엘리자 린 린턴Eliza Lynn Linton은 이런 여성들, 특히 참정권 운동에 몸담은 여성들을 '악쓰고 떼쓰는 여성 연대'라 불렀다.

이렇듯 여성들의 연대와 협력이 사회를 전복시키는 힘이 있다는 것을 목격했기 때문에 진보의 시대 정치적·성적 대변동이 일어난 후 20세기 초반의 몇십 년 동안 여성의 삶을 다시 결혼 중심으로 편성하려는 노력이 새로운 차원으로 올라갔다고도 할 수 있다. 여성들 간의 우정을 의심의 눈초리로 바라보고 비방하는 것도 거기에 포함된다.

하필이면 수정헌법 제19조가 제정될 즈음인 1920년대에 서로 깊은 유대 관계를 유지하는 여성들을 가리켜 '레즈비언'이라 이름 붙인 것도 단순히 우연은 아닐 것이다. 스테파니 쿤츠에 따르면 1920년대 말 미국의 정신분석학자들은 "가장 흔한 '리비도의 왜곡'은 10대 소녀들이 '자신의 애정을 동성에게 고착시키는 경향"이라고 경고했다. "남성 학자들의 주장에 따르면, 그런 식의 성적 고

착은 정상적인 신체 발달과 결혼에 심각한 위협이 된다는 것이다."
쿤츠는 이런 시각이 여성들 사이의 사회적 연대 의욕을 꺾고 오직
양성 간의 자유분방한 실험을 장려하는 데만 초점을 맞춘다고 말
한다. 그 실험이란 당연히 남녀의 데이트다.[11]

여자끼리 몰려다니며 문제를 일으키지 말고 여자라면 자고로
어려서부터 남자를 따라야 한다는 것이다. 남자들은 그들 나름대
로 젊은 여성의 관심을 독차지할 수 있도록 책임 있게 행동해야 한
다. 바람직한 남자친구나 약혼자라면 여성에게 돈과 지위만 제공
할 아니라 여성이 과거 여자친구들과 나누었던 교제와 친목도 나
누어야 한다고 여겨졌다. 여자친구들과 남성들은 한 여성의 관심
을 놓고 경쟁하는 사이가 되었다.

젊은 여성들의 관계가 우스꽝스러운 캐리커처로 서서히 바뀌
기 시작했다. 여자친구들은 비밀을 털어놓고 서로를 애틋하게 여
기는 다정한 애인 같은 사이가 아니라 한 남자를 사이에 두고 머리
를 쥐어뜯으며 싸우는 이미지로 그려지게 되었다. 지금까지도 끈
질기게 남아 있는 베티와 베로니카(1950년대부터 연재된 만화로 아
치라는 남자를 두고 베티와 베로니카라는 두 여성이 경쟁하는 이야기-옮
긴이) 이미지다. 여성들을 경쟁자로 보는 관점은 그저 연애나 남자
문제에만 적용되지 않고 더 퍼져나갔다. 많지는 않지만 여성들의
사회 진출 기회가 늘어난 20세기 후반으로 갈수록 서로 어깨동무
를 한 과거 노조 활동가 여성들의 이미지는 어깨심 들어간 정장 차
림에 야심 가득한 전문직 여성 이미지로 바뀌었다. 남자 상사에게
는 잘 보이려 하면서 여자 동료나 후배에게는 조금의 틈도 안 주며

견제하고 모함하는 이미지 말이다. 물론 뒤통수치는 여자들에 대한 고정된 이미지가 현실과 전혀 무관한 것은 아니다. 권력구조 아래에서는 원래 힘 없는 사람들이 조금이라도 기회를 더 잡기 위해 서로를 배신하는 법이니까.

동지애와 지지와 개인적 이익 사이에서 조화를 이루기란 누구에게나 어렵다. 지금 우리도 다른 유능한 여성들과 나란히 일하며 더 많은 월급, 더 나은 시간대 근무, 승진을 놓고 서로 경쟁한다. 내가 이 책을 쓰고 있을 때 한 여성이 말했다. 자신이 업무에서 성과를 내자 같은 분야에서 일하던 친한 친구와 사이가 벌어졌다고. 그 친구는 질투심을 있는 대로 드러냈고 그녀는 무척 안타까웠다고 한다. "우리는 몇 년 동안 남자들과 경쟁하면서 같이 여기까지 왔거든요. 그런데 이제 얼마 안 남은 자리를 놓고 친구끼리 경쟁하게 된 거예요."

일과 남자에 대해서만 그런 게 아니다. 여성에게 허용되는 품목이 여행이나 고급 주택 같은 값비싼 것에서부터 교육이나 보육처럼 비교적 흔한 것까지 다양해졌다. 다른 여성의 조건과 자신의 처지를 비교하며 신세한탄할 일이 훨씬 더 많아진 것이다.

앤과 아미나는 '나를 빛나게 하는 이론'이라는 것을 만들어내, 여자들은 서로 으르렁거리는 경쟁자라는 고정관념을 바로잡으려 했다. "우리보다 더 행복해 보이고 더 잘나가고 더 자신 있는 여자들을 보면 얄미운 감정이 들기 쉽거든요." 앤은 이것이 '내가 더 못났다'로 해석되기 때문이라고 말했다. 그녀가 내놓은 해결책은 이것이다. "옆에 있으면 주눅 들 정도로 재치 넘치고 스타일 좋고 성공한 미인을 만나면 그녀와 친구가 되세요. 주변에 멋진 사람이 있다고 해서 나랑 비교되거나 내가 더 초라해지는 게 아니에요. 외려 내가 더 빛나 보인답니다."

결혼이라는 방해꾼

지금은 여자들 사이에 인터넷 전화와 문자와 텀블러 등 수많은 소통 수단이 있지만 그전에는 단 하나, 편지가 있었다. 여성들 간의 서신은 유명 여성들이 우정을 나눈 자취와 대중에게는 드러나지 않았던 그들의 속사정, 그들의 생각을 속속들이 들여다보게 해주는 중요한 사료 역할을 한다. 당시의 여성들이 결혼과 우정을 어떻게 바라보았으며 그 두 가지를 모두 지키기 위해 어떤 노력을 기울였는지도 알 수 있다.

문학성 넘치는 편지를 수백 통이나 남긴 《제인 에어》의 작가 샬럿 브론테는 서른여덟 살에 아버지 교구의 부목사인 아서 벨 니콜스의 청혼을 받아들였다. 사랑하지 않는 남자와 결혼할 결심을 왜 했는지가 친구에게 보낸 편지에 잘 나타나 있다. 그와 결혼하면 '늙어가는 아버지에게 도움'이 된다고 생각했기 때문이다. 다른 편지에서도 브론테는 여자친구들에게 언제나 진솔했다.

"나는 고요한 질서 안에서 가장 큰 행복을 느껴." 브론테는 1854년에 한 친구에게 결혼하겠다는 뜻을 밝히며 이렇게 썼다. "앞으로도 내 삶이 그리 화려할 리는 없겠지. 나도 잘 알아. 하지만 니콜스 씨는 양심적이고 다정다감하고 그의 심장과 삶 모두 순결하고 고귀해. 그에게 매우 감사하고 있어." 다른 편지에서는 약혼하고 나니 결혼에 대해 갖고 있던 여러 의구심들이 더욱 굳어졌다고 말한다. "전보다 실제 인생을 더 많이 알게 됐어. 잘못된 생각들을 너무 많이 권장하고 있어. 마구잡이로 주변 사람에게 결혼하라고 재촉하는 결혼한 여자들이 정말 문제야. 나라면 젊은 처녀들에게 진심 어린 마음과 강한 뜻을 담아 내가 늘 주장해 온 말을 해주겠어. 기다려라."

브론테가 결혼 후 자유를 잃었다고 느낀 것이 확실해 보인다. "이제 내 시간은 나 자신의 것이라 할 수 없어. 다른 사람이 내 시간의 많은 부분을 가져가면서 이래라 저래라 말해. 우리는 또 그 말에 따라 '이렇게 저렇게' 충실히 해내지. 다들 그러니까 그게 온당해 보이거든. 하지만 난 그 시간에 편지를 쓰거나 산책을 하고 싶어."

몇 주 후에 브론테는 가장 친한 친구인 엘렌 (넬) 너시에게 이런 편지를 쓴다. "내가 편지 쓸 때 남편이 옆에서 자꾸 훔쳐보려고 해. 너무 말을 가리지 않고 자유롭게 쓴다고 생각하나 봐. … 물론 나는 문제가 될 만한 이야기는 안 했다고 생각하지. 그래도 이 편지 읽고 나서 바로 태워주지 않겠니?[태우라는 말에 밑줄 세 개] 아서는 내가 친구들에게 쓰는 이런 편지들이 루시퍼 성냥(성냥을 그었을 때 나는 유황 냄새가 지옥을 연상시킨다 해서 악마를 뜻하는 이름이 붙음-옮긴이)처럼 위험하대. 그러니 불을 붙이라는 거야. 안 그러면 사라져 버린다나. 난 그 말을 듣고 웃음을 터뜨리고 말았어. 정말 우스운 비유 아니니? 그런데도 아서는 사뭇 심각한 표정이었어. 내 책상 앞에서 허리를 구부리고 근심 가득한 눈으로 말이지."

남편의 근심은 나날이 더해졌다. 브론테는 일주일 후에 편지를 썼다. "사랑하는 엘렌에게. 아서는 네가 내 편지를 바로 태우겠다 약속하지 않는다고 불만을 표하는구나. 편지를 태우겠다고 맹세해 달래. 그러지 않으면 우리 편지를 한 줄 한 줄 다 읽으며 자신을 우리 서신의 검열자로 임명하겠다는 거야. … 그러니 친구야, 약속해 주어야겠다. 그를 안심시키려면 그렇게 하는 게 좋겠어. 아니면 넌 앞으로 한 줄의 비유나 농담도 들어가지 않은 단순히 사실만 나열한 지루한 편지를 받게 될 거야."

너시는 이 편지를 받고 브론테의 남편에게 편지를 쓴다. "친애하는 니콜스 씨, 우리 여인들이 교환하는 서간문 속 불타는 언어에 공포를 느끼신 것 같습니다. 앞으로 샬럿의 '서신'들을 반드시 태운다고 약속드립니다. 당신이 우리 사이에 오가는 대화를 절대 검열하지 않겠다고 서약하신다면요."

니콜스는 동의했다. 너시는 훌륭한 친구답게 문학사적으로도 감사하게 그 편지들을 한 통도 태우지 않았다. 1년도 채 되지 않아 브론테가 너시에게 쓴 "한 여자가 아내가 된다는 것은 매우 엄숙하고 기이하고 위험천만한 일이다"는 문자 그대로 아내다움의 위험성을 가리키는 전형적인 문장이 되었다. 샬럿 브론테는 임신한 상태에서 결핵 등의 합병증에 걸려 서른여덟 살, 결혼 9개월 만에 눈을 감고 말았다.[12]

결혼은 이런저런 방식으로 여성의 우정에 해로운 영향을 미쳤다.

사라 스테드먼은 29세의 중학교 교사로 유타 주 버날 출신이다. 그녀는 빨리 결혼하는 친구들을 보며 양가적 감정을 느끼곤 했다. 유타 주에서는 모르몬교의 영향으로 대부분의 남녀가 20대 초반에 결혼해 전국 평균 결혼 연령을 크게 낮추는 역할을 한다. 사라는 고등학교 때 단짝 친구가 20대에 결혼했을 때 진정으로 축하해 주었다. "신랑이 괜찮은 남자였어요. 사실 제가 소개시켜 준 거나 다름없었죠." 하지만 그녀는 이렇게 말을 잇는다. "그런데 한동안 힘들었고 마음의 병을 앓았어요. 그 친구를 잃은 것 같았거든요. 우리는 여전히 좋은 친구지만 이전과 같을 수는 없지요. 이제 그 부부는 나와는 다른 새로운 삶을 살게 되었으니까요."

서른세 살 때 나를 가장 휘청거리게 한 일은 나와 가장 친했던 두 친구가 한 달 차로 결혼하던 기간에 일어났다. 결혼식장에서 손님들이 남긴 축하 글을 보다가 두 친구 중 한 명이 쓴 글을 발견했다. "우리가 인생의 한 단계를 같이 오르게 되어 정말 기뻐." 그 메모를 본 순간 주먹으로 가슴을 세게 얻어맞은 것 같았다.

우리는 모두 똑같이 친한 삼총사였다. 하지만 서로 하는 일도 다르고 야심과 스타일과 욕구와 성적 취향도 달랐다. 셋 중 둘이 결혼하고 나만 혼자 남게 되었다는 건 잘 알고 있었지만 그 순간까지도 두 사람 경험이 유사하다고는 느끼지 못했다. 그들의 관계나 남편들이나 심지어 결혼식까지도 완전히 달랐기 때문이다. 그런데 그 친구의 표현을 보자 세상이 새롭게 보였다. 나는 여전히 그들과 동갑이며 막역한 사이이고 동료이자 이웃이자 친구이겠지만 그들이 함께 계단을 오르면서 나와는 한 단계 멀어진다는 걸 알았고 나 또한 순간적으로 그렇게 느꼈다.

엘리엇 홀트는 워싱턴 D.C.에 사는 소설가다. 자매만 둘이고 줄곧 여학교를 다녔으며 가장 친밀하고 굳건한 관계는 언제나 여자친구들과의 관계였다. 20대 때는 친구들과 한 주에도 몇 번씩 만나 같이 놀고 밤늦게까지 수다를 떨었다. 세월이 흘러 다들 30대가 되자 그녀와 어울리던 동지들은 하나둘 커플의 세계로 떠났고 마흔이 되니 친했던 여자친구 대부분에게 남편과 아이들이 생겼다. 그래도 3, 4개월에 한 번씩은 약속을 잡아 사는 이야기를 들었다. 엘리엇은 말했다. "그렇게 친했던 친구들이지만 자꾸만 대화가 어긋나요. 여전히 친구들이 좋은데도 말이죠!"

엘리엇은 그 모임의 유일한 미혼이었다. "항상 농담으로 내가 외국에서 온 교환학생 같단 말을 했었죠. 나도 그들의 언어를 알아들을 수는 있거든요. 나도 조카들이 있고, 결혼식에 다 갔었단 말이지요! 그런데 어딘가 모르게 소외되는 거예요." 결혼한 친구들은 행사가 있을 때마다 초대했지만 횟수는 조금씩 줄어들었다. 친구들은 아이, 남편, 부동산 이야기만 하면서 그녀가 관심 없을까봐 눈치를 보는 것 같다고 한다. "나도 내가 어느 친구들 모임에 속해야 하는지, 어디가 나와 맞는지 계속 찾아가고 있다는 걸 친구들은 이해하지 못해요. 나만 짝이 없다고 우는 소리 한다는 인상을 주지 않으면서 내가 계속 와야 할지 아닐지 모르겠다고 솔직히 고백하는 게 쉽지는 않거든요."

전 남자친구에게 이런 사정을 털어놓자 그는 20대나 아예 70대와 친해지는 게 어떻겠느냐고 제안했다. 그래서 시도해 보았다.

일 때문에 만난 뉴욕의 젊은 여성들과 저녁 약속을 잡았고 무척 유쾌한 시간을 보냈다. "열한시 반까지는 말이죠. 그 친구들이 2차로 옮기자고 했고 그들에겐 이제 시작이라는 느낌을 받았죠. 새벽 두시까지는 놀 것 같았어요." 엘리엇은 15년 나이 차를 그제야 실감했다. "난 70년대생이라고요. 아무튼 그 친구들은 우르르 담배를 피우러 나갔어요. 생각했죠. '오 마이 갓, 쟤네 담배 피우잖아! 우린 스물아홉에 다 끊었는데!' 술도 좀 마셨고 피곤한 데다 갑자기 이것도 아니다 싶더라고요." 엘리엇은 바로 집으로 왔다.

다시, 사라

사라는 보스턴으로 떠난 지 6개월 만에 돌아왔다.

여러 가지 이유가 있었고 무수한 고민과 방황과 심사숙고 끝에 결정 내렸다고 했다. 일단 보스턴행을 결심하게 했던 남자친구는 막상 같이 있어보니 기대만큼 충족감을 주지 못했다. 더 중요한 건 비관주의자 선배가 예측한 대로 그녀가 뉴욕에 두고 간 인생, 그러니까 일과 그녀의 도시와 친구들이 더 충족감을 주었던 것이다. 그녀는 자기 자신을 위해 돌아오기로 했다.

멋진 일이었다. 남자친구와 잘 풀리지 않은 것은 안타까웠지만 그녀가 그것을 충분히 이겨낼 정도로 자기 삶을 다시 일으켜가고 있어서 안심이었다. 그녀가 내 곁으로 돌아와 신나기도 했다.

그러나 결혼이 그렇듯이 지리적 공간이 우리의 우정 사이를 파고 들어와 거리를 벌려놓았다. 마치 친구에게 연인이 생겨 그런 것처럼 어느 순간 넓은 틈이 생겨버렸다. 사라와 나는 여전히 친했다. 잡담하고 술 마시고 시상식을 보고 여행을 했다. 하지만 그녀가 실연의 아픔을 달래며 뉴욕 생활에 다시 적응하느라 마음의 여유가 없었기 때문인지 아니면 예전의 습관으로 돌아가고 싶지 않았기 때문인지 아니면 그녀와 헤어질 때 너무 아팠던 내가 마음을 완전히 열지 않아서인지는 모르겠지만 우리 사이는 예전 같지 않았다. 그전처럼 쉽고 편하게 물 흐르듯 이어지지 않았다.

그녀가 돌아오고 몇 년 뒤 이번엔 내가 사랑에 빠졌다. 이제 친구들과 일주일에 몇 번씩 저녁 약속을 잡지 못하는 건 갑자기 내가 되었다. 내 생애 처음으로 저녁은 물론 밤까지 같이 보내고 싶은 남자를 만났다.

우리는 동시대 여성들이 우정과 결혼을 어떻게 조화시켜 나가는지 모범 답안을 갖고 있지 않다. 이런 작은 (하지만 사소하지 않은) 부분에서 나는 19세기 여인들이 운이 좋았다고 생각한다. 그들은 대체로 형편없는 결혼과, 순종을 강요하는 억압적인 젠더 카스트로 인해 남편과 감정적으로 분리되어 있었고 이런 부분에서 결정이 더 쉬웠다. 무심한 남편들이 아내들의 감정적이고 지적인 삶에서 경쟁력 있는 역할을 담당할 가능성이 적었기 때문에 결혼 후에도 여자친구들과의 의리를 지킬 수 있었던 것이다. (물론 샬럿 브론테와 너시의 서신 교류에서 보듯 사랑 없는 결혼이라 할지라도 여자친구들 사이의 자유로운 교제에 방해될 때가 있다.)

내가 다리우스를 만나 사랑에 빠졌을 때 얼마나 많은 시간을 그와 보내고 싶은지 깨닫고는 깜짝 놀랐다. 전처럼 사람들과 어울리기가 불가능해졌다. 평일에 퇴근하고 습관처럼 사라와 맥주잔을 기울이거나 이틀에 한 번씩 친구 제럴딘과 만나 저녁을 먹을 수가 없었다. 사촌 동생 케이티와 지난주, 지지지난주에 있었던 모든 일을 되새기며 주말을 보낼 수도 없었다. 그렇게 되면 내 시간 중 대부분을 이 멋진 남자, 모든 일상을 나누고 밤에 같이 자고 싶어진 남자와 보낼 수 없었기 때문이다. 친구들과 꾸준히 만나 늘 반복되는 일상과 서로 다 뻔히 아는 그저 그런 이야기를 하지 않게 되자 우리를 단단히 묶어주던 끈이 조금씩 헐거워졌다.

20세기 초반 남성들은 여성들의 우정이 결혼에 대한 욕망을 잠재우고 특히 나쁜 결혼을 꺼리게 했기 때문에 여성의 우정과 결혼을 경쟁관계로 만들어놓았을 것이다. 쓸데없는 걱정으로 보이긴 했지만 그들의 말이 전부 다 틀렸다고 볼 수도 없다. 하지만 충만한 우정관계를 맺고 있을 때의 진짜 문제가 있다. 그 우정이 이성관계보다 더 우위에 있다 해도 우정이 세워놓은 높은 기준을 뛰어넘을 정도로 잘 맞는 사람을 만나면 그 사람은 정말 내가 좋아하는 사람일 가능성이 높다는 것이다. 나에게도 그런 일이 일어났다.

내가 친구들을 덜 사랑하게 된 건 아니었다. 여전히 소중한 친구들이었다. 그들을 사랑하고 우리가 매일 나눈 일상을 사랑했다. 그래서 죄책감을 느꼈다. 친구들에게 이전처럼 몰입할 수 없었는데 결혼에 그만큼 몰입해 있었기 때문이다. 어떤 면에서 볼 때 그 전까지 나는 친구들과 행복한 결혼 생활을 하고 있었던 것이다.

인생에서 여자친구들의 역할을 가치롭게 인정해 주는 방식이 아직까지는 없는 것 같다. 특히 요즘은 너무나 많은 여자들이 예전과 달리 결혼하지 않고 지내는 시간이 길어져 이 역할이 점점 더 중요해진다. 평생이 될 수도 있고 성인기 초입의 10~20년 동안 그럴 수도 있으며 이혼이나 사별 후 중년이나 노년에 그렇게 될 수도 있다. 언젠가부터 우리는 이사도 친구와 하고 애완동물을 사거나 키우는 것도 친구와 하고 누군가의 죽음 앞에서 우는 것도 친구와 하고 심각한 병을 발견하는 것도 친구와 하고 때로는 아이를 키우고 그 아이가 어른이 되는 과정도 친구와 같이한다. 그런데 이런 특별한 관계를 공식적으로 인정하고 격려하는 행사나 의식 같은 것은 없다. 결혼식도 없고 건강보험 혜택도 없고 가족들의 인정도 없다.

그리고 한 친구가 이사 가거나 결혼하거나 사망하는 등 우정에 변화가 생겼을 때 역시 이혼 조정 절차 내지는 상담 치료, 별거 수당 따위가 없다. 카드 판매대를 아무리 뒤져봐도 우리 여자친구들 사이의 진실하고 미묘한 감정이 담긴 카드는 없다.

그래서 여자들은 그들의 우정을 이야기로 만들어낸다. 편지에 쓰고 소설에 쓰고 텔레비전 드라마와 영화로도 표현한다. 그런 이야기에는 강력한 힘이 있다. 내가 유독 《제인 에어》란 작품을 좋아한 이유도 그 때문인지 모른다. 제인의 곁에는 음울한 기숙학교에서 그녀를 구원해 준 비극적인 운명의 헬렌 번즈가 있었다. 앤 셜리에게는 '절친한 친구'이자 '영혼의 동족'인 다이애나 베리가 있었다. 앤은 어린 시절 이렇게 선언하기도 한다. "다이애나와 나는 진지하게 한 가지 약속을 했다. 앞으로 우리는 절대 결혼 같은 건 하지 말고 선량하고 자비로운 노처녀들로 남아 오래오래 같이 살자고."

대중문화도 여성들의 우정이나 우리 곁에 있을 법한 싱글 여성들을 그려낸다. 실제 살아 숨쉬는 친구들 모습을 대중적으로 연기된 버전으로 선보인다. 그러면서 결혼하지 않은 여자들의 삶이 얼마나 생생히 살아 있고 빛깔이 풍부하고 이야깃거리가 많은지를 재차 확인시켜 주는 것이다.

대중문화 속 '뎃 걸'

1962년, 아칸소 주 출신의 성공한 카피라이터였고 이후 확실히 여성해방운동의 일원은 아니었던 40세의 헬렌 걸리 브라운Helen Gurley Brown이 책을 출간해 대박을 터뜨렸다. 시시한 통속물처럼 보였던 이 책에서 그 이듬해 나온《여성의 신비》같은 무게나 품격은 찾아볼 수 없었지만 베티 프리단이 거의 무시했던 지지층을 확보했다. 책의 제목은《섹스 앤 더 싱글 걸Sex and the Single Girl》이었고 성적으로 대담한 미혼 여성들의 솔직한 가이드를 자처했다. 싱글 여성들은 신랑감 찾기에 가장 열의를 보인다는 전제를 깔고 있긴 했지만 저자 걸리 브라운은 여성들이 그 목적지에 도달할 때까지 명랑하게, 자신을 긍정하며 살아야 한다고 믿었다.

"(결혼하기처럼) 어떤 노력이 필요한 시기와 (토요일 밤 같은) 마냥 즐겁고 놀기 좋은 날이 정해져 있다는 멍청한 생각은 버리는 것이 좋다. 나에게 주어진 이 시간에 당황하지 말고 자기 연민에 빠지지도 말고 무언가 창의적이고 건설적인 일을 하면서 보내라. …
미혼 여성 여러분의 괴로움 절반이 사라질 것이다." 브라운은 계속
이렇게 썼다. "미혼 시절이 얼마나 소중한지 모르는가. 여러분에
게는 모험을 시도할 시간이 있고 넘치는 자유가 있다." 결혼에 대
해서는 다소 실리적 관점을 취했다. 결혼은 "최악의 날들을 위한
보험 같은 것"이다

이 책은 주류 언론에서 큰 화제가 되었다. 나중에 글로리아 스
타이넘과 《미즈》를 공동 창간한 레티 코틴 포그레빈은 60년대 초
반에 이 《섹스 앤 더 싱글 걸》을 낸 출판사의 홍보 담당이었다. 그
녀는 이 원고를 처음 받자마자 성공을 직감했다. "멋져! 이거 내 얘
기잖아."

결혼에 매이지 않은 20세기 여성의 생활상을 그린 다른 책들도
속속 등장하기 시작했다. 로나 자페의 《더 베스트 오브 에브리씽
The Best of Everything》(1958)은 사무직 미혼 여성의 질풍노도 같은
드라마였고, 메리 맥카시의 《더 그룹The Group》(1963)은 조금 더
부유한 젊은 여성을 주인공으로 섹스, 피임, 레즈비언, 강간, 일,
우정을 소재로 삼았다. 작가 노먼 메일러는 《더 그룹》의 작가를 조
롱했는데, 시대를 불문하고 대찬 여성들에게 아웃 당한 남성 특유
의 스타일로 이렇게 묘사했다. "미련한 여자 … 말년에는 고양이나
수집하는 노처녀로 살게 뻔하다."[13] (이 책의 작가 맥카시는 실제로는
결혼을 네 번 했다.)

1966년 스물아홉 살의 여배우 마를로 토머스Marlo Thomas는 새
시트콤에 캐스팅 되었다. 그런데 받아 본 대본이 너무 시대착오적

이어서 방송사 임원들에게 따졌다. "젊은 여자가 이야기의 중심인 쇼는 왜 안 만들어주는 거죠? 여자는 왜 꼭 누군가의 딸이거나 아내거나 비서여야 해요? 그 여자의 꿈에 대해, 그녀가 삶에서 원하는 것에 대해 좀 이야기해 주면 안 됩니까?"[14] 임원 중 하나가 이렇게 대답했다. "그런 쇼를 누가 보려고나 하겠어요? 시청률이 문제죠." 토머스는 그 임원을 따로 만나 《여성의 신비》한 권을 선물했고 그로부터 얼마 후에 ABC 방송사는 (토머스가 직접 제작한) 30분짜리 시트콤 기획안을 통과시켰다. 주인공은 자기 아파트에 혼자 사는 미혼 여배우 앤 마리다. 토머스는 원래 이 시리즈의 제목을 〈미스 인디펜던스Miss Independence〉로 하고 싶었으나 제작자들이 〈댓 걸That Girl〉로 수정했다.

여성운동에 적극적으로 임하게 된 토머스는 어떻게든 주인공을 남편 옆에서가 아니라 홀로 서서 자기 뜻대로 살게 하고 싶었다. 그래서 후속편을 만들자는 ABC의 제안을 거절했다. 극중의 앤과 앤의 남자친구 도널드는 한 번도 성관계를 하지 않은 것으로 설정되었는데 그것은 미국 여성들의 현실을 반영하고 있지 못하다고 판단했기 때문이다. 방송국 담당자들은 이 시리즈의 5시즌 마지막 편에서 앤과 도널드를 결혼시키고 싶어 안달했지만 토머스는 극구 반대했다. 그녀는 여성의 이야기가 언제나 결혼으로 끝난다는 메시지를 전하고 싶지 않았다. 그래서 1971년 〈댓 걸〉의 마지막 회는 이 커플이 여성해방 모임에 가려다가 엘리베이터에 갇히는 장면으로 끝났다.

〈댓 걸〉이 종영하기 1년 전에 그보다 더 드센 작품이 배턴을 이

어받았다. 1970년부터 1977년까지 방영된 〈더 메리 타일러 무어 쇼The Mary Tyler Moore Show〉의 주인공 메리 리처드는 텔레비전 기자로, 의대에 다니는 남자친구를 뒷바라지해 주다가 서른 살에 헤어진다. 그녀는 미니아폴리스로 떠나 지역 방송국에 취직하고 옆집 사는 로다 모겐스턴과 친구가 된다. 초기 에피소드에서 그녀는 이 친구에게 이렇게 말한다. "싱글인 것보다 더 한심한 게 있다면 아무것도 안 하고 앉아서 싱글이 뭔지 얘기하는 거야."

52세의 비혼 코미디언이자 배우이고 텔레비전 평론가인 낸시 자일스는 자신이 〈메리 타일러 무어〉의 애청자라고 내게 말했다. "메리가 끝까지 결혼하지 않고 계속 뉴스룸에 있었기 때문이죠. 그녀는 스스로 생계를 꾸려가는 노동자였어요." 뿐만 아니라 그녀의 이야기는 수백만 여성 시청자들에게 이 사회에서 한번 싸워보겠다고 덤비는 일이 가능할 뿐만 아니라 바람직할 수도 있다는 생각을 심어주었다. 수년간 최고 연봉의 방송인으로 꼽힌 간판 뉴스 앵커 케이티 쿠릭은 2009년 나에게 메리가 자신의 롤모델이었다고 말했다. "좀 한심해 보일지 모르겠지만 드라마 보면서 꿈을 키웠습니다. 그 여자는 홀로 서잖아요. 자기만의 인생을 만들어나가고요. 그때 생각했죠. 나도 저렇게 살아야지."

물론 대중매체는 가장 가시적이고 광범위한 영향력을 미치는 도구이기에 독립적인 여성을 공격할 때도 효과가 크다. 조곤조곤 타이르는가 하면 지옥불에 떨어뜨리기도 한다. 신보수주의가 주도한 레이건 시대에 여성해방운동의 기세가 잠깐 수그러들자, 당시 영화들은 점점 늘어나는 비혼 여성을 쓸쓸하고 불경스럽게 가끔은 괴물처럼 그려 시대적 불안증을 대변했다.

1988년에 개봉한 〈결혼소동Crossing Delancey〉의 주인공 이지 그로스만은 서점에서 일하는 싱글 여성이다. 구세대를 대표하는 할머니 버비는 이지에게 피클 외판원을 소개해 주며 경고한다. "아무리 돈이 많아도 혼자인 여자는 문제 있는 거야." (이지는 결국 피클 파는 남자와 이루어진다.) 그즈음 배우 글렌 클로즈는 〈위험한 정사Fatal Attraction〉에서 "절대 무시당하지 않겠어"라며 불길하게 경고한다. 그녀가 맡은 음산하고 외로운 싱글 여성 알렉스는 하룻밤을 같이 보낸 유부남의 가정을 미친 듯이 탐내다가 결국 파괴하려는 계획을 세운다. 여기서 강조되는 것은 고삐 풀린 여성성의 불안함이다. 알렉스를 처형하는 마지막 심판자가 누구일까? 전통적 여성상에 부합하는 아내가 총을 쏘고 알렉스는 피를 흘리며 욕조에 쓰러진다. 순종하지 않은 여성성에는 이처럼 잔인한 형벌이 내려진다는 것이다. "최고의 독신 여성은 죽은 여성이다." 페미니스트 비평가 수전 팔루디Susan Faludi는 이 영화를 이렇게 비판했다.

1980년대에 리비도가 폭발한 싱글 여성을 가장 진보적으로 묘사한 영화는 아마도 스파이크 리 감독의 1986년 영화 〈그녀는 그것을 좋아해She's Gotta Have It〉일 것이다. 뉴욕에 사는 젊은 여성 놀라 달링은 섹스를 너무 좋아해 한 남자에게 만족하지 못하고 동시에 세 명을 사귀는데 여기서 여성의 욕망은 아무런 판단 없이 대담하게 그려진다. 그러나 페미니즘 비평가 벨 훅스가 지적했듯이 이 영화는 놀라가 한 남자에게 강간당하면서 계속해서 "이 보지는 누구 거야?"라는 질문을 받고 결국 그녀가 "당신 거야"라고 대답하는 장면을 집어넣음으로써 섹슈얼리티의 주인이 되는 것이야말로 그녀가 자립하는 길임을 확인시켜 준다.

불과 몇십 년 전 방송과 영화에서 이렇게 싱글의 삶을 황량하고 부정확하게 묘사했다는 점은 오늘날 우리가 텔레비전에서 이렇게 많은 싱글 여성들을 볼 수 있다는 사실과 비교하면 더욱 놀랍다. 아무리 망설여진다고 해도 이런 면에서는 〈섹스 앤 더 시티〉에 큰 빚을 졌다고 인정할 수밖에 없다. 싱글 여성의 삶뿐 아니라 그들 간의 관계에 초점을 맞추었다는 사실은 시사하는 바가 크다.

작가이자 감독이자 배우인 레나 던햄은 자신이 출연한 드라마 〈걸스Girls〉와 관련해 '진정한 로맨스'는 여자들의 우정이라고 했다. 실제로 첫 회 첫 장면에서 침대에서 깨어난 한나 호바스는 남자친구에게서 잠깐 피신해 온 친구 마르니를 꼭 끌어안는다. 두 여자는 밤늦게까지 〈메리 타일러 무어〉 재방송을 보고 있다.

던햄은 실생활에서도 친구인 정치 보좌관 오드리 겔만과의 우정에서 자기를 잃지 않으려 노력한다고 여러 차례 말한 바 있다. "내가 내 인생에서 원하는 것과 네가 네 인생에서 원하는 것이 비슷하긴 하지만 똑같지는 않아." 2012년 두 사람이 함께 가진 인터뷰에서 던햄은 겔만에게 이렇게 말했다. "그 일은 너의 비전을 지원하지만 너의 비전 속 내 비전을 지지하진 않아. … 판단이나 버려진다는 두려움 없이 사랑한다는 건… 인간에게 가장 어려운 일이고, 가장 친한 친구들일수록 더 독립을 외쳐야 한다고 생각해. 왜냐면 너는 우리 엄마가 아니고 함께 키울 아이가 있는 것도 아니니까. 다만 우리는 비슷한 문신을 하고 있지." 같은 인터뷰에서 겔만은 두 사람이 각자의 길로 가는 상상은 잘 되지 않는다고 말했다. "우리 영혼은 하나로 얽혀 있어서 나눠질 것 같지가 않아."

2011년의 코미디 영화 〈내 여자친구의 결혼식Bridesmaids〉의 대히트가 주요 뉴스로 다루어졌다. 이것은 여자들이 다른 여자들의 좌충우돌을 보기 위해 기꺼이 돈을 낸다는 것을 증명했기 때문이다. 이 영화의 주요 갈등이 이성애 커플이 아닌 여자친구들 사이에서 일어난다는 사실이 차별 지점이었다. 이 영화는 한 친구가 결혼해 새 생활로 들어갈 때 남은 친구의 심리 변화를 유머러스하게 포착한 여성 성장 드라마라고도 할 수 있다.

이런 상황에 동반되는 분노는 절친이 전통적인 연애 관계를 찾아 떠났을 때 남은 친구가 얼마나 상처받는가를 잘 보여주며, 〈섹스 앤 더 시티〉의 가장 인상적인 장면에도 등장했다. 캐리 브래드쇼가 일을 그만두고 남자를 따라 파리로 가려 했을 때다. 파트너에 자식도 있는 변호사 친구 미란다가 캐리에게 소중한 집과 직업을 버리고 남자 때문에 다른 곳으로 떠나는 건 잘못이라고 지적하자 캐리가 폭발한다. "나는 짝이 있는 너희들과 놀아주려고 뉴욕에 싱글로 남아 있을 수는 없어!" 〈섹스 앤 더 시티〉 텔레비전 시리즈와 영화 1편까지 종료되었을 때 네 명의 주인공 중 세 명이 결혼을 했다. 이 드라마는 항상 여성들의 연애가 아니라 우정에 의해 이야기가 전개되었기에 〈섹스 앤 더 시티〉 2편에서는 이 네 명을 멀고 먼 외국 땅 아부다비로 보내버린다. 이렇게 지리적으로라도 떨어뜨려 놓아야 남편 없이 독자적으로 행동하며 서로에게 가장 중요한 관계로 기능할 수 있기 때문이다.

〈섹스 앤 더 시티〉가 종영하고 10년이 지났을 때 〈브로드 시티〉라는 엉뚱하고 파격적인 코미디 드라마가 나왔다. 이 드라마에서는 연애는 뒷전인 뉴욕 서민층 여성 두 명의 우정을 더 거칠고 뻔뻔하게 묘사한다. 텔레비전 비평가 레이철 사임은 이렇게 평했다. "이 드라마는 명백히 러브 스토리다. 운은 지지리 없고 대마초를 뻑뻑 피우고 성적으로 문란하고 매일 사건 사고를 일으키고 욕을 입에 달고 사는, 그리고 절대 서로 헤어지지 못하는 젊은 여자 친구들에 관한 이야기다."[15] 주인공 애비와 일라나는 "서로의 존재에 취해 있다. 이들은 범죄와 생활에서 완벽한 파트너다. 따로 살지만 마약 문제, 성적 환상 등 거의 모든 생활과 생각을 공유한다." 그들의 친밀한 관계를 집약적으로 보여주는 완벽한 장면이 하나 있다. 둘은 담요 밑에서 서로 끌어안고서 나중에 아기 낳으려 힘주다 다른 게 나올까 봐 무섭다고 이야기한다. "만약 내가 그렇게 되면 보지 않을 것을 허락하마." 일라나가 말한다. "그러면 너 아기 낳을 때 나 볼 수 있는 거야?" 애비가 대답한다. "야 이 미친 것아, 당연하지. 그렇게 결정적인 걸 너 말고 누가 봐?"

약간 유치하기는 하지만 매우 중요한 장면이다. 여성이 서로의 삶에서 어떤 역할을 하는지를 전혀 가감 없이 인정하며 뻔뻔할 만큼 노골적인 언어로 말하고 있기 때문이다. 2013년에 온라인 매체 '버즈피드Buzzfeed'에 "베스트 프렌드가 가장 중요한 사람이 되는 22가지 방법"이라는 기사가 실렸다. (같이 여행하기, 같이 노화에 관해 이야기하기 외에 이런 것도 있었다. "다른 사람들이 둘 사이를 레즈비언 커플이라 오해해도 신경 쓰지 않기. 플라토닉이건 아니건 당신 인생 최고의 관계이기 때문이다.") 그해 여성 잡지 《마리 클레르》에서는 20대, 30대, 40대에 걸쳐 서로가 아플 때 가장 먼저 연락하는 친구, 같이 주택 대출을 얻는 친구, 서로의 임신을 도와주는 여자친구들 이야기를 특집 기사로 실었다. 이 기사에 따르면 코미디언 에이미 폴러가 티나 페이를 만났을 때 이렇게 생각했다고 한다. "이제야 내가 결혼하고 싶은 여자를 만났군."

2013년에 과학 저술가 나탈리 엔지어는 여성 간 우정의 본질을 동물의 생태계에서도 찾을 수 있다고 썼다. "아프리카 코끼리, 시골 쥐, 케냐의 푸른 원숭이, 뉴질랜드의 야생마들 사이에서도 암컷 끼리의 장기적이고 친화적이며 상호 보완이 되는 관계가 사회를 구성하는 기본 단위라는 것을 알 수 있다."

그중 서아프리카 침팬지 암컷끼리의 돈독한 관계는 유명하다. "회복력이 강하고 지속적인 관계가 둘 중 하나가 죽을 때까지 이어진다." 암컷 개코원숭이들도 개코원숭이들 생활의 흔한 스트레스인 수컷의 공격성과 지배성 혹은 새끼 살해에 대처하기 위해 암컷 친구를 만든다고 한다. 어디서 참 자주 듣던 말이다.

한 과학자는 엔지어에게 이렇게 설명했다. "누구나 살다 보면 다른 존재에게 기대야만 하니까요."

5

나의 고독, 나 자신

혼자 있는 시간

싱글. 결혼하지 않은 사람을 지칭하는 이 단어는 책, 영화, 드라마 제목으로 자주 등장하며 특정 이미지를 전달한다. 《섹스 앤 더 싱글 걸》부터 드라마 〈리빙 싱글Living Single〉, 1996년 캐머런 크로의 영화 〈클럽 싱글즈Singles〉, 비욘세 놀스의 2008년 히트곡이자 이 책의 제목으로 쓰인 '싱글 레이디스'도 있다. 사회심리학자 벨라 드 파울로는 《싱글리즘Singled Out》이라는 책에서 "싱글 인류에게 가

해지는 고정관념과 괄시와 차별"을 묘사하기 위해 '싱글리즘'이라
는 용어를 만들었다고 말했다.

싱글 여성 가운데에도 이 단어에 거부감을 느끼는 사람들이 많다.

레베카 위간드 콜의 새해 결심 중 하나는 애인이나 남편이 없
더라도 자신은 물론 다른 여성들에게 '싱글'이라는 단어를 쓰지 않
는 것이었다. 29세의 레베카는 파트너 없는 여성이라는 자신의 조
건이 싱글과는 반대선상에 있다고 보았다. 돌아보면 남자친구가
있었을 때는 오직 그 사람하고만 시간을 보내고 그 사람에게만 의
지하곤 했다. 그녀와 전 남자친구는 "빨래부터 외출까지, 기본적으
로 모든 생활"을 같이 했다. 그 관계 또한 나쁘지 않았다. "하지만
약간 외롭다는 느낌이 들었어요. 항상 우리 둘밖에 없잖아요."

두 사람 관계가 끝났을 때 그녀는 축구 동호회와 볼링 동호회
에 나가 새 친구들을 사귀었다. 레베카는 동업자이자 친구인 제시
카 마사와 함께 '더 개글The Gaggle'이라는 웹사이트를 만들어 다
양한 연애 이야기를 올렸고 이를 바탕으로 책까지 펴냈다. 레베카
가 말했다. "갑자기 제 인생이 더 충만해지고, 기대고 의지하고 공
감할 수 있는 사람들이 더 많아지더라고요. 연애하고 있을 때보다
근본적인 외로움은 오히려 사라진 것 같아요. 내가 '싱글'일 때 도
와주는 사람이나 연락할 사람이 더 많아졌고 나라는 사람을 이제
야 제대로 알릴 수 있다는 느낌을 받았어요." 레베카는 '싱글'이라
는 정체성을 의기양양하게 내놓고 살아가던 시기에 한 남자를 만
나 2014년에 결혼했다. "비혼이었을 때의 완전하고 풍요로운 삶을
희생할 필요가 없는" 사람을 만났다. 마침내 결혼하긴 했지만, 한

명의 연인과 교제할 때 종종 느꼈던 외로움을 떨쳐 버릴 수 있었던 건 결혼하지 않았던 그 시기였다.

'싱글'에 대한 고정관념을 거부하려는 레베카를 보자 2013년 《뉴욕》 잡지에 실린 '플리트우드 맥'의 보컬리스트 스티비 닉스 (1948년생으로 팝계의 요정이라고도 불림-옮긴이)의 인터뷰가 떠올랐다. 사랑하는 사람과 정착하지 않은 이유를 그녀에게 묻자 이런 대답이 나왔다. "저는 혼자인 게 외롭지 않아요. 사실 혼자라는 느낌이 없어요. 저는 늘 들떠 있고 온갖 것에 호기심이 있어요. '혼자 늙어가고 싶지 않아' 이러는 사람도 있죠. 그런데 그런 말을 들으면 '왜 나는 저런 게 무섭지 않지?' 생각해요. 일단 내 주변에 사람이 얼마나 많아요? 난 마치 수정 구슬 같고 사람들은 나를 둘러싼 토성의 고리 같아요." 물론 우리 모두가 신비로운 록계의 아이콘이 아니기에 이런 행성 비유 부분은 와 닿지 않을 수도 있지만 결혼하지 않은 여성으로서 그리 고독하지는 않다는 느낌은 레베카와 나를 비롯해 많은 이들이 공감할 것이다.

나는 지금처럼 기혼 여성이 되었을 때보다 싱글일 때 더 많은 사람을 만났다. 저녁 약속은 비교도 할 수 없게 많았고, 더 많은 사람들과 전화 통화를 했고, 다른 사람들의 삶을 더 많이 알고 있었다. 야구장과 콘서트장에 더 자주 갔고 일도 더 많이 했고 동료나 친구들과 더 자주 어울렸다. 남편을 만난 뒤 우리의 시선은 서로에게만 고정되었고 우리의 세계는 더 좁아졌다.

이렇듯 파트너가 없다고 해서 더 넓은 세상과 연결 고리가 반드시 끊어지는 것은 아니지만 여성들이 특별한 한 사람과 관계 맺지 않을 때, 달달한 파트너와 하루를 시작하고 끝내는 일상을 살아가지 않을 때 집에서 혼자 하루를 되새김질하며 시간을 보낼 가능성이 높다는 것도 사실이다. 많은 이들에게는 그 또한 괜찮다.

기념 카드 문구에서부터 도시 생활의 외로움을 노래한 브루스 스프링스틴의 노랫말까지 우리들 마음속에는 혼자 있는 것을 좋아하는 사람은 아무도, 적어도 여자들 중에는 없다는 가정이 깔려 있는 듯하다. 그러나 타인과 맺는 관계에 높은 가치를 두는 많은 여성들이 홀로 독립적으로 존재한다는 뜻의 고독solitude을 대단히 달콤한 위안으로 여긴다는 걸 알기나 할까?

"나는 혼자 있는 시간이 정말 소중해요." 뉴저지 출신의 26세 헤어스타일리스트 키티 커티스가 말했다. 마지막 애인과 헤어졌을 때 처음에는 두려웠고 바로 남자를 찾고 싶기도 했지만 그런 마음은 곧 사라졌다. "어떤 종류건 나 외에 다른 사람이 만든 문제에 신경 쓰지 않아도 된다는 것, 다른 사람을 끊임없이 살피고 걱정하지 않는다는 것이 얼마나 소중한지 이제야 알겠어요. 새로운 생활이 무지 편안해요. 사는 게 참 쉽더라고요. 혼자 지내니까 말이죠."

키티는 언제나 여행에 목이 말랐는데 과거 두 명의 남자친구와 오래 사귈 때는 "나의 꿈에 어떤 사람을 계속 끌고 들어와야 할 것만 같은 기분"이었다. 자신이 머릿속으로 그린 그림을 "다른 사람들의 비전과 끊임없이 조율하고 타협해야" 했다. "그러다 보니 작은 집에 갇힌 것처럼 너무너무 갑갑했죠." 최근에 남자친구와 깨졌을 때 드디어 어딘가에 얽매여 있다는 느낌에서 벗어났다. "이 세상에 볼 것은 무궁무진하고 내가 할 수 있는 일도 그만큼 많은 거예요. 내 꿈을 다른 사람 꿈과 합치는 것보다 더 흥분되는 일이죠."

어떤 이들에게는 자기 삶을 홀로 계획하고 만들어가고 싶다는 욕망이 평생 꾸준히 유지되기도 하고 특정 시기에 강하게 올라왔다가도 다른 누군가와 부대끼면서 살고 싶다는 욕구에 이따금 자리를 내주기도 한다. 하지만 여성이 자유를 갈망하는 경우는 관계를 갈망하는 것만큼이나 강렬하고 지속적일 때가 생각보다 많다. 물론 이 사회는 관계에 대한 갈망을 훨씬 자주 강조하고 광고하지만 말이다.

'더 토스트The Toast'라는 사이트에 서양 미술 속 여성을 풍자하는 콘텐츠를 연속으로 올리는 말러리 오트버그는 언젠가 이런 제목의 글을 올렸다. 〈세상에서 가장 행복한 여자가 사는 법〉. 그 밑에는 혼자 푸짐한 음식을 앞에 두고 있는 한 여자 그림이 있었다. "인류 역사에서 여성이 온전한 평화를 누리는 순간을 찾기가 얼마나 힘든지 아는가? 당신이 남은 날들을 모두 고독한 알프스의 평화로운 오두막에서 보낸다 해도 우리 어머니들이 남편 말을 듣는 게 일이었던 그 수많은 세월을 보상하는 건 어림도 없다. … 혼자 있는 여성은 아름답다."[1]

뭐든 할 수 있는 자유

여성 생식권 운동가이며 오랫동안 '자유 선택을 위한 카톨릭 신자Catholics for a Free Choice' 모임의 회장이었던 프란시스 키슬링

Frances Kissling은 뉴욕 퀸스에서 노동자 계층 가정의 네 자녀 중 첫째로 태어났다. 고교 졸업 후 잠깐 수녀원에 들어갔으나 자신과 맞지 않다고 결론 내리고 성적으로 자유로운 독신 여성으로 살았다. 한 번도 결혼하지 않았고 결혼하고 싶었던 적도 없다. "내년에 일흔이 되는데, 이건 내 환경이 아니라 나의 특징 같아요." 2013년에 만난 프란시스는 내게 이렇게 말했다. "혼자 있는 것이 나와 아주 잘 맞아요. 혼자 있는 것이 좋습니다. 혼자 있는게 필요해요."

프란시스는 남자와 두세 번 살아보았고 한 남자와는 20대와 30대에 걸쳐 길게 동거도 했다. 어떤 기준으로 보아도 썩 괜찮은 남자였고 사이가 원만했다. "결국에는 서로 너무 지겨워서 눈물 날 정도였어요." 하지만 그녀는 동거를 해보며 다른 사람과 같은 공간에서 살 수도 있겠다는 생각이 들었다. "항상 고립된 채로 나 혼자 있고만 싶은 건 아닙니다. 하지만 나는 기본적으로 사생활을 중시하는 사람이고 다른 사람들과 어울릴 때보다 혼자 있을 때 더 재미나게 지냅니다." 열심히 찾아보려 했지만 결혼의 매력을 찾아낼 수가 없었다. 몇몇 황혼기 부부들이 서로 의지하며 살아가는 경우도 보았고 그중 몇몇 부부는 "내가 봐도 무언가 끌리는 부분이 있었죠. 내가 찾는 건 아니었지만 건강하고 오랫동안 서로에게 의미있는 유대관계를 쌓을 수 있는 사람들에겐 분명 유익해 보였어요."

그러나 대체로 결혼한 지 오래인 친구들은 그녀가 가장 거부하는 결혼 생활의 단면을 보여주었다. 다른 사람과 생활을 공유하기 위해 만들어진 협조 기제 말이다. "나는 그런 단조롭고 지루한 것들을 못 견뎌요. 누군가 곁에 있다는 이유로 나한테 가장 중요한 생각이 방해받는 건 참을 수가 없어요. 마음에서 우러나 그 사람을 걱정하고 보살피고 배려하는 건 할 수 있어요. 그런데 다른 사람들과 어울리다가도 저녁 때가 되면 집에 전화를 걸어 말해야겠죠? 허락을 받기 위해서가 아니라 그저 알려주기 위한 것이라 해도 싫지요."

나도 정확히 그렇게 느낀 적이 있다. 20대 초반에 사귀던 남자와 헤어진 후 1년 동안이나 실연의 아픔에서 벗어나지 못했다. 그런데 극복한 후에는 날개를 단 듯했다. 아무에게도 구속받지 않고 내 인생을 사는 느낌. 내 하루는 온전히 내 것이었다. 나에게는 내가 읽고 싶은 책과 내가 좋아하는 음악과 내 작은 탁자 앞에서 아무 말 없이 혼자 앉아 담배 피우며 생각하는 내 시간이 있었다. 그중 최고는 잘 안 맞는 사람과 사귈 때 계속해서 들려오는 '이건 아냐, 이건 아냐, 이건 아냐'라는 소리가 들리지 않고 행복해야 할 때도 자꾸 행복하지 않게 만드는 그 찜찜한 기분을 느끼지 않아도 된다는 것이었다.

전에 만났던 작가 노라 에프론은 뉴욕에서 싱글로 지내던 20대 때 일부러 요리를 해서 푸짐하고 고급스러운 한 끼를 혼자 즐겼다고 한다. 접시도 예쁘게 세팅 하고 냅킨도 놓고 앞접시도 놓고. 집에서 홀로 저녁 시간을 보낼 때면 그렇게 했다고 한다. "기다리던 텔레비전 프로그램이 아홉시에 하면 그 시간에 딱 맞춰서 거실에 작은 테이블을 펴놓고 TV 앞에 앉아 가끔은 네 명이 먹어도 될 만큼 푸짐한 식사를 하는 거죠." 혼자 살더라도 갖출 건 갖추며 살아야 한다고 다짐했고 실천했다. 에프론은 하루를 이렇게 마무리했기에 "요거트로 저녁을 때우면서 처량해지지" 않았다고 한다.

어떤 이들은 울적함을 느끼지 않으려고, 지저분하게 대충 사는 걸 허용하지 않는다. 사회학자 에릭 클리넨버그가 말한 '감시의 눈'이 없어도 생활수준이나 행동 기준을 낮추지 않는다는 말이다. 또 어떤 이들은 사적인 공간에서는 얼마든지 기분 내키는 대로 살 수도 있다.

2012년 《뉴욕 타임스》에 혼자 사는 사람들이 사는 법에 관한 이야기가 실렸다. '쿼키얼론Quirkyalone'이라는 사이트를 만든 사샤 케이건은 저녁으로 고구마 하나만 먹는다고 했고, 2015년 《스핀스터Spinster》라는 책을 쓴 작가 케이트 볼릭은 집에서 할머니들이나 입을 법한 벙벙한 흰 속바지를 입고 견과류만 집어 먹는다고 했다. 한 비혼 여성은 인터뷰에서 이렇게 말했다. "혼자 산 지 6년 되었는데 날로 괴상망측해지고 있습니다." TV에서 광고가 나오는 동안 제자리 뛰기를 하고, 혼자 프랑스어로 말하고, 옷을 건조기에 그대로 두었다가 필요할 때 바로 꺼내 입기도 한다. 옷이 구겨지건 말건 신경 쓰지 않을 자유, 할머니 속바지를 입을 자유는 케이건이 묘사한 대로 "혼자 있을 때 긴장을 내려놓고 자기 본래 모습이 되는 자유이며, 사실 많은 사람들이 부러워하는 일"이다. [2]

그렇게 독립생활에 대한 애착이 강해지고 나만의 별나고 특이한 습관들이 늘어나면 이 생활을 끊지 못할까 봐 걱정되기도 한다. 나도 혼자 살 때 그런 걱정을 했고 주변에서 가끔씩 상기시켜 주었다. 그렇게 혼자 사는 데 익숙해지면 점점 완고해지고 자기 방식을 안 바꾸려 들며 다른 사람을 들일 공간과 여유가 더 없어진다고.

완전히 기우라고 할 수는 없다. 싱글일 때 나는 토요일 아침마다 혼자 조용히 아침을 먹은 다음 막춤을 추며 대청소를 했는데 어떤 남자가 이 시간을 방해할 기미만 보여도 바로 내쳐버렸다. 너무 자주 전화하는 사람한테는 질렸고 날마다 만나려고 들면 폐쇄공포증에 걸릴 것만 같았다. 내가 가고 싶은 바나 레스토랑을 시도해보려고도 하지 않는 남자는 싫어졌고 좀더 일찍 퇴근하라고 부담 주는 사람은 짜증 났다. 이 남자들은 내 방식을 흐트러뜨리려 하고 있었다. 물론 내가 들어도 까탈스럽고 예민하고 자기중심적이라는 걸 잘 안다. 내가 점점 나밖에 모르는 괴물이 될까 봐 두렵기도 했다.

그런데 지금 와서 돌아보면 내 공간과 스케줄과 고독을 그토록 철저히 보호한 행동은 내가 별로 들어가고 싶지 않은 관계를 막아주는 방패이자 예방주사였다. 어쩌면 그 남자들에게 차가워 보였을지도 모르지만 나는 그들에게 크게 관심이 없었다. 세 번 이상 만난 남자 없이 6년을 싱글로 보낸 후에야 정말 관심 가는 남자를 만났고, 나만의 토요일 아침은 두 번 다시 생각하지 않았으며, 나에게 익숙한 습관을 깨거나 일찍 퇴근하는 것도 아무렇지 않았다. 그가 전화할 때마다 날아갈 듯 기뻤다.

연애 상대나 섹스 파트너 없이도 인생을 충분히, 적어도 어느 부분은 즐기고 있다고 말해도 잘 못 믿는 사람들이 있다. 못 믿는 데서 끝나지 않고 분노를 표출하기도 한다. 비혼주의자들이 점차 늘어나면서 단란한 4인 가족이라든가 인생을 함께 헤쳐나가는 젊은 남녀 커플의 규범적 모습이 위협당하자 독립적인 삶은 금세 이기주의의 발로로 간주되었다.

이기적이고 미성숙한

버몬트 출신의 생식권 운동가인 24세의 앨리슨 터코스는 일과 사회생활에 집중하고 싶지 다른 누군가의 욕구에 맞춰줄 생각은 없다는 것이 싱글로 살고 싶은 가장 큰 이유라고 말한다. 그녀는 사무실에서 일하고 친구들과 만나고 저녁 행사나 강연에 가는 시간을 빼고 나면 집에 있는 시간이 거의 없으며 그나마 집에 있을 때의 모습은 이렇다. "누군가의 하루가 어땠는지 듣고 싶지도 묻고 싶지도 않아요. 그냥 판도라 채널을 틀어놓고 〈파크 앤 레크리에이션〉을 보거나 친구에게 전화하거나 와인 한 잔 따라놓고 혼자 있는 시간을 음미하고 싶어요."

앨리슨은 이 말을 하다 잠깐 멈추고는 자신의 말이 어떻게 들릴지 생각하는 듯했다. 젊은 여자라면 당연히 사랑을 찾고 싶어하고 찾아야만 한다는 일반적인 생각과 어긋나기 때문이었다. 그녀는 활짝 웃더니 말을 이었다. "다른 사람들이 보기엔 이기적이라고 할 수 있겠죠? 맞아요. 저 이기적이에요. 그래서 앞으로도 혼자 살고 싶다니까요."

이렇게 심하다 싶을 정도로 가차 없이 스스로를 분석하는 이유는 무엇일까? 이 문화가 연애나 결혼에 무관심한 채 자기만의 생활을 즐기는 여성들에게 부정적 메시지를 보내기 때문은 아닐까?

"싱글은 자기에 대해 아주 많이 생각하는 사람일 수 있다." 트레이시 맥밀란의 2012년도 책 《당신이 아직 결혼 못한 이유Why You're Not Married Yet》의 한 챕터 〈당신은 이기적이다〉의 첫 문장이다. "당신은 자기 허벅지를 생각하고 옷을 생각하고 코와 입술 사이를 생각한다. 커리어를 생각하고, 커리어가 없다면 요가 강사가 될 생각을 하고 있을지도 모른다." 맥밀런은 이런 자기 몰두, 나아가 자기도취를 미숙하고 건강하지 못한 특징으로 진단하고, 인생을 함께할 사람 같은 건 없어도 된다는 자만심에서 비롯되었다고 여긴다. "아마 당신도 가끔은 배우자가 필요하지 않은지 남 몰래 고민할 것이다. 아니면 혼자도 좋다고 생각할지 모른다. … 인간들이란 솔직히 다 거추장스럽고 거슬리는 존재들이니까. 누가 옆에 있으면 저녁으로 시리얼만 먹을 수도 없을 테니까. … 인간들은 소파에 드러누워서 당신이 소리도 듣기 싫은 TV 프로그램을 보고 당신이 질색하는 음식 냄새를 풍기며 쩝쩝거리고 먹어댈 테니까."

2008년 최고의 화제였던《애틀랜틱》의 기사 〈그 남자랑 결혼해Marry Him〉(한국에 같은 제목으로 책이 번역되었다-옮긴이)에서 작가 로리 고틀립은 그래도 혼자 사는 것보다 상대가 완벽하지 않더라도 정착하는 편이 낫다고 말하는데, 미묘한 차이는 있지만 여전히 싱글들을 비난하는 어조다. 특히 30대 후반 여성들에게 그렇다. "그녀에게는 그 나이에 만난 어떤 남자보다 자신을 속속들이 잘 알고 깊이 이해해 주는 친구들이 있다. 그녀의 취향과 자아는 더 굳어져 있다. 그녀는 이렇게 말할 것이다. '그 남자는 시내로 이사 가자고 하지만 난 해변가의 내 집이 더 좋아.' '그 남자는 왜 그렇게 호기심이 없을까.' '개 알레르기가 있는 사람과 내가 평생을 함께할 수 있을까?'"

맥밀런과 고틀립의 논리는 아주 고약하다. 혼자 사는 성인 여성의 삶을 구성하는 가장 기본적이고도 매력적인 요소들, 일에 집중하기, 친구, 건강, 반려동물, 집, 자기 욕망에 충실하기 등을 몽땅 개인의 사소한 관심사로 치부해 결국 자기밖에 모르는 여자라는 전형적인 캐릭터로 만들기 때문이다.

호기심 많은 남자를 찾는 여자, 좋아하는 집을 포기하는 건 그리 내키지 않는 여자, 반려동물에 책임감을 느끼고 끝까지 키울 마음에 동물 싫어하는 남자를 꺼리는 여자가 무슨 잘못인가? 그 자신 한 번도 결혼 안 한 고틀립은 비혼 여성을 약간 문제 있는 사람으로 치부하고, 사회적 통념과 배치되는 오로지 자신에게만 관심 있는 여성들이라는 점을 교묘하게 질책한다. 그 통념이란 사랑을 진정으로 원하고 사랑받을 가치가 있는 여자라면 우선순위가 남자여야 한다는 생각이다.

신랑감을 찾아 결혼하고 아이들을 낳아 살기 위한 타협점을 찾지 않으려는 개인, 특히 여성들에 대한 비판은 자기계발서에 한정되지 않는다. 맥밀란과 고틀립과는 다른 방향에서 접근해 에둘러 공격하는 이들도 있다. 에릭 클리넨버그의 책 《고잉 솔로》는 미국에서 1인 가정의 비율이 최고 기록을 경신하고 있는 현상을 이야기한다. 이 책을 강도 높게 비판한 비평가 벤저민 슈워츠는 결혼의 의무를 버리고 자아실현을 추구하는 현상을 비난하기 위해 미합중국 설립자들까지 끌어들인다.[3] 미합중국의 설립자들이 "유기적인 지역사회를 중시했으며… 자유가 왜곡되어 방종과 혼란으로 치닫는 것을 막아줄 핵심 보루로서 시민 가치의 내면화를 중시했다"고 주장했다. 그 초기 식민지 시대의 시민 가치와 지역사회가 공민권 박탈 및 전체 인종과 젠더의 강제 노예화에 바탕을 두고 있었다는 사실은 논외로 치자. 슈워츠는 이렇게 불평하며 결론을 낸다. 너무나 많은 사람들이 혼인 가약을 맺지 않은 사회는 "이기심이 곧 미덕이라는 기만적 사고에 바탕을 둔 사회다."

그러나 혼자 사는 사람들이 지역사회 발전을 저해하고 시민 참여 실패에 책임이 있다는 슈워츠의 생각은 잘못되었다. 비혼들이 기혼보다 지역사회 안에서 덜 이기적으로 행동한다는 연구 결과가 나와 있기 때문이다.

2011년 미국 현대 가족위원회Council on Contemporary Families에서 실시한 조사에 따르면 기혼 여성의 68퍼센트(기혼 남성의 38퍼센트)가 자신의 부모에게 경제적 도움을 주고 있다고 답한 반면, 미혼 여성은 84퍼센트(미혼 남성의 68퍼센트)가 그렇게 한다고 말했다. 이 84퍼센트에는 결혼하지 않고 아이만 키우는 싱글맘도 포함된다. 이 연구에 참여한 사회학자 나오미 거스텔Naomi Gerstel은 《뉴욕 타임스》에 이렇게 썼다. "자녀가 있건 없건 다른 사람을 더 많이 돌보는 쪽은 결혼하지 않은 남녀였다. 개인을 사회나 타인과 분리시키는 것은 자녀 유무가 아니었다. 결혼이었다."[4]

특히 결혼을 한 번도 하지 않은 여성은 정치에 참여하고 민원을 요청하고 지역사회에 자원 봉사를 하거나 시위에 참여하는 빈도가 높았다. 에릭 클리넨버그는 혼자 사는 사람들이 강의에 더 많이 다니고 세상 밖으로 더 많이 나가는 데 반해, 기혼 남녀는 자신의 에너지를 가족 안에서만 쓰는 경우가 많다고 밝혔다. 결혼한 사람들은 자원 봉사를 하더라도 아이 학교에서 봉사하는 정도이지

가족이나 친족에게 직접적 이득이 되지 않는 조직에서는 잘 활동하지 않는다.

비혼자들이 세상에 쏟아내는 이 모든 에너지는 칭찬할 만한 것이며 싱글 여성들이 참여했던 사회운동의 역사와 맥락을 같이한다. 또한 여성의 이기심을 지나칠 정도로 비방하는 근본 원인을 여기서 찾을 수 있다. 여성성에 대한 기대값이 지난 수천 년간 '이기적이지 않음'이었던 것이다.

강력한 힘을 지닌 가톨릭교회가 젊은 남녀의 결합을 강조했던 중세 유럽 사회에서는 이타성 발현만이 결혼에서 빠져 나올 수 있는 출구였다. 16세기 종교개혁 전에는 많은 귀족 가문에서 시집보내지 못한 딸들의 피난처(혹은 갖다 버리는 곳)로 수도원을 이용했다. 때로 결혼 지참금을 마련하지 못한 처녀들도 수도원에 들어갔다.[5] 하지만 언제나 그렇듯 세상에 공짜는 없다. 결혼제도에 복종하지 않은 여성들은 신에게 복종해야 했다. 서유럽에는 약간 더 급진적인 탈출이 가능한 곳이 있었다. '베긴회 수녀beguine'가 되면 종교에 완전히 귀의하지 않고도 수도원에서 자유롭게 생활하는 것이 가능했다. 이런 선택을 하는 여성들이 점점 많아지자 베긴회 수녀 또한 사회 위협 세력으로 여겨졌다. 1274년 리옹 의회의 보고서에 따르면 독일 올뮈츠 지방의 브루노 대주교가 베긴회 수녀들이 골칫거리라고 의견을 내놓았다. "성직자나 남편에게 복종하지 않고 자꾸 빠져나가려 하기 때문"이라는 이유였다.[6]

이러한 사회적 압박은 여성의 삶을 가정에 확실히 못 박고 있다. 여성들은 언제나 그래왔듯이 자신을 버리고 타인에게 희생해야 한다는 것이다. 남편이 아니면 자녀에게, 그것도 아니라면 성직자에게, 신에게, 부모에게, 지역사회에라도 희생해야 한다는 것이다. 여성이 자기 인생에서 하려는 일이 다른 사람을 위한 봉사가 아닐 때에는 비뚤어진 행동이라 비난받아야 했다.

역사학자 리 버지니아 챔버스-실러는 19세기의 풍경을 이렇게 그린다. "결혼한 여성과 마찬가지로 많은 노처녀들도 심각한 병을 앓고 몸이 쇠약해지고 면역력이 약해지고 정신병까지 앓았다." 하지만 진짜 문제는 이런 것이다. "여성이 스트레스를 받는 근본 원인은 여성의 복종과 종속을 요구하는 문화, 여성의 자아실현은 자기 부정에서 온다는 그 시대의 문화 때문이라는 데에 사람들은 점점 동의하고 있다."[7]

이 같은 여성의 자기 부정을 기대하는 데서 현대 여성의 소비 습관과 욕심에 대한 현대의 강박관념이 생겼는지 모른다.

나 또한 〈섹스 앤 더 시티〉가 명품 신발과 값비싼 식당에 기대어 여성 독립성을 나타낸 점을 비판한 적이 있다. 그러나 우리는 가정과 살림 부문의 지출에 대해서는 익숙하게 받아들이다. 캐리 브래드쇼가 신발 한 켤레에 수백 달러를 쓰면 거부감을 느끼지만 캐롤 브래디(시트콤 〈브래디 번치〉의 엄마 역-옮긴이)가 천을 사려고 수표를 써도 똑같이 눈살을 찌푸릴까?

자신을 위한 소비는 특히 여성의 경우 어렵사리 얻어낸 자유를 평범하게 표현하는 것이다. 수전 B. 앤서니는 스물여섯 살에 초등학교 교사로 월급을 받기 시작했을 때 이미 두 번의 청혼을 거절하고 비혼으로 남기로 결정한 뒤였다. 그녀는 봉급을 받아 여우털 토시와 흰색 실크 모자와 보라색 모직 드레스를 사고 나서 편지에 이런 말을 썼다. "나 때문에 동료들이 괜히 서글퍼지는 건 아닌지 모르겠어. 그들은 결혼을 했고 이런 고급 옷을 사지 못하니까."[8]

1979년 《크리스천 사이언스 모니터Christian Science Monitor》 신문에는 싱글 여성들이 자신을 위해 스테레오, 그림, 쿠키 단지, 가구 들을 산다는 기사가 실렸다. "싱글 여성들은 좋은 물건을 가질 자격"이 있다고 했으며 "한 손에 결혼반지를 낄 때까지 가구 대신 나무 상자에 앉아 있고 싶은 사람이 어디 있겠나?"[9]라고도 썼다. 여기에는 새로운 현상에 적응하려는 약간의 방어적 노력이 필요했다. 그 신문은 결혼하지 않은 신세대 소비자들이 "그들의 어머니나 할머니보다는 약간 방종하다고 볼 수 있는데 '그만한 가치가 있다'고 결정했기 때문이다"라고 설명했다.

그러나 여성이 자기 가치를 높이려 할 때마다 늘 그랬듯이 삐딱하게 보는 시선이 있었다. 1987년, 13년 전 싱글 여성들이 "자기 확신 있고, 자신감 넘치고, 안정감 있다"[10]라고 했던 《뉴욕 타임스》는 어투를 바꿨다. "뉴욕에는 똑똑하고 성공한 싱글 여성이 있다." 이 문장은 80년대 중반에 신문에 자주 등장했던 무시무시한 이야기의 서두에 불과했다. "그러나 그녀는 밤을 두려워한다. 밤이 이 도시를 감싸면 각 가정의 주방마다 포근한 불빛이 비치기 시작하기 때문이다."[11] (《크리스천 사이언스 모니터》에서 분명 싱글 여성들이 자기를 위해 가구를 많이 산다고 했는데 그중에 주방 조명은 포함되지 않았나 보다.)

《뉴욕 타임스》는 싱글 여성들이 겉으로는 충만한 인생을 사는 것 같다고 썼다. "열심히 일하는 그들에게는 의리 있는 친구들이 있고 활기와 자극 넘치는 직장 생활이 끝나면 저녁에는 문화 행사와 헬스클럽 운동과 중국 음식과 욕조 목욕이 기다리고 있다. 그러나 이들은 알고 보면 안 풀리는 연애에 속상해하고 점점 줄어드는 결혼의 희망으로 낙담하고 있다." 이어 '늘 따라다니는 불만족'에 시달린다고 묘사했다. 정말 그럴까? 그런데 이 기사에서 인터뷰 한 수많은 여성들은 왜 그리 비참하지도, 불만족스러워 보이지도 않았을까? 이 기사 속 39세의 기업 간부는 "싱글 생활이 점점 더 좋아지고 만족하고 있다"고 단언했는데 말이다. 《뉴욕 타임스》 기자는 그 다음 문단에서는 "여러 연구 결과 싱글 여성들은 결혼한 자매들보다 더 행복하다"고 말하지만 그 연구 결과는 "피부에 와 닿는 사실과 위배된다"고 곧바로 결론 낸다. 그가 만난 단 한 명의 미용사가 결혼 안 한 고객들이 남자를 찾는 데 혈안이 되어 있다고 말했기 때문이다.

그렇다. 커리어에 집중한 채 혼자 살아가는 많은 여성이 외로운 것도 사실이다. 하지만 그들의 외로움이 어떤 형태든 결혼에 의해 단번에 달래질 수 있을까? 이 기사에서 인터뷰 한 또 한 명의 기업 간부는 자신을 비롯해 많은 여성이 결혼하지 않기로 선택한 것은 그전 세대 결혼한 여성들의 불행을 피하기 위해서라고 설명한다. "자기 삶을 선택하지 못해 무기력하게 살았던 우리 어머니를 생각하면 그런 나약한 사람이 되지 않기로 결심하게 된다."

여성들에게, 특히 크게 성공한 여성들에게 이 사회는 싱글로 사는 건 그들 잘못이라는 메시지를 집요하게 보낸다. '헬스클럽과 중국 음식을 택했으니 따뜻하게 불 밝힌 주방은 포기해!' 아마도 여기에 깔린 의미는 이런 건지 모른다. 결혼이라는 희생자의 운명에서 벗어나 자기 운명을 책임지는 이런 여성들의 삶이 너무나 좋고 너무나 충만하고 너무 강해서 문제라고.

스스로를 잘 챙기는 싱글 여성들을 이기적이라고 말하는 사람들에게는 여자가 타인에게 의지하지 않고 독립적인 자아, 특히 남편이나 자녀와 상관없는 자아를 갖고 있다는 사실을 인정하는 일 자체가 혁명과도 같다. 여성이 항상 다른 사람들의 필요에 맞추게끔 훈련되어 온 것과 같은 정도로 자기 욕구를 인식하고 우선시하는 것이 진정한 여성 이기주의의 시대라고 할 때 실제로 그것은 수 세기 동안의 자기희생을 깨닫고 바로잡는 일일 것이다.

아미나 소우도 이에 동의한다. 그녀가 모두에게 주는 조언은 이런 것이다. "자기 자신을 우선적으로 선택하세요. 여성은 내가 아닌 다른 사람을 선택하도록 사회화되어 왔어요. 하지만 당신을 가장 일순위로 놓을 때 스스로 멋진 길을 낼 수 있습니다." 아미나는 자기 입에서 나오는 말이 어떤 식으로 들릴지 아주 잘 알고 있었다. "나 자신을 선택하면 다들 이기적이라고 말하겠죠. 하지만 아니에요. 당신에게는 힘을 발휘할 능력이 있어요. 당신에게는 꿈이 있어요. 그런 걸 가진 남자를 이기적이라고 부르나요?"

별종들

싱글 여성들은 특별히 우호적인 평판을 누린 적이 없다. 16세기 종교개혁 시대 존 돈과 윌리엄 셰익스피어가 각각 다른 장르에서 인용한 속담이 하나 있다. 여자가 결혼하지 않고 죽으면 '처녀귀신이 된다lead apes in hell'는 것이다.

인생의 대부분 혹은 평생을 동반자 없이 혼자 살아가는 것이 이제 새로운 정상 범주에 들어왔는데도 즉 결혼하는 미국 인구가 줄고 그나마 아주 늦은 나이에 하고 있으며 독신 인구가 전체 인구의 30퍼센트에 달하는데도(핵가족보다 더 많다[12]) 독신 남녀, 그중에서도 여성에게는 비정상적이다, 특이하다, 관심 끌려고 한다, 심지어 미성숙하다는 평가들이 끈질기게 따라다닌다.

2012년 데보라 슈네만은 〈우먼 차일드Woman-Child〉라는 에세이에서 미혼 여성들은 유치한 분야의 사치, 이를테면 반짝반짝 화려한 네일 장식에 유독 정성을 쏟는다고 썼다. 한편 보수 성향의 비평가 케빈 윌리엄슨은 위의 데보라 슈네만이 작가로 참여했던 HBO의 〈걸스〉를 비판하면서 이렇게 말했다. "레나 던햄은 한 가지는 잘할 것이다. 엄지손가락 빨기." 그 다음은 이렇게 이어진다. "이 드라마에 더 어울리는 제목이 '기저귀'라고 하면 애청자들이 싫어하겠지."[13] 윌리엄슨은 아이를 낳지도 돌보지도 않는 이 드라마의 미혼 여성들이 아기처럼 보인다고 말했다.

조금 더 진지한 쪽에서는 젊은 비혼 성인의 인생을 '연장된 사춘기' 혹은 '어덜테슨스adultescence'라 부르기도 한다. 애인도 배우자도 없는 20대들에게는 때때로 '키덜트'라는 용어가 붙는다. 심리학자 제프리 아넷Jeffrey Arnett은 우리는 '아동기', '청소년기', '중년기'라는 공식적 시기와 비슷하게 이 새로운 인생의 시기를 인정하기 위해서 '성인 모색기Emerging Adulthood'라는 용어를 써야 한다고 제안했다. 이처럼 잠정적으로 정의된 시기는 보통 기술, 의약, 산업, 인권 발달에 부응하기 위한 방법이다. 어덜테슨스의 이미지는 나이는 들만큼 들었지만 직업이 없어 부모 집 소파에서 자는 아이 같은 어른이라는 이미지로 요약할 수 있다. 저널리스트 주디스 슐레비츠Judith Shulevitz는 "20대는 생애 주기 안에서 이도 저도 아닌 하나의 소강상태"로 볼 수 있다며 싱글 라이프를 진짜 어른이 되기 전의 잠시 멈춤 상태라 평한다.

결혼하지 않은 성인들의 삶을 새로운 시기로 보고 이름 붙일 수는 있지만 그 시기를 본질적으로 미성숙한 시기로 보는 것은 정확치 않다. 결혼하지 않은 삶은 연습 무대도 아니고 준비 장소도 아니며 진짜 인생의 유예기도 아니다. 이 세상을 홀로 헤쳐나가는 사람들에게 무조건 어른아이라는 말을 붙이는 것은 적절하지 않다. 그들은 결혼하지 않았을 뿐 일하고, 돈 벌고, 돈 쓰고, 사랑하고, 실패하고, 섹스도 하고 있다.

물론 경제가 악화되면서 성인 자녀가 부모 집으로 돌아와 살기도 한다. 하지만 이런 가족 구성이 인류 역사상 처음 출연한 것은 아니다. 성인 자녀들이 부모에게 얹혀사는 경우는 이전에도 많았다. 다만 그들이 결혼하고 자녀를 낳아 여러 세대가 한 집에 같이 살 때는 그렇게 보지 않았을 뿐이다.

또한 평범하게 결혼한 성인들이 아이처럼 행동하는 경우는 과거에도 수없이 많았다. 계속 관심받으려 하고 자신을 먹이고 입히고 즐겁게 해주고 빨래까지 해주는 부모 밑에 들어가려는 사람들은 얼마든지 있었다. 하지만 역사적으로 아이처럼 행동하는 철없는 남편들에게는 이처럼 혹독한 평가가 내려지지 않았다.

홀로 살아간다는 것은 자신의 모든 짐을 온전히 자기 자신이 진다는 뜻이며 이는 짐을 둘로 나눌 때와는 상당히 다르다. 혼자서 처음부터 끝까지 모든 것을 감당해야 한다. 결정을 내리고 책임을 지고 고지서를 처리하고 냉장고까지 청소한다. 공식적인 파트너의 도움 없이 이 모든 것을 내 손발로 해내야 한다. 그런데 우리는 아직까지도 고리타분한 기준을 갖고 있다. 어떤 여성이 아무리 일에서 훌륭한 업적을 이루고, 우정을 지키고, 때로는 만족스러운 성생활까지 누려도 법적 결혼 유무에 따라 그 사람의 최종 점수를 매기려 하는 것이다.

어쩌면 이런 무의식적 판단이 개입되어 있을 수도 있다. 만약 어떤 여성이 결혼하지 않았다면 그것은 그녀의 능동적인 선택 때문이 아니라 누군가에게 선택되지 못했기 때문이라는. 아무도 그녀를 선택하지 않았고 가치를 인정하지 않았다고. 나 또한 이런 시선을 예민하게 느꼈을 때가 있다. 첫 남자친구와 결별하고 힘들어하던 중에 나보다 나이 많은 이성 친구가 나를 위로한답시고 자기가 아내에게 청혼했던 이유를 설명했다. "그렇게 좋은 상품이 상점 진열대에 올라가 있으면 안 되는 거잖아." 그 말은 곧 나에게 남자가 없으면 아무도 사지 않고 아무에게도 사랑받지 못해 진열대 위에서 오도카니 먼지만 쌓여가는 상품이라는 뜻으로 들렸다.

"가장 진보적이고 배울 만큼 배운 친구들에게도 이런 감성이 있어요. '왜 그래? 무슨 일 있었던 거야? 왜 아직까지 진열대 위에 있어? 아무도 안 산 걸 보니 어딘가 하자 있는 물건이 틀림없군.'" 워싱턴에 사는 40세 소설가 엘리엇의 말이다.

싱글 여성들이 차지하는 인구가 점점 더 많아지는데도 친구들보다 더 늦게까지 싱글로 남아 있는 여성들은 고립감을 느낀다. 말그대로 고립된다는 의미가 아니라 혹시 자신들이 유난스러운 게아닐까 고민한다는 말이다.

이 책을 쓰고 있을 때 나는 시아버지 지인과 점심을 먹게 되었다. 학계에 있던 50대 여자분으로 그 나잇대 여성 대부분이 유부녀인 중서부 지역에 살고 있었다. 요즘 결혼하지 않은 여성들이 숫자상으로 어마어마하게 많다고 내가 말하자 그녀는 무슨 소리냐는 듯 나를 쳐다보았다. 내가 이 세상이 싱글 여성들로 북적거린다고아무리 설명해도 (물론 이러는 나 또한 결혼한 여성이기는 했다) 그녀는 실생활에서 그렇게 체감하지 못한다고 했다. 그녀는 마치 아내들로만 가득한 세계에 사는 유일한 독신 여성처럼 사회적으로 배척되고 변종으로 취급되면서 고독해하고 있었다.

뉴저지에 사는 52세의 텔레비전 비평가 낸시 자일스는 이 세계가 결혼하지 않은 여자들로 가득하다는 사실을 머리로는 알고 있지만 여전히 무의식적으로는 위에서 말한 감정에서 헤어날 수가없다고 말한다. "싱글 여성의 경험은 각각 너무 다르고 서로 멀찍이 떨어져 있어서 우리가 어딘가 이상하고 별나게 느껴지는 외딴

섬 안에서 혼자 살고 있는 느낌이에요." 자일스는 싱글들이 스스로 별종이라고 느끼는 이유는 자신의 선택이었건 어쩌다 그렇게 되었건 혼자 사는 여자들을 보는 남자들의 혼란스러운 시선 때문이라고 생각한다. 예전에 같이 라디오를 진행했던 백인 남자 코미디언이 알쏭달쏭한 표정으로 그녀가 어떤 사람인지 도무지 모르겠다고 말한 적이 있었다고 한다. "나를 어떤 범주에 넣으려 했는데 잘 안 됐던 거죠. 나는 전형적인 주부 스타일도 아니고, 나쁜 남자와 얽히는 스타일도 아니었어요. 그 당시에 만나는 사람도 없었고요. 그렇다고 동성애자도 아니죠. 내가 흑인이라서 다르다고 할 수도 없었을 거예요. 나는 그냥 행복하고 평범한 사람이었고 그는 이런 나를 어떻게 해석해야 할지 모르더라고요. 이 여자는 왜 남자 문제가 있거나 히스테리를 부리지 않지? 남성 혐오론자도 아닌 것 같은데? 도대체 뭘까? 그의 머리 위에 커다란 물음표가 둥둥 떠다니는 것 같았죠."

2011년 미주리 대학교의 한 연구소에서 중산층 비혼 여성이 받는 압박에 대한 조사를 실시했다. 이 여성들은 가족과 지역사회에서 (특히 결혼식, 더 구체적으로는 부케 던지는 시간에) 비정상 취급을 받은 경험이 있다고 답했고 성인 여성이라면 아내나 엄마가 되어야 당연하다는 사회적 환경에서 없는 존재나 하찮은 사람 취급을 당했다고 한다. 이 연구에는 이런 제목이 달렸다. 〈나는 루저다. 나는 결혼하지 않았다. 그냥 나를 봐달라〉.[14]

여성은 언제나 다른 사람들과의 관계로 가치를 평가받고 찬양받아 왔기에 그녀가 결혼에 소속되어 있지 않다는 사실 하나로 그 존재가 부정되기도 한다. 〈해리가 샐리를 만났을 때〉에 이런 대사가 나온다. 해리가 뉴욕으로 가는 중인 샐리에게 왜 가느냐고 묻고는 "뉴욕에서 혼자 죽으면 시체 썩는 냄새가 복도로 퍼질 때까지 2주 동안 아무도 모른대"라고 말한다. 웃기지만 소름끼치는 말이다. 특히 전통적 관계를 맺지 않았다는 이유 하나로 가끔은 가족뿐 아니라 세상과 연결된 끈까지 놓칠지 모른다는 두려움을 안고 사는 사람들에게는.

외로워 외로워

외로움은 파트너 유무에 직접적으로 달려 있지 않다. 이와 관련해 저널리스트 주디스 슐레비츠는 최근의 한 연구 결과를 보여주었다. 만성적 외로움은 생리적이고 세포적인 수준에서 일어나는 의학적 병리 현상이며 이러한 성향은 유전될 수도 있고 일부는 유아기나 아동기에, 즉 다른 사람과 짝을 이루는 것이 권장되거나 단념되기 훨씬 전에 우리가 접했던 조건과 관계가 있다고 한다. 슐레비츠는 이렇게 쓰고 있다. "현대 심리학자들은 외로움을 내적이고 주관적인 경험으로 보아야 하며 외적이고 객관적인 조건이 아니라고 주장한다." 한마디로 외로움은 '친밀감 결핍'이라는 것이다. 그리고 친밀감 결핍은 반드시 결혼으로 완화되는 것도 아니다.

45세 이상 성인 남녀 세 명 중 한 명 이상이 외로움을 호소하지만 이들이 모두 싱글은 아니다. 나쁜 연애나 나쁜 섹스 파트너를 경험한 사람은 잘 알겠지만, 누군가와 섹스를 한다고 해서 갑자기 친밀감이 들거나 편안해지지는 않으며 몇 년에 걸쳐 서서히 외로움이 찾아오는 것도 아니다. 사실 연애 관계에서의 친밀감은 시간이 지남에 따라 희석되는 경우가 많다. 나와 가장 친한 사람처럼 느껴야 할 것 같지만 날 모르고 날 보지 않고 공감대가 사라진 사람 옆에 누워 있는 것처럼 더 처절한 외로움은 없다.

어머니를 암으로 잃은 메간 오루어키Meghan O'Rourke의 자전적 에세이가 더 슬프게 느껴졌던 이유는 그녀가 홀로 슬픔을 견뎌야 했기 때문이다. 그녀는 어머니 병간호를 하는 동안 이혼을 겪었다. 병원에서 환자를 간호하는 또래 여성과 친해졌지만 그녀가 남편과 아이들과 함께 병원에 나타나자 동질감이 싹 사라졌다. "당신의 슬픔은 나와 같지 않아." 오루어키는 슬픔이라는 짐을 같이 나눌 반려자가 있으면 그것이 좀더 가벼워진다고 기대했던 것이다. 그런데 실제로 남편과의 이별은 이런 느낌을 주었다. "남편과의 이별이 내 슬픔의 표출이었는지 아닌지 혹은 어느 정도나 그런 건지 알 수 없다." 이 문장을 보면, 그녀가 병원에서 만난 여성에게 든 생각처럼 사랑하는 파트너가 있다고 해서 자동적으로 아픔이 가라앉거나 치유되지는 않는다는 사실을 알 수 있다. 부부관계는 슬픔의 치유제보다 슬픔의 희생양이 될 가능성이 크다.

오루어키가 결혼한 여성에게서 느꼈던 소외감은 공백으로 남겨두어야 할 타인의 결혼을 오직 환상으로 채웠기 때문이다. 만약 외로움이 친밀감의 결핍이라면 싱글살이는 외로움에 딱 들어맞는다. 사랑하는 사람들끼리는 언제나 친밀한 거라고 생각한다면 말이다. 그 관계에는 거리감이나 공허감이 없고 모욕감을 주거나 문제를 일으키지도 않는다. 나쁜 결혼을 바라는 사람이 어디 있을까. 한때는 좋은 결혼이었지만 점점 권태기에 빠져 섹스리스가 되고 골이 깊어져 고통을 일으키는 그런 결혼을 누가 바랄까. 우리는 내 감정에 귀 기울여 주고 절망과 두려움을 이야기할 남자나 여자가 곁에 있길 바란다. 반려자가 없을 때 상상하는 반려자는 우리에게 특별히 맞춰진 사람이다. 우리가 아플 때 돌보아 주는 것을 책임이자 기쁨으로 느낄 사람, 슬플 때 위로해 주고 발을 문질러주고 모든 것이 다 잘될 거라고 말해 주는 사람이다.

엘리엇은 종종 이런 생각을 한다. "언제나 나를 최우선시하고 나도 그를 최우선으로 하는 그런 무조건적인 사람을 내 곁에 두는 것은 과연 어떤 느낌일까요? 저녁에 얼굴 보면서 '오늘 더럽게 짜증나는 날이었어!'라 말하고 시시한 이야기를 나누는 사이가 있다면 어떨까요?" 그녀는 30대까지 지켜온 고독을 사랑하지만 그 고독 덕분에 자랑스러운 일을 할 수 있지만 그래도 가끔 생각한다. "항해하는 배를 놓친 기분이에요. 나는 정말 몰랐고 예측할 수도 없었어요. 지금 이 시기에 외로움이 이렇게 나를 강하게 공격할 줄은 몰랐어요."

물론 싱글은 외롭다. 당연하다. 우리 모두가 외롭다. 때로는 한 순간, 때로는 며칠, 때로는 끝도 없을 것만 같은 처절한 고독의 시기를 겪는다. 어떤 여성들은 나밖에 없는 세월을 보내다 지칠 때 외로움이 시작되거나 더 강해질지 모른다.

이젠 정말 지쳤어

홀로 독립적으로 살아가다 보면 경제적으로 자신을 충분히 책임질 수단이 있어도 육체적·정신적으로 에너지가 소진된다. 경제적 안정성 없이 이 세상을 살아가야 할 경우에는 더욱 심해진다. 감정적으로도 피로하지만 아주 현실적인 책임들이 짓누른다. 집 청소, 알람 맞추기, 일자리(들), 전구 교환, 물 새는 데 고치기, 막힌 하수구 뚫기, 밤에 삐걱거리는 소리 등등 끝도 없다. 나중에 결혼을 하든 안 하든 자잘한 일들 때문에 피곤하고 지친다.

레이첼 크로더스의 1910년 희곡 〈남자의 세상A Man's World〉은 맨해튼의 비혼 보헤미안들의 삶을 다루었는데 여자 주인공이 몇 년 동안 (당시에는 더 만만치 않았던) 세상을 홀로 살아가다 나가떨어져, 성공한 친구에게 울면서 하소연하는 장면이 있다. "나도 10년 동안 할 수 있는 건 다 했어. 한 푼도 허투루 안 쓰고 온갖 모욕을 견디면서. 성공의 꿈이 있었고 내 일 외에는 아무것도 신경 안 쓰며 살았어. 그런데 지금 내 꼴을 봐. 다음 달 월세를 낼 수 있을지 걱정하는 신세야. 이 모든 게 지겹고 힘들어. 그냥 나한테 청혼하는 아무 남자랑 결혼할래. 그럴 거야. 집세와 세금을 내주기만 한다면 무조건 결혼할래. 나 너무 피곤해. 이젠 정말 지쳤어."

최근에 '옵팅 아웃Opting-Out'에 대한 글이 굉장히 많이 나왔다. 고학력 중산층 이상의 전문직 여성들이 나이가 차서 결혼한 후에는 직장생활을 접고 가사와 양육에 전념하는 트렌드를 말한다. 나는 이런 현상을 보면서 현대 여성들의 옵팅 아웃은 점점 더 일 중심이 되어가는 문화 안에서 몇십 년을 홀로 살아온 이들이 겪는 중년의 번아웃 증상일지 모른다고 생각했다.

집을 치워줄 아내도 없고 돈을 벌어다 줄 남편도 없다. 동시대 남녀 모두 이런 세월을 너무나 오래 견딘 후에는 쿠션 위에 발을 올리고 쉬고 싶은 솔직한 욕망이 찾아올 수 있다. 경제적으로 안정된 싱글 동료들 중에서도 마흔에 가까워지면서 일을 그만두거나 급여가 깎이더라도 근무 시간을 줄이는 이들이 있다.

결혼은 역사적으로 여자를 단단히 옭아맨 제도이지만 한편으로는 분업 체계를 제공한 것도 사실이다. '당신이 돈을 벌어오면 내가 청소는 할게' 이런 식으로. 그런데 혼자 돈도 벌고 청소도 한다면, 돈 벌고 청소하고 돈 벌고 청소하고 돈 벌고 청소하고… 이렇게 계속 반복하는 생활을 중년까지 하다 보면 당연히 어느 시점에서는 지쳐서 쉬고 싶어질 것이다.

하지만 많은 싱글들이 사회적으로 인정되는 휴식을 누리지 못한다. 이게 가능한 경우는 결혼할 때와 아이를 가질 때다. 물론 대부분의 미국 노동자들에게 긴 허니문이나 육아휴직은 꿈같은 얘기이지만, 사무직 싱글들, 특히 자녀가 없는 사람들은 개인 시간을 가지라고 권유받기는커녕 결혼이나 출산으로 자리를 비운 동료들 대신 더 오랜 시간 일해야 한다. 출산이나 입양을 앞둔 예비 부모에게도 1달러의 유급 휴가나 위로금을 보증해 주지 않는 나라인데 배우자도, 자녀도 없는 사람이 유급 휴가 달라는 말을 어떻게 꺼낼까? 하지만 우리가 직업 세계에서 점점 많아지는 비혼 남녀의 현실을 이해하고 싶다면, 신랑 신부나 예비 엄마가 아닌 이들도 잠시 일을 쉬고 숨을 고르며 충전하고 보다 조화로운 삶을 살 기회를 절실히 원한다는 사실을 알아야 한다.

무서움

싱글 생활에는 현실적으로 신체적 불안감도 따른다. 혼자 살기가 위험할지 모른다는 생각은 가장 짜릿하게 자유를 경험하는 순간에도 찾아온다.

20대와 30대 초반 내 인생 최고의 밤은 친구들과 뉴욕의 유명 장소들을 섭렵하며 늦도록 이야기하던 시간이었다. 가끔은 자정까지, 때로는 새벽 네시까지 놀다가 혼자 귀가하곤 했다. 늦은 밤이나 새벽, 거리와 지하철 계단에서 또각또각 들려오던 내 발소리와 함께 집으로 돌아오는 길은 늘 행복했다. 하지만 나 역시 불 꺼진 창과 캄캄한 거리가 위험하다는 건 잘 알았다. 이 길에서 강도를 당하거나 아니면 그저 발을 헛디뎌 발목을 삐거나 넘어져 머리라도 다친다면? 집에서 내가 무사히 돌아오길 기다리며 나의 안전을 확인해 줄 사람 따위는 없었다.

혼자 독립적으로 살아가는 사람은 지고한 기쁨과 동시에 공포를 안고 지낸다. 이런 느낌은 1853년 천문학자 마리아 미첼Maria Mitchell이 30대 중반에 쓴 시에 그대로 드러난다. 이 시에는 '사라'라는 미지의 여인이 등장한다. 시의 일부를 보자.

너 혼자 집에 가본 적이 없니, 사라
그건 그렇게 나쁜 게 아니야
나는 수백 번 혼자 다녀보았어, 사라
곁에 남자가 없을 때 말이야…

밤늦게 걸을 때는 배워야 할 게 있어
모든 걸 너 혼자 해야 할 때,
만약 남자와 함께라면 말을 해, 말, 말,
너는 눈도 없고 너만의 마음도 없는 거야

하지만 홀로, 칠흑 같은 밤에 구름이 위협해 온다면
그리고 약간 무서워진다면
너의 모든 감각은 초자연적으로 깨어나지
너는 빛과 그림자를 살피게 되지

너는 듣기만 하면 돼, 응원의 말들
저 위로부터 들려오지
혼자가 아니라면 듣지 못할 것들
들을 여유가 없었을 테니[15]

　　물리적으로 혼자 있을 때 느끼는 흥분과 위험의 복합적 감정은
앤과 아미나처럼 서로 도움을 주고받는 특별한 관계가 있어도 경
험하게 된다.

앤은 로스앤젤레스에서 혼자 사는 삶을 이렇게 묘사했다. "아침에 일어날 때도 저녁에 잠이 들 때도 혼자라서 행복했어요." 어느 날 같은 지역의 싱글 절친들과 함께 창고 파티를 하기로 했다. 그녀는 지누와인의 '포니'란 노래를 듣자마자 댄스플로어로 뛰어나가다가 콘크리트 바닥에 대자로 엎어지고 말았다. 얼른 일어나 그 밤 내내 춤을 추었다. 하지만 친구랑 집에 가는 길에 배가 고파 햄버거 가게로 향하던 중 손을 위로 쭉 뻗다가 어깨가 빠진 걸 알았다. 친구가 운전해서 "아주 허접한 24시간 응급 센터"에 데려다주었다. 새벽 세시였다.

프리랜서라 의료보험이 없었던 앤은 목돈 들 일이 걱정되었다. 친구는 진료실에 함께 들어가지도 못할 터였다. 갑자기 울음이 터졌다. "대성통곡했어요. 저는 원래 잘 안 우는 편이거든요. 특히 사람들 앞에서는요. 자존심이 세서 그렇다기보다 감정을 그런 식으로 처리하지 않았어요. 그런데 그날은 정말 눈이 빠지게 울었어요. 허접한 응급실에서 꾀죄죄한 파티 드레스를 입고 말이죠."

함께 간 친구는 다음날 아침 오하이오 결혼식에 가야 해서 집에 돌아가야 했다. 홀로 남은 앤은 드레스 뒷단추를 풀어야 한다는 사실을 깨달았다. 한밤중에 어깨가 빠져 있는 상태라 이웃을 깨워 도와달라고 하지 않는 한 그 옷을 입고 자야만 했다. 아미나는 워싱턴에 살고 있어 도움이 될 수 없었다.

그 순간 앤은 자신이 이 세상 어디에 서 있는지 다시 생각하게 되었다. "가까운 친구들이 있는 한, 나 혼자서도 언제나 100퍼센트 행복할 수 있다고 믿었거든요. 하지만 그날 밤만큼은 내 몸에 닥친 문제를 어떻게 해야 할지 몰랐어요. 그날 말고는 그렇게 심하게 무너진 적이 없었지만요. 집에 가서도 한참을 더 울었죠."

어떤 결혼도, 어떤 애인도 그날 밤 앤의 절망을 확실히 막아줄 수는 없었을 것이다. 남편이 출장 갔을 수도 있고 한밤중에 깨웠다며 성을 내거나 심한 말을 퍼부었을 수도 있다. 싱글 여성인 앤은 남자 한 명을 집으로 데려갈 수도 있고 그 남자가 어떤 남편보다 더 세심히 보살펴 주었을 수도 있다. 친구가 다음날 오하이오에 가지 않았다면 집에 같이 가서 드레스 벗는 것을 도와주었을 수도 있다.

그러나 애인이나 남편은 고작 젊은 당신이 창고 파티에서 춤추다 어깨가 빠졌을 때 아니면 당신이 늙었을 때나 아플 때, 죽어갈 때 응급실에 같이 있어주거나 옷을 벗겨줄 거란 희망을 줄 뿐이다. 물론 가끔은 실제로 그런 일이 일어날 수도 있겠고.

질병

여러 보수주의자들에게 전적인 승리감을 안겨준 연구들이 있다. 결혼이 건강 면에서 매우 유익하다는 것이다. "결혼 자체가 남성과 여성을 더 건강하고 더 장수하게 한다." 매기 갤러거Maggie Gallagher(동성 결혼의 열렬한 반대주의자이자 낙태 반대 활동가)와 린다 웨이트Linda Waite는 2000년에 나온 책 《결혼 찬성: 왜 결혼한 사람들이 더 행복하고 더 건강하고 더 경제적으로 안정적인가》에서 이렇게 썼다. "연구 결과 원래의 건강 상태를 고려해도 기혼자들의 사망률이 더 낮다. 환자의 경우도 기혼이 미혼보다 더 오래 산다."16 그래서 티나 페이는 이런 농담을 했었나 보다. "걱정 말아요, 외로운 여자들. 금방 죽을 테니까."

하지만 이런 연구들은 일반적으로 건강한 사람들이 결혼을 할 가능성이 높고, 경제적으로도 여유가 있는 성인들, 즉 더 나은 의료보험과 더 질 좋은 음식과 더 건강한 환경에 있는 사람들이 결혼할 가능성이 높다는 사실을 말해 줄 뿐이다.

기혼자들이 더 행복하고 건강하다고 강조한 이런 연구에서도 비혼자들이 그에 못지않게 행복하고, 기혼자와 비혼자들은 이혼, 별거, 사별한 사람들보다 훨씬 더 행복하고 건강하다고 기술한다. 이혼, 별거, 사별 모두 애초에 결혼에서 비롯된 조건인데 말이다. 좋은 결혼 말고 그냥 결혼이 감정적·신체적 안녕에 얼마나 도움이 될지에 관한 추론은 좋게 말해 '그때그때 다르다'일 것이다.

그러나 심각하고 만성적인 질병에 걸렸을 때 배우자가 도움 된다는 의견은 상당히 설득력 있어 보인다. 2013년 《임상 종양 학회지The Journal of Clinical Oncology》에 발표된 연구에서는 기혼 암환자들이 미혼 암환자보다 예후가 좋았다.17 미혼 환자에게는 조기에 병원에 데리고 가서 진단받게 도와주는 사람이 없어서 7퍼센트의 환자들이 첫 진단 시 암이 더 진행된 단계였다. 미혼 암환자들은 치료받을 가능성도 기혼 암환자들보다 53퍼센트 낮았는데 미혼 환자들의 치료 시작 결정이 늦어지기 때문으로 보인다. 옆에서 지켜주고 사랑해 줄 사람이 곁에 있다는 것은 분명 큰 도움이 될 수 있다. 당장 화학 요법 치료를 받을 때 아이를 봐주거나 돈을 벌어다 주고 운전을 해줄 수도 있기 때문이다.

이럴 때면 로리 고틀립의 결혼 찬가, 즉 그냥 그런 사람이라도 얼른 잡아서 결혼하는 편이 좋다는 말이 매우 설득력 있게 다가온다. 책으로 나오기 전 《애틀랜틱》에 발표한 원래 글에서 고틀립은 축복받은 결혼 생활을 누리지 못하는 친구들 이야기도 한다. "그들은 결혼했으니 실제로는 혼자가 아닌데도 나처럼 혼자라 느끼기도 한다. 그들 또한 나와 같이 결혼이 궁극적으로 전 우주적 공감대의 완성은 아님을 알기 때문이다. 하지만 배우자가 내 인생 최고의 사랑이 아니라고 해도 결혼은 한 팀을 갖는 것이며 팀이 아예 없는 것보다는 낫다."[18]

프란시스 키슬링은 고독을 무척 사랑하고 이 책을 쓰기 위해 만난 사람들 중에서도 결혼을 가장 기피하고 결혼 생각만 해도 몸서리가 쳐진다고 말한 여성이었다. 그런 그녀가 50대 후반에 암 치료 환자인 어머니를 돌보았던 경험을 이야기했다. 키슬링이 혼자 아무것도 못하는 어머니를 병원에 모셔 가려고 옷을 입힐 때였다. "엄마가 나를 보더니 말씀하시더라고요. '네가 이럴 땐 누가 함께 가줄까?'"

"엄마 말을 듣는 순간 깜짝 놀랐어요. 맙소사, 누가 나를 위해 이렇게 해주지?"

어머니가 돌아가시고 몇 년 후에 그녀는 간암 판정을 받았다. "아무래도 생사를 눈앞에 두고 있으니 위기감이 찾아왔습니다. 몸이 아프다는 것은 특히 혼자 있을 때는 다른 방식으로 다루고 겪어야 하는 일이 맞습니다." 키슬링은 자신이 내린 결정을 재고해 보고도 싶어 심리치료사를 찾아갔다. "심리치료사와 함께 혼자 산다는 것에 대해 이야기를 했고 이제부터 '나 혼자'라는 문제 앞에서 내가 넘어야 할 장애물이 더 많다는 것도 알게 되었어요."

물론 냉정하다 못해 잔인한 진실도 고려해야 한다. 결혼이나 자녀 유무가 다른 결과를 보장해 주지는 않는다. 결혼 하나로 안도하는 사람들은 고독한 말년과 고독사를 피했다고 안심하지만 매우 현실적인 가능성인 이혼, 버림받음, 사별의 가능성은 고려하지 않는다. 사실 최고의 시나리오에서도, 즉 우리가 서로 미치도록 사랑하는 사람과 일평생 함께한다 해도 생의 끝에서는 슬픈 결말을 맞이할 수 있다. 비슷한 나이까지 살고 비슷하게 건강하리라는 보장이 없기에 죽을 때 반려자가 내 곁에 있을 확률은 50대 50이다. 특히 통계상 수명이 더 길고 보통은 연상의 남성과 사는 여성의 경우, 사망 시에 혼자일 확률이 매우 높다. 미국에서 남편과 사별하는 여성의 평균 연령은 59세이고 2009년 조사에서[19] 70세 이상 여성의 50퍼센트는 사별했다. 이는 아내를 먼저 보낸 남편의 두 배나 된다. 그러니 행복한 아내라 해도 사랑하는 사람을 먼저 떠나보내는 고통을 겪고 나서 다시 한 번 이 세상, 그리고 우리 자신의 최후를 홀로 겪어야 할지 모른다.

싱글이든 결혼했든 자녀가 있으면 다를지 모른다. 아이는 위로, 공감, 돌봄의 또 다른 원천이다. 하지만 요양원이나 치매 병원에 장기간 머물고 있는 노인들에게 물어보자. 죽기 전 몇 달이나 몇 년 동안 자녀들에게 전적으로 기댄다는 생각은 도박이나 마찬가지라고 말할 것이다. 빈부 격차가 점점 심해지고 구조적 지원이

나 보상이 없는 나라에서는 특히 그렇다. 중년의 시기에 고령의 부모나 조부모를 모시기 위해 일을 그만둘 사람은 별로 없을 것이다. (일은 물론 자기 가족과 자녀를 남에게 맡길 수도 없을 것이다.)

2013년《뉴욕 타임스》는 남편과 사별한 한 여성의 이야기를 실었다. 그녀에게는 자녀가 있었지만 자녀들은 어머니의 슬픔을 헤아리지 못했다. 남편밖에 몰랐던 그녀는 친구도 없었다. 고독과 슬픔에 빠져 있던 어느 날 그녀는 운전 도중에 말 그대로 사지에 마비가 와서 움직일 수가 없었다. 이 여성은 분명 젊은 시절 결혼하고 자녀를 낳기로 선택한 사람이다. 그런데도 그녀는 혼자였고 배우자의 죽음과 상실감을 심리적으로 극복하지 못했다.

"우리는 결국 혼자 아닌가요." 프란시스도 동의했지만 내가 결혼했고 그녀가 하지 않았다는 사실은 엄연히 다르다고 말했다. "그래도 당신이 혼자인 것과 내가 혼자인 건 여러 모로 다르죠. 나에게는 정말 많은 친구가 있고 가족처럼 가깝고 진실한 친구도 있어요. 하지만 근본적으로 나는 혼자죠."

야만적인 제도

이 고독의 문제를 해결할 확실한 방법이 아니라고 보이는 것은 결혼을 모두가 갈망하는 정상적 규범으로 재차 복원시키는 일이다. 호화로운 웨딩 사업이 성행하고 예전보다 훨씬 많은 여성들이 결혼하지 않는 이 사회에서는 결혼을 풀기 어려운 문제로 보기가 더 쉽다. 하지만 결혼만 하면 외로움은 저절로 사라지고 개인적인 문제들까지 해결할 수 있다고 여기는 것이다.

우리가 사랑에 빠져 그 관계 안에서 안정감을 느끼고 주변 친구들도 그렇게 되면 축하할 일, 신나는 일, 감사한 일들도 많아지리라. 하지만 모든 결혼이 좋은 결혼이라 가정하고, 결혼이 모든 이야기의 참다운 결말이라는 디즈니와 셰익스피어 식 덫에 빠지는 것은 잘못이다.

지금 현재 이 사회에 결혼하지 않은 여성이 이렇게 많은 이유는 수백 년간 결혼이 당위였고 결혼한 여성 상당수가 불행했다는 사실에 일부 기인한다는 점을 상기해야 한다.

20세기 초반 엠마 골드만은 결혼이 한 여성에게서 "이름, 사생활, 자아존중감, 그리고 '죽음이 그들을 갈라놓을 때까지' 인생 자체'를 빼앗아버린다고 썼다. 골드만은 어린 시절부터 주입된 결혼에 대한 높은 기대가 여자들을 그런 운명에 빠뜨린다고 말했다. "아니 갓난아기 때부터 그렇다고 할 수 있다. 평범한 여성은 어릴 때부터 결혼이 궁극적 목표라는 이야기를 듣는다. 마치 말 못하는 짐승이 도살당하기 전에 살 찌워지는 것처럼 여성은 결혼을 위해 준비된다."

선구적인 영국의 간호사이자 통계 전문가였던 플로렌스 나이팅게일은 궁금해했다. "왜 여자들에게 열정, 지성, 도덕성을 주고 이 세 가지 중 하나도 발휘할 수 없는 사회에 살게 했을까?" 여러 차례 청혼을 거절했던 나이팅게일은 무슨 일이 있어도 결혼은 피하겠다고 결심했다. "이 제도는 '안 돼never'라는 준엄한 단어의 뜻을 실감케 하며, 현실적으로 우리 인생을 끝나게 하고 차가운 죽음을 가져올 뿐이다."[20]

19세기 작가 조르주 상드는 "인생의 유일한 행복은 사랑하고 사랑받는 것"이라 썼고 작곡가 프레데리크 쇼팽과 세기의 연애를 했지만, 20대에 결혼해 두 명의 자녀를 낳고 첫 결혼에서 빠져 나온 후에 결혼을 '야만적인 제도'라고 술회했다. 수전 B. 앤서니는 기숙학교에 다닐 때 어린 시절 친구가 아이 여섯 딸린 중년의 홀아비와 결혼한다는 소식을 듣고 일기에 이렇게 썼다. "그런 결혼을 하느니 노처녀로 살다 노처녀로 죽는 편이 낫다."[21]

때로는 남성들도 이 제도가 여성에게 장애가 된다고 인정한다. 유니테리언(삼위일체론과 그리스도의 신성을 부정하고 하느님의 신성만을 인정하는 기독교 교파-옮긴이) 교회 목사이자 "여성의 영역과 의무"에 관한 여러 권의 강의집을 낸 조지 버냅은 이렇게 썼다. "결혼은 여성이 생존하는 데 큰 위기로 다가올 수 있다. 자기 앞에 어떤 삶이 예정되어 있는지 알았다면 신부들은 흠칫 놀라 한 발 물러났을 것이다."[22] 그는 더욱 어두운 어조로 자신이 목격한 것들을 이야기했다. "결혼식은 떠들썩한 잔치 안에 이미 슬픔의 음조가 깃들어 있다. 그 밝고 환한 존재가 단상으로 다가올 때, 모든 시선이 그 여인에게 집중되고 모든 이들의 심장이 두근거릴 때, 나는 이 화려한 드레스가 얼마 후 상복으로 바뀌고 붉게 물든 뺨 위로 눈물이 흐르는 모습이 눈에 보이는 듯하다."[23]

19세기에도 결혼을 꺼리거나 남편을 찾지 못한 여성들은 몇 세기 전 선조들이 그런 것처럼 교회를 피난처로 삼았다. 셰이커 교도

(기독교의 한 종파로, 공동체 안에서 함께 생산하고 소유하며 독신주의를 기본 신조로 삼았다-옮긴이)들의 독신자 공동체는 1810년부터 1860년까지 회원이 급격히 증가했는데 대부분 여성 신자가 증가했기 때문이다. 여성이 목사가 될 수 있고 18세기 초반부터 노예제 폐지 운동을 조직할 수 있었던 퀘이커 교도의 경우에도 싱글 여성들의 비율이 무척 높았다.[24] 19세기 중반, 필라델피아의 퀘이커 교도 중 40퍼센트가 결혼하지 않았다.[25]

1904년 《인디펜던트》에 '바첼러 메이드Bachelor Maid'라는 필명의 저자가 쓴 〈내가 결혼하지 않는 이유Why I Do Not Marry〉라는 글을 보자. 이 글의 의도는 "오늘날의 지적이고 교양 있는 여성들이 결혼제도로 들어가지 않으려 하는 이유를 설명하기 위해서"였다. 편집진이 "미모와 지성을 겸비한" 젊은 대학 교수라고 소개한 이 여성은 결혼에 끌리지 않는 이유를 이렇게 설명한다. "결혼이 남성에게 미치는 영향과 나에게 미치는 영향이 너무 심각하고 끔찍하게 다르기 때문이다. 우리가 결혼하는 그 시점에는 그전에 받았던 교육과 미래에 대한 이상이 거의 같다." 그녀가 보기에 남자들에게 결혼은 "자신의 직업에 방해보다는 이익이 되는 가정생활을 얻는 것"이다. 하지만 자신과 같은 여성에게는 "내가 만약 사랑을 하고 가정을 갖게 된다면 내게 돌아오는 것은 나의 모든 소중한 야망의 폐기일 뿐이다."

바첼러 메이드는 결혼과 함께 교수직을 떠나 세 명의 자녀를 낳고 키우는 여자 교수를 보며 이런 의문을 느꼈다. "왜 뛰어난 여성들이 가사와 양육이라는 감옥에 갇히는가. 왜 그녀의 정신활동은 끝도 없는 가사노동과 육체적 고통에 제약받는가. 그녀가 그렇게 사는 동안 왜 그녀의 훌륭하고 매력적인 남편은 학계와 사교계의 명사가 되는가?" 결혼하지 않은 여성의 삶이 정상일 뿐만 아니라 더 우월할 수 있다는 것을 뻔뻔할 정도로 자신 있게 때로 불경스러울 정도의 어조로 주장한다.

비평가들은 바로 반격에 나섰다. 이들이 꺼내든 단어는 현대의 독자들도 너무나 익숙한 '이기주의', '지나치게 높은 기준'이었다. 1907년 《애틀랜틱》에 왜 미국의 결혼에 문제가 생겼는가라는 주제로 발표된 글에서 저널리스트 안나 로저스는 100년 후 로리 고틀립과 트레이시 맥밀란을 유명하게 만든 '병적인 깐깐함'이라는 단어를 꺼내 든다. 로저스는 남성과의 합의를 꺼리는 여자들을 비웃으며 "그리스 신 같은 몸매에… 부와 명석한 두뇌와 학벌과 지위와 완벽한 성품, 그녀 앞에서 무릎 꿇고 경배할 무한한 애정 표현의 능력"을 갖춘 남성을 찾느냐고 비꼬았다. 로저스는 이 신여성들이 정착하기 싫어하는 모습은 곧 "개인주의라는 신흥 종교이며, 자기 자신이라는 우상을 경배하는 것"이라고 말했다.[26]

물론 현재의 결혼은 19세기와 20세기 초반의 형태와 느낌보다 훨씬 나아지기는 했지만 결혼이 모든 불행의 치유제라는 가정은 여전히 증명되지 않은 채로 남아 있다.

심리학자 타이 타시로Ty Tashiro는 2014년 책에서 기혼 남녀 열 명 중 세 명만이 건강하고 행복한 결혼 생활을 하며 행복하지 않은 결혼 생활을 하는 사람은 건강이 나빠질 확률이 35퍼센트나 된다고 보고했다.[27] 또 다른 연구자인 존 고트맨은 결혼 생활이 불행한 사람은 평균 수명이 4년 줄어든다고 발표했다.[28] 이 제도에 남아 있는 의혹은 대중문화와 미디어에도 서서히 나타난다. 한 예로 웹사이트 '제저벨Jezebel'에는 결혼 관련 게시판이 있는데 그 제목이 '난 네가 두려워I Thee Dread'다. 비평가 엘리프 바투만Elif Batuman은 2014년 베스트셀러이자 블록버스터 영화가 된 《나를 찾아줘 Gone Girl》 흥행 이유로, 결혼 자체가 납치이며 '아내들은 사라진 사람들'이라는 사실을 반영한다고 지적했다. 《나를 찾아줘》는 은유적으로 이러한 비참한 메시지를 전한다. "여성이 결혼과 출산 적령기가 되었을 때 그녀를 기다리고 있는 삶을 폭로한다. 여성이 결혼 안에서 조심스럽게 만들어내고 꾸며낸 정체성이 문제가 아니다. 남편과 아이에게 희생할 수밖에 없게 하는 삶이 문제다."

요컨대 독신 생활에는 온갖 종류의 부정적인 면들이 있지만 결혼 역시 마찬가지다. 결속력 강하고 서로 도움 주는 관계를 찾기란 어렵고도 드물다. 또한 불행한 결말은 많은 이에게 끔찍한 운명으로 남지만 우리는 이 세상에 많고 많은 불행한 아내들에 관한 공포스러운 이야기를 좀처럼 읽으려 하지 않는다. 유부녀가 환상적인 섹스를 하면서 일에서도 승승장구할 가능성과 테러리스트 손에 죽을 가능성을 비교하는 연구 따위는 하지 않는다.

우리는 결혼을 여자들 이야기의 (해피) 엔딩으로, 추구하는 목표의 해결안으로 여기도록 훈련받았고 지금도 그렇다. 결혼한 여성들의 진짜 운명에 대해서는 더 이상 의문을 제기하지 않는다. 그들이 이 결합 안에서 만나는, 특히 결혼 안에서만 나타나는 여러 징후와 위기(혹은 두려움, 불만족, 외로움)에 대해 등을 돌린다. 그런데도 싱글 여성의 인생은 항상 싱글 상태에만 결부시켜 해석한다.

참으로 유감이다. 카렌 더빈Karen Durbin이 1976년《빌리지 보이스》에 〈여성이 혼자 산다는 것에 대하여On Being a Woman Alone〉라는 글에 이렇게 쓰지 않았나. "남자를 잃는 것보다 더 나쁜 것이 있다. 맞다. 자기 자신을 잃는 것이다."

우리에게 필요한 것

1950년에는 65세 이상 미국인 열 명 중 한 명이 혼자 살았다. 오늘날에는 수명 연장과 높은 이혼율 때문에 세 명 중 한 명이 혼자 산다.[29] 이것은 두려우면서도 희망적인 통계다. 인간이 더 이상 전통적인 가족 단위 안에서 살고 성장하고 죽는 것이 아니라는 사실이 더 널리 퍼지면 의료보험이나 가사노동 문제 해결을 보다 공동체적으로 접근할 수 있고 세상 안의 너와 나를 서로 도울 수 있다. 역사적으로 여성들의 연대는 불완전하다 할지라도 훌륭한 대안이 되어주었다. 프랑시스 파워 코브는 1869년에 이렇게 썼다. "독신녀는 독신남과 똑같은 방식으로 고독한 노년을 생각하지 않을 것이다. 분명히 더 힘들 것이다. 하지만 그녀는 생활을 공유할 여성을 찾아낼 것이다."[30]

안락사를 찬성하는 프랑시스 키슬링은 같은 생각을 하는 친구들과 서로 평화롭게 죽을 수 있게 도와주자고 약속했다. "내가 우리 엄마 같은 상황이었다면 이 말이 실현될 수 있었겠죠." 사실 배우자나 자녀에게 의지할 수 있다고 해서 친구나 이웃에 의지하는 것보다 무조건 나으리란 보장은 없다.

싱글 남녀가 점점 늘어나고 서로 의지할 수밖에 없는 이 상황은 잃어버린 페미니스트 프로젝트에 다시 귀 기울이게 할지도 모른다. 돌봄과 가사의 의무를 사회화하는 것 말이다. 남녀간 결혼 외의 다른 관계들을 사회적으로 인정하는 것도 될 수 있다. 이런 주장은 곧 동성애 인권, 특히 동성 결혼 운동의 핵심이 되기도 했다. 친구와 비전통적 파트너에게도 가족과 같은 역할을 부여해 입원실에 들어올 수 있도록 허가하고 그들에게도 의학적 소견을 낼 권리와 존엄사 결정 권리를 주는 일은 앞으로 점점 많아질 비혼들이 죽음에 직면할 때 반드시 필요하다. 벨라 드파울로 같은 독신 지지자는 동성애 결혼 운동이 성공하기는 했으나 결혼만이 공식적인 결합이라 보는 것은 여전히 불완전하다고 주장한다. 드파울로는 게이와 레즈비언들이 드디어 주 정부 법이 승인한 결혼권을 획득했지만 싱글들을 위한 혜택은 여전히 없다고 썼다. "싱글인 사람들은, 이성애자건 동성애자건 어떤 위치이건 2류 시민으로 남을 것이다."

어떤 여성들은 여성 파트너 관계를 공식적으로 확실히 인정받고자 노력한다.

아미나가 나에게 말했다. "싱글들에게도 축하하고 기념할 수 있는 오글거리지 않은 방법들이 있어야 하죠." 그녀는 열여덟 살 때부터 스스로를 돌보았다. "내가 가진 모든 게 내가 돈 벌어 구입한 거예요. 하지만 이 사회는 나에게 잘했다고 등 두드려주지 않아요. 가족들 눈에도 지금 이 시점에 남편이 없는 나는 실패자죠." 그녀와 앤은 농담으로 둘이 TED 강연을 한다면 이런 걸 주장하겠다고 말하곤 한다. "우리 두 사람이 기혼자 혜택을 받게 결혼할 수 있으면 좋겠어요. 서로 사랑하게 해달라는 게 아니고요. 경제 문제 때문이죠. 싱글들의 경제적 현실이란… 어휴, 싱글을 위한 스타터 키트가 필요하다니까요"

당연한 말이지만 싱글 여성들도 적당한 선의 의료보험과 주택이 있어야 하고 안정적인 사회보장제도와 복지제도가 필요하다. 가족 단위 안에서 살고 죽지 않는 인구를 지원하기 위해 국가가 역할을 해야만 한다. 독립적인 여성이 서로를 의지하고 평생 도움을 주고받는 이런 관계를 위한 사회 정책과 사회적 인정도 필요하다.

둘이 함께 부모가 되고 싶고 세금 혜택도 받고 싶고 둘이 함께 나이 들고 한쪽이 병에 걸렸을 때 혜택을 주고 싶다고 해도 조건을 정하기 어렵고 신청하는 사람들을 신뢰하기 어려울지 모른다. 그렇게 따지면 전통적인 결혼도 크게 다르지 않다. 전통적 결혼 또한 자녀의 공동 육아는 이혼, 질병, 사망과 동시에 깨져 버린다. 그리고 아플 때나 건강할 때나 돌봄의 의무가 둘 중 한 사람 어깨에 과도하게 지워지는 경우가 많다.

만약 미래에 여성들 간에 공동의 보살핌이 더 많이 이루어지고 그것이 번창하는 모델을 보게 된다면, 그런 공동의 합의는 더욱 믿음직해지고 더 많은 사람들이 거기에 동참할 것이다. 삶과 죽음이라는 냉엄한 현실 앞에서 홀로이면서 함께, 결혼보다 훨씬 유연하고 광범위하고 실리적인 보호 기제가 될 수 있다.

가진 여성들

일, 돈, 독립성

"나는 여자가 남자 없이도 경제적으로 독립할 수 있어야 한다고 믿습니다. … 돈이 남성에게 쇼를 기획할 힘을 줍니다. 돈이 남성에게 가치를 정하게 하지요. 무엇이 섹시한지도 그들이 정합니다. 무엇이 여성스러운지도 그들이 정합니다. 말도 안 되는 헛소리 아닙니까?"

—비욘세, 2013

생물학적 결정론

엘리노어 로스는 1916년에 태어났다. 부친은 뉴잉글랜드 전화 전신 회사의 직원이었고 모친은 주부였다가 은행원으로 일했다. 엘리노어는 동물과 야외 활동과 과학을 사랑하는 소녀로 자랐다. 그녀는 의사가 되고 싶었으나 메인 주의 콜비 대학을 다니는 동안, 의대 학비를 마련할 방법이 없음을 깨달았다. 아이오와 대학교에서 연구 장학금을 받게 되어 기차를 타고 1938년 전설적인 뉴잉글랜드 허리케인을 뚫고 중서부로 갔고 그곳에서 생물학 석사 학위를 받았다.

엘리노어는 대학원에 다니는 동안 여름이면 메인 주 마운트 데저트 아일랜드에 있는 잭슨 연구소에서 일하며 선구적인 여성 과학자 엘리자베스 슐 러셀 밑에서 연구를 수행했다. 그리고 《실험 동물학지》 1940년 8월호에 〈초파리의 양성 종양과 악성 종양 비교〉라는 논문을 발표했다. 학위를 마친 다음에는 아버지 회사의 새로운 본사가 있는 메인 주 홀턴으로 이사했다. 1940년에 그 지방의 학부 중심 4년제 대학교와 부속 고등학교가 있는 리커 클래시컬 인스티튜트에 취직했다. 그녀는 리커에서 생물학부 초대 교수가 되었다.

엘리노어가 교단에 설 무렵에는 언론과 대중 사이에서 몇 세대 동안 불붙었던, 여성이 남성과 동일한 수준으로 직업적 야망을 가지거나 수행할 수 있는가를 주제로 한 논쟁이 계속되고 있었다. 1904년에 '바첼러 메이드'는 여성의 학문적 욕구에 대해 이렇게 썼었다. "내가 아는 한, 남성의 야망과 동일한 종류의 야망이다. 소위 '지적인 여자'로 보여 유명세를 얻고 싶다는 허영이 아니고 '독립하고자 하는 욕구'나 개인 은행 계좌를 열고 싶은 욕심 때문도 아니다. 학창 시절 처음 눈뜬 학문에 대한 순수한 사랑 때문이다." 하지만 '바첼러 메이드'는 자신의 레종 데트르, 즉 존재의 이유 때문에 이런 야망은 아내나 엄마 역할과는 양립할 수가 없다고 결론 내렸다.

베티 프리단은 《여성의 신비》에서 19세기 미국 최초의 여의사이며 독신이었던 엘리자베스 블랙웰의 말을 인용했다. "나는 여성이면서 의사다. 그리고 이런 삶이 왜 예전에는 존재할 수 없었는지 지금은 이해한다. 너무나 고되기 때문이다. 도와주는 이 없이 높은 목표치를 향해 달려야 하며 모든 종류의 사회적 반대 속에 살아야 한다. 나도 가끔은 재미있게 살고 싶다. 그러나 이 인생은 언제나 정신 차리고 앞만 보고 달려야 한다."[1]

당시 문화가 강요하는 여성성(사랑, 결혼, 모성)은 직업(지적인 열정, 돈, 사회적 명성)과 대치되는 항목이었다. 작가와 독자 들은 이 주제에 푹 빠졌고 19세기 말 의료계 여성들의 갈등을 그리는 세 편의 소설이 마치 연대기처럼 발행되었다. 윌리엄 딘 하우얼스William Dean Howells의 1881년 소설 《닥터 브린의 의사 생활 Dr. Breen's Practice》에서 주인공 여의사는 자신의 의학적 야망이 실수임을 깨닫고 결혼을 위해 직업을 포기한다. 코르셋 태우기 운동으로 유명한 엘리자베스 스튜어트 펠프스Elizabeth Stuart Phelps는 여성에게 부당한 노동 현실과 결혼의 불공정한 재정 종속을 글로써 고발했고 40대 초반에 17세 연하의 남성과 결혼한 여성인데

1882년에 《닥터 제이Doctor Zay》라는 책을 출간했다. 이 소설의 여주인공은 미래의 남편에게 결혼 후에도 계속 진료할 수 있음을 보증하는 각서를 써달라고 말한다. 1884년, 메인 출신의 비혼 여성이었던 사라 오른 주엣Sarah Orne Jewett이 쓴 《시골 의사A Country Doctor》의 여주인공은 의사로 남기 위해 약혼자와 헤어진다.

엘리노어가 살아가는 동안, 교육받은 여성이 남성의 전문 영역으로 치고 올라가는 세기 전환기의 흐름은 20세기 중반으로 갈수록 점차 약해졌다. 여성 인력을 적극 늘려야 한다는 대중적이고 진보적인 요구가 있기는 했지만 여성에게는 어떤 일도 가족보다 우선시될 수 없다는 전제에 가로막혔다. 미스터리 작가 메리 로버츠 라인하르트는 1921년 《레이디스 홈 저널》에 이런 글을 기고했다. "이 나라의 모든 젊은 여성들은 자기 한 몸 부양할 정도로 교육받아야 한다. 어려운 때가 닥쳤을 때 돈을 벌 수단이 적어도 한 가지는 있어야 한다." 그러나 그녀는 뒤에 가서 "여자로 태어난 이상… 아내이자 양육자로 태어났으니" 가정이 "최우선이어야 함"을 알아야 한다고 말했다. ²

엘리노어는 동년배들이 거의 다 결혼할 때까지도 결혼하지 않았다. 석사 학위를 받고 초파리 연구 논문을 끝내고 생물학 교수가 되었을 때 미국의 평균 초혼 연령은 21.5세였다. ³ 그녀는 24세였다. 그녀는 재직하던 학교의 정치학 선생을 만났다. 그는 농구도 가르쳤고 감자 농장집 아들이었다. 두 사람은 1942년 그녀 나이 26세 때 결혼했다. 남편이 제2차 세계대전 중 태평양 전투 참전을 앞두고 공군 본부가 있는 아칸소 주에서 비행 훈련을 해야 했을 때, 그녀는 학교를 그만두고 따라가는 것 말고는 방법이 없었다. 1943년 남편이 속한 부대가 괌에 주둔하게 되어 그녀는 임신한 몸으로 메인에 돌아왔고 첫 딸, 즉 우리 엄마를 낳았다.

1945년 종전과 함께 돌아온 할아버지는 부모의 감자 농장을 물려받았다. 그는 엄마가 된 여자들은 바깥일을 해서는 안 된다고 생각하는 사람이었다. 엘리노어는 농부의 아내가 되었다. 열성적인 가정주부, 버터 제조 전문가, 감자 밭에서 들어오는 먼지를 집착적으로 쓸고 닦는 청소부, 손 큰 요리사가 되었는데 특히 추수철에는 스튜와 파이를 몇 광주리나 이고 날라 들에서 일하는 남편과 아이들을 먹였다. 하지만 우리 엄마는 외할머니를 이렇게 기억했다. "아프다는 말을 입에 달고 사셨어. 머리가 지끈거리고 등도 쑤신다고. 바닥 닦는 데 얼마나 집착했는지 몰라. 무릎을 꿇고 일주일에 세 번씩 손걸레로 바닥을 닦았지. 우리 엄마는 행복하지 않구나. 어린 눈으로 봐도 그랬지."

엘리노어가 생물학 석사 학위를 따기 위해 허리케인을 뚫고 대학에 간 지 20년이 된 1958년, 그녀는 네 살부터 열네 살까지 세 아이를 키우는 엄마가 되어 있었다. 어느 날 그녀가 식구들 먹을 따뜻한 점심을 밭에 나르고 있을 때였다. 그 지방의 대학 처장이 차를 타고 와 들판에 내리더니 그 학교 생물학 교수가 죽었다는 말을 전했다. 워낙 작은 마을이다 보니 자격 있는 사람을 바로 구할 수가 없다고 했다. 그러면서 할머니에게 정식 교수를 구할 때까지 몇 주만이라도 학생들을 가르쳐줄 수 있느냐고 물었다.

그날 밭에서 일하던 10대 소녀였던 엄마는 그 대화를 생생히 기억하고 있었다. 할머니는 할아버지에게 허락을 받으러 갔다. 그가 고개를 끄덕였다. 몇 주만 가르치면 되는 일이었다.

엘리노어는 22년 후에 퇴직했고 명예박사 학위를 받았다.

엄마는 이렇게 기억했다. "엄마가 취직을 한 다음부터 아침저녁 눈코 뜰 새 없이 바빴지. 물론 일주일에 세 번씩 바닥을 닦을 필요는 없었어. 엄마는 새 옷을 사 입기 시작했어. 외모에 신경을 쓰셨고. 그리고 더 행복해졌어. 엄마의 모든 게 변했지."

2012년에 돌아가신 우리 할머니에게 인생에서 가장 중요한 역할이 무엇이었냐고 묻는다면 망설이지 않고 아내이자 엄마, 나중에는 할머니였다고 답했을 것이다. 그러나 나는 어릴 적 할머니에게 받았던 선물들을 기억한다. 할머니는 죽은 어치의 접힌 날개와 포르말린 유리병에 넣어둔 바다 생물들을 주었다. 생선을 먹을 때 내장을 어떻게 구별하는지도 알려 주었다. 농장 뒤 언덕을 같이 산책할 때면 할머니 덕분에 온갖 야생화 이름을 알 수 있었다. 우리 집에는 할머니가 고양이를 해부하는 사진도 있다. 그녀는 우리의 '할미'였을 때도 언제나 과학자였다.

어느 해 크리스마스였다. 할머니는 90대 초반이었고 치매로 인해 자식과 손주 들을 알아볼 수 없었다. 그런데 그날 밤 사촌들과 나는 할머니의 요란한 잠꼬대 소리를 들었다. 할머니가 무슨 말을 하는지 궁금하기도 하고 걱정되기도 해서 우리는 문 밖에 쪼르르 서서 귀를 기울였다.

할머니는 또랑또랑한 목소리로 기승전결이 완벽한 생물학 강의를 하고 있었다.

일

일이란 무엇일까. 운이 좋다면 몰입할 수 있는 천직일 것이고 그렇지 않더라도 경제적 자립성이나 단순히 사회에서의 정체성을 부여하는 것이리라. 일은 성인 남성의 삶에서 그런 것처럼 여성의 삶에서도 중대하고 결정적인 중심 기둥이다. 다시 말해 많은 여성들이 많은 남성들처럼 일에서 열정과 보람을 찾는다는 이야기다. 남성들이 여성과 마찬가지로 사생활에서 열정과 보람을 찾는 것처럼 말이다.

하지만 일하는 여성은 완벽한 아내가 될 수 없다는 가정이 너무 넓게 퍼져 있다. 벨라 드파울로의 책 《싱글리즘》에 이런 부분이 나온다. 텔레비전 앵커인 바바라 월터스가 2004년 〈20/20〉이라는 프로그램에서 하차하면서 친구인 기자 테드 코펠과 고별 인터뷰를 했다. 그녀는 40년 동안 뉴스 업계에 있다가 물러나는 이유 중 하나가 개인 생활을 좀더 즐기고 싶어서라고 말했다. 코펠은 그녀가 두 번 이혼한 경력을 언급하며 물었다. "일 때문이었습니까? 만약 이 일이 아니었다면 두 남자 중 한 명과 아직 결혼한 상태였을까요?"[4] 월터스는 자기도 잘 모르겠다고 답했다.

오늘날까지도 여성 가운데에 야망이 있거나 권력을 가진 공인으로서 비교적 편안하게 받아들여지는 부류는 결혼하지 않고 아이가 없는 여성들이다. 이를테면 오프라 윈프리 같은 사람 말이다. 연방 대법관 소니아 소토마요르, 대법관 엘리나 케이건, 가장 오래 의원직을 역임한 여성 상원의원 바버라 미쿨스키, 전 국무부 장관

콘돌리자 라이스도 그런 사람이다. 이들은 독보적 힘과 지위를 인정받는 결출한 여성 지도자들인데 그렇게 될 수 있었던 첫 번째 이유는 당연히도 구조적으로나 전략적으로나 공부하고 직업적 외길을 가는 것 외에 다른 것을 요구받지 않았다는 데 있다. 두 번째 이유는 그들에게 가족이 없기 때문에 일이 없다면 그들의 삶이 공허하다고 간주되었을 수 있다. 인류 역사가 시작되었을 때부터 아내와 아이들이 줄줄이 딸린 남자가 엄청난 영향력과 책임 있는 자리에 오르는 일은 당연시되었지만 일단 이 문제는 넘어가도록 하자. 여성들에게는 가족이 우선이어야 한다는 통념이 얼마나 강한가 하면, 버락 오바마가 2008년 국토안보부 장관으로 자넷 나폴리타노 Janet Napolitano를 임명했을 때 전 펜실베이니아 주지사 에드 렌델은 그녀가 적합한 이유를 이렇게 말했다. "이 일에는 사생활이 없어야 합니다. 자넷에게는 가정이 없지요. 완벽해요. 말 그대로 하루에 19시간에서 20시간을 이 일에만 전념할 수 있습니다."[5] (나폴리타노의 전임자인 톰 릿지와 마이클 처토프는 모두 결혼했고 자녀가 둘씩이었다.)

야망을 펼치려는 여성들을 그럭저럭 고운 시선으로 보는 경우는 또 있다. 자녀를 모두 키워놓은 다음 사회생활을 시작한 여성들이다. 아이를 낳았다는 사실로 인해 이 여성은 충분히 여성적이라고 이해되고 누군가의 머리를 혼란스럽게 하지 않는다. 이 여성의 머릿속에 가정과 일에 대한 욕심이 동시에 거의 동일한 양으로 존재해도 괜찮다고 여겨진다. 미국 정가의 유력 인사였던 전 텍사스 주지사 앤 리처즈Ann Richards는 평범한 가정주부로 살며 네 명의 아이를 낳아 키운 후에 정계에 입문했고 그녀가 민주당 전당대회에서 인상적인 연설로 전국적인 관심을 모았을 때 54세였다.

그러나 이렇게 여성들이 일을 나중으로 미루면 힘을 쌓을 능력을 빼앗기기 쉽다. 전 민주당 하원 원내 대표였던 낸시 펠로시Nancy Pelosi는 미 의회 역사상 가장 높은 자리에 올라간 여성이며 다섯 자녀의 어머니이기도 했다. 2012년, 루크 루서트라는 스물일곱 살짜리 기자가 그녀에게 물었다. 72세 나이에 민주당 원내 대표로 남겠다는 결정은 젊은 사람들의 진출을 막는 것이 아니냐는 질문이었다. 펠로시는 루서트에게 설명했다. "내 남자 동료들은… 나를 뛰어넘었죠. 그들은 아이들 때문에 집에 남을 일이 없었으니까요. 그러니 내 나이에서 열네 살은 빼주기 바랍니다. 아이들 키우느라 집에 있었던 시간입니다." 펠로시는 이런 말도 했다. "나는 더 많은 여성들이 한 살이라도 더 어릴 때 이곳에 들어오기를 바랍니다. 그래야 더 빨리 서열을 높일 수 있으니까요."

점점 많아지는 비혼 여성, 늦게 결혼한 여성들이 이런 곳에 들어온다. 성인기가 결혼이나 육아 다음으로 미뤄지지 않는다면 여성들은 좀더 일찍 능력을 발휘할 수 있다. 상원의원인 커스틴 질러브랜드Kirsten Gillibrand와 에이미 클로버샤Amy Klobuchar와 최초의 아프리카계 미국인 법무장관 로레타 린치Loretta Lynch는 모두 결혼하고 가정을 일구기 전에 이를 악물고 노력해 법조계와 정치계에 입문해 자리를 잡았고 가정을 정상적으로 유지하기 위해 더 노력했다. 정계만 그런 게 아니다. 나머지 세상 또한 그렇다.

직업에서 뿌리를 내리고 높은 명성을 얻고 경제적 기반을 이루기 위해 결혼을 미루는 것은 매우 오래된 전략이다. 성악가 마리안 앤더슨Marian Anderson은 고등학교 때 오르페우스 피셔에게 청혼을 받았지만 결혼이 성공에 걸림돌이 되리라 확신해 거절했다. 그녀는 유럽에서 유명해지고 작곡가 잔 시벨리우스, 과학자 알버트 아인슈타인과 친구가 되었으며 1939년 링컨 기념관 계단에서 노래를 불러 역사에 남는 장면을 연출했다. 그리고 1943년, 고등학교 때 청혼했던 그 남자 피셔와 46세에 결혼했다.

여성이 결혼을 미룰 때의 장점은 2015년에 빌 클린턴 전 대통령이 한 이야기에서도 엿볼 수가 있다. 그는 여자친구에게 결혼해서 같이 아칸소 주로 가서 정치를 시작하자고 했고 세 번의 청혼 끝에 예스라는 답을 들었다. 그는 힐러리에게 이렇게 말했다고 한다. "당신이 나와 결혼해 주면 좋겠소. 하지만 그러지 말아요." 그는 그녀 혼자 시카고나 뉴욕으로 가서 정치 경력을 쌓는 것이 좋겠다고 말했다. "오, 마이 갓." 힐러리는 대답 전에 이렇게 외쳤다. "난 절대 공직에 출마하지 않을 거예요. 나는 너무 공격적이라고요. 아무도 날 뽑아주지 않을 거예요." 그녀는 아칸소 주로 갔고 그와 결혼했고 변호사, 법대 교수로 일하고 아동보호기금에서 활동했다. 그녀는 남편이 백악관을 떠나고 딸이 대학에 갈 때까지도 자기만의 정치적 커리어에 시동을 걸지 않았다.

오늘날 여성들의 결혼 연기는 전국적으로, 모든 계층에서, 무의식적으로, 또는 매우 의식적인 방법으로 일어나고 있는 움직임이다. 2013년에 퓨 리서치 센터가 발표한 통계 자료에 이런 문장이 나온다. "오늘날의 여성은 현대 역사상 최초로 남성과 거의 동등한 시기에 자신의 일을 시작하는 세대다. 2012년 25~34세 노동 자들을 대상으로 연구한 결과 여성의 시간당 임금은 남성의 93퍼센트였다."[6] 이 통계 속 여성들은 과거에 비해 훨씬 오랫동안 결혼하지 않고 남아 있는 세대다. 2000년에서 2009년 사이, 동일한 연령 가운데에서 한 번도 결혼하지 않은 성인의 비율은 34퍼센트에서 46퍼센트로 증가했다.

평생 혹은 장기간 싱글로 남아 있는 수백만 명의 여성들은 여성과 일의 관계를 다시 생각하는 데 결정적 역할을 했다. 대학과 기업이 고임금 미혼 여성들로 채워지면서 서서히 그 광경에 익숙해진 것이다. 우리는 야심 찬 여성들이 많아지는 이런 현실에 적응하고 있다.

싱글 여성들 덕에 이 세상은 일하는 여성들에게 익숙해지고 있다.

우리 어머니들의 모든 것

2005년 나는 방청석에 앉아서 누가 뭐래도 끄떡없을 것 같던 티나 페이가 상을 받으며 울먹이는 광경을 지켜보았다. 그녀는 수상 소감에서 엄마 이야기를 꺼냈다. 엄마는 누구보다 뛰어난 수재였지만 할아버지의 반대로 대학에 진학하지 못했다. 대학은 "사내들이 가는 곳"이라는 이유였다. 티나가 대학에 가자 엄마는 부업까지 해가며 등록금을 대주었다. 페이는 당신 딸이 "사내들만 잔뜩 모인 이곳[직업]에서 약간의 성공을 거두었다는 점"에서 엄마가 조금이나마 위로를 받았으면 좋겠다고 말했다.

모든 세대는 그전 세대를 가로막았던 젠더 장애물을 극복하기 위해 전심전력을 다했다. 그리고 다음 세대를 위해 이 장애물을 제거하기도 했다. 직업적 선택과 개인적 선택에 관해 이야기하다 보면 엄마와 할머니의 경험이 딸과 손녀들의 결정에 얼마나 큰 영향을 미쳤는지 알게 된다. 각각의 세대는 바로 전 세대 여성들의 선택에 반대하며 자신의 길을 바꾸어나갔다. 엄마와 딸 들은 일과 가정, 페미니즘과 안티 페미니즘 사이에서 서로 핑퐁 게임 하듯이 왔다 갔다 했다. 하지만 안티 페미니즘의 후폭풍이 가장 심했던 시기에도 그전 세대가 이룬 진보를 완전히 처음으로 되돌려 놓지는 않았다. 미국 여성들은 천천히, 가끔은 돌아가기도 했지만 대체로 한 방향으로 가고 있었다. 공적인 영역, 직업의 영역, 지적인 영역에 좀더 많이 참여할 수 있는 자유의 길로.

우리 엄마는 좌절한 과학자에서 지방 대학 교수로 극적인 전환을 이룬 할머니를 지켜보며 절대 일을 그만두지 않겠다는 생각을 굳혔다고 말하곤 했다. "엄마가 일하기 전과 후가 달랐어. 일을 할 때는 불행한 사람이 아니었거든." 엄마는 거의 50년간 영문학 교수로 일하다 은퇴하고 나서 내게 말했다. "그때 알았을 거야. 나는 절대 전업주부가 되지 않으리라는 걸." 할머니 엘리노어에게 일은 무엇이었을까? "일은 엄마가 자신을 정의하는 방식이었어. 어쩌면 그래서 나도 은퇴가 그렇게 공포스럽게 느껴졌는지 몰라. 내 경우도 일이 나를 정의했거든. 물론 나도 할머니가 된 것, 너희들 엄마였고 아내였던 것 모두 좋아하긴 했지. 무엇보다 멋진 경험이었어. 하지만 기본적으로 무언가 나여야만 하는 것이 있어야 하잖니. 그건 바로 내 [일하는] 인생이었어."

콜롬비아 법대 교수 퍼트리샤 윌리엄스는 어머니 사진이 자랑스럽다고 말했다. 1951년 그녀의 어머니가 석사 학위를 받았을 때 학생들과 찍은 사진이었다. 그 어머니는 배가 불러 있었고 배 속의 아기는 윌리엄스 자신이었다. 윌리엄스의 엄마는 결혼한 상태였지만 "학업을 그만두고 결혼해야 한다는 생각은 한 번도 하지 않았다. 남자든 누구든 절대로 다른 사람에게 의지해서는 안 된다고 다짐했다." 윌리엄스의 할머니도 직업이 있었는데 사진 스튜디오 회장의 비서실장이었다. 윌리엄스 집안의 여성 삼대는 노예 세대였을 때부터도 대학 교육을 받았다.

비슷한 가족 이력은 여성 생식권 운동가인 앨리슨 터코스 집안에도 내려왔다. 그녀의 어머니는 국세청에서, 아버지는 IBM에서 일했다. 앨리슨이 어렸을 때 아버지 회사가 더 휴가나 병가를 내기 쉬웠기에 아버지가 집에 있으면서 아이들이 아플 때 돌보아주고 병원에 데려가고 소풍에도 같이 가주었다. 그녀의 어머니는 앨리슨 자매가 아주 어렸을 때부터 "경제적으로 자립하지 않은 채 결혼하거나 연애하지 마라. 직업은 꼭 있어야 한다"고 수십 번 강조했다. 앨리슨은 스물두 살에 베이비시터 일로 돈을 벌자마자 바로 비과세 개인연금을 들었다.

터코스나 윌리엄스의 모델이 되어준 어머니와 글로이아 스타이넘의 어머니는 아주 대조적이지만 결과적으로는 비슷한 영향을 미쳤다고 할 수 있다. 스타이넘의 어머니 루스 누네빌러는 오하이오 톨레도에서 뛰어난 저널리스트로 일했지만 직장을 그만두고 스타이넘의 아버지와 불행한 결혼 생활을 했다. 우울증으로 인해 침대에서 꼼짝하지 않는 등 정신 건강상의 문제가 이어져 중년기의 대부분을 딸들의 돌봄을 받으며 살았다. 루스는 어린 딸에게 이런 생각을 심어주기에 충분했다. "엄마와 다르게 살고 싶은 욕망이 가장 컸습니다. 나는 절대로 저런 수렁에 갇히지 말아야지." 이런 기억도 있었다. 그녀가 대학 시절 잠깐 동안 약혼을 했었는데 그녀의 어머니가 묘하게 기분 나쁜 예언을 했다고 한다. "일찌감치 약혼해버리다니 참 잘했구나. 혼자 사는 맛을 알고 나면 절대 결혼하지 못할 테니."

딸 다섯 중 첫째인 카르멘 윙 울리히는 금융 서비스 회사의 회장이다. 그녀는 도미니카 출신의 어머니가 딸들 모두를 대학에 보내기 위해 '이탈자'가 되어야 했다고 말한다. 윙 울리치의 어머니는 1950, 60년대에 대학에 진학하는 것은 꿈도 꾸지 못할 세대로 자라면서 하나의 집착을 키웠다. 그녀는 열아홉 살에 결혼했지만 남편에게 의지해야만 하는 상태를 항상 의식하고 있었고 이 답답한 상황이 그녀를 '수퍼 페미니스트'로 만들었다. 윙 울리치는 41세의 (이혼한) 싱글맘이며 텔레비전과 금융 전문가로 잡지와 방송에 나와 항상 여성들에게 자기만의 신용카드와 은행 계좌를 개설해야 한다고 조언한다. "그래야 떠날 수 있습니다."

그녀가 말했다. "엄마가 저희를 이렇게 키웠습니다. 남자에게 의존하지 말라고요. 끔찍해질지도 모르는 남자, 방황하는 남자, 그런데 자신들이 딱 하나 해준다는 이유로 목을 꽉 움켜쥐고 있는 남자에게 평생 잡혀 살 수밖에 없다고 했어요. 엄마의 일생이 꼭 그랬거든요." 윙 울리치에게 자기 돈을 갖고 있다는 자유는 곧 "그 남자와 결혼하지 않을 자유, 그 남자를 떠날 수 있는 자유, 싱글로서 자기 자신을, 때로는 아이까지도 먹여 살릴 수 있는 자유"였다.

일, 젠더, 결혼, 돈이 연쇄적으로 충돌하다 보면 이런 결과를 낳는다. 의존. 주로 결혼을 통해 남자에게 의존하는 것은 몇 세대 동안 여성의 영원할 것만 같은 생의 조건이었다. 많은 여성들은 정치적으로 활발하건, 이념적으로 열혈 페미니스트건, 어머니들과 할머니들의 삶을 보고 깨달았건, 독립성의 중심은 돈이라는 것을 뼛속 깊이 이해하게 되었다.

레티 코틴 포그레빈이 자기 어머니에 대해 이야기해 주었다. 중산층 유대인이었던 어머니는 1927년에 첫 남편과 이혼했다. 이혼녀는 '집안 망신'이라 불리던 시절이었다. 이후 10년 동안 의류 디자이너 해티 카네기 밑에서 일하면서 경제적으로 어렵게 살다가 포그레빈의 아버지와 결혼했다. 어머니는 첫 결혼에서 빠져나오기가 얼마나 힘들었는지 잊지 않고 있었다. 그래서 악착같이 '니펠 knippel'을 모으기 시작했다. 이는 이디시어로 결혼한 여성의 비자금으로, 돈을 가진 남편이 권력과 힘을 휘두르는 세상에서 마음만 먹으면 언제든 빠져나갈 수 있는 구명보트라 할 수 있다. 포그레빈은 10대 때 어머니를 여의었고 어머니의 비자금을 상속받았다. 그 돈으로 산 프랑스 소형차 심카는 그녀에게 멋과 흥을 선사했다. "엄마의 비자금은 엄마가 싱글 여성으로 산 결과였고 그 돈이 나를 싱글 여성으로 살게 해주었습니다." 또한 이것도 가르쳐주었다.

"우리가 독립적이어야 한다는 것, 스스로 벌어먹을 수 있어야 한다는 거죠."

내 친구 사라는 남자친구와 같이 지내기 위해 보스턴으로 떠났을 때 뉴욕의 높은 연봉과 자리를 포기하고 갔지만 보스턴에서는 그 업계의 자리를 구할 수 없었다. 여러 곳에 지원했지만 찾지 못했고 남자친구 아파트에 틀어박히기 일쑤였다. 그녀는 우리 할머니가 그랬던 것처럼 청소에 집착하기 시작했다. 그리고 행복하지 않았다. 보스턴의 겨울은 유난히 추웠고 따뜻한 부츠 한 켤레가 필요했다. 어른이 된 후로 그녀는 자기 부츠 정도는 얼마든지 살 수 있었다. 그런데 갑자기 다른 사람 돈에 의지하는 처지가 되어 자신이 왜 그 물건을 사야 하는지 이유를 대야 했다. 자율성 부족은 큰 타격이었다. 사라는 생활용품 회사의 소매품 관리 담당으로 취직했는데 뉴욕에서 키워온 커리어와는 무관한 일이었다. 하지만 그렇게라도 돈을 벌자 정신이 번쩍 들었다. 자신의 부츠를 살 수 있게 된 것이다.

돈이 독립성의 핵심이라는 말은 새삼스러울 게 없다. 대대로 돈이 많아 그것을 당연시해 온 계층에게는 새로운 말일지 몰라도 경제적 압박에 시달리며 사는 대다수 인구에게 여성이 일을 해서 (동등한) 임금을 받을 수 있는 능력은 성별과 인종에 상관없이 평등한 기회를 쟁취하는 데 가장 중요한 열쇠였다. "진정한 평등, 실제적 자유, 참다운 남성됨과 여성됨, 이 모두는 금전적 자립이라는 토대 없이 존재할 수 없다."[7] 20세기 초반 수전 B. 앤서니의 말이다.

몇십 년 후, 우리 할머니가 교수직을 그만두고 아내와 엄마로

만 살게 된 그 시기에 변호사 세이디 알렉산더는 우려 섞인 어조로 이렇게 말했다. "여성들의 이직은 남성들보다 잦은 편이다. 이는 여성들이 직업을 영구적인 일로 여기지 않는 데 기인한다. 그들은 어떤 일이 일생의 직업이 될 수 있다는 생각하에서 일의 철학을 발전시켜 오지 못했다." 여성은 집안의 대소사를 챙기기 위해 일터에서 빠져나오도록 길들여졌고 그로 인해 "노조 조직이 더뎌"졌으며 남성이 직장 동료로 "그들을 받아들이기까지 오래 걸렸다"고 알렉산더는 말한다. (여성과 일에 관한 알렉산더의 사고는 베티 프리단을 훨씬 앞서갔을 뿐만 아니라 페이스북 COO 셰릴 샌드버그가《린 인》에서 강조한, 현대 여성들이 "꼭 떠나지 않아도 되는데 떠나는" 것이 문제라는 주장과도 일맥상통한다.)

알렉산더는 인종적 편견에서 비롯된 재정적 필요로 인해 "임금 노동은 늘 백인 여성보다 니그로들에게 더 보편적이었다"는 점을 이해하고 있었으며 실제로 흑인 여성의 임금 노동은 여성들뿐 아니라 그들의 가족과 이 세상에 이익을 주었다고 주장했다. "어머니가 집에 없어서 부정적인 영향이 나타날 수도 있지만 전체 가계 수입 증가로 충분히 대체할 수 있다." 알렉산더는 여성이 자신을 중요한 임금 생활자로 여기면 각 가정을 넘어 이 사회가 건강해진다고 썼다. "산업 노동자가 되거나 공장 기업에 들어간 여성들의 여가 활동이 증가하면서 니그로 여성들 사이의 교육과 사회 수준의 기준이 높아졌다."[8]

여성이 경제적 필요에 따라 노동자가 되었다 해도 이는 여성성을 다시 생각해 볼 기회로 작용한다. 앞서 1890년에 노스캐롤라이나의 감리교 목사였던 윌버 피스크 틸렛Wilbur Fisk Tillett은 이렇게 썼다. "남북전쟁 이전 남부에서 존중받는 여성이라면 자기 손으로 돈을 버는 것은 가장 나중에 해야 할 품위 없는 일이었다. 여성의 의존성과 무력함이 고귀한 자질이라는 정서가 남부인들의 사고와 감정에 매우 깊게 새겨져 있었다. 따라서 여성의 노동은 물론 자립도 폄하하는 경향이 있었다." 하지만 전쟁과 함께 자원이 부족해지자 사회적 관습조차 재조정할 필요가 생겼다. 틸렛은 1891년에 이렇게 보고했다. "이제 남부에서도 직접 돈을 버는 여성들이 존경과 칭찬을 받고 있다. 전쟁이라는 궁핍의 시대를 지나온 남부인들은 이전과 달리 딸들이 자기 먹을 빵은 직접 벌어야 한다는 사실을 깨달았고 딸들을 교육시키기 시작했다."[9]

혁명의 딸들

메간 리치는 20세의 대학교 3학년생으로 웨스턴 켄터키 대학교에서 특수교육을 전공하고 있다. 고등학교 때는 종교적 이유로 주로 홈스쿨을 했다. 그녀의 가족은 모두 남부 침례교 신자들이다. 메간의 친구들 중에는 벌써 결혼한 친구들이 있지만 그녀는 달리 생각한다. "말도 안 돼요. 지금 결혼하거나 아기를 갖는다니 저는 상상조차 안 돼요." 메간은 남자친구가 없지만 전기 기술자인 아버지나 집에서 동네 아이들을 보육했던 주부 어머니에게 전혀 압박을 받지 않는다고 말했다. 사실 아버지는 졸업할 때까지 결혼하지 말라고 말하기도 했다. 메간의 부모는 대학교 2학년 때 만나 결혼했고 엄마는 학교를 중퇴하고 아버지가 직장을 잡은 텍사스로 와야 했다. 어머니는 결국 졸업하지 못했다. "어쩌면 그래서 우리 아빠가 대학은 꼭 졸업했으면 하나 봐요."

사회적으로나 종교적으로 보수적인 풍토에서도 여성이 대학을 졸업하고 자신에게 적합한 일을 찾아 경제적 안정을 이루어야 한다는 사고는 점점 확고해지고 있으며 결혼과 교육의 적당한 시기를 재평가하도록 촉구한다. 학문적인 열망, 주어진 교육의 기회를 완성시켜야 한다는 욕구, 정신을 산만하게 하는 연애나 결혼은 뒤로 미루고자 하는 계획들이 대학 졸업 이후의 독립을 가능하게 한다. 내가 인터뷰 한 거의 모든 대학생과 대졸자들은 나에게 이런 동기를 강하게 피력했다.

일카는 2001년에 알바니아에서 이민 온 건설현장 인부와 고등학교 보조원의 딸이다. 스무 살이고 뉴욕 시의 공립 대학을 다니고 있다. 가족 중 처음으로 대학에 입학한 일카는 재무를 전공하고 있으며 투자 은행에서 일하고 싶다. 부모는 그녀에게 요리와 청소를 배워두어야 한다고 말한다. "살림을 할 줄 알아야 남편을 잘 만나지." 하지만 이런 부모도 그녀의 학업과 미래의 계획을 지지해 준다. 일카의 친구들에게 연애란 이런 느낌이다. "꼭 듣고 넘어가야 하는 수업 같아요. 한 번쯤 해봐야 하는 의무 같은 거죠. 우리는 사실 사랑에 깊이 빠지고 싶지도 않아요. 너무 에너지가 많이 들거든요. 많은 걸 빼앗아 가고 시간도 많이 들고요." 일카에게 가장 중요한 것은 학교 공부다. "다른 사람에게 의지하면서 의존적으로 살고 싶지 않아요." 만약 정말 좋은 사람을 만나면 언젠가는 결혼할 생각도 있다. 하지만 그녀는 강조한다. "그 길로 가게 되더라도 제가 능력이 있으면 좋겠어요. 그래야 동등한 관계가 되죠."

이런 정서는 미시건 대학교 사회학과 교수인 엘리자베스 암스트롱Elizabeth Armstrong의 연구에도 직접적으로 나타난다. 그녀는 《뉴욕 타임스》에서 오늘날의 젊은 여성들은 진지하게 한 사람과 미래를 이야기하며 사귀기보다 가벼운 관계를 택하는 경향이 있다고 말했다. 기자의 표현대로 하면 "연애는 요구 사항이 많고 잠재적으로 목표에 방해가 되기 때문이다."

케이틀린 지간은 23세로 2012년에 버지니아 커먼웰스 대학교를 졸업한 후에 남자친구와 헤어졌다. 남자친구와 6년 동안 사귀었고 그 다음 단계가 결혼임을 알았지만 결혼은 절대 하고 싶지 않았다. 그녀는 인테리어 디자이너가 되고 싶었다. 더 많은 곳을 여행하고 싶었다. "그 친구 옆에 남았다면 아마 한 장소에만 머물러야 했을 거예요." 케이틀린은 남자친구를 사랑했고 헤어지기가 무척 힘들었지만 그 결정을 후회하지는 않는다. 이제 그녀는 워싱턴 D.C.에 살면서 작은 인테리어 회사에 다니고 있다. 일이 많지만 기대했던 바라고 말한다. 남은 시간에는 책을 읽거나 혼자 보낸다. 개인 항공기 조종사가 되고 싶어서 조종 기술도 배우고 있다. 나중에 런던에 가고 싶고 유럽에서도 살아보고 싶고 디자인 회사를 차리고 싶다. "사생활에 관해선 아직 구체적인 계획이 없어요. 몇 살쯤에 결혼해야겠다는 생각도 없고요. 확실한 건 가까운 미래에는 결혼 계획이 없다는 거죠."

생식권 운동가인 앨리슨 터코스에게는 꼭 이루고 싶은 목표가 있다. 하이드 헌법 수정 조항(낙태 시술에 연방 기금을 사용하지 못하도록 제한하는 내용이 담겨 있다-옮긴이)을 폐지시켜 더 많은 사람이 낙태 시술을 받을 수 있도록 하고 싶다. 사실 이 목표를 위해서 하루 24시간을 모두 바쳐도 아깝지 않다. "사귀는 사람에게 이렇게 말하기는 싫어요. '있잖아, 우리 지금 이거 해야 하는 거 알지만 나는 일하고 싶거든.' 아무 눈치도 보지 않고 나를 제일 앞에 두고 싶어요. 지금 현재는 내 일을 가장 우선시하고 싶고요." 터코스는 말한다. "친구들 중에서 내 일이 나의 가장 의리 있는 친구랄까요?" 남자친구를 사귀는 친구들도 있다. "그 친구들은 애인과 침대에 들겠지만 나는 밤에 《낙태 수술의 의학적 가이드》같은 책을 베개 옆에 끼고 자죠. 그런데 그거 아세요? 너무 좋아요."

경제적으로 남자에게서 독립하고 싶다는 욕구가 젊은 여성들을 일하게 하는 가장 큰 동기 중 하나다. 하지만 운 좋은 여성들은 공부하고 일하는 삶에서 경제적 동기만큼이나 자신을 이끌어주는 무언가를 찾기도 한다. 재미와 목표와 보람과 인정이다. 이런 여성들에게 일이란 그저 경제적 실용성 차원이 아니다. 학문적 야심과 직업적 야심을 좇다 보면 또 다른 종류의 열정을 경험하게 된다.

평생 독신으로 살았던 19세기 의사 엘리자베스 블랙웰은 이런 글을 썼다. "일이란 얼마나 좋은가. 그 속에는 영혼이 있다! 나는 일만큼 여성의 필요를 채워주는 것을 알지 못한다. 인간관계에서 여성은 항상 희생하고 양보하며 자기다움을 포기해야 한다. 그러나 일은 완벽한 자유요, 충족이다."[10]

코넬리아 핸콕Cornelia Hancock의 글에도 같은 울림이 있다. 그녀는 뉴저지의 퀘이커 교도 가정에서 조신한 신붓감으로 자라났지만, 1863년 스물세 살의 나이로 간호사에 자원해 처절한 게티즈버그 전투 현장에 참가한다. 그녀는 야외의 간이침대에 자면서 이런 편지를 썼다. "저의 모든 과거는 전부 꿈이나 신화 같아요. 저는 새로운 사람이 된 느낌입니다. 군인처럼 똑바로 걷고, 집에서 절대 느끼지 못했던 활기와 에너지를 느껴요. 말로 설명하기가 힘든데 등을 꼿꼿이 펴고 있는 느낌이에요." 핸콕은 사우스캐롤라이나 주에 자유 노예를 위한 학교를 세웠고 필라델피아 아동 보호 협회를 창설했다. 그녀는 한 번도 결혼하지 않았다.[11]

페미니즘 제2의 물결 이후 수십 년간 중산층 여성들은 집이 아닌 바깥에서 보람과 보수를 찾으라는 격려를 받았고, 여자들은 학교와 직장으로 물밀 듯이 쏟아져 나왔다. 2010년에는 이 나라 모든 직업의 절반을 여성이 차지했으며 관리직에 오른 비율은 51퍼센트였다. 미국 의사의 3분의 1이 여성이며 변호사의 45퍼센트가 여성이다.[12] 여성의 고등학교 졸업 비율은 남성보다 높고 의대와 법대 학생 절반이 여성이며 석사 학위 소지자도 반 이상이 여성이다. 학사 학위뿐 아니라 석사 학위, 법학, 의학 분야의 박사 학위도 사상 최고로 많은 여성들에게 돌아가고 있다.[13]

그러나 교육 기회에 대한 열정이 폭발한 것은 단지 밀레니얼 세대의 반짝 현상이 아니다. 1892년에 개교한 시카고 대학교에 1902년까지도 남학생보다 여학생이 많았고 여학생이 우등생 상장인 피 베타 카파Phi Beta Kappa를 더 많이 가져갔다. 시카고 대학교는 여자 대학교가 될지도 모른다는 두려움에 잠깐 동안이지만 성차별 정책을 시행하기도 했다.[14] 1890년대 개교한 스탠포드 대학교도 같은 압력을 받았다. 여학생 지원자가 너무 몰려들자 이 학교의 후원자인 제인 스탠포드는 여학생 숫자를 500명으로 제한했다. 그래야 이 대학이 '여대'로 오인받지 않겠다고 생각했던 것이다. 1900년까지 캘리포니아, 일리노이, 아이오와, 워싱턴, 미시간, 미네소타, 미주리, 네브래스카, 오하이오, 텍사스, 워싱턴, 위스콘신의 대학교에서도 여학생 숫자가 남학생들을 추월했다.[15]

그 당시 여성들에게는 배움의 문이 활짝 열리면서 결혼의 문은 세게 닫혔다.

바사 대학 개교 이후 24년간 배출한 졸업생 중에서 대략 3분의 1이 결혼했다. 1870년대 바사에서는 졸업생 다섯 명 중 두 명만이 스물네 살에 결혼을 했다.[16] 1889년부터 1908년 사이 브린 마 대학 53퍼센트의 졸업생이 싱글이었고 같은 시기 미시건 대학교의 졸업생 47퍼센트가 미혼이었다.[17] 벳시 이스라엘에 따르면 1870년대에는[18] 대졸 여성의 결혼 비율이 60퍼센트로[19] 전체 여성의 90퍼센트와 대조를 이루었다. 법학, 과학, 약학, 인문학 분야에서 석사나 박사 과정을 밟으려는 여성들의 경우 결혼 비율은 더 낮아졌다. 1890년 여자 의사의 반 이상이 미혼이었고 1877년부터 1924년 사이 박사 학위를 딴 여성들의 4분의 3이 결혼하지 않았다.

그들의 학위와 직업적 기회가 좀더 순종적인 아내를 찾는 남자들에게 바람직한 신붓감으로 보이지 않아서였는지 아니면 교육이 희망과 야망을 넓혀주면서 남자 보는 기준까지 높여주어서 그랬는지, 혹은 대학과 커리어가 원래부터 결혼 생각이 별로 없었던 이들에게 꼭 맞는 피난처가 되었는지는 정확히 알 수 없다. 아마도 이세 가지 요인과 다른 요인들이 겹쳐서 나타난 현상일 것이다.

하지만 가장 첫 번째 설명이자 언론들이 가장 선호하는 이유가 맞다 하더라도(언론은 언제나 야심 찬 여성들을 혼내는 방법을 찾고 있었으니까) 대학에 입학하는 여학생이 점차 증가했다는 것은 결혼 자체가 여성 가치의 유일한 기준이 아니었다는 사실을 증명한다.

일과 결혼하다

우리가 일을 잘하고 좋아하는 남성에게 쉽게 쓰는 표현이 하나 있다. 바로 '일과 결혼한 남자'라는 것이다. 부드러운 비판이 담겨 있지만 칭찬에 가까운 말로, 그 남자가 맡은 바 임무에 헌신하는 성실하고 부지런한 워커홀릭이라는 이미지를 전달한다. 그 표현이나 그것으로 전달하려는 생각이 여성에게도 적용되는 일이 많아졌지만 그만큼 긍정적으로 평가되지는 않는다.

결혼해서 자녀를 둔 엘리노어 밀스Eleanor Mills는 2010년《더 타임스 오브 런던The Times of London》에 일에 빠져 결혼하지 않는 친구들에 대해 이렇게 이야기했다. "그들은 자신의 황량하고 허무한 미래를 물끄러미 바라본다. 독신 친구들은 그들에게 빛나는 커리어, 낡은 여권, 화려한 사교 생활을 선사했던 집중력과 열정을 이제 와서 조금 더 지루하고 심심한 일, 즉 가정을 일구는 데 썼으면 어땠을지 생각하고 있다." 밀스에 따르면 야심가 무리는 이런 깨달음에 도달했다. "너무 늦었어. … 내가 아무리 일을 사랑해도 일은 나를 사랑해 주지 않아." 이런 협박도 덧붙인다. "묘지는 고위 간부들로 가득하다."

묘지에 고위 간부들만 많은 것이 아니라 아내와 엄마도 많다는 사실적 오류는 차치하더라도, 밀스는 중요한 지점에서 틀렸다. 일도 나를 사랑해 줄 수 있다. 그것도 아주 많이. 일이 우리를 버티게 하고 지지해 준다. 일이 기분을 달래주고 허전함을 채워준다. 최고의 애인이 그러는 것처럼 때로는 불완전한 배우자보다 훨씬 더 잘 그일을 해준다. 일에는 헌신도, 애정도, 화학반응도, 유대감도 있다.

이제야말로 여성들이 자기 일에서 느끼는 짜릿한 매력과 야망을 향한 흥미진진한 열기, 성공의 전율을 모두가 인정할 때가 왔다. 2009년 영화 〈줄리 앤 줄리아Julie & Julia〉처럼 일에 모든 열정을 바치는 여자들이 여기저기서 출연한다. 1950년대 파리의 요리사 줄리아 차일드와 2000년대 뉴욕에 사는 블로거 줄리 파월, 이두 여성은 다른 무엇보다 일을 갈망하고 사랑하며 인정받고 싶어하고 일로 보상받고 싶어 한다. 이 영화는 여성의 야망에 보내는 러브 레터다.

2013년 《뉴요커》 온라인 기사에서 사샤 바이스는 7년 동안 〈새터데이 나이트 라이브Saturday Night Live〉에 출연했던 코미디언 크리스틴 위그가 이 프로그램을 떠나기로 한 것에 대해 기사를 썼다. 〈내 여자친구의 결혼식〉의 공동 각본을 쓰고 주연으로 출연한 위그는 영화가 성공하자 할리우드에서 본격적으로 승부를 걸어보고

자 했다. 〈새터데이 나이트 라이브〉 마지막 코너에서는 믹 재거가 고등학교 졸업식을 진행했고 유일한 졸업생은 위그였다. 그는 위그가 수녀가 되기 위해 떠난다고 농담했다. 그녀가 졸업장을 받으러 무대에 올라가 모자를 던지고 가운을 벗어버리자 옅은 살구색 드레스가 나타났다. 그녀는 모든 출연진과 함께 롤링 스톤스의 노래 〈쉬즈 어 레인보우She's A Rainbow〉에 맞추어 춤추기 시작했고 기쁨의 눈물을 흘렸다.

"그 졸업식은 서서히 결혼식으로 바뀌었다." 바이스는 이 장면을 명민하게 관찰했다. "하지만 싱글 생활을 불안해하는 여성 역을 많이 맡았던 위그는 마침내 일과 결혼해 무척 만족스러워 보였다." 실제로 그것은 카타르시스가 느껴지는 진정한 환희의 순간이었다. 바이스는 '안도감'이라는 표현을 쓰며 그것이 "남자들이 1달러 벌 때 평균 77센트를 버는 미국 여성의 임금 문제를 한 방에 해결해 주지는 못한다"고 썼다. 그럼에도 축복해 주고 싶은 순간이었다. "약간은 호색적이고, 자기 표현 확실하고, 자신의 주관대로 살던 여자 연기자가 그녀의 야망을 이렇게 공식적으로 축하받는 모습을 보는 건 사뭇 감동적이었다." 특히 바이스는 그녀에게 세레나데를 불러주는 남자가 믹 재거였다는 사실에 주목한다. "믹 재거는 남성의 성적 자유를 상징하는 인물이다. 그가 위그를 자신보다 한 수 아래로 보지 않고 동등한 동료로 대우했다."[20]

그 장면이 마냥 기쁨으로 가득 찼다고는 할 수 없을 것이다. 그녀가 오래 몸담은 일터를 떠날 때의 착잡함과 아쉬움이 눈물을 꾹 참는 얼굴에 다 드러났고, 운 좋게 사랑하는 일을 거머쥔 우리 여자들이 회사와 동료와 일과의 관계를 통해 형성한 정체성에 얼마나 큰 애착을 느끼는지가 그 표정에서 살짝 엿보였기 때문이다.

내가 기사 쓰는 법을 배우고 존경하는 멘토를 만났던 첫 번째 언론사를 그만둘 때였다. 그곳은 보수가 워낙 낮고 나도 썩 성공했다고는 할 수 없었기에 다른 직장으로 옮기게 되어 무척 기뻤다. 나는 회사를 옮기기 전 일주일 정도 휴가 기간을 가졌다. 그런데 놀랍게도 그 일주일 내내 아파트에 틀어박혀 울며 지냈다. 해고된 게 아니니 직장에서 차였다고는 할 수 없었다. 굳이 말하자면 내가 찬 것이었다. 그런데도 계속 눈물이 나왔고 내 사무실 의자와 지저분한 책상, 지금쯤 점심을 먹으며 나 없이 까르르 웃고 있을 동료들이 그리웠다. 어여쁜 핑크색 신문에 내 이름이 다시는 들어갈 수 없다는 사실 때문에 울었다.

그 다음 얻게 된 직장에서 훨씬 더 행복하고 재미있게 일했다. 그런데도 몇 년 후 내가 일했던 첫 신문사가 다른 곳으로 이전하게 되었다는 말을 들었을 때 꿈에 며칠간 그 건물이 나왔고 깨고 나면 슬픔으로 온몸을 떨었다. 감정적 숙취 같았다. 사회 초년생 시절의 나를 만들어준 직장 공간이 영원히 사라진다는 사실이 나를 힘들게 했던 것이다.

1861년 낙태권 운동가이자 사회운동가인 샐리 홀리Sallie Holley는 전쟁 때문에 노예제 반대 강연 운동을 중단해야 했을 때, 침대에 누워 '간 무력증'을 치료해야 했다. 간호사 클라라 바턴Clara Barton은 남북전쟁이 끝나면서 더 할 일이 없어졌을 때 목소리를 잃고 심한 병을 앓았다. 이후 프로이센-프랑스 전쟁 때 다시 전쟁터에 나갔지만 1872년에 그 전쟁이 끝났을 때는 시력을 잃었고 이후 10년 동안 댄빌 요양소에서 보냈다. 다시 미국 적십자사를 조직하기 시작했을 때 비로소 건강이 회복되었다고 한다.[21]

내 친구 사라는 보스턴에서 뉴욕으로 돌아와 전력투구했던 직장을 그만두었을 때 이렇게 말했다. "말할 수 없이 고통스러웠어. 내가 그 일을 너무나 사랑하고 아꼈기 때문이야. 하지만 끝이 보이는 연애처럼 이제 떠날 때가 되었다는 걸 깨달았지 뭐야. 그런데 맙소사, 정말 오랫동안 마음이 찢어질 것 같더라고." 그 일은 그녀에게 "서른한 살에서 서른여섯 살까지 가장 무거운 의무감을 안고 했던 연애"였다. 하지만 연애라는 말을 하다가 멈칫했는데 실제로 그 시기에 사귀었던 남자가 떠올랐기 때문이다. 그 남자는 꽤 재미있고 다정했지만 믿음을 주지 못했다. "어쩌면 내가 이제까지 한 일 중에서 가장 힘들면서도 가장 열정적으로 일할 때 그런 가벼운 남자를 택했다는 게 참 웃긴다." 다시 말해 일이 그녀의 첫 번째 사랑이었다. 그리고 (재미있긴 하지만 오래가지 못할) 애인은 두 번째였다.

2005년에 전직 브랜다이스 대학 교수이자 변호사인 린다 허쉬먼Linda Hirshman은 《디 아메리칸 프로스펙트The American Prospect》에 일터에서 빠져 나와 아이를 키우기 위해 가정에 들어가는, 그래서 결국 남편에게 의지하게 되는 고학력 여성들을 날카롭게 비판했다. 허쉬먼은 이렇게 주장했다. "돈은 항상 권력을 동반한다. 그리고 그 돈을 갖고 있는 사람이 권력을 마음대로 행사하게 된다. 가정 내에서도 그렇다." 허쉬먼은 여성을 위해, 가족을 위해서는 달라져야 한다고 제안한다. "반복적이고 사회적으로 보이지 않은 육체적인 가사노동은 인간이 완전한 잠재력을 펼치는 데 있어 시장이나 정부 같은 공적 영역보다 더 적은 기회를 허락한다."

보수주의 칼럼니스트 데이비드 브룩스David Brooks는 이 글을 읽고 《뉴욕 타임스》에 반박문을 실었다. "만약 허쉬먼이 높은 연봉을 주는 회사가 인간의 삶과 잠재력을 더 꽃피우게 한다고 믿는다면 나는 그녀에게 대형 로펌에서 하루만 일해 보라고 권하고 싶다." (브룩스는 허쉬먼이 몇십 년 동안 로펌에서 일했으며 대법원에서 두 차례나 발언한 적이 있다는 사실을 몰랐음에 틀림없다.) 브룩스는 말한다. "가사일과 가정을 돌보는 것이 허쉬먼이 그토록 존경하는 냉혹하고 위압적인 권력을 행사하는 영역은 아닐지 몰라도… 그것은 그와 비교할 수 없는 영향력을 지닌 영역이다. 남성들은 사물과 형이상학적인 법칙들에 더 관심이 있는 반면 여성들은 사람과 관계에 더 관심이 많다. … 부엌에도 권력이 있다." 브룩스의 관점은 우리의 모든 어머니와 할머니가 남편에게 의지하게 만들었던, 바로 그 가정 내 '권력'의 패러다임을 지지하고 있다. 몇 년 후 브룩스는 "결혼하는 것은 심리적으로 1년에 10만 달러 이상의 이익을 낸다"는 연구를 근거 삼아 이 주장을 강화하려 했다.

재미있는 건, 사라가 어쩌면 결혼하고 정착할 뻔했던 보스턴을 떠나 뉴욕으로 돌아온 후 열정을 다해 일한 끝에 그 분야에서 눈부신 성공을 이루었다는 사실이다. 그 선택은 실제로 1년에 10만 달러 이상의 '실질적인 경제적' 이득을 가져왔고 그녀를 전혀 행복하게 하지 못했던 그 어떤 관계보다 심리적으로도 큰 이득을 가져왔다.

남자가 정말 필요한가?

보수주의 논객 수잔 벤커는(안티페미니스트의 대표자 필리스 슐래플리의 조카) 2013년 폭스 뉴스에 〈왜 여자에게 아직도 남편이 필요한가?〉라는 제목의 칼럼을 썼다. "재정적인 독립은 훌륭하다. 하지만 급료 수표를 데리고 잘 수는 없다."²² 벤커는 여성에게 아기가 생기면 곁에 남편이 있어야 한다고 느낄 수밖에 없다고도 했다. "아내이자 엄마이자 전일제 직장인이 되면서 조화와 균형을 유지할 방법은 없다고 보아야 한다. 그러나 전일제로 1년 내내 일하는 남편 옆에서 내 인생의 조화와 균형을 맞춰갈 수는 있다." "남편들이 큰 베이컨 덩이를 집에 가져오게 하고 여자들은 자신이 그토록 추구하는 조화로운 생활을 만들어갈 수 있다." 벤커는 이게 왜 안 되느냐고 반문한다.

남녀를 막론하고 남성 주도적 권력의 패러다임을 지지하는 보수주의자들은 여성도 직업에 만족하고 성공할 수 있다는 가능성에 위협을 느낀다. 그 여성들이 일로 보답받을 수 있다는 생각을 강화하면 남성들이 밀려나고, 액세서리가 되고, 그전에는 여성들로 채워졌던 분야에 자신들이 가게 될 수도 있다고 보기 때문이다.

그런 추측은 일견 사실이기 때문에 위협적이다. 그러나 벤커와 그녀의 추종자들은 성별 역할이 나누어진 전통적 결혼이 커리어 우먼들에게 여전히 매력적인 대안이라고 본다는 점에서 오류를 범하고 있다. 이 여성들에게 낡은 의존 관계와 만족스러운 직업 중 하나를 택하라고 한다면 분명 후자를 택할 것이다. 2013년 퓨 리서치 센터에서 실시한 조사에 따르면 밀레니얼 세대 여성들은 일을 가장 우선시한다는 면에서 남성들보다 오히려 더 적극적이었다.[23]

프란시스 키슬링은 직장에서 싱글이라는 점이 큰 장점이라고 이야기했다. "직업적으로 이로운 부분이 확실히 있어요. 일단 내 행동이 남편이나 아이들에게 어떤 영향을 미칠지 생각하지 않아도 되잖아요." 그녀가 몸담고 있는 사회운동 분야에는 불안 요소가 존재하고 예상치 못한 결과가 생길 수도 있다. "만약 이 일을 하다가 구속된다 해도 나 혼자인데 무슨 상관이겠어요?"

홀리 클락은 26세로 텔레비전 뉴스 카메라 보조로 일한다. 그녀의 어머니는 오직 아이들을 키우는 데 일생을 바쳤다. "엄마처럼 살고 싶지는 않아요. 오빠와 저를 키우느라 당신 인생은 포기했거든요. 난 절대 그러지 않을 거예요. 절대절대 그럴 수 없어요." 홀리의 어머니는 전업주부가 되기로 선택하고 결혼에 스스로를 가두면서 경제적으로 아버지에게 전적으로 의지하게 되었다. 홀리는 결혼과 직업은 평생 헌신하겠다는 약속임을 알게 되었고 적어도 지금까지는 언제나 일을 택해 왔다. "남자친구를 사귀다가도 제 일에 방해되는 순간 바로 끝냈어요. 두 번 생각할 것도 없었죠. 너 지금 내 일을 무시했어? 당장 꺼져." 그래서 지금은 남자친구 없이 싱글이다. "재미있어요. 사람들이 새해 전날 계획 세우느라 바쁠 때 제 머릿속에는 '새해 전야 특집 방송을 어떻게 하지?'밖에 없거든요. 사람들이 '12시 종이 칠 때 누구랑 키스하지?' 생각할 때 저는 '12시 정각에 화면을 어디로 잡지?' 궁리하죠." 홀리는 일에 대한 집착이 접근하는 남자들을 차단한다는 것도 잘 안다. "많은 남자들에게 강한 여성은 원하는 타입이 아니죠."

애틀랜타 태생이며 과테말라 미술품 수입업자인 39세의 스테파니도 비슷한 말을 했다. 그녀는 자기 일이 '연애 사건 같다'고 묘사했다. 그녀는 전 세계를 여행하고 예술가 커뮤니티 NGO와 협력하고 자연 재해 피해 복구를 위해 일하기도 하는데 자신의 일이 "전 세계적 영향을 미치도록 고안된 도구"라고 본다. 스테파니의 엄마는 딸에게 이렇게 말하곤 했다. "애야, 네가 하고 있는 일을 전부 남자들에게 말할 필요는 없어. 아무래도 남자들이 두려워할 것 같으니까." 그렇기도 하지만 스테파니에 따르면 그녀의 성공 때문에 더 적극적으로 쫓아다니는 남성들도 있다. "어떤 남자들은 강하고 독립적인 여자를 이상화해요. 하지만 그런 강하고 독립적인 여자와 결혼하고 싶어 하지는 않죠. 친구들에게도 그런 말을 아주 많이 들었어요. 남자들은 우리를 머리로만 좋아한다고. 강하고 독립적이고 전 세계를 여행하고 세계를 바꾸는 여자들 말이에요. 그러면서도 우리를 두려워하죠."

성공한 전문직 여성들은 종종 남자들에게 관심의 대상이 되는 것을 포기하거나 적어도 성공한 여성에게 위협받는 부류의 남자들 관심은 받지 못할 것으로 예상한다. 텔레비전 비평가 낸시 자일스도 말했다. "많이 배운 흑인 여자, 집 있고 차 있는 여자로서 느낀 점을 말하자면요. 실제 여부와 상관없이 날 마치 권총을 차고 다니거나 큰 브라를 한 여자로 보는 것 같아요. 어떤 남자들은 실제로 그렇게 본다니까요." 연방 대법관 소니아 소토마요르는 대법관이 되기 전, 이 나라 최고 법 집행자가 되기보다 데이트를 더 중시하고 즐긴 것으로 알려져 있다. 드디어 대법관에 임명되고 나자 그녀는 남자들과의 관계가 모두 깨져 버린 것에 안타까워했다.[24] 2005년에 출간된 칼럼니스트 모린 다우드의 저서《남자가 정말 필요한가?Are Men Necessary》에서 가장 많은 독자들에게 공감을 산 일화가 있다. 그녀의 가장 친한 친구 중 한 명, 아마도 《뉴욕 타임스》 서평 담당 기자 미치코 카쿠타니로 보이는 여성이 퓰리처 상 수상자로 내정되었을 때 이렇게 말했다는 것이다. "앞으로 남자들에게 데이트 신청 받긴 글렀군."

그러나 자신의 일로 사랑받고 박수 받는 것은 반드시 재정적 종류는 아니라 해도 또 다른 종류의 의존을 막아주는 방패막이 될 수 있다. 여성이 자신의 모든 희망과 꿈과 에너지를 사랑에만 건다면 그들은 연인에게 경제적 지원뿐 아니라 재미와 인정과 기분 전환까지 바랄 것이다. 여성의 교육, 일, 돈은 남편이나 남자친구의 부재 시에도 그렇지만 그 관계가 무너졌을 때도 그 자리를 대신할 수 있다. 교육자 안나 줄리아 쿠퍼Anna Julia Cooper는 19세기에 자신의 교육받은 여자친구들을 관찰하면서 이런 사실을 깨달았다. "어떤 여성이 자신의 삶에 무언가 맛과 풍미와 움직임과 활력이 되어줄 다양한 감각을 갖고 있으면 반드시 성적인 사랑에 의지해야 한다고는 느끼지 않는다."

사실은 이렇다. 일과 결혼하는 것, 모든 삶을 일에 바치는 것은 비록 그것 때문에 연애 전망이 밝지 못하다 해도 그렇게 비참한 운명이 되지는 않는다. 특히 운이 좋은 편이라 즐기는 일을 하고 있다면, 그로 인해 돈을 벌고 있다면, 그 일이 당신에게 존경심까지 가져다준다면, 아니면 그 일로 사람까지 얻게 된다면 더욱 그렇다.

내가 벌고 내가 쓴다

통계분석가 미셸 슈미트Michelle Schmitt는 2013년 자신이 근무하는 회사 '마네토 매핑 앤 애널리시스Maneto Mapping & Analysis'에서 통계 자료를 분석하다가 몇몇 숫자들을 보고 깜짝 놀랐다. 필라델피아에서 중간 소득층(이 도시 평균 수입의 60~200퍼센트로 당시에는 4만 1,000달러와 12만 3,000달러 사이였다)으로 분류되는 여성 인구를 조사한 결과, 이 중 48퍼센트가 결혼하지 않았고 70대 초반의 경우에도 미혼이 40퍼센트를 웃돌았기 때문이다.

슈미트는 결혼하지 않거나 늦게 결혼하는 형태가 극빈곤층과 초특권층 모두에서 증가하고 있음을 알게 되었다. 고연봉 여성의 22퍼센트는 70대 초반 나이인데도 결혼 전력이 없는 여성이었으며, 2009년과 2011년 사이 이 숫자는 40퍼센트로 상승한 통계도 있었다. 같은 시기에 결혼하지 않은 저임금 노동자 여성도 49퍼센트에서 61퍼센트로 증가했다. 하지만 이런 상승 곡선은 평균 급여를 받는 여성에게도 같은 패턴으로 나타나고 있었다. "이 자료로 알 수 있는 건 급여 수준과 상관없이 모든 여성에게 비혼이 점점 더 보편화되고 있다는 사실이다." 슈미트가 말했다.

성인기 초반에 비혼으로 남아 있었던 여성들, 특히 대졸 여성들은 돈 버는 일에 직접적으로 연관되어 있었던 것으로 나타났다.

2013년에 발표된 〈노트 옛 리포트Knot Yet Report〉에서는 대졸 여성이 30대까지 결혼을 미룰 경우, 역시 대학 졸업자이지만 20대에 결혼한 여성보다 1년에 1만 8,000달러를 더 버는 것으로 나와 있다.[25] 대졸자가 아닌 여성들도 30대까지 결혼을 미룰 경우 1년 평균 4,000달러이긴 하지만 분명 임금 프리미엄이 있었다.

데이비드 브룩스의 세계에서(보수파 《타임스》 사설 칼럼 동료이며, 여성이 '자녀 양육에서 멀어지는 것'을 개탄했던 로스 다우댓도 이에 포함됨) 여성들에게 힘은 부엌에서 나온다고 설득하는 것이 왜 한편으로는 힘 있는 주장이었는지도 드러난다. 〈노트 옛 리포트〉를 참고하면 남성의 경우 완전히 반대의 형태가 나타나기 때문이다.[26] 대학 졸업자나 비졸업자나 남성들은 결혼을 일찍 했을 때 더많은 돈을 벌었고 이 사실은 결혼 모델이 남성의 경제적 우위를 지지해 주며 여성의 남성 의존도를 더 높이는 결과를 낳았다.

남자들은 여자를 더 빨리 묶어놓으면 돈만 더 많이 버는 것이 아니다. 일도 더 잘하게 된다.

2010년 미국 역사 협회American Historical Association 조사를 보면, 기혼 여성 역사학자는 종신 재직권을 얻는 데 7.8년이 걸리는데 싱글 여성일 경우 평균 6.7년이 걸렸다. 남성에게 그 형태는 반대로 나타난다. 미혼 남성은 6.4년 만에 정식 교수가 되는 반면, 집에 아내가 있는 남성은 5.9년이 걸렸다.[27] 남성은 결혼과 함께 따라오는 아내의 내조와 가사노동 덕분에 일에 더 집중할 수 있다. 여성에게는 결혼의 부재, 즉 그에 따르는 책임감의 부재가 그들을 더 빠르게 앞으로 나아갈 수 있게 한다.

더 부아가 치미는 것은 아이가 있을 때 남자의 직업적 위치는 더 높아지는 반면, 여성에게는 그 반대의 영향이 미친다는 점이다. 사회학자 미셸 버딕Michelle Budig은 수년간 부모가 된 남녀의 임금 격차를 비교 연구했는데 1979년부터 2006년까지의 자료를 바탕으로 2014년에 이런 결과를 발견했다. 즉 평균적으로 남성은 아버지가 된 이후에 6퍼센트의 임금 상승을 기대할 수 있지만 반대로 여성은 아이 한 명이 태어날 때마다 임금이 4퍼센트씩 하락했다는 것이다.[28] 임금이 더 높은 전문직 여성의 경우에는 이 임금 격차가 줄어드는데, 이들은 직업적으로 어느 정도 안정된 다음 늦게 결혼하는 인구 집단이다. 하지만 2014년 하버드 비즈니스 스쿨 졸업생들을 대상으로 하는 (아마도 가장 높이 올라갈 수 있는 인구) 또 다른 연구에서는 가장 많이 공부하고 가장 열심히 일한 아내라 해도 직업적 · 경제적 목표에서 남성들과 현저한 차이가 났다. 비슷한 교육 수준과 야망을 갖고 있을 경우에도 이 여성들은 남편의 커리어를 자신의 커리어보다 우선시했기 때문으로 보인다. X세대 하버드 비즈니스 스쿨 졸업생의 7퍼센트만이 (베이비부머 세대 여성의 경우에는 단지 3퍼센트만이) 남편의 직업보다 자신의 커리어를 우선시한다고 답했다. 60퍼센트 이상의 X세대 남성들은 자신의 커리어가 가장 우선시되는 것이 당연하다고 여겼다. X세대와 베이비부머 남성 86퍼센트는 아내가 대부분의 육아를 담당한다고 말했다.

노동 시장에서 여성이 동료나 고위직 여성이 점점 많아지는 현상이 앞에서 말한 남녀 임금 조건에 얼마나 영향을 미칠지는 많은 논란이 있다. 많은 여성에게 우호적이라는 의견도 있고 비관주의 자들이 주장하듯 시스템의 장벽을 뚫거나 피해 가는 데 성공한 개별 여성에게만 이득이라고 하는 일들도 있다. 린다 허쉬먼의 선언서 같은 책《일하러 가라Get to Work》에서는 문화계건 경제계건 법조계건 이런 여성들이 없다면 무기력해질 것이라고 주장한다.

그러나 노동 시장에서 여성의 존재는 동료나 고객에게만 영향을 주는 것이 아니라 그들 남편에게도 영향을 미친다. 2013년 연구에 따르면 아내가 일을 하지 않는 남성은 여성 동료를 동등하게 대접해 주지 않는다고 한다.[29]

여성들이 일을 덜 하면 젠더 분리 세계라는 개념이 강화되고 자연히 남성들이 일에 더 자신을 바치도록 권장하거나 강요하게 된다.[30] 개인의 선택은 개인이나 가족의 경험을 넘어 전체 환경에 영향을 미치는 것이다.

2008년 한 연구에 따르면 비혼에 자녀도 없는 22~30세 도시 여성의 경우, 같은 조건의 남성보다 8퍼센트 높은 임금을 받았다.[31] 매우 표본이 작고 의심스러운 통계이기는 하지만 다른 통계에서도 전국적으로 비혼 무자녀 여성은 남성이 1달러를 벌 때 96센트를 버는 반면 기혼 유자녀 여성은 남성 1달러당 76센트의 수입을 거두는 것으로 나타나므로, 완전히 무시할 자료는 아닐 것이다.[32] 결혼 지연은 경제적 이득을 취하고 남성 동료와 비슷한 위치까지 올라가려는 여성들에게 확실히 효과적인 전략이다.

역사상 처음으로 어떤 싱글 여성들은 돈을 꽤 많이 벌고 있다. 그들은 또한 그 돈을 쓰고 있다.

2012년 노동부 통계에 따르면 싱글 남녀는 매년 2조 달러 이상을 소비한다.[33] 그해 《USA 투데이》는 2014년까지 여성은 전체 소비액인 14조 달러에 막대한 영향을 미칠 것이라 예상했다.[34] NBC 유니버설 통합 미디어의 2012년 《더 커브 리포트The Curve Report》에 따르면 동거인과 자녀가 없는 27세 이상의 싱글 여성은 1인당 외식비, 렌트비, 주택 담보 대출금, 가구, 여가, 유흥, 의상 지출비가 다른 범주에 속한 어떤 여성보다 높았다. 예컨대 1년에 식비로 500억 달러, 오락비로 220억 달러, 자동차 비용으로 180억 달러를 소비했다.[35]

이는 전 세계적 현상이다. 2013년에 중국은 11월 11일을 비혼들의 비공식적 휴일로 정했는데 이 행사로 인해 이들의 소비 능력이 얼마나 큰지가 드러났다. 이날 하루 중국의 최대 온라인 마켓인 알리바바의 매출액은 2012년 사이버 먼데이의 매출을 훌쩍 넘어섰고 결국 57억 5,000만 달러를 기록했다. 물론 그날 쇼핑한 미혼 남녀 중 여성 비율을 정확히 알 수는 없지만 알리바바는 그날 오전까지 브래지어 매출이 200만 달러였다고 보고했다.

1974년에 제정한 대출 기회 균등법은 나이, 결혼 여부, 성별, 인종, 종교로 인한 대출 차별을 금지했다. 1980년대 초반까지 싱글 여성은 주택 구입자의 10퍼센트를 차지했다. 최근에는 그 비율이 거의 두 배가 되어 2006년에는 최고 22퍼센트까지 올라갔으나 2014년에는 경제 불황으로 16퍼센트까지 하락했다.[36] 한편 독신 남성의 주택 구입률은 제자리걸음을 하고 있는데 2014년 전체 시장의 8퍼센트 정도였다.[37] 독신 여성이 독신 남성보다 집을 더 많이 구입하는 것이 일반적 추세가 되었다. 전국 부동산 중개인 협회 National Association of Realtors에 따르면 2010년 싱글 여성 주택 구입자의 평균 연령은 41세였고 평균 연봉은 5만 달러였다.

싱글 여성이 전례 없는 경제적 힘을 행사하게 되었고 그 결과는 다층적 의미를 갖는다. 먼저 미래의 결혼에 영향을 미친다. 이렇게 자신의 수입으로 자립한 여성들은 급여를 포기하려 하지 않으며 배우자와의 재정 관리를 분리하는 경향이 증가한다.[38] 또 광고업계에도 영향을 미치는데, 기업은 비혼 여성이 같은 나이나 경제적 조건의 기혼 여성들과 달리 가족을 위해 지출하지 않고 자기 자신을 위한 물건을 구입한다는 가정하에 상품을 제작하고 광고를 만든다.

결혼 지연과 미혼 여성의 수입 증가 간의 관계를 살펴볼라치면 웃어넘길 수만은 없는 진실과 마주친다.

워싱턴에 사는 소설가 엘리엇은 서른한 살 때 그해에만 여덟 번 결혼식에 갔다. 결혼식을 위해 비행기표를 사고, 선물을 사고, 들러리 드레스를 사고, 샤워 파티와 처녀 파티에도 돈을 썼다. "내 비상금이 모두 다른 사람 결혼식으로 흘러가더라니까요. 그래서 친구들에게 '내 책 나오면 꼭 사야 한다고 다짐받았어요.'" 40세가 되자 이제는 베이비 샤워 때문에 돈이 샌다고 말했다.

여성의 수입이 증가하고 결혼은 미뤄지면서 결혼 산업은 예식 행사를 또 다른 사치품으로 만들었다. 부분적으로는 늦게 결혼해 경제적으로 안정된 커플들의 가용 수입 때문이기도 하지만, 소위 결혼 패키지 상품은 너무 부풀려져서 이제는 과소비를 지나 코미디가 되어버렸다. 평균 결혼식 비용이 거의 3만 달러에 달한다. 신랑·신부 측에서 쓰는 돈이 그 정도다. 친구들 결혼식에 들어가는 돈은 많은 싱글 여성들에게 골칫거리다.

작가 도다이 스튜어트가 나에게 말했다. "결혼 안 한 친구들 사이에 억울함이 쌓여가고 있어요. 결혼 중심의 온갖 축하 행사가 있지만 우리 싱글 라이프를 축하하는 이벤트는 없잖아요." 도다이는 한 친구의 결혼식 전에 처녀 파티 겸 여행도 가고 결혼식에 참석하며 예상보다 과한 지출을 한 후 인내심이 바닥났다. "이제 끝났어요. 친구 관계가 끝났다는 게 아니라 선물 뿌리는 일이 끝났다고요. 이제부터 그 돈은 나를 위해 쓰는 편이 낫겠어요. 그들이 결혼하면 맞벌이로 나보다 수입이 더 많은데 왜 내가 그들에게 선물까지 사줘야 하죠? 왜 싱글 걸 샤워 파티는 없냐고요?"

사실 싱글 걸 파티가 전혀 없는 것은 아니다. 여유 있는 독신 여성들은 40세 생일 축하 이벤트를 공들여 준비한다. 마흔은 생물학적 시계의 전환점이자 젊음의 매력은 사라지더라도 성숙과 안정을 상징하는 중년기로 들어가는 때다. 이제까지 살아온 세월에 박수를 보내고 그들 앞에 놓인 미래를 기대하며 축복하는 시간이다. 우리가 결혼식에 가서 하는 축하와 아주 다르지 않다.

《스핀스터》의 작가 케이트 볼릭은 (결혼한) 친한 친구와 함께 성대한 40세 생일 파티를 열었다. 두 사람은 이 생일 파티를 '플라토닉 레즈비언 생일 파티 겸 결혼식'이라고 명명했다. 볼릭은 이 이벤트를 《엘르》에 쓰면서 이렇게 인정했다. "나에게 그 파티는 사실상 결혼식이었다고 할 수 있다. 처음으로 가족과 친구들에게 폐를 끼치며 나를 위해 모이게 했고 돈을 쓰게 했다. 그래도 내가 그들에게 신부 샤워, 처녀 파티, 리셉션 디너, 결혼식 후 브런치, 선물까지는 안 하게 해주었으니 좋은 점수를 받아야 하지 않을까? 또 다른 보너스, 이 파티는 그들이 갔던 결혼식의 절반처럼 이혼으로 끝나지도 않을 것이다. 내가 하객들에게 줄 수 있는 확신은 내가 죽을 때까지 내 옆에 있겠다는 것이었다."

성공에 가려진 그늘

특권층의 경제적 도약을 획기적인 일로 인정할 수는 있지만 어떤 여성의 편안한 생활은 과거부터 지금까지 늘 다른 사람들의 희생을 전제로 했었다는 사실도 잊어서는 안 된다.

19세기 산업화와 함께 백인 중산층 여성의 가사노동 강도는 완화되었다. 즉 음식 재료 준비와 원단 생산 작업까지 모두 집에서 할 필요가 없어졌다. 그러나 그때 나타난 '살림의 여왕 신화'는 중산층과 부유층 여성들을 가정에 가두었다. 사회 참여보다는 가족의 유대가 가장 중요한 도덕적 · 애국적 책임으로 강조되었다.[39] 부유한 사람들은 시간과 돈을 그들보다 운 나쁜 사람들을 위해 쓰지 않았고, 이런 패턴이 지속되면서 빈곤의 원인은 가사와 가정의 신성함을 지키지 못하기 때문이라는 분위기가 형성되었다.

한편 중산층 가정의 깨끗한 집과 청소 시간 감소는 새로운 노동자 여성들 덕분이었고 아내들은 이 남는 시간을 현모양처가 되는 데 바쳤다. 깨끗한 물을 길어다 주고 바닥을 닦아줄 하녀가 없었다면, 각 가정에 필요한 상품을 생산하는 여성 노동자들이 없었다면 사학자 스테파니 쿤츠가 지적한 대로 "중산층 가정주부들은 가정을 '고상하게 가꾸고' 남편과 자녀들의 정서적 욕구를 관리해 줄 시간을 내지 못했을 것이다."[40]

물론 제2의 물결은 많은 백인 중산층 여성들을 가정이라는 감옥에서 해방시켜 주었으나 그런 여성들 대다수가 밖에서 일할 때는 유모나 흑인 가정부와 가난한 여성의 저임금 노동에 더 의지하게 되었다. 남편들과 협상해서 가사노동을 분담하는 경우는 아직 찾기 힘들었다.

특권을 지닌 독립 여성층의 경제적 환경은 느리지만 확실하게 발전해 왔다. 이들은 이전 어느 때보다 더 자유롭게 돈을 벌고 쓴다. 그러나 이런 현실이 또 다른 싱글 여성들, 즉 부자들을 위해 제품을 생산하고 서비스를 제공하는 수백만 저임금 여성 노동자의 우울한 경제적 현실을 가릴 수는 없다. 노동계급과 빈곤층 여성들 또한 결혼제도 바깥에서 살고 있으며 때로는 특권층 여성들보다 그 숫자가 많다. 비혼 여성과 돈에 대해 이야기할 때 일부 계층이 누리는 이 유례없는 경제적 기회가 사실은 보다 복잡한 이야기의 일부일 뿐임을 기억해야 한다.

가난한 여성들

성차별과 인종 차별 그리고 빈곤

▶▶

아다 리는 서른 살이던 2001년, 9·11테러가 벌어지기 직전에 중국에서 미국으로 이주했다. 9·11 이후 미국 땅에서 이민자로 살아가기가 녹록치 않다는 것을 알게 되었다. 사람들은 외국인을 두려워했고 의심의 눈초리로 바라보았다. 그녀는 일을 찾기 어렵겠다는 느낌을 받았다. 다시 중국으로 돌아갈까도 생각했으나 미국에 먼저 와 있던 친구들이 남아보라며 그녀를 부양해 줄 남편 찾는 일만큼은 두 팔 걷고 도와주겠다고 말했다.

아다는 남편 찾기에는 전혀 관심이 없었지만 조금 더 버텨보기로 하고 일을 찾아 나섰다. 가족과 친한 사람이 브루클린의 13 애비뉴에 있는 작은 옷공장에서 재봉틀로 옷 만드는 일을 구해주었다. 1년 후에는 네일 아티스트 학원에 등록했다. 아다는 그 시절을 이렇게 회상했다. "항상 바빴어요. 저녁에 친구 만나 저녁 먹을 시간 같은 건 없었다고 봐야죠. 영어 공부도 하고 싶었지만 시간이 없어서 못 했어요. 온종일 일만 했어요." 아다는 일주일에 6일을 오전 9시부터 오후 9까지 일했고, 휴일 하루는 네일 수업을 듣고 돌아오면 다시 재봉틀 앞에 앉아 미처 완성하지 못한 옷을 만들곤 했다. "고된 생활이었어요." 돈을 얼마나 적게 벌었는지, 집세를 얼마나 내기 힘들었는지 이야기했다.

많은 여성들에게 일을 하고 돈을 버는 것은 보람, 재미, 정체성보다 생계와 직결된다. 싱글 여성들에게 먹고사는 문제는 예나 지금이나 만만치 않다. 대부분의 미국인들에게 일은 삶의 중심이지만 일을 열망해서가 아니라 해야만 하기 때문에 일한다.

여성들이 그 어느 때보다도 전문대학과 대학에 많이 진학하고 있다는 통계가 있다. 이 통계들 또한 매우 중요하고 해나 로진Hanna Rosin의 《남성의 종말The End of Men》이나 라이자 먼디Liza Mundy의 《부유해진 성The Richer Sex》 같은 책에 많은 관련 정보와 통계들이 나와 있다. 두 저자 모두 여성이 경제 분야와 여러 전문 영역에서 남성을 능가하고 있다고 주장한다. 하지만 그 모든 통계 뒤에는 부연 설명이 몽땅 빠져 있다. 어떤 여성들은 분명히 더 교육받고 전문 직종에 진출하고 이전과 비교할 수 없는 성적 자율권과 사회적 자유를 누리고 있으나 그보다 더 많은 이들이 불평등, 불이익, 차별, 빈곤으로 점철된 세계에서 살아가고 있다는 사실이다.

따라서 여성의 성취, 정확히 싱글 여성의 성취와 관련해 무엇이 진실이고 무엇이 진실이 아닌지를 솔직히 풀어놓는 작업이 꼭 필요하다. 계층과 빈부의 양극단과 그 사이에 있는 여성들이 어떻게 살고 있는지 따라가 봐야 한다. 과거부터 여성의 자유와 기회에 관해서라면 언제나 그 기준이 턱없이 낮았다.

징하게 반복되는 현실

몇백 년 동안 여성들은 남편 아니면 아버지나 남자 형제, 때로는 형부 등 다른 남성들에게 종종 의지했다. 비교적 안락하게 살았던 제인 오스틴은 그리 마음에 들지 않은 구혼자의 청혼을 받아들였다가 거절한 적이 있다. 거의 평생을 부모님 집에서 살다가 나중에는 오빠와 남동생들 집에서 살았다. 그녀가 남긴 유명한 말이 있다. "독신 여성들은 언제 가난해질지 모른다는 두려움을 늘 안고 산다."

역사학자 낸시 코트는 이렇게 썼다. "여성이 지속적으로 할 수 있는 일이란(그들 삶과 마찬가지로) 늘 다른 사람, 특히 남자들에게 필요한 일이었다." 여성에게 직업의 기회가 늘어났다 해도 대부분은 남성이 주인인 집에서 가사를 돌보거나 남자 상사 밑에서 비서, 속기사, 점원 등으로 일하는 것이었다. 교육과 육아, 이 두 분야는 오래전부터 여성이 주도한 대표적 직업으로 꼽히는데 반드시 남성 상사의 명령을 따를 필요는 없으나 본질을 따진다면 결국 순종적이고 여성적인 행동의 반복이었을 뿐이다. 아이들과 환자 돌보기는 늘 해왔던 돌봄 노동의 연장선인 것이다. 여성이 발전해 나갈 수 있는 직업이 있었다 해도 과거 여성에게 부과된 무보수 노동을 흉내 낸 것들이고 그런 노동이 높은 임금을 보장할 리 없었다.

분명 200년 전, 혹은 50년 전에 비하면 상황은 비교할 수조차 없이 나아졌다(여자가 자기만의 은행 계좌를 가질 수도 있다! 주택 담보 대출도 받을 수 있다! 아내 강간도 죄가 될 수 있다!). 하지만 남성이 경제·직업의 중심에 있는 현실은 끝났다고 할 수 없다. 미국에서 남자들은 여전히 가장 윗자리에 올라가 있다. 남자들이 CEO이고 대학의 학장이고 과학자이며 인정받는 소설가다. 그들은 세계에서 가장 폭발적 힘을 가진 테크놀로지 분야를 이끈다. 그들은 소방관이고 경찰이고 은행가이고 의사다. 지금까지 선출된 모든 대통령과 부통령과 상원의 80퍼센트가 남성이다.

평균적으로 여성이 78센트를 벌 때 남성은 1달러를 번다. 유색인종 여성의 경우 격차는 더 벌어지고 지난 10년간 거의 변화가 없었다. 성차별과 인종 차별의 역사는 아직 과거의 역사가 아니며 현재 진행형이다. 권리가 좀 늘긴 했지만 여성, 특히 유색인종 여성에게 돈에 관한 권리는 늘지 않았다. 흑인 여성학자 킴벌리 크렌쇼의 2014년 보고에 따르면[1] 자산에서 채무를 뺀 순자산이 미혼 흑인 여성은 100달러, 미혼 라틴계 여성은 120달러다. 이 숫자는 미혼 백인 여성의 41,500달러와 크게 차이 난다. 그렇다면 기혼 백인

부부의 평균은 어떨까? 시작이 167,500달러다.[2]

2014년《포춘Fortune》이 선정한 최고 CEO 중 여성은 4.8퍼센트였다.[3] 2012년 전국에서 가장 규모가 큰 회사 1,000개 중에 오직 20개만 CEO가 여성이었다.《포브스Forbes》는 기록적인 숫자라며 2011년과 2012년 사이에 무려 11명의 여성 CEO가 고용되었다고 보고했다.[4] 언론학 교수인 카릴 리버스는 2010년에 이렇게 썼다. "미국의 억만장자 거의 대부분은 남성이거나, 남편의 재산을 물려받은 여성이다. 예외가 있다면 단 한 명, 오프라 윈프리다."[5]

그래서인지 30세 이하 싱글의 무자녀 도시 여성이 같은 연령대의 남성보다 8퍼센트 높은 임금을 받는다는 연구 결과는 놀랍다.[6] 하지만 스테파니 쿤츠가 지적했듯이 싱글 도시 여성이 성공한 듯 보이는 이유는 (보통은 백인이 대다수인) 고학력 여성이 (보통은 비백인인) 고졸 이하의 저임금 남성이 많은 대도시에 몰려 살기 때문이다. 앞서 이야기했듯이 도시에 거주하는 특권층, 고학력 싱글 여성의 인생을 더욱 매력적이고 더 수월하게 해주는 그런 서비스들, 즉 레스토랑, 테이크아웃 판매점, 세탁소, 가사도우미처럼 아내가 아닌 여성들에게 아내가 되어주는 서비스들은 보통 법정 최저 임금도 안 되는 임금을 받고 일하는 가난한 이민자 남녀들이 제공하고 있다. 만약 이 연구에서 비슷한 배경과 교육 수준을 갖고 있는 남성과 여성만을 비교했다면 "모든 분야에서 남성이 여성보다 임금이 높을 것"이라고 쿤츠는 쓰고 있다. 2010년 조사에서는 여성 MBA 졸업자들의 초봉이 남성보다 평균 4,600달러가 낮고 그 여성에게 자녀가 없어도 승진과 연봉에서 계속 남성에게 뒤처진다는

사실이 밝혀졌다.[7]

여성들이 대학에 더 많이 진학하고 다양한 업계에 진출한다고
해서 그들이 사는 동안 내내, 같은 대학교와 직장을 다닌 남성들과
동일한 속도로 승진하고 임금을 받는 것은 아니다. 먼저 유급 가정
휴가family leave가 없고 임금차가 존재하며, 여성 리더십에 대한 부
정적 태도를 주입하고 강화하는 등의 구조적인 문제가 있다. 이런
요소들이 합쳐져서 여성들은 연봉, 승진, 지위, 명성에 있어서 남
성보다 한발씩 뒤처진다. 이런 불평등은 여성들이 넘치는 교육 기
회를 부여받고 있다는 열띤 기사들과 여성들이 잠재력만 발휘하면
무엇이든 될 수 있다는 메시지에 가려진다. 이런 메시지들이 아주
틀리지는 않았지만 전체 이야기는 아니다.

2012년 봉급 조사기관의 보고에 따르면 대학 졸업생들의 임금
인상률이 20대에는 남녀가 동일한데 30세가 되면 남성의 임금 인
상률은 유지되는 반면 여성의 임금 인상은 느려진다.[8] 30대가 되
면 대졸 여성 상당수가 첫아이를 출산하기 때문이다. 하지만 코넬
대학교 경제학 교수인 프랜신 블라우Francine Blau는 한발 더 들어
가 설명한다. 남자들은 금융계나 법조계처럼 고소득 분야에서 계
속 일하는 반면 여성들은 서비스와 돌봄 노동 중심의 보육이나 교
육 같은 저임금 분야에서 일하는 경향이 있으며 이 분야는 크게 연
봉 인상이 없기 때문이다.

페미니즘 제2의 물결 직후에는 몇몇 분야에서 젠더 분리 현상
에 변화가 일어나 예컨대 전기공학 분야에서 여성들이 일하게 되
었다. 그런데 이런 현상은 다시 뒤집어졌다. 1980년대부터 교육이

나 사회사업 같은 전통적으로 여성들이 종사해 온 저임금 분야에 여성 인력이 증가했다.[9] 보육이나 가정 의료 서비스처럼 여성이 주도하는 분야가 많아졌다는 것은 그만큼 더 많은 여성에게 문이 열렸다는 의미도 되지만 이 직업들은 여전히 보장과 급여가 적었다. 가정 의료 서비스 사업은 전국에서 가장 빠르게 성장하는 산업이고 인력의 90퍼센트가 여성이지만 평균 임금이 시간당 10달러쯤에 머무는 직종이기도 하다.[10] 캘리포니아는 2014년에 획기적이라 할 수 있는 유급 병가에 관한 법을 통과시켰으나 여성과 유색인종 여성이 압도적으로 많이 종사하는 가정 의료 서비스 분야는 그 혜택에서 제외되었다.

비혼 여성의 고용 불안과 지속적 불평등은 심각한 문제다. 이 문제를 어떻게 해결할지를 두고 사회과학자들과 정치가들과 저널리스트들 간에 뜨거운 논쟁이 벌어지고 있다.

결혼이 갈림길?

2012년 《뉴욕 타임스》의 특집 기사 〈혼인 서약으로 나뉜 두 계층Two Classes, Divided by 'I Do'〉[11] 제이슨 드팔Jason DeParle 기자는 미시건에 사는 두 백인 여성의 조건을 비교했다. 두 사람은 보육기관에서 일하는 직장 동료로 모두 자녀가 있고 급여는 동일하다. 그중 제시카 샤이러는 수입의 절반 이상을 집세로 내고 푸드스탬프(저소득층에게 식품 구입용 쿠폰이나 전자카드 형태로 식비를 제공하는 지원 제도-옮긴이)에 의존하며 자녀들에게 방과 후 활동을 전혀 시키지 못하고 자궁암 수술 후 병가도 내지 못했다. 다른 여성인 크리스 포크너는 비교적 가계 수입이 높고 좋은 동네의 단독 주택에서 살며 자주 휴가를 가고 아이들에게 수영 수업과 스카우트 활동을 시킨다.

드팔은 주장한다. "이 두 사람을 극명하게 가르는 것은 키 180 정도의 케빈이라는 남성이다." 다른 말로 하면, 이 이야기에서 더 안정적으로 사는 여성은 케빈이라는 친절하고 가정적이며 직장에 착실히 다니는 남편을 두었다는 것이다. 드팔이 지적하기로는 샤이러가 본인과 자녀들에게 지금보다 더 나은 삶을 만들어줄 유일한 대책은 바로 남편이다.

그러나 그녀의 환경을 개선시켜 줄 요인은 또 있다. 바로 돈이다. 유급 병가를 보장하는 주 정부 정책도 있을 것이다. 샤이러는 보육 센터 관리직으로 일하는데 그녀보다 월급이 조금 더 많은 동료가 있긴 하지만 현재 그녀가 받는 돈은 시간당 12.35달러밖에 되지 않는다. 샤이러가 자궁암 수술을 받은 후 의사는 반드시 6주를 쉬라고 권고했지만 그녀는 1주일 만에 복직했다. 드팔에게 말한 바로는 "생활비 때문에 무급으로 도저히 6주나 버틸 수 없었다"고 한다.

임금이 좀더 높으면 샤이러에게 도움이 될 것이다. 유급 병가도 삶을 낫게 해줄 것이다.

바람직한 급여 체계와 사회 보장 정책이 마련되어 있지 않은 문제는 여성에게 더 크게 영향을 미치고 이는 곧 구조적으로 젠더 경제 불평등 문제가 있음을 의미한다. 복지 전문가 숀 프렘스태드 Shawn Fremstad는 드팔이 쓴 이야기에 이렇게 반박했다. "그렇다면 다른 사람의 아이와 노인과 장애인을 돌보는 대부분의 여성 노동자는 그렇게 적은 임금을 받아도 괜찮단 말인가? … 돌봄 노동자 과반수에게 유급 병가와 단기 장애 휴직 같은 기본적 노동권을 보장해 주지 않아도 괜찮단 말인가?" 비교적 풍족하다고 묘사된 포크너도 샤이러보다 임금이 많지 않다. 그녀가 여유로운 이유는 자신과 마찬가지로 대학 학위가 있고 인구학적 배경이 비슷한 남편이 컴퓨터 프로그래머로 일하며 훨씬 더 많은 돈을 벌어다 주기 때문이다. 프렘스태드는 묻는다. "그러면 왜 컴퓨터 프로그래머는 보육원 매니저/원장의 두 배가 넘는 월급을 받을까?" 단순히 그 여성이 결혼했다는 사실 때문이 아니다. 그녀의 남편이 남성 주도적이고 그래서 연봉이 더 센 분야에서 일하며 높은 임금을 받기 때문이다.

임금 인상 정체라든가 임금 차별, 실업, 그리고 여성을 한 가정의 생계 부양자로 여기지 않는 사회 정책 같은 진짜 문제들은 살짝 숨겨버리고 이 사회와 정치가들은 여성들에게 남편을 찾아야만 한다는 주장을 반복한다. 이제까지 정치가와 목사 들이 수도 없이 말했듯이 결혼만 하면 당장 모든 문제가 마법처럼 해결된다는 것이다.

어쩌면 이렇게 공식적으로 유쾌한 해결책을 내미는 것이 현재의 경제난과 양극화 이야기보다는 더 쉽기 때문일지도 모른다. 2008년 금융 위기가 오기 10년 전 평균 가계 소득은 1년에 61,000달러였지만 2008년에는 60,500달러로 떨어졌다.[12] 대졸자들도 가계 빚에 시달렸고 형편없는 일자리밖에 없었다. 2012년에는 250만 명의 성인 남녀가 실업으로 인해 부모와 같이 살고 있었다.[13]

이런 재정 환경에서 유례없이 늘어난 비혼 여성은 자기 살 길을 만들어가야 한다. 결혼이 해답은 아니지만 혼자 독립적으로 살아가는 한, 결혼한 사람을 우선시하는 이 세상에서 수많은 도전을 이겨내야 한다. 싱글 여성은 식비와 주택비, 방송·통신비, 휴가비, 교통비 등 모든 비용을 책임져야 한다. 그들은 결혼한 커플이 누리는 세금 우대 정책과 보험 혜택을 받을 수 없다. 사회학자 벨라 드파울로가 계속 지적한 대로 1,000개 이상의 법이 독신 남녀보다 기혼 남녀에게 더 혜택이 가도록 만들어졌다.

《애틀랜틱》필자 크리스티나 캠벨과 리사 아놀드에 따르면 "결혼할 때 받는 특권과 혜택은 우리 생활의 모든 면에 침투해 있다." 건강보험, 생명보험, 주택보험, 자동차보험이 모두 싱글 남녀에게 더 많은 돈을 부담시킨다. "집 주인이 잠재적 세입자들을 결혼 유무에 따라 차별하는 것도 법적인 제제를 받지 않는다." 캠벨과 아놀드는 소득세 정책, 사회보장제도, 의료보험, 주거비를 조사하면서 "각 분야에서 미혼은 기혼보다 더 많이 내거나 더 적게 받았다"고 지적했다. 이런 계산을 하던 두 사람은 솔직한 심정을 내비쳤다. "우리 둘이 마주 보며 말했다. 당장 밖으로 뛰쳐나가 남편을 구하자고. 지금 당장."[14]

싱글 여성들이 싱글 남성들보다 주택 구입률이 높다 해도 기혼 남녀와 비교하면 월등히 처진다. 《US 뉴스 앤드 월드 리포트》에 따르면 "싱글 남녀는 다른 가족 형태와 비교했을 때 가장 낮은 수준의 임금과 자산 수준을 갖고 있다. 주택 보유 비율도 가장 낮다."[15]

아니타 힐은 법대 교수로서 이런 주택 불평등 문제를 전공으로 하고 있는데 비혼 여성이 부딪치는 가장 큰 문제가 바로 이 높은 주거비라고 주장했다. "혼자 살지 안 살지는 우리가 결정할 수 있다. 하지만 우리 머리에 어떤 지붕을 얹을지는 잘 계산해야 한다. 남성이 1달러를 벌 때 우리는 80센트를 번다. 점점 더 많은 여성들이 수입의 50퍼센트 이상을 주거비에 쓰고 있다." 힐은 이 같은 경제력이 "독립적 관계를 맺기 어렵게 한다"고 지적했다.

싱글맘이 된 대가

부유한 인구 집단 안에서도, 일하는 독신 여성이 자녀를 갖게 되면 파트너와 함께 키우든 혼자 키우든 간에 경제적 이익이 점차 사라진다. 그들은 어쩔 수 없이 휴직을 하고 육체적으로나 감정적으로나 다른 건 전혀 할 수 없게 되지만 이 사회는 아직도 남성에게 부모됨을 기대하지 않는다.

임신하거나 어린 자녀를 키우는 여성은 자녀가 없는 여성보다 이직이나 취직이 어렵다. 사회학자 셸리 코렐은 연구의 일환으로 고액 연봉의 전문직 회사에 가짜 이력서를 제출해 보았다. 이력서에 엄마라는 힌트가 들어 있을 때 합격 통지를 받을 확률은 반으로 줄어들었다.[16] 코렐은 유자녀 여성이 같은 경력의 무자녀 동료에 비해 대략 시간당 5퍼센트를 적게 벌고, 아이 한 명당 5퍼센트를 적게 받는다는 사실도 발견했다. 사회학자 호야 미스라Joya Misra는 젠더 자체보다 엄마라는 조건이 임금 불평등을 더 잘 예측할 수 있는 요소라고 주장한다.[17]

자녀가 있을 때의 경제적 불평등은 비혼 엄마들이 가장 예민하게 느낀다. 싱글맘이 가장인 가정의 42퍼센트가 빈곤선 이하의 생활을 한다. 2013년에 여성의 삶이 얼마나 빠르게 향상되었는지를 나타내는 증거로 널리 회자된 통계가 있다. 거의 40퍼센트의 엄마들이 한 집안의 주 생계 부양자라는 퓨 리서치 센터 조사였다. 하지만 이렇게 집안의 가장이 된 엄마들의 37퍼센트만이 남편보다 더 많은 임금을 받았다. 이 그룹의 평균 가계 수입은 8만 달러였다. 나머지 63퍼센트는 평균 소득 23,000달러의 싱글맘이었다.[18]

2013년 미국에서 태어난 첫아이의 48퍼센트는 비혼 여성의 자녀였다. 그 비혼 여성 가운데 83퍼센트는 고등학교를 마치지 않은 상태였다.[19] 서른 전에 첫아이를 낳는 미국 여성의 60퍼센트가 혼외 출산이었다.[20] 모든 신생아의 41퍼센트는 비혼 여성의 아이이며 이 숫자는 1970년의 네 배다.[21]

빈곤과 싱글맘 문제가 역사적으로 인종 문제와 얽혀 있다는 대중의 상상은 미국인들이 결혼제도 바깥에서 아이를 낳고 있다는 1960년대 모이니핸 시대의 가정에서 비롯되었다. 또한 80년대 레이건 시대에 탄생한 소위 '복지의 여왕' 흑인 엄마들이라는 캐리커처도 여전히 강한 이미지로 남아 있었다. 2012년 대선 캠페인에서

릭 샌토럼은 이런 식으로 자신의 관점을 전달했다. "나는 다른 누군가의 돈으로 흑인들의 생활을 개선하고 싶지는 않습니다." 이 나라의 무구한 인종 차별 역사와 아프리카계 미국인들이 여러 세대에 걸쳐 경제적 보장으로부터 거듭 배제된 사실을 부인할 수 없다. 그들은 노조가 있는 직장, 대학교 입학, 주거 정책 혜택 등을 받지 못했고 그로 인해 불균형적으로 많은 숫자의 흑인들이 빈곤하게 살아왔다.

그러나 지난 40년간 미국 경제가 파편화되면서 중산층 노동자 가정과 마찬가지로 빈곤층도 세분화되었고 비혼모 현상은 점점 흔해졌다. 2000년에 22퍼센트의 백인 가정이 한부모 가정이었는데 이는 모이니핸이 보고서를 발표했을 때 나온 한부모 흑인 가정과 같은 비율이다.[22]

여성 법률 지원 기관인 리걸 모멘텀Legal Momentum의 수석 변호사이자 여성과 빈곤 프로그램의 디렉터인 팀 케이시Tim Casey는 말한다. "싱글맘들이 무조건 흑인이라 생각하는 경향이 있지만 사실과 다르다." 싱글맘 비율이 히스패닉보다 흑인 여성 안에서 더 높은 것은 사실이고 당연히 백인 여성들보다도 높긴 하지만 케이시는 이렇게 지적한다. "모든 인종 집단 안에서 싱글맘의 비율이 생각보다 높다. 사실 소득이 높은 선진국에서도 싱글 부모는 증가하는 추세다. 이는 새롭게 나타나는 현실이다."

사회학자 캐스린 에딘과 마리아 케팔라스가 공동 집필한 2005년의 책 《내가 지킬 수 있는 약속》은 가난한 싱글맘을 주제로 한 책으로, 두 사람은 몇 년 동안 필라델피아와 뉴저지 도심의 저임금 싱글맘들을 조사했다. 푸에르토리코 인, 백인, 아프리카계 미국인 모두 포함되었다. 미시건 대학교 강의에서 에딘은 이 집단들 사이의 아주 작은 차이점을 언급했다. 그중 하나는 푸에르토리코 인과 백인들 내에서 가정 폭력이 매우 흔하다는 것이다(부분적인 이유는 아프리카계 미국인은 남녀가 같이 사는 경우가 드물기 때문). 또 하나는 흑인 남성들의 수감률이 매우 높다는 것이다. 미 연방 사법 통계국은 20세기 초반에 출생한 흑인 남성 중 대략 3분의 1이 어떤 시점에서 감옥에 가게 된다고 예측했다. 이 집단 모두에서 외도는 아주 흔했다. 두 연구자는 말한다. "대체로 인종적·민족적 차이가 미미하다는 사실을 발견하고 매우 놀랐다."[23]

사회보수주의자, 경제학자, 자유론자 들의 눈에도 그렇고 또한 찰스 머레이Charles Murray의 책《벨 커브The Bell Curve》와 2012년 계층 분리에 관한 보고서인《점점 따로 살기: 미국 백인 사회의 현실 1960-2010 Coming Apart: The State of White America 1960-2010》에서 알 수 있듯이 지난 40년간 흑인과 백인 가리지 않고 결혼 거부가 마치 전염병처럼 퍼졌다. 경제학자 이사벨 소힐Isabel Sawhill은 2015년에《얽매이지 않는 세대: 결혼 없이 섹스 하고 부모 되기 Generation Unbound: Drifting into Sex and Parenthood without Marriage》라는 책에서 이렇게 썼다. "과거에는 빈곤층, 특히 가난한 흑인들 사이에 퍼져 있었던 대안적 생활 방식이 이 사회의 나머지 계층에까지 퍼지고 있다. 이런 현상이 아이들과 사회에 미치는 결과는 결코 바람직하지 않다."

우리가 살펴보아야 할 진실이 여기, 특히 첫 부분에 있다. 처음에는 경제적 필요에 따라 여성을 위한 사회적 발전이 있었다. 이를 테면 임금 노동이 가능해지고 밝은 조명 아래 혼자 다니게 되었으며 더 짧고 더 가벼운 옷을 입게 되었다. 이처럼 혼외 출산 역시 결혼이 더 이상 경제적으로 이익이 되지 않은 집단들 사이에서 가장 먼저 시작된 현상이다.

이 나라의 역사를 돌아보자. 백인 특권층이 흑인들, 주로 가난한 흑인들의 습관이나 행동을 따라 하면 그제야 모두가 그 현상을 주목했다. 백인 신여성들이 흑인들의 재즈 리듬에 맞추어 춤추자 문화를 전복시킨 반항아들로 묘사되었다. 1960년대 중반에 백인 여성들이 지루하고 안전한 인형의 집에서 뛰쳐나와 가난한 흑인 여성들이 계속해 왔던 노동의 세계로 진출했을 때도 그랬다. 백인인 베티 프리단이 흑인인 세이디 알렉산더가 훨씬 전에 주장했던, 일은 여성과 가족 모두에게 이익이라는 주장을 펼치자 페미니즘 제2의 물결이라는 혁명이 되었다. 원래는 가난한 여성과 유색인종 여성 들이 개척해 온 길이었는데 똑같은 현상이 백인 여성들의 행동 양식으로 반복되어 나타나자, 사람들은 그들의 변화를 알아보고 해방으로 인식했다.

어떤 면에서는 언제나 힘 있는 사람들이 힘없는 사람들보다 엄격하게 통제되었기 때문에 그렇다. 돈과 지위가 걸려 있으면 돈과 지위에 접근 가능한 사람들(백인 남성)과 접근하지 못하는 사람들(여성과 유색인종) 사이에 확실한 선이 그어진다. 역사적으로 결혼은 남성들이 자신의 힘을 주장하고 재생산하고 자기들끼리 넘겨주어 통제력을 유지하는 최선의 방법 중 하나였다. 애초에 보호할 만한 자원이 별로 없는 이들, 힘이 많지 않은 이들을 감시하는 눈은 상대적으로 적었다. 생존할 방법을 찾아 발버둥치는 이들에게는 그것이 새로운 가족 형태와 커플 형태를 만드는 것일지라도 작은 보상 정도는 주어졌다. 하지만 이 새롭고 자유로운 행동 양식이 특권층의 권력 구조를 방해하는 기미만 보여도 그들은 그것을 새로운 눈으로 주시하곤 했다.

"사생아 출생률이 이제 전국적으로 높아져 백인들 사이에도 퍼지고 있습니다." 안티페미니스트 운동가인 필리스 슐래플리가 2012년 NPR(미국 공영 라디오 방송-옮긴이) 진행자 마이클 마틴에게 한 이야기다. 슐래플리는 머레이를 비롯한 보수주의자들과 마찬가지로 사회보장제도와 복지제도에 의지하는 사람들을 비난하고 이런 제도들 때문에 여성들이 국가를 남편으로 삼게 되었다고 말한다(하지만 이런 사회보장제도들은 혼인율이 곤두박질치면서 같이 삭감되었다). "린든 존슨 대통령이 복지를 너무 남발했습니다. 그들은 여성에게만 돈을 주었고 그래서 아빠가 필요하지 않게 만들었습니다." 슐래플리는 그 모든 것이 우울한 결과를 낳았다고 말한다. "우리는 대부분의 사회 병폐가 엄마가 가장인 싱글맘 가정에서 나온다는 것을 알고 있지 않습니까?"[24]

마지막 부분은 경제적 불이익, 여성의 독립성, 점점 더 다양해지는 가족 구조 모델이라는 복잡하게 얽힌 문제들로부터 두 가지 잘못된 결론을 도출하고 있다.

첫째는 사람들이 일찍 결혼하지 않으면서 빈곤이 증가했다는 생각이다. "결혼을 안 할수록 수입은 적어지고 가난은 심해지지요." 소힐이 《이코노미스트The Economist》와 가진 인터뷰에서 한 말이다. 이는 상상 속 결혼의 파트너가 가정에 더 많은 수입과 가사노동을 가져올 경우에만 옳다. 만약 배우자 때문에 더 많은 생활비, 식비와 의복비와 주거비와 세탁비가 든다면 어떻게 될까?

두 번째 더 잘못된 주장은 선택이건 우연이건 싱글맘들이 빈곤을 생산하고 지속시킨다는 주장이다. 그들은 싱글맘들이 길을 개척해 가는 것을 방해한 잘못된 경제 시스템이 아니라 각 가정의 경제적 상황에 책임이 있다고 말한다. 이런 메시지는 현재의 계급 불평등 문제를 더 확실한 복지제도 정책으로 해결하려 하지 않고 결혼을 장려하면서, 더 나아가 이른 결혼을 장려하면서 입막음하려는 것이다.

조지 W. 부시 밑에서 백악관 공보비서를 지낸 아리 플레처 전 대변인은 2014년 《월 스트리트 저널》의 기명 논평란에[25] 〈어떻게 소득 불평등과 싸울 것인가: 결혼하라How to Fight Income Inequality: Get Married〉라는 노골적 제목의 글을 발표했다. 그는 미국 빈곤 문제 해결을 위해 국가 예산을 증대시키는 것보다 더 나은 방법이 있다고 말한다. "소득 불평등과 싸울 수 있는 더 나은, 더 인도주의적인 정책은 가난한 이들 옆에서 가장 중요한 결정이 무엇인지 깨닫도록 도와주는 것이다. 학교에 더 오래 다니고 결혼한 다음 아이 낳기, 이 순서대로 하게 해주는 것이다." 복지 수혜 조건을 더 까다롭게 하고 지원을 단기간으로 줄이는 1996년 미국 복지 개혁법을 설계한 사람 중 한 명인 로버트 렉터는 2012년 보수파 정책 연구 재단인 헤리티지 재단에 이렇게 썼다. "결혼은 미국에서 가장 강한 빈곤 퇴치 무기다."

이 모든 주장은 이치에 맞지 않는다. 다른 선진국에서는 싱글맘들의 빈곤율이 미국보다 훨씬 낮다. 미국의 높은 아동 빈곤율은 전국에 걸쳐 있으며 결혼 가정의 아동들을 포함하고 있다. 공공 정책 연구기관 디모스Demos의 매트 브루에니그는 2014년에 이렇게 썼다. "미국의 높은 아동 빈곤율은 싱글맘이 엄청나게 많아지는 현상 때문이 아니다. 빈곤율이 낮은 국가에서는 최하층이라 할지라도 싱글맘 양육 수준이 특별히 처지지 않는다. … 우리는 이 나라 아동 5명 중에 1명 이상을 빈곤에 몰아 넣었는데 우리가 그렇게 만든 것이다."[26]

현실이 이렇다 해도 입법자들이 사회적 지원이 아닌 결혼을 장려하기 위해 관심과 돈을 쏟아붓는 것을 막지는 못한다.

혼인율 하락이 빈곤율과 복지 의존도를 높였다는 렉터의 주장은 이렇게 이어진다. "정부는 반드시 결혼의 가치를 명확하고 논리 정연하게 강조해야 한다. 현재의 정부 정책에서는 결혼이 무시되고 결혼의 권위가 손상되고 있다." 하지만 그는 최근 몇십 년 동안 정부가 결혼을 무시한 적이 절대 없다는 사실을 누구보다 잘 알 것이다.[27] 보수 성향의 입법자인 아이오와 주 상원의원 척 그래슬리, 캔자스 주 주지사 샘 브라운백, 펜실베이니아 주 상원의원 릭 샌토럼과 렉터는 2003년에 조지 W. 부시를 밀어붙여 3,000만 달러 예산으로 '건강한 결혼 운동Healthy Marriage Initiative'을 만들도록 했다. 이것은 국가의 복지 예산을 빼내 저소득 계층의 결혼 교육과 결혼 장려를 지원하는 프로그램이다.

부시 행정부 아래에서 미국 보건복지부의 '결혼 황제' 웨이드 혼Wade Horn이 이 프로젝트를 육성했다. 심리학자인 웨이드 혼은 '미국 부권 회복 운동National Fatherhood Initiative'의 회장으로, 잡지 《마더 존스Mother Jones》 기사에 따르면 남침례회연맹의 권고를 지지하며 이렇게 말했다. "아내는 남편의 서번트 리더십에 기쁘게 자신을 '바쳐야' 하는 존재다. 남편을 도와서 가사를 돌보고 다음 세대를 양육해야 한다."[28] 혼은 성경을 인용해 이렇게 덧붙였다. "그리스도가 교회의 머리이듯 남편은 아내의 머리다."

처음에 이 건강한 결혼 운동은 주로 종교 단체 사이에서 일어나 저임금 노동자들에게 결혼 세미나와 부부 수업을 제공했다. 2010년 오바마 행정부 아래에서 재개되어 새롭게 태어난 이 운동의 초점은 신앙을 기본으로 한 개입이나 중재에서 멀어졌고 아내의 복종 운운하는 종교적 개념을 강요하지도 않았다. 이제 남녀 관계 조언을 해주며 고용을 늘리는 방향으로 바뀌었다.

여전히 건강한 결혼 운동은 혼인율에 전혀 영향을 끼치지 못한다. 두 행정부가 결혼 운동에 무려 8억 달러를 썼지만 이 시기 혼인율은 계속 하락했고 이혼율은 떨어지지 않았다.[29]

혼인율과 결혼 기간을 약간이나마 증가시켰다고 알려진 공공 정책 접근법은 제도로서의 결혼을 장려하는 것과는 무관했다. 오히려 결혼에 앞서 재정적 자원을 제공함으로써 결혼이 가능해지도록 만들어주었다. 그중 하나가 복지제도 확장이다. 1994년부터 1998년까지 미네소타 가족 투자 프로그램Minnesota Family Investment Program은 실직자들에게 지급하던 실업 수당을 고용 후에도 축소하지 않고 유지했다.[30] 이렇게 경제적 안정성이 보장되자 미네소타 주의 흑인 여성 이혼율은 70퍼센트까지 떨어졌다.[31]

비슷한 시기에 밀워키와 위스콘신에서 새로운 희망 프로젝트 New Hope Project가 도입되었다. 빈곤 퇴치를 위한 이 프로젝트는 연방 정부의 빈곤선 수준에서 150퍼센트 미만인 전일제 노동자에게 추가 소득을 지원하고, 실업자들에게는 지역 봉사 일자리를 제공하고 건강보험과 보육료를 삭감해 주는 정책이었다.[32] 이 시기 혼인율을 조사해 보니 새로운 희망 프로젝트에 참여했던 미혼 여성 중 21퍼센트가 5년 후 결혼한 반면, 참가하지 않은 여성 중에는 12퍼센트만 결혼을 했다.[33] 참가자들은 월소득과 임금이 증가하고 우울증이 감소했다.

정부가 빈곤 해결을 위해 노력해야 비로소 결혼을 원하는 사람들이 결혼에 다가설 수 있다는 사실이 분명해 보인다. 반면 사람들 목에 억지로 결혼을 밀어 넣으려고 만들어진 프로그램은 결혼에 전혀 영향을 미치지 못한다. 정치가들이 혼인율 하락이 그렇게 걱정되면 복지 혜택을 늘려주면 된다. 간단하다. 만약 그들의 빈곤율이 높아지는 게 걱정이라면 어떻게 해야 할까? 역시 복지 혜택을 늘려주면 된다. 가난한 싱글맘들의 필요를 채워주기 위해서 이 나라가 해야 할 가장 절실하고 가장 중요한 조치가 무엇이냐고 물었을 때 리걸 모멘텀의 팀 케이시는 이렇게 대답했다. "첫 번째 단계: 복지제도 개혁. 두 번째 단계: 복지제도 개혁. 세 번째 단계: 복지제도 개혁."

그러나 21세기를 시작하는 의회는 이 의견에 전혀 관심을 보이지 않고 있으며 오히려 푸드스탬프 혜택을 줄이는 데 표를 던질 궁리만 하고 있다. 이런 정책은 가족을 부양하는 싱글맘들에게 무차별적으로 영향을 미친다. 2014년 켄터키 주 상원의원 랜드 폴은 혼외로 자녀를 낳은 싱글맘들에게 복지 혜택을 중단해야 한다고 제안하면서 한 오찬에서 이렇게 말했다. "유자녀 기혼 대 유자녀 비혼의 차이는 가난하게 사느냐 아니냐죠."[34] 폴이 인정하지 않은 것이 하나 있다. 그의 주에서 빈곤선 이하로 생활하는 비혼 부모가 빈곤선 이하로 생활하는 기혼 부모보다 더 적었다는 사실이다.[35]

2013년 노스캐롤라이나 주 공화당 상원의원들은 부부가 이혼하기 전에 2년 동안 대기 기간을 가져야 한다는 법안을 발의했다.[36] 2012년 위스콘신 주의 공화당 상원의원 글렌 그로스만은 싱글 부모가 아동 학대의 요인이라고 기술한 법안을 통과시키려 했다. 천만다행으로 이 법안은 통과되지 못했지만 싱글 여성들을 향한 악의와 가난한 비혼 여성들을 더욱 나약하게 만드는 강제 계층차별 정책이 합쳐지면 얼마나 위험할지를 미리 보여주었다.

온라인 잡지 《슬레이트Slate》에서 아만다 마코트가 보여준 것처럼 보수주의자들은 힘 있는 싱글 여성들에게 가장 분노하고 가장 위협을 느낀다. 돈을 벌고 영향력을 휘두르며 유명세를 즐기고 목소리가 큰 특권층 여성들 말이다. 이를테면 아니타 힐, 머피 브라운, 산드라 플루크, 레나 던햄 등. 그러나 이런 여성들의 힘을 막을 방법은 별로 없다. 대신 그보다 약하고 가난한 서민들을 압박하는 방법은 다양하게 갖고 있다. 마코트는 썼다. 공화당 의원들이 부유한 여성들에게 대놓고 "부엌으로 돌아가라"고 협박할 수는 없지만 "두세 가지 일을 뛰며 하루하루 힘들게 사는 우리 주변 싱글 맘들의 삶은 더 힘들게 만들 수 있다."[37]

규칙 파괴자들

보수주의 편향의 낙태 반대 집단인 '포커스 온 더 패밀리'와 유사한 성향의 '가족 협의회The Family Council'는 이런 제안을 내놓았다. "당신의 가정이 가난해질 가능성을 줄이려면 다음의 네 단계를 꼭 순서대로 밟아야 한다. 1. 고등학교를 졸업한다. 2. 결혼한다. 3. 결혼 후에 자녀를 낳는다. 4. 이혼하지 않는다. 만약 당신이 이 네 가지를 순서대로 한다면 당신과 당신의 자녀가 가난하게 살 확률은 82퍼센트 줄어든다." 2013년에 《볼티모어 선Baltimore Sun》 칼럼니스트 수전 라이머Susan Reimer는 억만장자인 킴 카다시안과 카니예 웨스트가 결혼하지 않고 아이를 낳기로 한 결정을 언급하며 이렇게 썼다. "부유하고 교육 수준 높은 집단의 성인들은 성공으로 가는 길에 교육, 일, 결혼, 자녀가 포함된다는 것을 알고 있고 자녀들에게도 확실히 하고 있다. 중요한 건 이 순서대로다." 라이머는 버지니아 대학교의 '국가 결혼 프로젝트National Marriage Project' 책임자 W. 브래드포드 윌콕스가 교육, 일, 결혼, 자녀의 순서를 '성공의 순서'라 언급한 것을 지적했다.

전통적 순서인 결혼 후 자녀 갖기는 지난 몇십 년 동안 미국 전역에서 뒤바뀌곤 했다. 2013년 〈노트 옛 리포트〉에서는 '결혼 지연의 손익'을 자세히 조사했는데 여기서 하이라이트는 '강력한 교차점'이었다. 1990년 무렵 여성의 첫 출산 연령이 첫 결혼 연령보다 낮아진 것이다.

특히 최근에는 대졸자 중에도 혼외 출산을 택하는 여성들이 증가하고 있다. 과거의 가족 만들기 순서를 가장 극적으로 섞어놓는 이들은 고졸 여성도 아니고 대학을 막 졸업했거나 대학 재학 중인 학생들도 아니었다. 대부분 직업 있는 중산층 여성들이었다. 위 보고서의 연구자들은 이 교차의 순간을 이렇게 말한다. "이 시점은 미혼모 현상이 가장 가난한 계층의 영역에서 미국에서 가장 다수이며 이미 여러 가치관이 흔들리는 중산층에게 정상적인 현상으로 옮겨간 순간이다."[38] 이 연구자들은 혜택받은 계층 내 대졸 비혼 여성들의 삶을 이렇게 그렸다. "친구를 만나고 남자와 데이트 하며 스시를 먹고 상사와 컨설팅을 하고 칸막이 있는 직장에서 동료들과 회의하고… 20대 때는 자기 계발에 주력하다가 대학원에 가고 경력을 쌓고 재정적인 독립을 어느 수준까지 성취한다."

재정 불안에서 비롯된 환경, 즉 마구잡이식 경찰 심문부터 실직, 주거 문제 등이 대다수 미국인들의 삶을 예측 불가능하게 만드는 것이 사실이다. 하지만 그렇다 하더라도 부유한 이들은 신중하게 결혼과 비혼 중 하나를 선택하고 가난한 여성들은 그렇지 않다고 주장할 수는 없다. 경제적으로 취약한 여성도 아이를 언제 갖고 결혼을 언제 할지(혹은 하지 않을지) 같은 인생의 기로 앞에서 신중하다. 꼭 판단력이 부족해서, 계획성이 없어서, 자기 통제력이 없어서 그러는 것이 아니다.

고단하게 사는 싱글 여성들 또한 스시 데이트를 하는 대학원생들 같은 욕구를 바탕으로 비혼 생활을 시도하고 유지해 간다. 의미와 목표가 있는 삶을 살고 싶은 욕망, 자립적으로 살고 싶은 욕망을 갖고 있다는 말이다. 다만 그들은 좀더 적은 자원으로 그렇게 할 뿐이다.

파멜라는 브롱스에서 성장했다. 가족들은 정부 보조금에 의지해 살았다. 파멜라의 어머니는 몸이 약해 집에 있었고 아버지는 거리 청소부였다. 파멜라는 17세 때 임신했다. 그녀와 34세의 남자친구는 낙태할 생각이 없었다. 그들이 내린 첫 번째 결정은 아기를 낳는 것이었다. 두 번째 결정은 재정 계획 세우기. 그녀에게는 직장이 없었다. 대학에 갈 생각이었는데 알코올 중독자 아버지에게서 벗어나 뉴욕이 아닌 다른 지역을 원했다. 비록 그 부분은 단념해야 했지만 공부에 대한 희망을 완전히 버릴 수는 없었다.

파멜라의 고교 동창 중에는 아기를 낳고 학교를 그만둔 친구들이 많았다. "졸업은 했지만 남자가 옆에 없었던 아이들은 대학에 가지 않았어요. 결국 맥도날드나 옷 가게에서 풀타임으로 일하게 되었죠. 나는 그러고 싶지 않았어요." 파멜라는 고등학교 때 유급 인턴을 하며 돈을 차곡차곡 모았고 그래서 행동할 수 있었다. "내가 모은 돈을 이제 아이 키우는 데 쓸 상황이었죠."

파멜라와 남자친구는 같이 살기로 했고 그는 두 군데 일자리를 뛰기 시작했다. "우리는 어떻게 하면 같이 살 수 있을지 수입과 지출 계획을 세웠어요. 그가 얼마나 벌어야 우리 생계를 전부 책임지고 내가 돈을 벌지 않고도 학교에 다닐 수 있을지 계산했죠." 파멜라는 부모의 집에서 나와 살기를 고집했지만 엄마는 파멜라의 딸이 두 살 때까지는 같이 살면서 아기를 돌보아주겠다고 했다.

"8월에 아기를 낳았어요. 그리고 일주일 후에 바로 학교에 갔죠. 휴학을 하면 다시는 못 가게 될 것 같았거든요. 안 돼. 난 일반적인 미혼모 통계에 속하지 않을 거야. 난 대학에 갈 거고 졸업할 거야. 그래서 그렇게 했어요. 주변의 도움과 저축해 둔 돈 덕분이죠." 그녀는 2014년에 뉴욕 시티 칼리지를 졸업했다.

파멜라에게는 확고한 결심과 의지가 있었고, 협조적인 파트너가 있었으며, 비슷한 조건의 젊은 여성에게는 불가능했을지 모르는 교육과 재정적 기회가 있었다. 하지만 사회학자들의 연구에 따르면 그녀보다 더 가난한 여성들도 상당히 신중한 계획과 결정 아래 엄마가 되고 비혼으로 남아 있는 방법을 어떻게든 찾아낸다.

그렇다. 어떤 경우는 성교육의 부족, 피임과 낙태의 어려움이 합쳐져서 여성들이 엄마가 될지 말지, 언제 될지 등을 결정할 만한 선택의 여지가 없을지 모른다. 역사적으로 보면 피임과 낙태에 접근할 가능성이 높아졌을 때 10대 임신율이 떨어지기도 했다. 2012년에 10대 임신 비율은 최저점을 찍었다.

오늘날 대부분의 비혼모들은 20대와 30대다.[39] 사회학자들은 많은 경우 이런 임신이 계획에 따라 이루어진 것은 아닐지라도 적어도 경제적으로 어려운 많은 싱글 여성들에게 거부되지는 않았다고 보았다. 이들도 더 여유 있는 사람들과 똑같이 의미, 유대감, 만족감, 든든함, 방향성, 안정성, 정체성 같은 가치들을 추구한다. 하지만 대부분의 미국 여성은 대학 졸업장이 없기 때문에 미래의 경제적 안정을 보장해 주는 경력을 만들기 어렵다. 그들은 매력적인 직업을 갖거나 빠르게 움직이는 경력 코스에 접근하려는 기대가 없어도 원한다면 아이 낳기를 미룰 수 있다.

특권층인 동시대 여성들과 마찬가지로 저소득층 여성들 역시 딱히 경제적 안정성을 약속해 주지 않고 어쩌면 감정적 지지도 보장해 주지 않는 결혼에 일찌감치 뛰어들기를 별로 바라지 않을 것이다. 과학 저술가 나탈리 앤지어는 이렇게 썼다. "아이는… 대다수 결혼이 해주지 못하는 어떤 것을 제공한다. 평생 이어지는 사랑의 유대감 말이다."

캐스린 에딘과 마리아 케팔라스는 엄마로 산다는 것이 비록 재정적으로 불안정한 여성들을 빈곤선 아래로 밀어버릴지라도 결혼 없이 아이 낳기를 선택한 싱글 여성들에게 압도적으로 '긍정적인 무언가'를 제공한다고 썼다. 아이 덕분에 어쩌면 더 적극적이고 희망적인 선택을 하게 되기 때문이다.

타냐는 서른 살이고 브롱스 출신의 도시 농부이며 사회운동가다. 그녀는 세 명의 다른 파트너에게서 다섯 아이를 낳았다. 그런데 그 경험을 대중 앞에서 말하고 나면 꼭 이런 말을 듣게 된다고 나에게 불만을 토로했다. "당신은 똑똑하잖아요. 그렇게 잘못된 판단에 흔들릴 사람처럼 보이지 않아요. 왜 아이를 다섯이나 낳았는지 이해 못 하겠어요!" 그녀는 절대 소극적이거나 끌려다니는 사람이 아니고 누군가의 희생자가 될 사람도 아니라고 스스로 생각한다. "이 아이들 모두 제 선택이었어요. 우리 아이들은 어리석은 선택의 결과가 아니에요. 아이들 한 명 한 명 모두 내가 원했고 사랑받고 보살핌을 잘 받고 있습니다."

돈이 없어도 젊을 때 아이를 낳은 여성들에게 왜 그때 낳았는
지 물으면 굉장히 논리적인 이유들을 댄다. 재정 자원은 부족하지
만 일찍 낳으면 여러 가지 장점이 있다고 한다. 일단 몸이 건강하
고 경제력 있는 부모가 곁에 있으며 아기 양육에 도움이 될 이모,
삼촌 등의 친척과 거처할 집도 있다. 경제적으로 점점 팍팍해지는
미국에서, 그것도 어려운 환경에서 태어난 젊은 여성들은 영원한
미래를 믿지 않는다. 일도, 좋은 음식도, 양질의 의료보험도 점점
더 줄어드는 막막한 미래가 있을 뿐이다. 에딘과 케팔라스는 이렇
게 주장한다. "취약 계층 여성이 경제적 독립을 보장해 주는 직업
을 더 쉽게 가질 수 있는 사회가 되기 전까지, 혜택받은 여성들이
추구하는 것처럼 보람 있는 인생에 대한 희망을 품을 수 있을 때까
지, 가난한 여성들은 대부분의 미국인이 생각하는 것보다 더 빨리
계속해서 아기를 낳을 것이며 계속 결혼을 연기할 것이다."[40]

아니타 힐도 이런 상황을 고려해 봤다고 내게 말했다. "이 여성
들에게 더 나중에 아이를 낳는 것이 낫다고 말하려면, 그렇게 했을
때 정책적으로 보육, 주택, 의료보험을 제공해 줄 수 있다고 말해야
합니다. 그들에게 이익을 주고 아이를 키울 때 필요한 것이 곧 생
긴다고 말해 줄 수 있어야 합니다." 하지만 정부는 시민들에게 보
육, 주택, 의료보험이나 앞으로 더 나아질 교육의 길을 약속해 주지
않는다. 따라서 이들이 그나마 지금 누릴 수 있는 젊음이나 건강한
부모라는 조건을 보고 행동하는 것 또한 합당한 이유가 된다. 아이
를 갖는 것은 미래에 대한 통제력을 스스로 행사하는 것이다.

에딘과 케팔라스는 《내가 지킬 수 있는 약속》에서 인종과 상관없이 엄마가 된다는 것은 비혼 여성의 삶에 계획성과 안정감을 준다는 사실을 설득력 있게 주장한다. 예컨대 아침에 일찍 일어나게 하고 자기 관리를 잘하게 하고 한 곳에 정착하게 한다. 어쩌면 마약을 끊게 해주고 집에 일찍일찍 들어오게 하며 다시 학교로 돌아가거나 가족과의 사이를 더 끈끈하게 해줄지도 모른다. 그들이 인터뷰 한 비혼모들은 이렇게 말하곤 했다. "아이가 나를 구했어요."

이 연구자들도 아이를 낳는 데에는 비용이 들고 아기가 가난한 여성을 더 부자로 만들어주지는 않는다는 사실을 인정하지만, 모성의 배후에는 자기 삶에 짜임새와 만족감을 가져올 모든 것들이 이유가 된다. 에딘과 케팔라스는 말한다. "엄마로 산다는 것이 삶의 가치, 목표, 연대감, 질서를 보증해 주지는 못하더라도 가능성은 부여한다. 아이들은 엄마가 적어도 심리적 혹은 상징적으로 경제적, 사회적 불이익을 뛰어넘을 수 있게 해준다. 이 여성들이 결혼보다 엄마 되기를 우선시한 것은 복지 혜택을 받고 싶어서도 아니고 절제가 부족하거나 단순히 체념했기 때문도 아니다. 개인적 어려움 속에서 엄마의 길을 선택한 것은 자신의 힘과 판단, 그리고 타인을 보살피려는 욕구를 인정한 것이다."[41]

서른다섯 살의 비혼모 아나 페레즈도 그랬다. 열아홉 살에 첫 아이를 낳고 고등학교를 중퇴했지만 나중에 금융 회사 부회장이 된 그녀는 《뉴욕 타임스》와의 인터뷰에서 이렇게 말했다. 만약 아이를 낳지 않았다면 "나는 지금보다 훨씬 덜 생산적으로 살았을 것이다. 흐지부지 시간을 흘려보냈을 것이다."

괜찮은 남자가 없다

파멜라는 아직도 아이 아버지인 남자친구와 산다. 하지만 가까운 시일내에 그와 결혼할 생각은 없다. "결혼한다고 해서 그 남자가 언제까지 내 곁에 있으리라고는 생각하지 않아요. 결혼을 했어도 그가 떠나고 싶었다면 떠났겠죠."

파멜라는 또래 친구들 사이에 결혼하지 않는 것이 표준이라고 말했다. "결혼하는 사람을 많이 못 본 것 같아요. 결혼했다가 이혼하는 사람들은 많이 보죠. 싱글맘이 굉장히 많아요. 요즘 제 눈에는 그 사람들만 보이는걸요." 어쩌면 그녀가 좀더 부유한 이들 틈에 있었다면 법적으로 맺어진 커플들을 더 많이 안다고 말했을지 모른다. "하지만 내가 자라온 이 환경도 그렇고, 내 주변 사람들은 교육받지 못한 사람들도 많아요. 고등학교도 마치지 못했거나 검정고시만 합격한 상태죠. 결혼할 돈도 없고요."

그래도 파멜라는 아이 아버지와 잘 지내고 있어서 다행이라고 말했다. "요즘에는 괜찮은 남자가 없다고 한숨 쉬는 여자들이 참 많더라고요." 그녀가 자란 사우스 브롱스는 특히 더 그렇다. "우리 동네 남자들 중에 결혼하고 싶다거나 같이 가정을 꾸리고 싶은 남자들은 없어요." 하지만 시티 칼리지에 다닐 때는 달랐다. "그 사람들은 다르더라고요. 교육받은 남자들이요. 독립심이 강했고 자기 미래를 위해서 뭔가를 열심히 해나가고 있었어요. 그런 남자들을 보면서 이렇게 배운 사람들, 똑똑한 사람들 중에 한 명을 골라 친해지고 알아가고 사귈 수도 있겠다 생각했어요. 하지만 우리 엄마 동네에서는 그런 남자를 눈 씻고 찾아봐도 없어요. 좀 암울하죠."

아기를 가질 것인가, 가진다면 언제 가질 것인가 같은 결정과 마찬가지로 많은 여성이 결혼하지 않고 비혼으로 남아 있는 이유는 그냥 어쩌다가 되는 대로 불쑥 생각 없이 결정한 일이 아니다. 누군가와 교제하고 있거나 아이 아버지와 계속 만나고 있을 때도 마찬가지다. 수백년 동안 펼쳐진 이야기 덕분에 여성들은 이제 성인기 초입에 다른 사람과 법적인 끈으로 묶이는 결혼이 그들의 욕구를 가장 잘 채워줄 제도가 아님을 알게 된 것이다.

첫아이가 태어나 함께 살지만 결혼은 하지 않은 커플들을 대상으로 한 〈취약 가정과 아동 복지 연구Fragile Families and Child Wellbeing Study〉에 따르면, 여성들은 여러 가지 이유로 연인과의 결혼을 망설인다고 한다. 이 보고서에 나온 남성 중 40퍼센트가 투옥 중이었고, 3분의 1은 1년에 1만 달러(약 1,100만 원-옮긴이)도 벌지 못했으며, 24퍼센트는 실직 상태였다. 부모의 40퍼센트가 고등학교 중퇴 학력에 61퍼센트의 남성이 다른 여성과의 사이에도 아이가 있었다.[42] 3년 후 이 커플 중 15퍼센트만이 결혼을 했는데 그중 50퍼센트가 결국 이혼했다.

괜찮은 남편감 부족 현상은 시카고 대학교 사회학과 교수이며 빈곤층 전문가인 줄리어스 윌슨Julius Wilson이 《혜택받지 못한 자들The Truly Disadvantaged》이라는 저서에서 주장해 유명해진 말이다. 그는 도심 빈민가에서 믿음직하고 견실한 젊은 남성의 부족 현상이 심각하다고 썼다. 이는 미국 사회의 불편한 진실이자 뜨거운 감자다. 과거 서부 팽창 정책이 미국 동부의 남편감 부족을 가져온 것처럼 제도적 인종 차별의 악순환과 빈곤의 악순환이 이 계층의 남편감 숫자를 기하급수적으로 줄여버린 것이다. 2014년 퓨 연구소의 조사에 따르면[43] 싱글 여성 100명당 취업한 싱글 남성의 숫자는 84명인 데 반해 흑인 싱글 여성 100명당 취업한 흑인 싱글 남성은 51명뿐이다.

아프리카계 미국인과 라틴계 인구에서 이런 악순환이 계속되는 이유는 대량 투옥 때문이기도 하다. 뿌리 깊은 인종 프로파일링(특정 집단을 표적으로 정해 검문하고 수색하는 것-옮긴이)과 합법이 된 정지신체수색권stop and firsk 때문에 대체로 빈곤층인 흑인과 라틴계 남성들은 경찰에 수시로 조사를 받고 사소한 약물 소지법 위반에도 교도소에 수감된다. 2001년에 출생한 흑인 남성의 거의 3분의 1이[44] 일생 동안 어느 시점에 적어도 단기간은 수감된다는 예측이 있다.[45] 2010년 고교를 중퇴한 흑인 남성의 3분의 1이 교도소에 있었다. 백인 고교 중퇴자들의 경우는 13퍼센트로 그 반절도 되지 않았다.[46] 매년 100만 명 이상이 약물 소지죄로 감옥에 끌려가는데[47] 그중 단순 마리화나 소지죄로 잡혀간 이들이 대략 60만 명이다. 흑인은 백인보다 수감될 확률이 여섯 배 높으며[48] 미국 수감자의 숫자는 유럽 35개 국가의 죄수를 전부 합친 것보다 더 많다.[49]

범죄로 기소된 적이 있으면 마땅한 직업을 갖기가 어렵고 입에 풀칠하기 위해 어쩔 수 없이 불법 행동으로 돌아가기도 한다. 1994년 연방 정부는 전과자들이 연방 학비 보조금을 받을 수 없도록 했다.[50] 범죄로 기소된 이들은 때로는 단순히 체포만 된 경우에도[51] 공공 주택에서 퇴거 명령을 받을 수 있다. 《새로운 짐 크로우

The New Jim Crow》의 저자 미셸 알렉산더는 이렇게 썼다. "한 번 감옥에 갔다 오면 영원히 하층 계급으로 강등된다. 직장이나 집을 구할 수가 없고 대부분 몇 년 안에 다시 감옥에 간다. 전과 기록이 있는 흑인 남성은 노동 시장에서 가장 불이익을 받는 집단이다."[52] 결국 이런 남성들은 여성들이 경제적으로나 감정적으로 지지대로 삼을 만한 안정적 짝이 될 가능성이 현저히 줄어든다.

다시 말하지만 경제난 심화는 유색인종에게만 국한된 사항이 아니다. 《남성의 종말》의 해나 로진은 제조업 공장의 해외 이전 등으로 인한 블루 컬러 직장의 쇠락이 전국적으로 저조한 혼인율의 원인이라고 설명한 바 있다. 쿤츠 또한 지적한다. "경기 침체가 시작되기 전부터 고졸 취업 남성의 평균 임금은 1979년의 고졸 취업 남성보다 고정 달러(인플레이션 부분을 제거한 실질 달러 가치-옮긴이) 기준으로 시간당 4달러가 적었다."[53] 빈곤선 이하 생활자가 아닌 경우에도 실업, 임금 동결, 치솟는 교육비, 모기지 사태의 파장 같은 경제적 스트레스로 인해 짝을 찾는 일은 점점 우선순위에서 밀려났다. 실질적으로 그럴 뿐 아니라 감정적으로도 그렇다.

가난한 백인 여성들의 건강 문제를 기사로 쓴 저널리스트 모니카 포츠Monica Potts는 말한다. "남부의 저소득 백인 사회의 경우 이전에도 여성이 가정의 생계비와 양육비를 책임지는 경우가 많았는데 이제는 들러붙는 남편까지 책임져야 한다. 남편은 도움은커녕 때때로 골칫거리만 안겨주는 짐이다. 가난한 여성들은 제일 열심히 일해 수입의 대부분을 책임지는데 가장 대접을 못 받는다. 남성들이 결혼에서 좋은 것들만 쏙쏙 빼먹는 동안 여성들은 가족을 위해 뼈 빠지게 일하며 감정노동까지 한다."

경제학자인 벳시 스티븐슨과 저스틴 울퍼스는 이렇게 설명한다. "돈은 애정과 관련 있다. 가계 소득이 높은 가정에서는 그 감정을 느끼기가 조금 더 쉬워진다. 거칠게 말해서, 수입의 4퍼센트가 증가할 경우 서로 사랑하고 사랑받을 확률도 4퍼센트 증가한다고 보면 된다." 스티븐슨과 울퍼스는 돈이 있으면 데이트 할 시간 갖기가 쉬워져서 그렇기도 하지만 어쩌면 실질적 상관관계가 있을지도 모른다고 추측한다. 발렌타인 데이 논평에서 한 경제학자가 말하지 않았던가. "신장이나 외모처럼 소득과 상관관계가 있는 다른 요소들이 매력의 진정한 원천일 수 있다. 아니면 사랑받고 있다는 사실이 당신을 노동 시장에서 더 돋보이게 만들었을지도 모르고."[54]

어쩌면 돈이 없기 때문에 개인적 생활이 흐트러졌을지 모르고 그런 여성은 역시 돈 때문에 흐트러진 사람들이 모인 곳에서 상대를 만날 수도 있다. 경제적 갈등은 결혼을 지속하기 어렵게 만든다. 저소득층에서 우울증, 가정폭력, 성적 학대, 총기 폭력 비율이 더 높다.

(백인) 남성이 제조업 공장 노조의 보호를 받는 직원이라면, 방 세 개짜리 집을 구할 대출금을 얻을 수 있다면, 연금 계획이 있다면 그들 중 하나를 잡아 결혼하는 것은 (특히 여성에게 그와 같은 기회가 없을 경우) 충분히 수긍할 만하다. 하지만 남성들도 경제적으로 고달프고 이전에 비해 여성은 경제적·사회적·성적으로, 또 부모로서도 독립되어 있다면 결혼은 필수불가결한 선택지가 되지

못한다. 그러다 악연을 만나기라도 하면 오히려 평생의 짐이 되어 버릴 테니까.

제이슨 드팔이 쓴 미시건의 두 여성 이야기 중 샤이러에게 남편이 없는 것으로 보아 우리는 아이들 아빠가 "경제적으로 무능하고 아내를 무시하고 양육에도 보탬이 되지 않은 남편"이라고 예상할 수 있다. 그녀는 나중에 다른 남성을 만나 동거하기도 했으나 드팔의 보고에 따르면 "그를 떼어내기 위해서 경찰을 불러야 했다". 재혼 생각이 있다 해도 이런 남자를 만나는 것은 경제적으로든 어떤 면에서든 가족의 운명을 개선하는 데 도움될 리가 없다.

가난이 싱글 여성들의 삶을 힘들게 만든다면 결혼 생활 유지는 더 힘들게 만들 것이고 그래서 혼자 사는 편이 더 선호된다는 사실을 기억해야 한다. 빈곤선 이하 기혼 부모의 숫자는 2000년에서 2012년 사이에 40퍼센트나 증가했다.[55] 앤드루 체를린Andrew Cherlin의 2014년 저서 《노동자들의 잃어버린 사랑Labor's Love Lost》을 보면 1980년에서 2012년 사이 맞벌이 커플의 연간 평균 소득은 30퍼센트 증가한 반면 싱글맘의 평균 소득은 11퍼센트 상승했고 기혼 외벌이의 평균 소득은 전혀 상승하지 않았다. 결혼은 그 자체로 경제적 전망을 밝혀주지 못한다. 맞벌이를 해야 한다.

물론 빠듯하게 사는 싱글맘이라 해도 파트너에게 경제적 원조만 바라지는 않을 것이다. 많은 여성들이 사랑하는 사람을 원하고 그 사람으로 인해 삶이 극적으로 나아지길 열망한다. 벌이가 넉넉하지 않아도 힘들 때 위로해 주고 살림을 해주고 아이를 키워주고 무거운 짐을 같이 나누어 지는 사람을 원하기도 한다. 하지만 그렇게 훌륭한 성품을 가진 짝은 원하는 사람에게 그리 자주 찾아오지 않고, 나쁜 결혼과 그 결말인 이혼은 특히 여성에게 경제적·감정적으로 큰 고통으로 다가온다. 경제적으로 곤란한 여성에게는 그 고통을 이겨낼 힘이 더 없을지도 모른다.

꼭 지금 할 필요 있나

에멀리는 브루클린에서 고객 서비스 상담원으로 일한다. 24세의 그녀에게는 두 살짜리 아이가 있고 아이 아버지와 결혼하지 않은 채 함께 살고 있다. "결혼하면 이혼할 수도 있잖아요. 결혼하면 약간 더 서로가 멀어질 듯한 느낌이 들어요." 에멀리는 지금 이 상태가 좋다. "같이 사는 건 좋은데 결혼하고 싶지는 않아요. … 하지만 서른다섯 때는 하고 싶어질 수도 있지요. 그래, 나이도 많아지는데 결혼하는 것도 괜찮지 않을까? 그때도 계속 이 사람과 같이 산다면요. 앞으로 10년 쯤 뒤에는 그렇게 될지도 모르죠."

이제 여성이 결혼하지 않고도 살 수 있게 되었기 때문에 어쩌면 결혼은 이전보다 더 큰 의미를 갖게 될지 모른다. 에딘과 다른 학자들이 주장했듯이 자녀 양육과 결혼과의 상관관계가 약해지면서 결혼이 보다 '상징적 가치'를 지닌 무언가가 될 수도 있다. 여성과 남성 모두에게 진정 가치가 있다고 느껴지는 관계, 평생을 기다려온 관계, 책임을 갖고 들어갈 준비가 된 다음에 하고 싶은 무언가가 될지 모른다.

다시 말하지만 문제는 저소득층이다. 이들에게 느리게라도 조건이 개선될 가능성은, 좋은 교육을 받고 좋은 직업에 접근이 가능한 사람들보다 훨씬 더 적다.

구조적 불평등에 관해 우리가 가장 좋아하는, 주로 필리스 슐래플리 같은 보수주의자들이 들고 나오는 의견은 경제적 취약 계층이 결혼하지 않는 이유는 두 사람의 수입을 합치면 소득이 높아져 정부 보조를 받을 수 없기 때문이라는 것이다. 복지법 시행 방식으로 보면 어떤 사람들에게는 맞는 말이기도 하다.

에멀리는 고객 서비스 상담원으로 일하면서도 푸드스탬프와 메디케이드를 받고 5세 이하 아이를 키우는 저소득 여성들을 추가로 지원해 주는 프로그램에서도 도움을 받는다. "이렇게 해서 겨우 먹고살 만큼 벌어요. 빚지지 않고 살 수는 있죠. 미혼모로 정부로부터 약간의 도움을 받잖아요. 만약 결혼했다면 정부 지원은 전혀 받지 못했겠죠." 에멀리는 아이 아버지인 남자친구와 같이 살지만 정부 지원 문제 때문에 결혼하지 않은 건 아니라고 했다. "최종적인 이유는 아니죠. 하지만 약간의 이유는 되겠네요."

경제적 필요가 결혼 선택에 영향을 미친다는 것은 분명 합당한 이유라 할 수가 있다. 하지만 그것이 이렇게까지 많은 비혼 여성의 숫자를 설명할 충분한 이유는 되지 못한다. 리걸 모멘텀의 팀 케이시는 이렇게 지적한다. "복지는 이 사회에서 굉장히 부정적인 이미지를 갖고 있다. 그 단어에 어떤 낙인이 찍혀 있기도 하다. 복지에 의존하고 싶어하는 사람은 없어 보인다." 사람들이 정부의 보조를 받는 이유는 정부 보조를 받을 필요가 있기 때문이지 결혼의 훌륭한 대체제가 되어서가 아니다. 슐래플리의 말과는 반대로 복지 혜택은 한 번도 '지나치게 후했던' 적이 없다. 후한 것과는 거리가 멀다. 그리고 그 혜택과 가치는 지난 몇십 년 동안 점점 삭감되어 왔다.

복지 증가가 혼인율 하락을 가져왔다고 하는 사람들을 향해 에딘과 케팔라스는 상황을 제대로 파악하지 못했다고 말한다. "사회복지제도가 확장되어 1980년대와 1990년대 혼외 출산이 증가한 것이 아니다. 1970년대 중반에 캘리포니아를 제외한 모든 주에서 인플레이션을 고려한 현금 수당을 지급하지 않았다." 1990년대 초반에 복지 수당의 실제 가치는 거의 30퍼센트가 떨어졌다. 한편 혼인율은 계속 떨어졌고 혼외 출산이 꾸준히 증가했다.[56]

경제적으로 어려운 여성들 또한 고학력 고소득의 또래 여성들과 마찬가지로 자신들의 재정적 독립과 미래의 안정이라는 개념에 매우 큰 가치를 두고 있다.

〈취약 가정 연구〉는 결혼한 커플이 1년 안에 아이를 갖는 데 가장 큰 영향을 미치는 요소가 남성의 취업 여부와 연봉일 뿐만 아니라 여성의 교육과 임금이기도 한다고 보고했다. 두 파트너 모두의 경제적 안정이 애정 관계 안정의 열쇠인 것이다.

에멀리는 전문대 졸업장이 있지만 앞으로 더 공부해서 4년제 학사 학위를 딸 계획이다. "저는 커리어다운 커리어를 갖고 싶어요. 고객 서비스 상담은 커리어라고 할 수가 없죠. 그냥 직장이지." 에멀리는 경찰 공무원이 되고 싶다. "우리 아들에게 더 나은 인생을 물려주고 싶으니까요. 아이를 위해서 더 많은 걸 원해요."

경찰이 되면 보장도 많고 월급도 올라갈 것이라고 했다. "언젠가 내 집을 살 수도 있겠죠. 내 차도 사고요. 나도 대학을 나오긴 했으니까요. 지금 나에게 더 중요한 것은 안정성이에요. 분명히 지금보다 더 안정되어야 하고 미래에 확신이 있어야 해요."

에딘과 케팔라스는 직업과 경제적 야심이 저소득 여성이 그리는 미래에 가장 중요하다고 주장했다. 에딘은 미시건 대학교 강의에서, 자신들이 인터뷰 한 싱글맘들에 대해 이렇게 말했다. "그들은 그것이 아주아주 중요하다고 믿었고 자신뿐 아니라 파트너 또한 결혼보다 경제적으로 '자리 잡는' 것이 중요하다고 재차 강조했습니다. 많은 여성이 남자에게 경제적으로 의존한다는 생각에 강한 거부감을 갖고 있었습니다." 그들은 경제적 안정성과 직업이 '가부장적 성역할에 대한 방패이고 남편들의 몹쓸 행동에 대한 방패'라고 믿었다. 경제력은 헤어질 경우를 대비한 '보험'도 된다. 에딘은 말했다. "그들은 자기 손으로 돈을 벌지 않으면 동일한 발언권이나 협상할 힘도 사라질 거라 믿었습니다."

아무리 열심히 일해도 돈을 적게 버는 미국인들이 어차피 꿈은 이루어지지 않을 테니 일하러 나가기보다 집에 있는 편을 택할 거라 상상하기 싶다. 하지만 경제적으로 곤란한 여성들은 일해서 버는 돈이 본인에게도 좋고 그들의 결혼도 살리는 것이라 믿고 있다. 아드리안 프레츠Adrianne Frech와 사라 다마스케Sarah Damaske는 아이 낳고 일을 계속한 여성들이 마흔이 되었을 때, 일하지 않은 여성들보다 육체적·정신적으로 건강하다는 조사 결과를 발표했다.[57] 아무리 임금이 적더라도, 비탄력적인 시간제 교대 근무에 지치고 우울하다 해도 일을 하지 않으면 안심할 수 없다. 스테파니 쿤츠는 2012년 갤럽 조사를 인용해 저소득 가정에서 바깥일을 하지 않는 여성들이 같은 소득 계층의 일하는 여성들보다 "미소짓거나 웃거나 어제 즐거웠다고 말하는 일"이 더 적다고 말했다.[58]

"우리 가족들은 아이 키우는 건 여자 책임이라 믿고 여자가 일을 해도 무조건 아이를 우선해야 한다고 생각해요. 남자들은 진짜 그 부분에서 큰 역할을 안 하죠." 파멜라는 말했다. "남자는 그냥 돈 벌어다 주는 사람이죠. 여자는 요리와 청소 담당이고. 나는 그렇게 생각하지 않아요. 남자들도 아이 삶에 적극적으로 참여하고 가사 분담도 해야 돼요." 파멜라는 결혼이라는 젠더 권력 역학관계를 고려하면서 '과연 우리 엄마가 아빠에게서 받은 것이 무엇인지' 생각한다. 파멜라의 아버지는 '엄마를 들들 볶았다'고 했다. 자기였다면 그런 상황을 절대로 참지 않을 거라고. "변하지 않는 사람 옆에 머물 필요가 없어요. 떠나야 해요. 그리고 그런 취급을 당하지 않을 정도로 경제적 힘이 있어야 해요."

파멜라는 변호사가 되고 싶다. "젠더 역할에 순응하지 않아야 한다는 압박감이 있어요. 엄마처럼 살기는 싫거든요. 엄마는 결혼에 꼼짝 없이 갇혀 있었어요. 그 세대의 많은 여성들이 엄마처럼 그렇게 살았는데 솔직히 왜 그들이 반드시 남자와 살아야 한다고 생각했는지 저는 모르겠어요." 하지만 예외는 있었다. "입주 도우미나 상점 직원 일을 하는 사람들은 달랐어요. 회사원이나 교사 같이 더 독립적인 일을 하는 사람은 별로 없었고요. 아마 그런 직업을 가지려면 공부를 더 해야 했을 텐데 그러지 못했겠죠. 그러니 대부분은 그냥 집에 있었어요."

이제 싱글맘들과 그들의 남다른 성취 욕구가 국가 무대에서 나타나기 시작했다. 유력한 자리까지 올라가는 여성들은 비교적 드물지만 그래도 텍사스 주 주지사 후보 웬디 데이비스Wendy Davis가 있고 매사추세츠 상원의원 엘리자베스 워런Elizabeth Warren과 위스콘신 하원의원 그웬 무어Gwen Moore와 연방 상원의원에 출마한 메릴랜드 주 하원의원 도나 에드워즈Donna Edwards가 있다. 이들은 열심히 살고 일해 직업적 목표를 이루었다.

여기에도 또 다른 굴곡이 있다. 오클라호마의 결혼 찬성 운동을 취재해 2003년에 〈결혼 치유〉라는 글을 쓴 저널리스트 캐서린 부는 한 결혼 강좌에서 간호사가 이렇게 말하는 것을 들었다. "나와 결혼하려는 남자의 속셈을 어떻게 알아보지요? 간호사 유니폼을 입고 있으면 남자들은 내가 일한다는 걸 알고 졸졸 따라다녀요. 내 월급에 손대고 싶어서요."[59]

가난한 여자들이 결혼을 무조건 거부하는 것은 아니다. 그들 또한 부유한 또래들처럼 확신이 생길 때까지 결혼을 연기하려는 것이다. 본인이 안정감과 자신감을 갖고, 정체성을 잃거나 결혼 내에서 발언권을 잃으리라는 두려움 없이 한 남자와 결혼을 약속할 수 있을 때까지 기다린다. 부유층, 중산층, 서민층 여성들 모두 누군가에게 의존했을 경우 자칫 잘못해 나락에 떨어지는 일을 피하려 한다는 점에서 똑같다. 그들은 나쁜 결혼의 결과인 고통스러운 이혼 근처에는 가고 싶지도 않다. 결혼이 사회에서 인가받는 필수 사항이 아니라 인생을 향상시켜 주는 것이 되었을 때만 바람직한 것으로 본다.

차이는 있다. 부유한 여성들에게는 야망을 실현할 길들이 조금 더 열려 있고 경제적 독립을 쟁취할 희망도 더 많다. 결혼과 아기를 미룰 수 있을 정도의 시간과 유연함이라는 사치를 누릴 수도 있다. 그 시간에 자신의 관심사를 따라 살지만 아이러니하게도 그렇게 하면서 같은 관심사를 공유하고 역시 안정성을 가진 남편감과 가까운 공간에 있게 된다. 특권은 특권을 낳는다. 잘사는 여성들은 계속 더 잘살게 되고 결국 이들 중 많은 이들이 결혼을 하고 그로 인해 사회적·경제적·정서적 삶이 더욱 개선된다.

피상적으로 보면 결혼 지연의 가장 큰 수혜자는 특권층 여성인 것 같지만 이 여성들이 돈을 벌기 위해 일한다는 개념을 발명하지 않은 것처럼 결혼에서의 해방을 발명하지도 않았다. 이러한 행동은 모두 가난한 노동 계급 여성들이 경제적 필요에 의해 발전시켜 온 것이다. 출발선부터 달랐던 부유한 여성들은 이들을 모방하면서 그런 행위가 이익이 된다는 사실을 이해하게 되었다. 그것은 사회적 진보로 보였고 일종의 해방 운동으로 보였으며, 적어도 멋진 트렌드로 비쳤다.

그런데 가난한 사람들의 공동체에서는 이런 흐름이 나약한 희생자로 취급받거나 때로는 병적이라고 간주된다. 그들은 비도덕적이고, 무책임하고, 지역사회와 가족에게 위협이 되고, 국가에는 짐이 된다고들 한다. 따라서 우리가 저소득 지역의 싱글 여성과 싱글맘들이 겪는 빈곤의 악순환을 주시하는 것도 물론 중요하지만 이 저소득 지역 싱글들의 높은 비율이 그저 우연히 나타난 현상이 아니며 나아가 그들 논리와 도덕성 결함을 나타내는 것도 아니라는 사실을 이해하고 인정해야만 한다.

저널리스트 타-네하시 코츠는 이렇게 정확히 관찰했다. "인간이란 매우 논리적이고 대체로 자신의 이해관계를 식별하는 데 굉장히 영민하게 움직이는 존재다. 우리가 누누이 들어온 것과 달리 여성 또한 인간의 성향을 갖고 있으며, 오늘날 그들이 결혼하고 싶어 하지 않는다면 결혼이 예전에 그랬던 것만큼 자신의 이해관계에 도움이 되지 않는다고 판단했기 때문일 것이다."[60]

8

섹스와 싱글 걸스

처녀성 대 난잡함을 넘어

노스다코타 주 비스마르크에 사는 변호사이자 고고학자인 크리스티나는 대담하고 개방적인 서른다섯 살의 여성으로 자기 자신을 '고고학적 범죄와 싸우는 기계'라 부른다. 크리스티나는 매우 자유로운 부모 밑에서 자랐는데 그들 부부 사이는 별로 좋지 못했다. 딸에게도 이 결혼이 행복하지 않다고 솔직히 말했고 웬만하면 독신으로 살라고 충고했다. 크리스티나가 대학생 때 사랑하는 남자를 따라 텍사스로 가고 싶다고 하자 엄마는 끔찍하다는 듯 외쳤다. "그러지 마. 그러면 안 돼. 넌 아직 섹스를 충분히 안 해 봤다고." 크리스티나는 엄마의 말을 정확히 기억했다.

결국 크리스티나도 동의했다. 그녀는 섹스를 충분히 해보지 못 했던 것이다. 20대에는 결혼 문화에 아무 관심이 없었고 독신 생활을 즐겼다. 그녀의 목표는 '서른까지는 싱글로 지내기'였다. 한 사람에게만 충실한 연애도 몇 번 했고 연인이 없을 때는 자유롭게 가벼운 섹스를 즐겼다. "댄스 플로어에서 나를 잘 리드하는 사람이라면 흔쾌히 응했죠." 그녀의 섹스 취향은 자칭 '초열정적' 성격의 한 단면이었다. "난 개를 무척 사랑해요. 내 일도 사랑하고, 달리기도 사랑하고, 아이들을 사랑하고, 육체적 접촉을 사랑해요. 나는 섹스를 사랑해요."

크리스티나는 로스쿨 동기생들이 자기 눈에는 그저 되는 대로 짝을 맺는 것을 보고 충격을 받았다. "같이 파티를 다니거나 자주 친하게 어울린 적도 없는 남녀가 어느 날 갑자기 결혼을 발표하더라고요." 평생의 인연을 이렇게 서둘러 맺는 건 그다지 끌리지 않았다.

하지만 그녀도 나이가 들면서 아이를 원했고 같이 아이를 가지면 좋을 남자를 찾는 일에 부쩍 관심이 생겼다. 한 남자친구와 동거를 해보았지만 알코올 문제가 있고 신뢰하기도 어려운 사람이었다. 그를 사랑하긴 했다. "하지만 그 남자와 아이를 가지면 안 되겠다 싶었어요. 우유 사오라고 시키면 그대로 나가 이틀 동안 안 들어오기도 했거든요. 그런 성격을 내가 바꿀 수는 없었죠." 그녀는 뉴멕시코의 나바호 인디언 보호 구역 근처로 이사했는데 이곳에는 빈곤, 인종 차별, 기회 부족들이 뒤엉켜 사회적·성적 분위기가 그리 건강하지 못했다.

"나보다 훨씬 더 어리고 거침없는 사람들과 어울리게 되었어요. 내 20대도 나름대로 거칠었다고 생각했는데 30대 초반이 성적으로 가장 거친 시기가 되었죠. 섹스에 탐닉했고 세 명이서도 하고 남자, 여자 파트너 관계도 복잡했죠."

크리스티나는 이런 쾌락의 시기를 즐겼지만 이제 와 돌아보면 그 시기에 자주 편두통이 있었고 왕성한 성생활에 따른 신호가 몸에도 왔다고 한다. 모든 걸 터놓는 사이인 아버지는 그녀에게 재미있게 사는 것은 좋지만 "스물네 살짜리 데스 메탈 뮤지션과 흥청망청 노는 게" 그녀를 행복하게 해주지는 못할 거라고 말했다. 그녀의 다음 정착지는 몬태나 주 미줄라였고 이곳에서 고고학 석사 학위를 땄다. 또한 매우 독실한 남침례교 신자와 사랑에 빠졌다. 불행히도 여자와 살아본 적이 없던 그 남자는 점점 더 신앙에 빠져들었다. "그런 남자 있잖아요. '우리 얼른 결혼해서 아기 가집시다' 하는 남자요. 그 남자를 무척 좋아했지만 우리 사이에 자꾸 예수님이 출현하시더라고요. 난 예수님과 그리 친하지 않은데."

현재 비스마르크에 사는 크리스티나는 여전히 싱글이며 난생처음으로 섹스를 줄이려 노력하고 있다. 침례교 남자와 헤어진 후에 느꼈던 상실감도 영향을 미쳤고, 또 머지않은 미래에는 아이를 꼭 갖고 싶다는 소망도 작용한 것 같다고 했다. "한 가지 이유일 수도 있고 그 모든 이유일 수도 있겠죠. 아무튼 전 요즘 가벼운 섹스는 안 하려고 마음먹었죠." 그녀가 잠깐 말을 멈추었다.

"그래도 가끔은 해요. 잘생긴 남자가 다가오면 어쩔 수 없거든요. 원나잇스탠드만 가끔 할 것 같아요."

크리스티나가 이 남자 저 남자 많이 만나며 살아온 인생에서 후회하는 딱 한 가지는 그 과정에서 누군가가 상처받았을지 모른다는 점이다. 좀더 젊었을 때는 자신을 "내 인생 내 뜻대로 사는 강인한 여자"라고 보았다. "지금은 조금 더 온순해졌죠. 한 번 더 생각하고 배려하고요." 그녀는 대중문화에서 주로 남성들과 연결시키는 스타일을 자신에게 유리하게 활용했다. "남자들에게 이렇게 말하곤 했어요. '먼저 이것부터 확실히 하고 시작하죠. 저 애인 찾는 거 아닙니다. 사실 만나는 사람도 있어요.' 그러면 남자들이 그래요. '와, 잘됐네요. 나도 한 여자에게만 정착하긴 싫거든요.'" 그리고 둘이 좋은 시간을 보낸다. 너무 좋아서 쭉 이어가고 싶을 때도 있다. "그러면 남자들은 내가 다른 사람은 만나지 않을 거라고 착각하죠. 절대 아닌데."

"남자와 잠자리까지 가는 것이 목표였어요. 하지만 이제 그건 더 이상 목표가 아니에요." 크리스티나는 말했다. "하지만 내가 그동안 살아왔던 모든 세월과 추억이 지금의 나를 만들었고, 난 정말로 내 인생이 마음에 들어요." 그녀가 알코올에 의지했던 가족력 이야기를 털어놓고 싶어 찾아간 알코올 중독자 모임의 후원자나 심리상담사는 말했다. 그녀의 젊은 시절 과도한 성적 모험이 자기존중감 부족에서 기인한 것이라고. 하지만 그녀는 그 의견에 필사적으로 반대한다. "내가 얼마나 끝내주게 살았는데요. 내 인생 전체가 모험 가득한 흥미진진한 파티였다고요. 음주 운전을 했나, 마약에 손을 댔나, 난 그냥 화끈하게 살았을 뿐이에요."

짜릿한 이야기라…

이 책을 쓸 때 사회적으로 존경받는 전문가 멘토가 내게 조언하기를 책에 '짜릿한 이야기를 많이' 넣으라고 했다. 싱글 여성 관련 책을 집어드는 남자들은 그런 데 제일 관심 있다고. 그는 전혀 기분 나쁘게 말하지 않았고 참견하려는 의도도 없었기에 웃어넘기고 말았지만, 러시 림보가 산드라 플루크에게 했던 말이 떠올랐다. 산드라 플루크는 피임을 보험으로 보장해 달라고 주장했을 뿐인데 러시 림보는 그녀가 '엄청 많이 섹스'를 하고 싶어 그런다고 넘겨짚고 혼자 분개했었다.

이 두 남성의 공통점은 싱글 여성들이 엄청나게 활발하고 왕성하고 격정적이고 잦은 성생활을 하리라 확신한다는 점이다.

그럴지도 모른다. 많은 비혼 여성들이 섹스를 한다. 그중 일부는 크리스티나처럼 '엄청 많이' 섹스를 한다. 피임 덕분에 사회적으로 인가받은 섹스를 할 자유와 평생 함께할 의무 없는 다양한 파트너와 만날 자유가 늘었다는 사실은 근래에 이렇게 많은 비혼 여성이 생긴 주요한 이유 중 하나다.

여성들이 섹스에 대해 하는 이야기(때로 하지 않는 이야기)를 잘 들어보면 섹스 자체가 반드시 재미있는 게 아니다. 정말 재미있는 이야기는 여성에게 열린 섹스를 할 수 있는 다양한 경로라든가 각각 다른 여성들이 하는 참으로 다양한 선택들, 한 여성이 성인기까지 가게 되는 과정에서 섹스와 관련된 선택들이다. 어떤 여성은 다수의 파트너를 두고 있고 어떤 여성은 한 명도 없다. 크리스티나처럼 많은 이들이 10년에서 20년이라는 기간 동안 다소 방탕한 시절을 보내기도 하고 그러다가 한 남자만 사귀는 시기를 보내기도 하며 매우 정숙한 시절을 보내기도 한다. 그 10년이나 20년의 시간은 몇 세대 전만 해도 대부분 결혼 생활을 하며 딱 한 명하고만 섹스 하며 보냈던 기간이다.

들어보면 짜릿한 것과는 거리가 멀다. 결국 섹스에는 아주 환상적인 이야기와 칙칙한 이야기가 모두 포함되기 때문이다. 나쁜 섹스, 폭력적인 섹스, 성병이 옮은 섹스도 있을 수 있다. 섹스 이야기에는 육체와 감정이 얽히고 흥분과 만족과 배신과 실망이 모두 들어간다. 여자친구가 나를 버리고 다른 남자에게 간 이야기도 있고 남자가 나를 버리고 다른 여자에게 간 이야기도 있다. 누가 나를 차거나 갑자기 이별을 선언할 수 있다. 어떨 때는 당신이 떠나거나 바람피우거나 거짓말을 해서 상대에게 깊은 상처를 주게 되는 관계도 있다.

싱글 섹스를 에로틱한 환상의 나라로 보는 (보통 나이 든 남성들의) 판타지는 섹스에 관한 여성의 인식과 각성 혹은 섹스 없음 같은 건 취급하지 않는다. 우리 중 많은 이들이 잘 아는 것처럼 섹스는 짧은 순간 스릴 있고, 가끔 만족스럽고, 어떨 때는 실망스럽지만 언제나 우리 삶의 중심은 아니다. 섹시한 싱글들의 대모라 불리는 캔디스 부시넬마저 〈섹스 앤 더 시티〉 첫 칼럼에서 이렇게 솔직하게 쓰지 않았던가. "섹스는 짜증날 수 있다. 별로 만족스럽지 않을 수도 있다. 가장 중요한 건 섹스는 섹스에 관한 이야기만은 아니라는 사실이다. 대부분의 경우 섹스는 어떤 장면과 사건에 관한 것이거나… 그저 혼자 있지 않으려고 당하는 순수한 테러다."

　세상이 변하면서 싱글 여성의 성생활이 여러 이야기들에 약방의 감초처럼 등장하게 되었다. 지난 몇백 년 동안이나 여성의 욕망과 성적 편향성은 인정되지 않거나 비난과 수모의 원인이 되거나 했지 공적인 관점에서 다루어진 적이 없었는데 말이다. 대담하고 민감하고 유머러스하고 후회도 간간이 섞인 섹스 이야기들이 나온다. 이렇게 섹스를 이야기하는 것이 중요한 이유는 아저씨들의 흥미를 자극해서가 아니라, 우리가 성인 여성의 에로틱한 생활에서 결혼이라는 껍데기를 걷어냈을 때 비로소 여성을 움직이고 흥분시키고 상처를 주고 끌어들이는 모든 요소들에 대해 더 많이 알게 되기 때문이다. 여성의 솔직한 관점으로 바라보는 성생활과 그것의 복잡함과 모순과 열기와 냉기를 알게 된다. 그렇게 함으로써 우리는 젠더 근본주의자들의 '여성들이 원하는 것'에 대한 일반화, 보통은 많은 여성이 결코 욕망하지 않았던 운명으로 끌고 가버린 여성스러움에 대한 통념을 깨뜨리게 된다.

섹스 압박

좋든 나쁘든 피임약 등장 이후 성 혁명 시대에 이르러 독립적
인 여성들과 그들의 성적 취향, 성적 혐오가 온 세상에 전시되고
있다. 그렇다고 해서 현대 여성들이 성을 발명하거나 성을 둘러싼
불안을 발명한 것은 아니다.

그 옛날 미혼 여성들도 섹스를 했다. 젊은 여성들과 그들의 파
트너는 언젠가 결혼할 것이라 예상하는 가족들의 허락하에 잠자리
를 가졌다.[1] 다른 싱글 여성들도 연인이나 약혼자나 특별한 남성과
결혼 전에 섹스를 했고 치명적인 결과 없이 끝내기도 했다. 그리고
선택이나 필요에 의해 매춘을 하는 많은 이들이 있었고 안 좋은 소
문으로 인해 평생 비하를 당하거나 위험 속에서 사는 여성들도 있
었다. 노예 여성들은 신체적 자주권이 거의 없었기에 자신의 섹슈
얼리티를 통제할 수 없었다.

중산층과 상류층의 독실한 신자였던 독신 여성들이 남긴 기록
을 보면 순결을 지키며 사는 경우도 보편적으로 나타난다. 하지만
그렇다고 해서 그들이 섹스를 생각하지 않거나 성적인 욕구와 욕
망이 그들 삶에 미친 영향을 따져보지 않은 것은 아니다.

사회복지관 설립자이자 시민운동가인 제인 애덤스는《젊음의
정신》이라는 저서에서 사춘기 성적 에너지를 다른 방향으로 돌리
면 이 세상의 수많은 다른 아름다움과 관계 맺을 수 있다고 썼다.
"모든 고등학교 남학생과 여학생이 (성적인) 욕구의 집중과 분산
의 차이를 잘 알고 있다. 어떤 한 사람의 이미지에 사로잡혀 '사랑

에 **빠졌다**'고 선언하는 이들도 있다. … 하지만 이런 자극들이 확실한 이미지에 고정되지 않을 때, 자기 안의 가치를 세계에 나누어 주려 할 때 이 젊은이는 수많은 대상 안에서 숭고함과 고귀함을 발견하게 된다. 그는 시에 반응하고, 자연을 사랑하게 되고, 종교적 헌신이나 박애적 열정에 사로잡히기도 한다. 젊은이들이 이런 경험을 한다는 것은 열정이 분산되었을 때 그 가능성과 가치가 얼마나 큰지를 보여준다."[2] 애덤스의 전기 작가인 루이즈 나이트Louise Knight는 그녀가 연구하던 또 다른 인물인 낙태 운동가 사라 그림케에 관해 나에게 말해 주었다. 그림케에 따르면 "결혼이란 남녀 서로를 향한 애정을 가장 자연스럽고 가장 신성하고 가장 강렬하게 표현하는 것이다."[3] 그러나 그녀는 여성 또한 "인간관계 안에서 동등한 권리가 주어져야 한다. 특히 그 여성이 모든 노예제 중에서도 가장 최악이라 할 수 있는 남성의 열정에 노예로 속박되기 전에 그렇게 되어야 한다"고 썼다.[4] 그림케는 확실히 "결혼의 가능성은 믿었다"고 하지만 나이트에 따르면 부부 강간 같은 "결혼의 현실에 대해서는 회의적"이었다.

19세기 미국의 서부 대이동 시대와 함께 싱글로 남겨지거나 그것을 선택한 많은 여성들은 자신들이 놓친 것이 무엇인지 곰곰이 생각하느라 오랜 시간을 보냈다. 1867년생인 에밀리 그린 볼치는 평생 독신으로 산 경제학자이자 평화주의자로, 본인 선택으로 독신의 삶을 택했으나 사랑에 **빠지고** 가족을 만들며 겪게 되는 희로애락을 경험하지 못해 아쉬웠다고 솔직히 털어놓았다. 노벨 평화상을 탄 볼치는 자기 삶을 이렇게 회고했다. "나는 내 일 안에서 행복하다. 나는 불행하거나 절반의 행복인 결혼의 위험과 가장 성공적인 결혼 안에서도 일어나는 개인적 아픔을 피해 갔다." 그러나 글은 이렇게 이어진다. "나는 어떤 고요함보다 내가 선호했을지 모르는 인생의 풍부함을 놓쳤다. 상상력과 공감 속에서 말고는 가장 인간적이고 가장 깊이 있는 경험에서는 제외되었다."[5]

볼치는 친밀감을 놓친 데 대해 이렇듯 우울해했지만 친구이자 동료 노벨상 수상자인 애덤스에게 쓴 편지에는 다른 어조를 보이기도 한다. 당시는 심리학자들이 순응하지 않은 독신 여성들을 고집불통이라고 폄하한 시대였는데 그녀는 자기 또래들이 한때 호기심을 가졌던 섹스 없이도 잘 살아왔다고 썼다. "남북전쟁과 세계대전 사이에 교육받은 독신 여성들은 특정한 국면을 대표한다. 섹스의 중요성만 오만하게 강조하는 이들에게 인정받지 못했던 인생의 다른 국면이다."

볼츠가 볼 때 섹스와 사랑은 인생의 바람직한 요소였을 것이다. 그러나 그것이 없다 해도, 다르게 살았다면 그것을 무척 원했을 여성들에게조차, 여성의 다른 경험을 완전히 폄하할 만큼 필수불가결한 요소는 아니다.

볼츠가 섹스에 너무 많은 의미를 부여하는 이 세상의 통념에 반대한 이래로 활발한 성생활이 단지 새로운 자유가 아니라 사실은 젊은 여성의 가치를 입증하는 형식이자 명령이라는 메시지가 이 세기에 전달되었다.

심리학자 폴라 J. 캐플란은 페미니즘 제2의 물결이 피임약의 발명과 맞물려 여성에게 "성에 관해 해방과 불편한 압력이라는 두

가지 상반되는 조합"을 만들었다고 썼다. 한편으로는 혁명적 개념이었다. "여성은 남성만큼 자유롭게 섹스를 즐겨야 하고, 그렇게 하는 여성들의 품행을 비난해서는 안 된다." 다른 한편으로는 압박이었다. "섹스는 여성, 특히 젊은 여성에게 압박으로 다가오기도 했다. '넌 절대 임신해서는 안 돼. 자유롭게 섹스를 즐겨야 하니까. 그러니 절대 거부할 이유도 없어.' 많은 남성들이 그렇게 주장했다."[6] 피임약 발명은 새로운 성적 욕구가 해방될 가능성을 의미한다. 분명 그렇다. 하지만 그것은 공공연하게 드러나는 탐욕과 여성의 대상화라는 새로운 문화를 의미하기도 하고 그에 따라 여성들이 성적 착취, 성적 학대, 비하에 대한 공포를 느끼는 새로운 이유가 되기도 했다.

이는 결혼제도 안의 복종을 거부했던 급진적인 제2의 물결 페미니스트들 마음속에 도사리고 있던 불안이었다. 그들은 절제되지 않은 성적인 자유가 여성의 대상화와 여성성 축소의 새로운 방식이 될 수 있다는 사실을 인식했다. 당시에는 결혼하지 않은 여성 모델이 거의 없었기 때문에 그들이 삶이 어떤 식으로 보여야 할지도 몰랐고 가장 열렬한 결혼 반대주의자들조차 싱글의 섹슈얼리티를 긍정적으로 표현하는 데 어려움을 느꼈다.

페미니스트 슐라미스 파이어스톤도 결혼에 열광하지 않는 활동가였지만 딱히 멋들어진 대안을 찾지 못했다. 《성의 변증법》에서 파이어스톤은 동등한 파트너와의 로맨틱한 사랑을 주장했고 이 두 가지가 현대의 결혼 모델에서 부족하다고 느꼈다. 하지만 그녀는 남성으로부터 실제 독립하는 모습을 상상하지 못했던 것으로 보인다. 그녀는 비혼 여성을 "'철없는 여자'라는 림보 상태에 영원히 갇힌 존재"라 묘사하면서 "'숨겨둔 애인the other woman'이 될 수밖에 없는 운명, 누군가의 아내를 거슬리게 하고 남성들의 남성성을 자극하는 존재가 될 수밖에 없는 운명"이라고 했다.[7] 파이어스톤은 "어떤 나이까지 결혼해서 아이를 낳지 않은 여성은 유죄 선고를 받는다. 그들은 결국 홀로 제외되어 불행하게 이 사회의 주변부에 머물러야 한다(오직 맨해튼에서만 싱글 여성들의 삶이 견딜 만하고 논쟁의 대상이 될 수 있다)."[8] 이런 사고 체계에서는 아내가 되지 않으면 진정한 자기 자신이 되지 않는 것이며, 아내의 대안은 여전히 결혼에서 기권한 상태로 정의되고 그와 동시에 성적 결정권을 박탈당하며 여전히 (생득적으로 남성의 것인) 성욕의 대상으로만 인식된다.

우리는 파이어스톤이나 그녀의 급진적 동료들이 틴더Tinder를 비롯한 데이팅 앱을 보며 안타까워하는 장면을 어렵지 않게 상상해 볼 수 있다. 2014년에 대략 회원수가 5,000만 명에 달했던[9] 이 데이팅 앱은 남녀의 에로틱한 만남을 새로운 소비지상주의의 절정으로 올려놓았다. 온라인 데이팅에서는 상호 평가가 이루어진다. 남녀가 실시간으로 상대 남녀를 선택하고 계속해서 섹스 가능 상대를 업데이트 한다. 하지만 틴더 같은 사이트와 자발적인 파트너들의 온라인 뷔페 같은 것은 섹스 파트너 찾기를 너무나 신속하고 고도로 상품화된 행위로 축소해 버릴 수 있다. "하루에 몇백 명은 훑어보죠." 2015년 한 젊은 남성이 《배니티 페어》 기자인 낸시 조세일즈에게 말했다. "일주일에 두 번이나 세 번 정도 틴더 데이트

를 잡아요. 그들 모두와 잔다면 1년에 대략 100명의 여자와 잘 수 있게 되죠."¹⁰

틴더와 비슷한 앱인 힌지Hinge, 해픈Happn, 오케이큐피드 OkCupid 같은 데이팅 앱에서 남녀는 가장 잘 나온 사진을 최고의 버전으로 올리고 자신을 몇 개의 단어와 캐치프레이즈로 묘사한다. 20세기 중반의 신문 구혼 광고와 이 세기의 오래된 남녀 소개 사업이 새로운 테크놀로지 시대로 진입했다. 남녀 사이 신청과 거절은 더 빨라졌고 가능한 상대의 수는 너무나 많아졌다. 여성이 여전히 더 성적으로 대상화되고 더 이중 잣대에 시달리고 더 신랄한 외모 평가의 대상이 된다. 데이팅 앱이나 섹스 앱의 인간성 말살은 매우 실제적인 영향을 끼칠 수 있다. 또 다른 남성이 세일즈 기자에게 말했다. "꼭 완벽한 옷을 주문하는 것 같아요. 하지만 사람을 주문하는 거죠."

이것은 아주 심각한 주제이고 남녀 차별의 관점에서 볼 때 매우 끔찍한 이야기다. 하지만 앱이나 소셜 미디어에서 이루어지는 섹스의 공급과 수요의 패턴이 일방적으로만 작용하지 않는다는 사실도 고려해야 한다. 2015년을 뜨겁게 달구었던 〈틴더의 디코노믹스The Dickonomics of Tinder〉라는 글에서 작가 알라나 매시는 가슴 찢어지는 이별을 겪고 난 다음 틴더에 접속했던 체험기를 적었다. 그녀는 틴더에 접속하며 이런 주문을 외웠다고 한다. "거시기는 많고 매우 싸다Dick is abundant and low value." 그녀가 트위터에서 보고 가져다 쓴 이 표현을 처음 쓴 사람은 매들린 홀든이라는 변호사이자 작가였는데 원문은 이렇다. "우리는 남성의 사랑은 절대적이며 그것을 얻기 위해서는 요령과 기술이 있어야 한다는 식의 불쾌하고 시끄러운 문화적 메시지를 너무나 많이 들어왔다. 다 뻔뻔한 거짓말이다. '어떻게 남자를 사로잡는가' 류의 책을 읽거나 다 식어버린 불만투성이 관계를 정리하지 못하고 끌려가는 여자들에게 고한다. 거시기는 많고 매우 싸다."[11] 마세이는 이 트윗에서 마지막 문장을 읽고 충격적 개종을 경험했다. "절대 반지에 새겨진 빛나는 문구 같았다. 나는 그 메시지 덕에 개종했다. 아니 거룩해졌다." 이 아이디어에서 힘을 받은 그녀는 틴더를 활용해 남자들을 쓰고 버릴 수 있는 존재로 대하고, 스스로에게 거절의 힘을 선사했으며, 남자 후보들을 깐깐히 따지게 되었다. 테크놀로지가 그녀를 성적 대상으로 만들기보다 풍부한 선택권을 준다는 사실을 깨달았다. "수백 년간 이어진 거시기의 과대평가 시대는 끝났다." 매시는 다소 경박하게 남성을 평가하고 묵살하는 자신의 태도를 "싱글 이성애자 여성들 사이에서 점점 커지는 남성 혐오의 증거"라고 비난하는 사람들이 있다는 사실도 잘 안다. 하지만 그런 생각을 부정하며 이렇게 말한다. "우리가 젠더 평등 상태에 드디어 가까이 다가갔다는 증거다."

많은 여성들에게 인터넷 시대의 섹스와 데이트 경험은 대상화와 해방 사이 어딘가에 놓여 있으며 어쩌면 두 가지 모두 포함하거나 과거의 데이트나 섹스 이야기와 크게 다르지 않은 것 같기도 하다. "틴더에 대해선 생각이 복잡해요." 아미나가 말했다. "소개팅, 끔찍하죠. 원래 별로인 소개팅을 틴더가 더 나쁘게 만들었다고는 생각하지 않아요." 언론에서 시시때때로 틴더를 상품화된 섹스를 위한 즉석 만남 수단으로 공격하지만 실생활에서 그녀는 행복한 '틴더 커플'을 아주 많이 만난다. "결혼한 사람도 있고 오래 사귀는 사람들도 많아요. 틴더가 없었다면 저들이 어떻게 만났을까요."

늦게까지 싱글로 남아 있는 사람들을 가장 답답하게 하는 것은 다른 싱글들을 만날 경로가 좀처럼 많지 않다는 것이다. 대학생이나 대학교를 막 졸업하고 사회생활 하는 이들에게 마땅한 연애 시장이 없다. 직장 동료와는 사귀고 싶지 않은 사람들, 혼자 일하거나 일만 줄기차게 하는 사람들에게는 짝을 찾을 장소가 별로 없다. 앱은 이런 수요를 채워준다.

현실적으로 보아도 틴더가 만남을 찾는 여성에게 새로운 차원의 끔찍함을 선사하지는 않았다. 그보다는 이성애자들의 만남에서 오랫동안 존재해 온 실연의 상처와 젠더 불평등을 새로운 테크놀로지 플랫폼으로 가져왔을 뿐이다. "바에 앉아 있거나 친구들이 해준 소개팅에 나가는 것보다 크게 나쁠 것도 없답니다." 아미나가 말했다.

노 섹스

오늘날, 여성의 섹슈얼리티가 엄연한 현실로 인정되는 문화에서는 성인 여성이 섹스 하지 않기가 더 어려울지도 모른다. 하지만 섹스를 하지 않는 여성들도 굉장히 많으며 이들은 자신의 무성적 생활에 대해서 자긍심부터 수치심까지 여러 감정을 느낀다. 이런 여성들을 옛날처럼 금욕주의자로 정의하지는 않겠지만 알고 보면 그런 사람들도 꽤 있다.

"나는 결혼할 때까지 기다릴 가치가 있다고 100퍼센트 확신해요." 29세의 사라 스테드먼은 유타 주에서 모르몬교 학교 교사로 일한다. "성적인 친밀감은 굉장히 신성한 것이라고 생각해요. 배우자에게 사랑과 친근함을 표현할 수 있도록 우리에게 주어진 아름다운 선물이죠." 물론 그녀도 인정하긴 한다. "그래도 가끔은 생각해요. '아! 내가 왜 기다려야 해?' 나도 사람이고 나에게도 호르몬이 있는데. 솔직히 이렇게 생각할 때도 많아요. '그냥 이 남자랑 결혼해 버릴까. 그러면 나도 할 수 있잖아.'"

사라는 남자친구를 사귈 때도 육체적으로 어느 정도까지 진도를 나갈지 자신만의 기준이 있고 그 선을 넘으려 할 때마다 관계가 깨지기도 했다. 어떨 때는 그녀 스스로 자기 기준에서 벗어났다는 죄책감 때문에 그렇게 되기도 했다. 하지만 그녀가 말하는 관계의 본질은 이런 것이었다. "나는 기다린다는 행위가 단 한 사람에게 온전히 헌신할 만큼 그 사람을 아끼는 행동이라고 봐요. … 우리 자신을 억누를 수 있을 때 남자친구에 대한 사랑이 더 커지는 걸 느껴요. 자꾸만 선을 넘게 될 때는 그렇지 않고요. 선을 조금 더 넘으면 쾌락이 더하겠죠. 하지만 서로를 앞에 두고 자제할 수 있다는 건 그가 나를 존중하고 사랑한다는 뜻이고 둘 다 기다리려는 욕구가 있다는 말이죠."

메간 리치는 켄터키 주 출신의 20세의 대학생으로 역시 종교적인 이유로 결혼을 기다리고 있다. "남편을 위해서 나를 아낄 생각이에요. 남편이 될 사람도 나를 위해 기다려주면 좋겠어요. 그런 게 좋은 결혼 아닌가요. 왜 사람들은 감정적·육체적으로 자신을 내버릴까요. 임신으로 연결되기도 하는데." 순결에 대한 메간의 생각은 제인 애덤스의 생각과 결을 같이한다. 메간 또한 자신이 헌신하고자 하는 마음과 욕망을 다른 방향으로 돌렸다. "크리스천으로서 저는 예수님과의 관계를 소중히 여겨요. 내 생애 첫 번째 목표는 하나님께 영광을 돌리는 것입니다. 저는 교회 활동을 열심히 하고 있고 대학교에서 캠퍼스 활동도 하고 있어요. 저는 굉장히 알차게 살고 있거든요." 리치는 어쩌면 결혼하지 않을지도 모른다는 생각도 하고 그렇게 될 경우 자기 신념 아래에서는 성관계도 가질 수 없다. 그런 생각이 머리를 스치면 두 가지를 기억한다. "첫째, 저는 하나님이 어떤 욕망을 충족시킬 수 없는데 그 욕망을 주었다고는 생각하지 않습니다. 내가 만약 독신으로 산다면 그분이 그 욕구를 채워주실 거예요. 만약 내 삶의 목적이 하나님께 영광을 돌리는 것이라면 하나님이 그 인생을 일부러 불행하게 만드시진 않을 거라고 생각해요."

많은 여성에게 혼전순결을 지켜야 한다는 부담은 스스로의 믿음이라기보다 부모와 공동체에서 주입한 종교적 믿음 때문일 경우가 많다.

스물한 살의 아야트는 팔레스타인 이민자 가정의 딸로 아직 성경험이 없으나 성적 호기심을 느끼고 모험을 하고 싶기도 하다. 부모가 그녀의 성생활을 알면 어떻게 될지 묻자 이렇게 대답했다. "오 마이 갓, 아마 얼굴에 총을 맞지 않을까요? 두 분 다 뒤집어질 거예요. 당연히 내가 처녀여야 한다고 믿으시니까요." 그녀는 어린 시절 엄마와의 대화를 기억해 냈다. 딸이 자전거를 타다가 넘어지자 엄마는 처녀막을 잃었을지 모른다며 기겁했다. "정말 큰 사건이었어요! 그분들에겐 너무나 중요했던 거죠. 사실 부모님에게 그것[섹스]에 관한 이야기는 절대 한마디도 하지 않을 거예요. 절대 절대 안 해요." 성인 여성의 여성성과 성생활과 정체성에 관한 문화는 아야트에게도 영향을 미친다. 여성과 소녀의 차이가 무엇이냐는 물음에 한참 생각하더니 화제를 섹스로 돌렸다. "내가 여성이라는 느낌을 갖고 싶거든요. 그런데 아직 섹스를 못 했다고 생각하면 왠지 어떤 과정이 완성되지 않았다는 느낌이에요. 지적으로는 여성이지만 대중문화 때문인지[섹스에 관련된 대중문화의 메시지 때문에] 성인 여성이라고 느껴지지 않아요."

가끔은 관심사가 여러 곳으로 분산된 결과 금욕이 유지되기도 한다. 사람들은 대부분 성적 욕망을 느끼지만 행동으로 옮길 만큼 강하지 않거나 다른 일에 에너지를 더 빼앗긴다.

아미나는 10대 후반과 대학생 시절을 회상하며 이렇게 말했다. "대학교에서 어려운 수학과 과학 과목을 수강해 공부하느라 바빴고요. 친구 사귀느라 바빴어요. 성생활을 생각할 시간이 없었어요. 그러다 어느 순간 그 상자를 한번 열어봐야겠다고 느꼈죠. '그래. 이번엔 그거 한번 해볼까?' 그 정도였어요."

아미나는 이런 첫 섹스나 20대 초반의 섹스 경험을 그냥 빨리 해치워야 하는 귀찮은 숙제나 관문 정도로 여겼고 또래 친구들 사이에서도 그런 일이 흔했다고 한다. 나의 고등학교나 대학교 친구들도 그랬고 내 경우에도 마찬가지였다. 우리가 섹스에 호기심이 없어서도 아니었고 육체적 친밀감을 원치 않아서도 아니었고 너무 환상에 빠져 있거나 자위만 해서도 아니었다. 그냥 적당한 상대가 내 앞에 바로 나타나지 않았고 우리는 다른 것을 하느라 바빴다.

관심은 있지만 눈앞에 기회가 나타나지 않았던 이런 여성 부류는 의도치 않게 순결한 여성들이다.

그러나 미디어나 또래 친구들이 이 나이 정도면 섹스는 당연히 해보았을 거라고 확고하게 믿을수록 자신의 처녀성을 점점 더 의식할 수밖에 없다. 자꾸만 거기에 의미를 부여하게 되고 난 안 했다는 고백을 하기가 꺼려지고 매년 점점 더 큰 문제로 다가온다. 친구들이나 미래의 애인이 경험 부족한 나를 멋대로 판단할까 봐 두렵고 내가 혹시 너무 고지식하거나 냉정하거나 아이 티를 못 벗었다고 생각할까 봐 걱정스럽다. 그저 바빴을 뿐인데 말이다.

섹스 하지 않은 상태가 계속되면 그 상태를 유지하는 것이 점점 더 중요해진다. 2013년에 《뉴욕 타임스》에 실린 이야기가 있다.[12] 35세 여성의 글인데 그녀는 어렸을 때 상처받을지 모른다는 두려움에 섹스를 미루었다고 한다. 그런데 시간이 지나면서 기대감이 커졌다. "그렇게 오랜 세월 참아왔으니 이제는 바꿀 수가 없다."

이런 이야기를 털어놓는 사람은 극히 적지만 분명히 있다. 항상 있었다. 나도 그랬다. 나는 스물네 살에 첫 경험을 했는데 사실 10대 때도 할 기회는 있었다. 티나 페이도 스물네 살에 첫 경험을 했다면서 우스갯소리를 했다. "그냥 막 버릴 수가 없었어." 나와 가장 친한 친구 중 한 명은 첫 섹스를 30대가 되어서야 했다. 이제 마혼이 되어가고 있는 다른 친구들은 어떤지 잘 모르겠다. 시간이 갈수록 이 똑똑하고 섹시하고 아름다운 여성들은 자신이 처녀라는 사실을 말하기가 더욱 부담스러워지기 때문이다.

섹스 부족은 섹스 과잉만큼이나 한 여성을 정의한다. 처녀성이 계속 연장되고 귀찮아지는 것도 문제이지만 과거에 적극적으로 성생활을 했던 사람이 섹스를 하지 않을 때는 나름대로 자기 비하와 자기 의심에 빠진다.

"섹스는 멋지겠죠.." 52세의 텔레비전 비평가 낸시 자일스가 말했다. "하지만 그전에 누군가를 좋아해야 하잖아요. 나는 섹스를 위한 섹스는 할 수가 없어요." 노력이 부족했던 것은 아니다. 자일스는 조금 더 가벼워지려고 해본 적도 있었다. "한 번은 한 지가 너무 오래되어서 억지로 해야 하나 싶었죠. 일부러 금욕적인 생활을 하는 건 아니었으니까요. 그런데 마음이 동하는 사람이 없는 걸 어떡합니까?" 자일스는 커플들을 소개해 주는 디너 파티에 참석했다가 괜찮아 보이는 남자를 만났다. "그래서 해보기로 했죠. 그런데 어땠는지 아세요? 너무 끔찍했어요. 계속 이런 생각만 했어요. '여기서 날 좀 내보내 줘. 여기서 지금 당장 나가야만 해.'"

그럼에도 자일스는 즉석 만남과 성적 자유에 대한 열정이 스스로에게 부족하다는 생각에 기분이 좋지 않다. 마치 자신의 여성성에 큰 잘못을 저지르고 있는 것처럼. "오랫동안 나만 빼고 다른 사람들 모두 만남의 비밀을 알고 섹스 하는데 나만 그 비법을 모르는 것 같았어요. 내가 그냥 바보 등신인 건 아닌가 싶었죠. 하지만 나는 좋아하지 않는 사람은 안아주기도 싫어요." 그녀는 두 번째 시도로 예전에 섹스 했던 사람을 택했다. 두 번째 정사가 어땠을까. "그때 유일하게 내 관심을 끈 건 그 사람 어깨 너머로 보이던 샌프란시스코 자이언츠 경기였어요." 섹스가 끝나자 이번에는 별로 좋아하지 않은 사람과 했다는 자책감이 들었다. 자일스는 최근에 와서야 이런 생각이 들었다고 한다. "데이트 안 한다고 해서 내가 별종은 아니야."

두려움 없이 과감하게

"나는 결혼 안 했고 성욕이 있어요." 프란시스 키슬링이 말했다. "그리고 그건 아마도 이 가부장제 시스템이 찾아낼 가장 무서운 여자일걸요." 프란시스는 10년 동안 사귀던 사람과 헤어지고 나서 "아주, 아주, 아주, 아주 적극적이고 활발한 섹스"에 돌입한 시기가 있었다고 회상했다. 가톨릭 신자지만 피임과 낙태를 지지하는 사람으로서 피임이 실패할 수도 있음을 알았고 낙태는 꼭 해야 한다면 할 수 있지만 하고 싶지는 않았다. 또한 자신이 아이를 원치 않는다는 것도 잘 알았다. 그래서 그녀는 관을 묶었다.

그녀는 영구피임을 위해 나팔관 결찰술tubal ligation을 받고 나서 처음 했던 섹스의 경험과 그때의 기분을 선명히 기억하고 있다. "기대 이상으로 큰 해방감과 자유를 느꼈어요. 섹스를 하면서 이렇게 생각하기도 했지요. '아, 바로 이게 남자들이 느끼는 거구나!' 이제 나에게 임신 가능성이 거의 없어졌잖아요."

프란시스는 거리낌 없는 섹스에 대한 열정과 활기, 한 사람에게 정착하고 싶지 않은 심정이 사실 두렵기도 했다. 그것은 우리가 여성의 욕망이라 알고 있고 생각하는 것들과 전혀 일치하지 않기 때문이다. 앞서 크리스티나가 탐욕스럽게 행동하면서 남자들에게 상처를 주었을까 봐 걱정했던 것처럼 이 사회는 섹스에 대한 자유분방한 태도를 보통 남성의 섹슈얼리티와 연결 짓는다. 프란시스는 이런 마음으로 남자들을 만났다. "한 번도 '이 남자가 나를 좋아하나? 나에게 또 만나자고 할까? 우리가 사귀는 걸까?' 이렇게 생각해 본 적이 없어요." 그러면 상대는 당황하고 불안해했다. "사람들은 자기 힘을 행사하고 싶은데 그 메커니즘대로 따라오지 않는 상대를 굉장히 위협적인 인간으로 보죠."

실제로 과거 미국에서 섹슈얼한 여성들은 위협적인 존재로 다가왔고 20세기 중반 여성의 섹슈얼리티에 관한 언어는 권투나 전쟁 언어 같았다. 각본가이자 배우인 일레인 타일러 메이가 쓴 것처럼 섹슈얼한 여성을 언급할 때 폭력성이 생생한 녹아웃knockout, 폭탄bombshell 같은 단어가 사용된다. 핀업 걸의 대명사 리타 헤이워드의 사진은 비키니 섬에 투하된 핵폭탄에 붙어 있었다. 세계 최초로 위력적 핵실험이 이루어진 그 섬의 이름은 두 조각으로 나누어진 수영복 이름과 같았다.[13]

성적으로 점점 개방된 사회가 됨에 따라 우리는 그저 여성의 성적 매력이 아닌 여성의 '욕망'을 이해하고 인정하는 데 서서히 익숙해지고 있다. 그러나 여전히 구식의 익숙한 프레임으로 보는 것을 더 편안하게 느낀다. 즉 여성의 활발한 성생활은 결혼이 보장되었을 때만 가능하고, 여러 명의 파트너는 영원한 인연을 만나기 위해 치르는 오디션으로 이해한다. 여성이 난잡할 수는 있지만 사실 내면에는 깊은 감정적 유대를 갈망하고 있으며, 젊은 시절의 쾌락은 나중에 후회로 남을 수 있고, 부담 없이 습관적으로 원 나잇 스탠드를 즐기는 행동은 크리스티나의 상담사가 그랬던 것처럼 어린 시절 상처와 자존감 부족에서 나온 것이 틀림없다고 말한다.

우리는 이러한 모델이 적용되지 않는 사례를 맞닥뜨리면 불안해한다. 정복욕을 갖고 남자를 갈아치우는 여자들을 만날 때, 섹스 전후로 불안, 초조감과 죄책감을 느끼지 않는 여성을 만날 때, 성행위만 좋아할 뿐 파트너와 서로 쓰다듬고 만지는 것을 별로 좋아하지 않는 여성을 만날 때, 남자에게 매달릴 생각이 전혀 없어 보이는 여성을 만날 때 낯설고 기이하다고 여긴다. 그래서 이런 여성들에게 걸레나 악녀라는 딱지를 붙이고 건강하지 않다, 사회와 어울리지 않는다, 여성스럽지 않다, 망가졌다고 판단한다.

이성애적 관계나 결혼에 대한 기대에서 완전히 벗어난 여성의 섹슈얼리티는 전통적인 남성의 섹슈얼리티와 매우 비슷해 보일 것이다. 이런 깨달음이 서서히 이루어지면서 사회적 · 경제적 · 성적 혁명의 재료가 된다. 라이자 먼디는 《부유해진 성》에서 여성의 경제적 능력이 전통적이고 이성애적인 성적 역학관계를 전복시킬 것이라고 단정했다. "여성들은 점점 더 남성보다 더 섹스를 원하는 젠더가 되어가고 있다." 먼디는 "최대치의 탐험을 위해" 최대한 많은 섹스 파트너를 경험하려는 여성들을 인터뷰 했다. 그녀는 경제적 힘의 흐름이 여성에게 더 유리한 쪽으로 간다면 여성이 앞으로

"섹스 하려는 남성의 외모 기준이 더 높아질 것"이라고 예측했다.[14]

성이 거래되는 시장은 분명 변하고 있고 전복의 기미도 보이지만 과연 먼디가 믿는 단계로 나아가고 있는지는 모르겠다. 다만 현대 여성들의 강렬하고 다채로운 성적 행동과 취향에 관해 여성들 사이에서 점점 더 많이 거리낌 없는 대화가 이루어지고 있음은 분명하다.

훅업 문화

이 나라가 성적으로 활발한 성인 여성보다 더 불안하게 바라보는 대상은 10대 후반과 20대 초반의 성적으로 적극적인 여성들이다. 이들은 반드시 누군가의 아내가 될 필요 없이 그저 한 명의 인간이 되고자 세상에 뛰어들 준비를 하고 있다.

최근 훅업hookup 문화에 대해 미디어에서 집착적으로 보도하는 것을 보면 앞에서 말한 불안이 강하게 느껴진다. 훅업이라는 용어는 고등학생과 대학생, 특히 일류 대학에 다니는 야심 차고 목표의식 높은 대학생들 사이에 나타나는 육체적 접촉의 행태로, 보통 또래끼리 서로 사귀지는 않으면서 키스부터 애무, 오럴 섹스, 삽입까지 하는 것으로 이해된다.

훅업 문화의 찬반론자 모두 이러한 행동을 현재의 결혼을 연기하는 추세나 젊은 성인 여성들이 다른 관심사를 갖고 있다는 사실과 직접적으로 연결 짓는다. 《뉴욕 타임스》기자 케이트 테일러

Kate Taylor는 2013년 펜실베이니아 대학교 학생들의 가벼운 섹스와 만남을 취재했다. 그녀가 훅업 문화를 주제로 인터뷰 한 여학생들의 공통적 성향은 이러했다. "내가 대학에 온 목표는 (남편은 물론이고) 남자친구 찾기가 아니라 스펙 쌓기다."

이렇듯 결혼 우선주의를 싹 무시해 버리는 경향은 보수 꼰대들뿐 아니라 유연한 어른들까지도 두려움에 떨게 한다.

훅업 반대주의자에 속하는 작가 케이틀린 플래너건Caitlin Flanagan은 《걸 랜드Girl Land》라는 책에서 소녀들이 그저 소녀가 될 수 있었던 시대, 섹스 해야 한다는 부담 없이 남자애들을 그리워할 수 있었던 순수한 시대를 잃었다고 개탄한다. 10대 소녀들이 "인터넷 중심 사회를 살면서 남자아이에게 기대할 거라고는 훅업밖에 없다는 생각으로 인해 자아 개념에 손상을 입고" 있다는 것이다.

플래너건은 '어떻게 훅업 문화는 이 세대에게 불행과 성적 불만족과 친밀감의 혼란을 남겼나'라는 부제가 붙은 책 《섹스의 종말 The End of Sex》의 저자 도나 프레이타스를 든든한 지지자로 삼았다. 프레이타스는 훅업 문화가 "빠르고, 배려 없고, 생각 없고, 피상적인" 문화이면서도 "너무 흔하고 너무 강제적이라서 그 규칙을 바꿀 여지가 없다"고 말한다. 훅업을 했던 학생 중 41퍼센트가 그 경험을 '후회된다', '구역질난다', '수치스럽다' 같은 부정적 단어를 사용해 묘사했고 때로는 '학대당했다'라는 표현까지 사용했다는 것이다. 그녀는 "육체적으로 가까워지기 전 먼저 그 사람을 알고자 하는 당연하고도 순수한 소망"을 지지한다고 했다.[15] 아마도 그녀는 훅업이 이미 서로를 잘 알고 있는 같은 집단 젊은이들 사이에서 일어난다는 사실을 인식하지 못한 것 같다.

《뉴요커》와 《배니티 페어》의 전 편집장 티나 브라운은 테일러가 쓴 펜실베이니아 대학교의 혹업 문화 기사에 이렇게 반응했다. 그것은 '비극적'인 현실로 "소녀들은 다정함, 친밀감, 흥분, 누군가 그들을 존중할 때 느끼는 감정을 완전히 도려내고 있다."[16] 여성의 야망과 성공으로 이루어진 새로운 세계에서조차(티나 브라운 자신이 세상과 직접 싸워 구현했던 바로 그 세상이다) 여성이 희생양이라는 가정이 존재한다.

비판자들 중에는 여성을 피해자로 보지 않고 대신 차갑고 출세 지향적이며 피어나지도 않은 순수한 사랑의 싹을 짓밟아 버리는 인간으로 보는 이들도 있다. 2006년에 보수주의자인 방송인 로라 세션스 스텝은 "오늘날 젊은 여성들은 남자들만큼 섹스를 많이 하며, 많은 보고에 따르면 그들이 먼저 섹스를 시작하기도 한다. 그것은 아주 오래된, '구애'라는 성적인 힘을 남성에게서 빼앗는 것이다"라고 주장하며 이런 힘의 역전 때문에 남자 대학생들이 성적 무력감을 느낀다고 비난했다.[17] 이런 공식에 따르면 여성들은 다정한 관계를 맺을 권리를 저버리고 있을 뿐만 아니라 그들의 본질적 매력까지도 잃어버린 셈이다.

확실한 점은 여자 대학생들 상당수가 몇 년 안에 결혼할 생각은 전혀 없다는 사실이다.

"과장처럼 들린다는 것 잘 알아요." 2012년 노스웨스턴 대학교 4학년이었던 아만다 리트먼이 말했다. "하지만 나는 진심으로 지금 당장 결혼하는 건 인생을 망치는 일라고 생각해요. 나는 자유를 원해요. 새로운 도시를 골라 거기에서 새로운 직업을 갖거나 모험하길 바라고 배우자나 가족 걱정 없이 그러고 싶어요. 야근을 해야 한다면 새벽 세시까지 사무실에서 일할 수 있기를, 저녁 식사 준비에 전전긍긍할 필요 없이 하고 싶은 대로 일하고 싶어요."

리트먼이 보는 결혼은 여전히 성차별적이고 불평등하고 한쪽이 희생하는 관계다. 이런 시각은 훅업 문화를 '치유'해야 한다고 주장하는 고루한 선생들을 직접 비난하는 것이기도 하다. 전통적 역할로 돌아가는 데 대한 두려움이 워낙 크기 때문에 젊은 여성들은 가능한 한 가볍게 성적 만남을 유지하려는 것이다. 아만다가 말한다. "남자와 진지하게 사귀게 되면 아무래도 우리의 꿈과 야망을 타협해야 하고 일에서 성공하는 데 필요한 독립성에 위협을 받거든요. 훅업은 보통 로맨틱한 감정이 없는 이성 친구들 사이에서 이루어지기도 하고 그렇지 않기도 한데요. 어쨌든 그건 우리 시간을 전부 투자하지 않고 무엇보다 누군가에게 정신적 에너지를 다 쏟지 않으면서 우리 신체를 탐험하는 우리만의 방법이에요."

훅업 문화에 가장 속을 끓이며 우려의 소리를 내는 《뉴욕 타임스》 칼럼니스트 로스 다우댓은 훅업 좋아하는 여대생들에게 경고했다. 〈훅업 시대의 사랑〉이라는 글에서 다우댓은 (다분히 보수적인 프레임의) 한 연구에서 여성의 섹스 파트너 숫자가 미래의 이혼과 우울증 확률과 비례한다고 걱정하면서 결혼을 미룰수록 아이를 적게 가질 수밖에 없다고 주장했다. "연애와 사랑에서 '최신 전통의neo-traditional' 길을 추구하는 사람들은 행복마저도 최신 전통의 형태로 얻게 될 것이다." 또한 그는 말한다. "커리어에만 집중하는 길을 택한 사람들은 커리어의 혜택을 받을 가능성이 더 높을 것이다. 하지만 어쩌면 인생의 다른 영역을 희생한 대가일 것이다."[18]

다우댓의 경고에는 허점이 있다. 그가 타깃으로 삼은 독자들, 즉 직업을 갖기 전이고 대체로 백인이며 결혼을 미루는 여자 대학생들이 사실은 결혼 안에서 '최신 전통 형태의 행복'을 찾을 가능성이 높다는 것이다. 고학력의 특권층 여성들은 이전보다 훨씬 더 늦게 결혼하거나 안 하고 있지만 그래도 경제적으로 혜택받지 못한 또래 여성들보다는 더 많이 결혼하는 편이다. 이 나라에서 가장 낮은 이혼율을 자랑하는 집단이기도 하다. 만약 그의 걱정이 '최신 전통주의'라면 다우댓이 표현한 '자신의 커리어 추구에 맞춘 성문화'와 '여러 명의 섹스 파트너'를 즐기는 여성들은 결혼의 적이 아니다. 결혼은 이들의 미래다.

온라인 매체 '살롱Salon'의 작가로서 오랫동안 가벼운 섹스를 지지하고 실천했던 트레이시 클락-플로리Tracy Clark-Flory는 이렇게 썼다. "모든 사람 중에서 결국 나 혼자 남을 거라고 생각했다. … 아니 다들 그렇게 말했다." 로리 고틀랩과 로라 세션스 스텝 같은 결혼 지상주의들이 그렇게 말했다는 뜻이다. "20대에 나는 여기저기서 공격당하는 훅업 문화를 열심히 지지했고 내 의견에 힘을 싣기 위해 나의 캐주얼 섹스 경험을 이용하기도 했다. 그 어른들의 지혜에 따르면, 또한 그분들이 자주 사용하던 재미있는 문구 '우유를 공짜로 얻을 수 있는데 왜 소를 사?' 같은 논리에 따르면 나는 아마 쓸쓸한 고양이 엄마로 남게 될 운명이었다. 하지만 서른이 가까워오는 지금, 나는 그렇게 되기는커녕 동거를 하고 약혼을 했으

며 머지않아 엄마가 되려고 계획 중이다." 클락-플로리는 29세에
결혼했다.

로스 다우댓을 비롯해 이 시대 보수주의자들은 이런 여성들이
앞으로도 계속 제대로 된 연애를 못할까 봐 혹은 가족을 만들지 못
할까 봐 노심초사할 필요가 없다. 물론 그들이 내심 걱정하는 것은
이들의 행복한 결혼이 아닐 수도 있다. 여성들이 결혼하기까지 우
회로를 거쳐 가는 동안 경제적·직업적으로 성취하고 사회적·성
적 통제력을 갖게 되는 것이 결국 여성 힘의 신호이기 때문에 그렇
게 발을 동동 구르고 있는 것인지 모른다.

앞에서 나온 먼디도 그렇게 생각한다. 《남성의 종말》을 쓴 해
나 로진도 이런 의견을 보탰다. 여성이 "캐주얼 섹스 문화의 불쌍
한 희생자"라며 혹업 문화를 비판하는 이들은 "이 여성들이 이후
에 얻게 될 엄청난 이득을 폄하한다. 더 중요한 것은 그런 이득이
성 해방에 좌우된다는 명백한 사실에 눈감아 버린다는 점이다." 로
진이 주장하기로는 '성생활의 황금기'에 있는 여성들, 또한 사회생
활과 직업 면에서 잠재력과 추진력이 가장 큰 시기의 여성들은 "결
혼하자고 조르는 진지한 애인이 있으면 19세기의 원치 않는 임신
처럼 최선을 다해 피하려 한다. 모든 것을 각오하더라도 피해야 할
위험이며 그들의 전도유망한 미래를 가로막는 방해물이기 때문이
다."[19]

미디어에서 혹업 문화에 대해 온갖 이야기를 끌어내면서도 숨
기려는 사실이 하나 있다. 혹업을 가장 습관적으로 하는 이들이 사
실은 통계상 미국에서 가장 결혼한 확률이 높은 집단이라는 사실

이다. 또 다른 현실도 있다. 요즘 젊은이들의 오럴 섹스blow jobs와 비어 퐁beer pong(탁구공 던져 넣어 맥주 마시기 게임-옮긴이) 관련 기사를 보면 이해가 잘 안 되겠지만 사실 대학 캠퍼스에서의 가벼운 육체적 만남은 어제 오늘 발명된 현상이 아니다.

'훅업 문화'는 내가 대학을 다니던 90년대 중반에도 흔히 볼 수 있는 현상이었다. 그 시절에도 여학생들은 남학생 사교 클럽 파티에 가서, 혹은 기숙사 방에서 남자아이들과 심심치 않게 자주 육체적 탐험을 했다. 그들은 오럴 섹스를 해주었고(그 보답을 받는 경우는 드물었지만), 섹스를 했고, 가끔 원 나잇 스탠드를 했고, 그러다 밀회가 몇 번 더 이어지기도 했고, 처음 만난 사람과 하기도 했고, 보통은 술에 취해서 친했던 이성 친구와 하룻밤 실수를 하기도 했고, 같이 수다 떨고 험담하고 춤추고 저녁 먹고 아침 먹는 사이인 남자들과 하기도 했다. 몇몇 여성들은 몇 달, 길게는 몇 년 동안 이어지는 진지한 관계가 되기도 했다. 한 친구는 고등학교 때 사귀던 남자친구가 있었다. 그들은 대학교 때까지 계속 만났고 결혼해서 아이를 셋 낳았다. 그보다 많은 여학생들은 거의 훅업을 하지 않았다.

성폭행과 강간, 남학생 사교 클럽 안에서의 신고식과 괴롭힘과 폭음 등은 매우 심각한, 때로는 무시무시한 결과를 낳는 캠퍼스 문제였다. 그러나 그것들은 훅업 문화가 아니었다. 훅업 문화는 남녀 사이에 언제나 있을 수 있는 평범한 현상이었다. 평범하게 재미있고, 평범하게 짜증나고, 평범하게 상처받고, 평범하게 남자들에게 약간 더 이득인 정도? 이 세상 거의 모든 일이 그렇듯이 말이다. 성적 호기심이 강한 18세에서 22세의 남녀가 부모의 간섭 없이 그렇게 가까이 모여 사는 한, 있을 수밖에 없는 지극히 평범한 일이었다.

실제로 이성애자 대학생들의 연애가 점차 타락하고 있다며 애통해하는 글을 읽을 때 가장 낯설게 느껴지는 것은 나의 대학교 시절을 떠올려봐도 공부나 직업을 포기하고 연애나 결혼에만 몰두한 친구들은 거의 생각나지 않으며 아마도 한 명도 없었기 때문이다. 따라서 이분들이 그토록 두려워하는 것은 만남의 가벼운 속성이 아니라 커리어를 추구하는 열정이 아닌가 싶다.

많은 사회과학자들이 훅업 문화가 그리 새로운 것이 아니라는 증거로 나의 직감을 뒷받침해 주었다. 미시간 대학교의 사회학 교수 엘리자베스 암스트롱은 캠퍼스 내 가벼운 성 습관은 20세기 중반과 후반의 성 혁명 이후부터는 크게 변하지 않았다고 주장한다. 오늘날의 대학생들이 그들 부모에 비해 특별히 더 섹스를 많이 하는 것도 아니다.[20] 미국 질병 예방 센터 보고서에 따르면 1988년에서 2010년까지 성 경험이 많은 편인 10대 소녀의 비율은 51퍼센트에서 43퍼센트로 오히려 8퍼센트가 줄어들었다.[21] 해나 로진이 썼던 것처럼 "여러 기준으로 봐도 요즘 젊은이들의 행태는 오히려 조금 더 순수했던 시절로 돌아가는 것 같다." 샌디에고 주립대학교 심리학자인 진 트웬지Jean Twenge가 2015년에 발표한 논문에 따르면 밀레니얼 세대는 X세대나 베이비부머 세대보다 평균적으로 섹스 파트너가 더 적어지는 추세다. 물론 트웬지의 논문에서는 25세까지의 섹스 파트너 수를 비교했는데 이 나이는 오늘날 젊은 세대에게 중요한 분기점이 되지 않는다. 이전 어떤 세대보다 25세 전

에 결혼할 확률이 적기 때문이다.[22]

　뉴욕 대학교 사회학과 교수인 폴라 잉글랜드는 학생들이 평균 일곱 번 혹업을 경험한다는 조사 결과를 발표했는데, 이는 키스 한 사람부터 섹스 한 사람까지 모두 포함한 것이다. 즉 1년에 두 명 이하로 만났다는 뜻이다. 또한 그녀는 대다수인 80퍼센트의 대학생들이 한 학기에 한 번 이하로 혹업을 한다는 것을 알아냈다.[23] 펜실베이니아 대학교에서 혹업 문화를 취재한 케이트 테일러도 대학생 열 명 중 세 명은 대학교 다닐 때 한 번도 혹업을 하지 않으며 열 명 중 네 명은 섹스 경험이 없거나 한 명하고만 섹스 한다는 조사 결과를 인용한다. 사회학자 리사 웨이드Lisa Wade도 비슷한 결과를 얻었다. 대학생들 3분의 2에서 4분의 3이 혹업을 하지만 그 혹업의 32퍼센트는 그저 키스로 끝나고 40퍼센트만 섹스까지 간다. 저널리스트 아만다 헤스Amanda Hess는 웨이드의 조사를 이렇게 해석한다. "이 결과는 [연애를 안 하거나 관심 없는] 대학생들의 경우 적을 때는 4년 동안 딱 한 번 교제한다는 뜻이다." 헤스는 이렇게 결론 내린다. "(싱글) 대학생의 15퍼센트는 어떤 형태든 육체적인 접촉을 1년에 두 번 이상 하지 않는다."

　그 나머지 여학생들은 한두 사람과 진지한 연애를 하는 등 아마도 다르게 살 것이다. 해나 로진은 폴라 잉글랜드의 조사를 인용하며 74퍼센트의 여학생과 대략 그 정도의 남학생들이 대학교 때 6개월이나 그 이상 가는 연애를 한다고 말했다.[24] 물론 연애를 하지 않는 이들도 있다. 그들은 성애 예술을 주제로 졸업 논문을 쓰고 있거나 자신이 스트레이트인지 퀴어인지 고민하고 있거나 캠퍼스 내 보육원에서 장학금을 받고 일하고 있거나 일찍 일어나 샌드위치 매장에서 아침 시간대 아르바이트를 하면서 점장님을 향한 짝사랑을 키우고 있을지 모른다. 이들 중 결혼을 계획하고 있는 이들은 매우 드물 것이다. 젊은 남녀가 결혼하는 경우도 여전히 있지만 그 숫자가 이전보다 훨씬 적기 때문이다.

우리의 현실

우리 모두는 무언가를 이런저런 방식으로 해나가면서 나 자신이 누구이며 내가 어디에 맞는 사람인지 알아내려고 한다. 어떤 사람이 되고 싶은지, 어떤 직업을 갖고 싶은지, 무엇을 하는 사람이 되고 싶은지 하나씩 직접 생각하고 부딪치면서 알아가야 한다. 의미 있는 섹스만 하고 싶은 사람인지 아니면 의미 없는 섹스에도 흥분하는 사람인지, 한결같은 사람과 안정적 교제를 하고 싶은지 아니면 싸웠다 화해하며 불꽃처럼 타오르는 관계에서 살아 있다고 느끼는지, 아니면 그냥 혼자 있는 것을 더 좋아하는지 아니면 친구를 만나거나 책을 읽거나 애완동물과 지내는 것을 더 선호하는지 계속 알아간다.

"바로 그런 점에서 훅업 트렌드에 대한 글들은 뭔가를 잘못 짚고 있다." 트레이시 클락-플로리의 글에 따르면 "여성들은 각자 다르다. 우리는 다 똑같지 않다. 우리 중 일부는 일 대 일 관계를 반복하면서 자신과 다른 사람에 대해 배운다. 또 일부는 바에 앉아서 귀여운 남자들과 엮이는 것을 좋아하기도 한다. 결혼하고 싶어 하는 이도 있고 그렇지 않은 이도 있다. 이성애자도 있고 그렇지 않은 이도 있다. 아이를 원하는 친구도 있고 아닌 친구도 있다. 같은 것을 원할지라도 그것을 얻는 방법에 관해서는 공통된 예상 답안이나 처방전이 없다."

그리고 우리는 호르몬과 무너진 가슴에 영향받는 인간으로 태어났기에 절대 상처받지 않게 해주는 예방약 같은 건 있을 턱이 없다. 여자들은 아무리 힘과 성적 결정권을 갖게 된다 해도 뜻대로 되지 않은 연애와 사랑 때문에 울고 상처받을 것이다.

섹스와 사랑, 특히 풋풋한 시절에 경험하는 섹스와 사랑은 감정의 시멘트가 채 마르지 않은 상태여서 남녀 모두 위험과 시련과 착각에 빠진다. 잉글랜드의 연구에 따르면 여성의 66퍼센트가 훅업이 조금 더 긴 관계로 지속됐으면 했다고 고백했다. 이 이야기를 들으면 여자들만 외롭게 남겨지는 것 같지만 실은 그렇지 않다. 58퍼센트의 남학생들도 똑같은 이야기를 했다.[25]

섹스 파트너 숫자가 늘어날수록 성병이 발병할 가능성도 높아지고 원치 않는 임신 가능성도 높아지는 것이 사실이다. 누군가 영혼을 짓밟고 지나갈 가능성이나 형편없는 섹스를 하게 될 가능성도 그만큼 높아진다. 또한 이 말은 꼭 해야겠는데, 그럴수록 끝내주게 환상적인 섹스를 같이 하게 될 누군가를 만날 확률도 높고 무엇이 나를 흥분시키고 내가 무엇을 싫어하는지 배워나갈 가능성도 높다. 내 몸과 다른 사람 몸이 어떤 식으로 작용하는지 알게 될 가능성도 높아진다.

훅업 문화 안에서 여성이 환멸이나 수치심을 경험할 가능성이 높다면 그것은 아직도 이 사회에 여성의 가치가 남성의 관심 정도에 따라 정해진다는 사회적 압력이 남아 있기 때문일지 모른다.

대학생인 레이나 코헨은 나와 함께 수많은 여성들을 인터뷰 하고 데이터를 수집한 이 책의 자료 조사원이다. 그녀는 여러 주제 가운데서도 특히 이 훅업 문화라는 주제로 친구들과 끝없이 이야기를 나누었다고 한다. 그녀는 내가 가벼운 섹스 문화를 지나치게 긍정적 관점으로 본다는 입장이었다. "어쩌면 이 주제가 현재 제 이야기와 너무 가까워서 그럴지도 모르겠어요." 그녀는 2014년에 이렇게 말했다. "내 또래 친구들이 케이트 테일러가 쓴 그런 이유로 훅업을 하지 않는 걸 자주 봤거든요." 그들은 직업적 야망을 추구하거나 진지한 관계를 꺼려서 그런 게 아니었다. "그냥 남들도 다 그렇게 하고, 남자들이 그렇게밖에 안 하려고 하니까 그런 경우도 많았어요."

만약 그렇다 해도 이 모든 불만족과 이중 잣대가 이전 시대의 성적인 불가능성보다 본질적으로 더 나쁘다고 할 수 있을까? 당신이 여성으로서 그러한 불가능성과 상관없이 살고 있다면 이런 불만족과 이중 잣대는 그리 중요한 문제가 아닐 것이다.

이런 고통과 실망이 문화적으로 재생산된 것이 아니라 어느 정도 생물학적으로 결정된다는 주장, 즉 여성은 본질적으로 남성보다 장기적이고 확실한 관계를 선호한다는 주장에 대해 저널리스트 대니얼 버그너Daniel Bergner가 문제를 제기했다. 그는 여성 욕망의 본질을 연구한 《욕망하는 여자What Do Women Want?》라는 저서에서 젠더 편견이 오랫동안 여성 성욕의 힘을 가려왔다고 주장했다. 버그너는 독일의 한 연구를 인용했다. "처음 만나 교제를 시작한 남녀는 둘 다 평균적으로 서로에게 동일한 욕구를 갖는다. 하지만 파트너와 1년에서 4년까지 사귀게 되면 여성들의 경우 상대를 향한 욕망이 하락하는 반면에 남성들의 욕구는 더 높아진다."

앤 프리드먼이 썼듯이 "여성들은 섹스를 좋아한다. 그로 인해 사회적으로 비난받는 걸 좋아하지 않을 뿐이다."[26] 하지만 여자들은 계속해서 비난받는다.

프레이타의 연구나 레이나 코헨이 들려준 감정적 불만과 실망의 경험은 개인적 차원의 슬픔을 보여주기도 하지만 젠더화된 경험에 관해 더 많은 걸 말해 준다. 여성이 이제까지 이룬 진전에도 불구하고 성적인 힘은 남성만큼 행사하지 못하며 아직도 상품화되는 느낌이나 육체적·감정적으로 만족스럽지 않은 관계를 계속 맺어야 하는 압박감, 자신의 성욕이나 성 경험에 죄책감이 있으며 그로 인해 기분이 나빠지면 또 다시 자아비판을 한다는 점이다.

아직도 힘의 대부분을 보유한 젠더의 일원으로서 남성들은 여전히 여성의 성적 기준을 평가하고 벌하는 존재다. 남성의 성욕은 정상적이고 건강한 것으로, 여성의 성욕은 아직도 비도덕적인 무언가로 연결된다. 이성애자 남성의 섹스 절제는 상대 여성의 입장에서 바람직한 것으로 판단되지만 여성의 자제나 망설임은 얌전빼기나 도착이나 여성성 부족의 징후로 여겨진다. 남성의 쾌락, 즉 오르가즘은 성행위의 마땅한 종착점이지만 여성의 오르가즘은 여전히 신비로운 보너스쯤으로 여겨진다. 젊은 여성들은 오럴 섹스를 받기보다 훨씬 더 많이 해준다. 포르노그래피는 언제나 남성의 배출에 초점을 맞추고 거의 불가능한 아니 잔혹한 여성 체위와 성 기능에서 자극을 끌어낸다. 성폭행 피해자의 다수는 여성이고, 10대 강간과 추행이 일어나면 보통 가해자들만이 아니라 피해자한테까지 손가락질을 하며, 지역 사회와 미디어는 그들의 성관념이 느슨했거나 '본인이 자처해서' 당했다고 말한다. 이렇게 많은 불평등이 현대의 훅업 문화에서도 여전히 나타나고 있을 뿐이다. 2013년 《뉴욕 타임스》가 보도한 조사에서는 "여성들이 훅업보다는 진지한 관계에서 삽입이나 오럴 섹스를 통해 오르가즘에 도달할 확률이 두 배가량 높다"고 밝혔다.[27]

하지만 이런 결과 중 어떤 것도 훅업 문화의 잘못이거나 훅업 문화가 탄생시킨 것이 아니다.

여성의 만족감과 여성 해부학에 대한 무관심은 지난 수세기 동안 이어져 왔다. 아무리 진지한 남녀 사이에서도 여성의 성적 쾌락은 잘 드러나지 않았고 중요하게 취급되지 않았다. 역사학자 레이철 메인스Rachel Maines에 따르면 18세기까지도 의사들은 여성의 생식기를 부분별로 구분하는 것을 귀찮아했다. 나중에서야 자궁과 질을 구분해 불렀고 음순, 외음부, 클리토리스를 구별할 수 있었다. 다른 문화나 국가에서는 여성의 성적 클라이맥스에 관해 현대 서구 사회보다 더 관심을 갖기도 했지만(예컨대 근대 초기 잉글랜드에서는 여성의 오르가즘이 임신을 위해 필요하다고 믿었다), 메인스가 지적하기로는 의사와 심리학자들은 여성의 오르가즘이 "남성 자존심을 떠받쳐 줄 때만 합당하며 필요하다고 보았고 남성 오르가즘의 부산물이 아닐 경우에는 그것의 존재나 중요성을 완전히 부인했다." 1970년대에 들어서야 의학계 권위자들은 "이성간 성교 중에 오르가즘에 도달하지 못한 여성은 신체적이거나 심리적인 결점이나 병이 있어 그런 것이 아니라고 남성들에게 확인시켜 주었다."[28] 게다가 부부 강간은 1990년대까지 몇몇 주에서 합법이었다.

대학교들이 이성 방문자 규칙을 없애고 남학생과 여학생이 같은 기숙사에 살게 되기 전에도 여성들은 강간당했고 험한 대우를 받았으며 자신의 성욕과 성행위에 대해 오늘날 여성들보다 훨씬 더 강하게 수치심과 후회와 죄책감을 느꼈다.

최근까지만 해도 그것을 누군가에게, 이를테면 친구나 카운슬러나 부모에게 털어놓을 수 없었다. 만약 그들이 임신하거나 성병으로 고생한다 해도 도움을 받거나 안전하고 법적인 대책을 마련할 장소를 찾기가 어려웠다.

바로 그 점에서 레티 코틴 포그레빈은 1962년에 출간된 헬렌 걸리 브라운의 《섹스 앤 더 싱글 걸》이 혁명적이라고 기억했다. "전 시대와 그 다음 시대의 교차점에서 탄생한 책이었습니다. 우리 세대 여성들에게는 대단히 해방적이었습니다." 1950년대 대학을 졸업한 포그레빈은 친구들과 성적으로 개방적인 친구를 놓고 험담을 했지만 25년 후 대학교 동창회에서 그때 사실 다들 성 경험이 있었다고 털어놓았다. "우리 중에 처녀성을 지키고 있는 사람도 없었으면서 그 친구 험담을 하고 무시했죠. 가끔은 그런 사람이 나 혼자뿐이라고 생각하기에 거짓말 속에서 살아야 하죠." 포그레빈은 그 세대 많은 여성들처럼 대학교 졸업 전에 낙태를 한 번 했지만 아무에게도 말하지 못했다. "내가 뭘 하고 있는지도 몰랐고 피임약도 없었어요. 낙태는 모든 사람들에게 가장 어둡고 무서운 비밀이었습니다."

여성의 육체적·성적 경험을 덮고 있던 침묵이 깨지기 시작했다. "헬렌이 우리를 아우팅 시켜준 거죠. 그녀는 싱글 여성들이 섹스 하고 있다는 사실을 폭로했어요." 그녀는 말했다. "헬렌 걸리 브라운이 충분히 존경받고 충분히 성공하고 충분히 나이 많다는 사실도 몸을 함부로 굴린다는 이미지를 주지 않는 데 도움이 되었죠." 포그레빈은 걸리 브라운이 서른일곱 살에 결혼했다는 사실도 기억해 냈다.

오늘날 대학생들은 남학생 사교 파티에서 그녀를 주물렀던 능글거리는 남자와 집까지 걸어가야 했던 경험을 정말 끔찍하게 생각할 것이다. 50년 전에는 더 끔찍했다고 말해도 큰 위로는 안 되겠지만 좋은 소식, 아니 멋진 소식이 있다. 요즘에는 그런 이상한 남자와 싫어도 참고 사귈 필요가 없다. 더구나 나머지 생애를 함께 보낼 필요도 없다.

훅업 문화를 반대하는 이들은 그 문화가 남녀에게 불평등한 영향을 미친다고 말하지만 그들이 주장하는 대안이 불평등의 문제를 고심하거나 해결해 주지도 않았다. 아만다 헤스는 말한다. "만약 젊은 여성이 같이 자고 싶은 남자를 한 번에 찾지 못했다고 해보자. 그렇다고 똑같은 남자와 계속 자는 것이 해결책일까?"[29]

우리는 이제 인생에서 무엇을 할지 생각할 자유가 있다. 어떤 개인들은 남녀 불문하고 커플로 지낼 사람을 찾기도 하고 때로는 여러 사람과 자고 다니거나 아무하고도 안 자기도 한다. 선호도가 다양해지면서 우리에게 어떤 욕구가 있을지 상상하기도 어려워졌다. 어떤 사람은 오페라를 좋아하고 어떤 사람들은 래퍼 니키 미나즈를 좋아한다. 어떤 사람들은 매번 새로운 레스토랑을 시도하지만 어떤 이들은 집에서 자동차 경주나 보고 싶어 한다. 계층, 인종, 나이, 정체성, 기회, 커뮤니티가 이런 성향에 끼어든다. 이것들이 우리에게 가능한 선택지를 만들어주고 우리 주변 사람들의 행동 방식을 설명해 준다. 그 또한 관계 패턴의 진실이다.

이런 맥락 아래에서 다양한 로맨스와 성적인 행동이 허락되지만 그럼에도 우리는 가끔 아직도 이런 것들을 이상하거나 미성숙하다고 진단한다. 이것이 이전에 성인들에게서 기대하던(혹은 요구하던) 것들이 아니기 때문이다. 하지만 과거에 우리는 모든 사람이 같은 세계 안으로 들어가기를 기대하고 요구했다. 어느 날 갑자기 사람들이 자유로워져서 다양한 방향으로 흩어지기 시작했고 자유의 이점을 활용하기 시작했다.

행동의 다양성이란 매우 놀랍다. 모두가 다를 수 있고 내가 갈 길은 정해져 있지 않고 솔직히 인정하자면 약간 두렵기도 하다. 모든 사람에게 끝이 좋은 것도 아니다. 하지만 한때 우리 모두를 한 군데로 밀어 넣었던 단 하나의 좁은 섹스의 길이 더 많은 이들에게 해피 엔딩을 가져다준다는 주장은 심각한 착각이 아닐 수 없다.

사랑과 결혼

싱글 시대의 선택

▶▶

레티 코틴 포그레빈은 1963년 그리니치 빌리지에 있는 정원 딸린 아파트에 앉아 있던 때를 기억한다. 7개국 출장을 마치고 집에 온 참이었는데 이런 생각이 들었다. "난 결혼 못 할 거야." 그녀는 스물세 살이었고 출장 중에 자꾸 마음속에 떠도는 생각은 자신이 아내 될 필요도, 남편에게 의지할 필요도 없는 사람이라는 것이었다. "혼자서 생활하다 보면 할 수 있는 게 많다는 걸 알게 된다. 화장실

변기가 고장 나도 직접 고친다. 전등도 갈아 끼운다. 타이어도 직접 간다. 나를 위해 이런 것들을 해줄 사람이 필요 없다. 당신이 직접 해낸 일들이 당신을 지탱해 주기에 나약한 아내가 될 필요가 없어진다."

그다음 날 한 남자가 포그레빈에게 전화를 걸어 파이어 아일랜드(뉴욕 동쪽 롱아일랜드 남단에 있는 섬으로 인기 있는 여름 휴양지다-옮긴이)에서 그녀의 생일을 축하해 주고 싶다고 말했다. 그녀는 그 해변에서 노동·고용 전문 변호사인 버트를 처음 만났다. 6개월 후 그들은 결혼했다. 그녀에 따르면 남편은 열혈 페미니스트다. 두 사람은 같이 여성운동을 해나갔고 같이 페미니스트 텍스트를 읽고 세 명의 자녀를 키웠다. 그녀 자신이 이끌어온 삶이 평등한 결혼을 허락한 것 같다고 말한다. 그녀는 버트를 만나고 10년 후에 《미즈 매거진》을 공동창간했다. "48년 동안 딱 한 사람하고만 섹스를 했다. 내 과거를 봤을 때 상당히 놀라운 일이 아닐 수 없다."

여기에 대단한 아이러니가 있다. 보수파들은 전통적 젠더 역할이 죽어간다고 분노하지만, 어떤 기준으로 보아도 결혼의 기대를 무너뜨릴 것 같은 사람이 바로 제도로서의 결혼을 살려줄 수도 있다는 점이다.

미국인들이 그 어느 때보다 싱글로 오래 남아 있고 그 때문에 생식권의 자유와 자유로운 성생활의 가능성과 훅업 문화가 늘어났고 동성애 결혼도 현실이 되었다. 이 모든 것에도 불구하고, 혹은 덕분에 미국인 대다수가 결국 결혼하게 되거나 인생의 어떤 시기에는 타인과 진지한 관계를 맺는다. 지금은 그런 점이 미국과 다른 나라들의 차이점이기도 하다.

일본은 계속 혼인율이 떨어지는 국가이며 독일과 함께 전 세계에서 가장 낮은 출산율을 기록하고 있다(2014년에 태어난 신생아는 기록상 역대 최저였다). 결혼만 안 하는 게 아니라 이성애적 섹스 자체를 거부하는데 일본 언론은 이런 트렌드를 '무섹스 증후군' 또는 '금욕 증후군'이라 부른다.[1] 한 연구에서는 일본의 18세에게 34세 사이 미혼 남녀의 60퍼센트가 어떤 종류이건 이성 교제를 하지 않고 있는데 5년 전에 비해 10퍼센트나 높아진 숫자라고 밝혔다. 일본 가족계획 위원회에서 실시한 연구에서는 24세 이상 여성의 45퍼센트가 "성적 접촉에 관심이 없거나 싫어 한다"고 답했다.[2] 일본 잡지 《조시 스파!女子SPA!》가 실시한 설문에 따르면 33.5퍼센트의 일본인들이 결혼은 "의미없다"고 답했다.[3]

남녀가 커플 맺기를 거부하는 것은 일본의 고정된 젠더 역할과 밀접한 관련이 있다. 일본 여성들은 교육을 받고 돈을 벌고 있지만 가사노동에 대한 고정관념은 변치 않았다. 일본의 주 노동 일수는 집에서 가사를 책임지는 협력자가 있는 남성에게 맞춰 있기 때문에 남편이나 자녀 있는 여성들이 버티기에는 불가능할 정도로 어렵다. 여성이 가사와 양육을 모두 책임지는 구조이며 일본에서는 일하는 아내를 "악마 아내"라 부르기도 한다. 《가디언》에 실린 '일본 인구와 사회 안정 연구소'의 설문 조사에 따르면 90퍼센트의 젊은 일본 여성들이 "자신이 상상하는 결혼" 안으로 들어가느니 독신으로 남아 있겠다고 말했다.[4] 이 기사를 쓴 《가디언》 기자 애버게일 하워스Abigail Howarth는 오래된 일본 속담인 "결혼은 여자의 무덤이다"는 오늘날 이렇게 바꿔 쓸 수 있다고 말한다. "결혼은 [여자가] 애써 얻은 직업의 무덤이다." 32세의 한 일본 여성은 하워스에게 이렇게 말했다. "회사에 사표를 내야 하지요. 결국 자기 수입 없는 가정주부로 남게 됩니다."

이것은 여성 인구의 자유는 늘어나는데 사회가 여기에 부합하지 못할 때 남녀 관계에 어떤 일이 일어나는지 알려주는 교훈적 이야기다.

비슷한 현상은 가톨릭 국가에서도 나타난다. 이탈리아 같은 경우에는 마모네스, 즉 마마보이들이 점점 늘고 있다. 직장 있는 여성들의 가사노동 수준에 불만을 가진 남자들이 성인이 되어도 밥해 주고 빨래해 주고 청소해 주는 엄마와 같이 사는 것이다. 이탈리아의 조혼인율(1년에 인구 1,000명당 발생한 혼인 숫자로 혼인에 관한 가장 기본적인 지표)은 1960년에 7.7건이었다가 2013년에는 3건으로 하락했다.[5]

독일에서는 일하는 엄마들을 암울한 단어인 라벤무터스, 즉 '까마귀 엄마'라고 부르는데 경제 조사 연구소에 따르면 고위 관리직의 2퍼센트만이 여성이며[6] 조혼인율은 위와 같은 기간에 9.6건에서 4.6건으로 거의 절반가량 떨어졌다.

북유럽 국가에서도 혼인율은 급격히 하락했으나 다른 국가보다 평등한 정책과 사회 전반적 태도로 인해 여성의 자유가 사회정책과 문화에 두루 반영되어 있다. 핀란드에서는 조혼인율이 1960년 7.4건에서 2013년에 4.6건으로 떨어졌다. 스웨덴에서는 6.7건에서 5.4건으로 떨어졌다.[7] 이 두 나라에서는 여성의 평균 첫 결혼 연령이 30세가 넘고 과거에는 이탈리아나 독일보다 혼인율이 낮았지만 지금은 비슷하거나 더 높은 수준이다.

북유럽 국가 국민들 중 많은 커플이 결혼을 할 뿐만 아니라 결혼하지 않아도 장기적 관계를 유지한다. 젠더에 대한 진보적 태도 덕분에 이성애 관계 만족도와 협력 수준이 더 높아졌기 때문이다. 스웨덴의 동거 커플은 미국의 커플들보다 헤어질 확률이 낮다. 사회학자 앤드루 체를린이 지적한 대로 "스웨덴의 비혼 부모 자녀가 미국의 기혼 부부 자녀에 비해 가족 해체를 겪을 확률이 낮다."[8] 아미나 소우가 가장 진지하게 사귀었던 남자친구는 스웨덴 남자였다. "나에게 피임 비용이 얼마나 드냐고 물어보더라고요. 같이 부담해야 한다고." 그녀가 말했다. "그 말에 깜짝 놀랐죠. 남녀가 평등한 국가에서 자란 남자는 이렇게 다르구나."

미국은 비교적 젊은 국가로 개인의 자유가 핵심이라는 계몽주의적 약속 아래 태어난 국가이지만 지난 40년 동안 혼인율 급감을 겪었다. 그럼에도 2012년 조혼인율은 6.8로[9] 아메리카 대륙과 유럽의 어느 국가보다 높다.

미국인들이 계속 결혼하는 경향은 가부장적 토대가 끈질기게 이어져 온 증거이며 자유에 관한 이 국가의 약속은 출발부터 거짓이었다는 주장도 있다. 여성, 유색인종, 동성애자 등을 아우르는 진정한 평등은 얻기 힘들었고 여전히 불완전하기 때문이다.

나는 그 반대라고 믿는다. 사실 이 국가의 진보적 특성 때문에 이 혼인이라는 제도(그것의 구조와 결혼 후보자와 결혼의 정의 등)에 계속 수정을 가할 수 있었고 결혼이 계속 진화하면서 더 포용적이고 더 평등하고 잠재적으로 더 많은 사람에게 더 매력적인 무언가로 변하고 있기 때문이라고 생각한다.

젠더 불평등에 대항하는 미국인들의 긴 싸움 중심에는 본인의 선택이건 우연이건, 삶의 중요한 시기건 평생 동안이건 싱글인 여성들이 있었다. 이 여성들은 (그리고 그들의 파트너나 동지였던 남자들) 논쟁을 통해서, 혹은 그들의 존재 자체를 통해 이 나라가 그들에게 더 새로운 공간을 만들어주어야 하며 그렇게 하기 위해 국가의 관점과 정책 또한 변화해야 한다고 강조했다.

오늘날 증가하는 싱글 여성들은 그 새로운 공간을 얻기 위해서 여전히 싸우고 있다. 그중 어떤 이들은 일본 스타일을 택한다. 그들이 상상하는 결혼이 부당하리라는 예상에 미리부터 결혼에서 멀어진다. 2013년 한 연구에서는 모든 걸 가졌다고 할 때 꼭 필요한 요소를 고르라는 질문에 남성들 경우에는 79퍼센트가, 여성들은 66퍼센트가 결혼이라고 답했다. 저널리스트 아만다 헤스는 지적한다. "성공의 정의가 무엇이냐는 질문에 관계를 최우선으로 꼽지 않는 여성들이 작년 여름부터 현재까지 5퍼센트에서 9퍼센트로 두 배 증가했다."[10] 사회학자 캐슬린 거슨Kathleen Gerson의 2010년 저서 《끝나지 않은 혁명The Unfinished Revolution》에 따르면 70퍼센트 이상의 여성들이 결혼해서 전업주부가 되기보다 독신을 택했다.[11]

하지만 거슨의 책에서 나타나는 가사노동 태도와 사회 정책의 변화는 이성애 파트너십을 걱정하는 이들에게 희망을 주는 통계다. 거슨이 표본으로 삼은 젊은 미국 여성들의 80퍼센트는 남편과 아내의 수입이 비슷하고 가사노동이나 육아를 동등하게 분담하는 평등한 결혼을 하고 싶어 한다. 남성들의 70퍼센트도 이제는 같은 것을 원한다.

몇백 년 동안 여성들은 싱글로 영원히, 아니면 조금이라도 오래 남아 있기 위해 싸웠고 이 세상에 자신들의 길과 머물 공간을 만들었으며 동료 시민들에게 깊은 인상도 남겼다. 결혼을 연기하면서 이 결혼을 조금 더 나중에, 조금 더 다르게, 조금 더 잘하도록 만들었다.

남성과 결혼을 대상으로 더 많은 것을 요구했던 이 싱글 여성들은 어쩌면 결혼을 구하는 데 누구보다 큰 역할을 했던 것인지 모른다.

독신을 거쳐 더 나은 결혼으로

미국의 인구통계학자들은 미국인의 80퍼센트가 살면서 어느 시점에는 결혼을 하게 된다고 예측한다.[12] 《뉴욕 타임스》에서도 결혼 패턴의 변화는 "연기이지 포기는 아니다"라고 말한다. "젊은 여성들 사이에서 혼인율이 가파르게 하락하고 있지만 대졸 여성이건 그보다 덜 교육받은 여성이건 대부분은 결국 결혼한다."

그런데 결혼 연기의 이유는 무엇일까. 이 나라 역사를 보았을 때 결혼 연기는 더 나은 짝을 만날 가능성을 높이는 방법이었고 여성의 성인기가 시작부터 남자에게 정의되지 않도록 하는 전략이었다.

진보의 시대 때 아프리카계 미국인 여성 지식인에 관한 글을 쓴 흑인 여성학자 브리트니 쿠퍼Brittney Cooper가 지적하기로, 교육자 메리 처치 테럴Mary Church Terrell과 시민운동가 아이다 웰스-바넷은 그 시대에 비교적 늦게 결혼했는데 결혼이 그들의 잠재력을 제한할 수도 있다고 생각했기 때문이다. 그녀가 연구한 아프리카계 미국인 여성 중 대부분이 "참정권 운동과 커리어를 지원해주는 진보적 남편을 만났다".

처치 테럴은 노예의 딸로 태어나 린치 반대 운동가로 활동했고 흑인 인권 단체인 전미 흑인 향상 협회NAACP의 일원이었으며 1884년에 대학 학위를 받은 첫 번째 아프리카계 미국인 중 한 명이었다. 그녀의 아버지는 결혼해서 안정적으로 살라고 했지만 아버지의 뜻과 반대로 대학원에 진학해 가족과 불화를 겪기도 했다. 테럴은 2년 동안 외국에서 라틴어 교사를 하면서 유럽의 구혼자들을 거부하고 28세에 결혼했다. 흑인 저널리스트 아이다 웰스는 린치 반대 연설 투어를 하고 흑인 인권운동가 프레드릭 더글러스에게 찬사를 받기도 했는데 33세에 결혼했다. 웰스가 결혼하자 오랜 친구이자 인권운동가 선배였던 수전 B. 앤서니는 결혼해서 바꾼 웰스의 성을 "무시하고" 그녀를 계속해서 "미세스 바넷"이라고 부르며 이렇게 비꼬기까지 했다. "이제 너도 결혼했으니 불안과 동요는 완전히 사라지겠구나."

결혼하지 않은 앤서니가 뭐라고 불평하든 늦게 하는 결혼은 여성에게 이점이 있었다. 그전에 개인 재산을 마련할 수 있고 제도 안에 들어갔을 때도 평등하고 자유로운 관계를 요구할 수 있었다.

여성 비행사로는 최초로 대서양을 건넌 아멜리아 에어하트 Amelia Earhart는 한 번의 약혼을 깨고 출판업자인 조지 P. 퍼트넘의 구애를 수차례 거절한 뒤 1931년에 결국 청혼을 받아들였다. 결혼식 당일 에어하트는 남편에게 쓴 편지에 결혼해도 성을 바꾸지 않겠다고 썼다. "당신은 내가 얼마나 결혼을 꺼려왔는지 잘 압니다. 나에게 가장 중요한 일의 기회가 사라졌을 때 내 감정이 어떨지도 잘 알겠지요. 우리 서로 상대의 일과 여가에 간섭하지 말고 바깥세상이 우리의 은밀한 행복과 다툼을 모르게 합시다. 우리는 결혼해 한 집에 살겠지만 종종 나 혼자 있을 장소를 만들어놓겠습니다. 제아무리 매력적인 새장이라도 늘 새장 안에 갇혀 있을 자신은 없거든요."[13]

에어하트는 직업적 야망과 아내로서의 제약 사이에서 고민했으나 좀더 평등한 결혼을 고집해 얻어낼 수 있었다. 2013년 오프라 윈프리는 몇십 년간 약혼자로만 지내고 있는 스테드먼 그레이엄에 대해 이렇게 말했다. "우리가 결혼했다면 지금 함께 있지 않겠죠. … 스테드먼은 아주 평범하고 전형적인 흑인 남자이고 나는 어디로 보나 전형적인 흑인 여자가 아니죠. 나는 그런 여자 역할에 맞지 않아요."[14] 그해에 이런 소신도 밝혔다. "스테드먼과 나의 바람직한 관계 속에서 나는 완전한 의미의 내가 될 수 있습니다. 아내라는 기대, 아내가 의미하는 그 모든 것이 될 필요가 없으니까요."[15] 그래도 윈프리가 결혼 가능성을 완전히 접지 않고 그레이엄을 '피앙세'로 소개하고 있다는 점은 주목할 만하다.

여성이 일찍 결혼하지 않고 그전에 홀로 자립하고 성공까지 한다면 여성을 독립적이고 뛰어난 존재로 인정할 비교적 진보적인 남성을 만날 확률이 더 높다.

팝스타 비욘세는 본명 숀 카터인 힙합 스타 제이 지와 결혼한 후 《세븐틴 매거진Seventeen Magazine》과 첫 인터뷰를 했다. 50년 전이었다면 나이 들기 전에 남편 구하는 법을 조언했을 타입의 여성 잡지에 비욘세는 다른 메시지를 전했다. 그녀는 열아홉 살에 카터와 데이트를 했지만 일부러 결혼을 미루었다. "우리가 스무 살 때나 서른 살 때나 똑같이 사랑할 거라고는 믿지 않는다. 그래서 나는 원칙을 세웠다. 스물다섯 살 전까지는 절대 결혼하지 않겠다고. 당신은 당신 스스로를 알아야 하고 당신이 원하는 것이 뭔지 알아야 하고 혼자만의 시간을 보내면서 누군가와 함께 공유하기 전의 자기 자신을 자랑스러워할 수 있어야 한다." 2008년 마침내 비욘세와 제이 지가 결혼했을 때 비욘세는 26세였고 이미 전 세계적인 팝 가수가 되어 있었다.

오늘날 결혼을 연기하고 기피하는 비율이 높아졌다는 사실은 결혼의 질 자체에는 긍정적 영향을 주는 듯하다. 특히 커플들이 결혼을 덜 하거나 늦게 하는 뉴욕, 매사추세츠, 뉴저지, 일리노이, 펜실베이니아 같은 주가 미국에서 가장 낮은 이혼율을 자랑하고 있다.[16] 어릴 때 결혼을 많이 하는 주에서는 그 반대 결과가 나온다. 이른 결혼을 찬성하고 이혼을 반대하는 모르몬교가 있는 유타 주만 제외하고[17] 와이오밍, 오클라호마, 아칸소, 켄터키, 테네시에서 결혼 연령이 낮고 이혼율은 높다.[18]

결혼을 늦게 하면 꼭 결혼이 아닌 다양한 환경에서 남성과 여성이 함께 시간을 보낼 수 있다. 저널리스트 에블린 커닝햄Evelyn Cunningham은 이렇게 말했다. "여성은 우리 사회에서 억압자들과 가장 친밀한 관계를 맺으며 살아가는 유일한 피억압 집단이다." 그런 정서를 인용하며 페미니스트 블로거 그리오테Griote는 2010년에 "싱크대 앞에서 내가 남기지 않은 그릇들을 설거지하면서" 깨달은 바를 이렇게 썼다. "남자가 나를 자신의 아내, 창녀, 요리사, 청소부, 개인 비서로 여기는 결혼이라면 단 6개월도 참지 않겠다." 막 성인기에 들었을 때 자신의 정체성을 하녀나 창녀나 아내로 처음 정의하기를 거부함으로써 여성들은 커닝햄이 말한 억압자와 동거하는 사이클을 깨뜨린다.

비혼 여성은 그들을 동료이자 상사로 보는 남자들과 같이 일하면서 여성에 관한 기존의 가정들을 바꾸어간다. 그들이 남자 동료들과 맥주를 마시고 정치를 논하는 사이, 남자들은 여성을 친구로 대하게 된다. 그 남자들과 섹스를 하면서 섹스는 소유권을 의미하지 않는다는 사실을 (우리의 바람이긴 하지만) 이해시키기도 한다. 우리 자신의 방식으로 세상에 존재하면서 남성들이 우리를 부속물이나 성적인 대상이 아닌 동료이자 인간으로 인식하게 만든다.

수전 B. 앤서니는 외국 특파원으로 세계 곳곳을 여행하며 취재하다가 31세에 결혼한 넬리 블라이와 인터뷰 하며 이렇게 말했다. "예전에는 남성들이 생각 있는 여성, 투표하고 싶어 하는 여성을 두려워했지만, 오늘날 최상위층 남자들은 우리 시대 최고의 참정권 운동가들 중에서 신붓감을 찾습니다."[19]

여성들이 독립적으로 살아가는 모습이 한때는 매력적이지 않은 짝으로 비쳤지만 결국 남성들의 취향을 바꾸어놓을 것이라는 앤서니의 주장은 한 세기 후 결혼 역사학자 스테파니 쿤츠가 설명한 결혼의 변화와 일맥상통한다. 쿤츠에 따르면 고소득을 올리는 대졸 여성들이 한때는 결혼과 가장 거리가 멀어 보였지만 이제는 언젠가 아내가 되어 가장 긴 결혼 생활을 할 것으로 보인다고 지적했다.[20]

우리가 결혼을 미룰 때 여성들만 독립적으로 변하는 것이 아니다. 남성들도 어느 정도 변한다. 여성들과 마찬가지로 빨래를 하고 요리를 하고 청소를 하고 셔츠를 다리고 여행 가방을 직접 싸는 것이다.

개인들이 권한을 지닐 가능성은 사회를 더욱 동등하게 이끌고, 그것이 바로 독신 여성의 시대가 양성 관계를 평등하게 만든다는 앤서니의 핵심적 비전이다. 앤서니는 독신 유토피아 속 남성들이 독신 여성의 집을 방문하는 모습을 이렇게 내다보았다. "결혼 시장에서 짝을 고르기 위해 신사들 클럽에서 하던 것들, 즉 예술과 과학과 정치와 종교와 개혁을 논하기 위해 여성의 집에 가게 될 것이다. … 같은 지성인이라는 사실에 자부심을 느끼는 동등한 인간들을 만나러 갈 것이다."

1904년 바첼러 메이드는 이런 결혼 생활을 꿈꾸었다. "남편이 지적인 동료가 되어 내가 택한 분야에서 더 발전하도록 격려해 주고 영감을 주며, 나도 그가 하는 일을 세심히 이해하고 공감한다." 안타깝게도 그 시대에 그녀는 이렇게 불만을 터뜨릴 수밖에 없었다. "나의 몇몇 연인들은 나에게 [오직] 애 엄마가 되어주기를 원했다."

2010년 결혼 당시 나는 서른다섯이었고 남편은 마흔 다섯이었다. 우리는 합쳐서 80년을 따로 살았다. 물론 이렇게 늦은 나이에 만나는 데에도 단점이 있는데 현실적인 이유보다 감정적 아쉬움이다. 우리에게는 앞으로 함께할 세월이 우리 바람보다 짧을 것이다. 또한 나이는 많은데 아이를 갖고 싶은 마음이 컸기에 아기를 갖기 전에 우리가 함께할 시간, 즉 온전히 우리 둘만 즐길 수 있는 시간이 적었다는 점이 슬프다.

한 가지 부인할 수 없는 사실은 우리 중 누구도 서로가 서로에게 포섭되지 않았다는 것이다. 우리는 각각 은행 계좌가 따로 있었다. 자신만의 그릇을 갖고 있었다. 각자 직업과 사회생활이 있었다. 둘 다 빨래를 할 줄 알았고 전기 드릴을 사용할 줄도 알았다.

조금 더 대등한 출발선에서 인생의 한 단계를 시작하게 되면 단순히 신체 구조에 따라 업무와 책임을 한 사람에게 부과하지 않고 그 일을 더 잘하는 사람에게 합당하게 부과될 수 있다. 우리 부부는 요리는 같이 하고 청소는 거의 내가, 빨래는 거의 남편이 하며 육아는 분담한다. 이 자리에서 우리 부부의 평등한 생활을 자랑하거나 어떤 커플이 모델이라고 제시하려는 것은 아니다. 결혼제도 안에서 자유를 좀더 향상시키면 개인의 재능과 개성에 따라서 그 제도를 자유자재로 만들어갈 수 있다는 점을 말하고 싶은 것이다. 내 생활은 훨씬 더 나아졌고 나의 짐은 상상 이상으로 가벼워졌으며, 내 결혼은 어머니나 할머니 세대의 결혼보다 훨씬 더 동등하다고 생각한다.

나만 이렇게 느끼는 것이 아니다. 2010년 퓨 가족 트렌드 연구 센터 조사에서 결혼하거나 동거하는 이들 중 51퍼센트의 응답자들이 그들 관계가 부모님의 관계보다 더 친밀하고 평등하다고 주장했다. 전 세대보다 배우자와 더 나은 관계를 누리고 있다고 말한 사람 중에 여성이 55퍼센트를 차지했다(남성은 46퍼센트였다).[21]

아내와 대등한 관계를 맺는 남성들은 아이들에게도 더 평등한 관계의 모델이 되어줄 수 있다. 로펌에서 일하는 22세의 빅토리아 팽은 어린 시절 엄마는 회사에 다녔고 자영업자로서 스케줄이 좀 더 자유로웠던 아빠가 배구 연습장으로 그녀를 데리러 올 때마다 아빠에게 여자 같다고 놀렸다고 한다. 지금은 이렇게 말한다. "저는 우리 아빠 같은 남자를 만나고 싶어요."

독립적인 여성 시대에 남성은 여성에게 더 사려 깊은 사람이자 좋은 친구이자 이해심 많은 동료가 될 수 있다. 내가 맏딸을 낳고 모유수유를 하고 있을 때 취재차 출장을 가게 되었다. 기자 회견이 연기되자 내 수유 스케줄에 지장이 생긴다는 걸 가장 잘 이해해 준 사람은 유능한 기자이자 남편이며 아이 둘의 아빠인 남자 동료였다. 그는 미래의 상원의원인 엘리자베스 워렌을 따라다니며 어류 가공 공장을 취재하면서도 내가 유축한 모유를 집에 가져갈 수 있도록 얼음을 구해주었다.

자주 끊어질지언정 이런 것들이 진보의 발자국이다. 한편으로 미국은 여전히 유급 출산 휴가가 부족하고 정부로부터 신생아 보육 정책 비슷한 어떤 것도 받지 못한다. 모유수유실이 마련되어 있는 회사는 턱없이 부족하다. 미국 하원 의회에서조차 여성 의원 전용 화장실 겸 수유실이 생긴 것은 2011년이었다. 그러나 독립과 동등을 향해 거침없이 나아간 미국 여성들의 결의 덕분에, 이런 시스템 문제에도 불구하고 태도와 행동에서만큼은 수량화할 수 없는 변화가 생겼다. 우리는 이제 모유 수유에 관해서도 협조를 얻을 수 있는 남성과 친구이자 파트너로 같이 일한다.

1965년과 2011년 사이에 18세 이하 자녀를 둔 기혼 아버지들의 일주일 가사노동 시간은 4시간에서 10시간으로 증가했다. 육아 노동 시간은 일주일에 2시간 30분에서 7시간으로 늘어났다.[22] 물론 가사 분담에도 성별 불균형이 여전히 존재한다. 남성들은 낙엽을 치우고 쓰레기를 버리고, 여성들은 설거지와 청소를 주로 담당한다. 그래도 미국 노동 통계청이 발표한 생활시간조사time use survey 결과 2003년에서 2014년 사이에 남성이 청소, 요리를 담당하는 시간은 35퍼센트에서 43퍼센트로 증가했고, 같은 시기 여성의 하루 가사노동 분량은 54퍼센트에서 49퍼센트로 줄었다.[23] 아직 50대 50까지는 멀었지만 이전에 비해서는 그 비율에 가까워졌다.

몇몇 조사에 따르면 아직 대다수가 결혼하지 않은 밀레니얼 세대의 경우에 남녀 모두 직업을 선택할 때 급여보다 일과 사생활의 조화가 중요하다고 답했다.[24] 《뉴욕 타임스》에서는 전통적으로 여성적인 직업이라 할 수 있는 간호사 같은 직업을 택하는 남성들 숫자가 증가 추세라고 보도했다. 일례로 아드리안 오르티스는 멕시코에서 변호사로 일했지만 미국에 와서는 두 가지 언어를 쓰는 유치원에서 교사로 일하고 있다. "저한테 가장 중요한 건 가족입니다. 100퍼센트 그렇습니다."[25] 전통적으로 남성적 영역에서 높은 지위까지 올라간 남성들 중에도 가정을 우선시하고 싶다는 의사를 공공연하게 밝히는 사람들이 있다. 2014년 위스콘신 공화당 하원 위원인 폴 라이언은 (대통령직 승계 3순위인) 하원 의장에 관심 있다고 말하면서도 "가족과의 시간을 포기"하는 것이 내키지 않아 고려 중이라고 답했다. 정치가로서 라이언은 미국의 부모들이 가족과 보낼 시간을 늘릴 현실적 방안인 보육비 보조와 유급 휴가를 반대했지만 정치처럼 모든 것을 바쳐야 하는 직종 앞에서도 가정에 대한 헌신을 언급했다는 것만으로도 이 문화에 불고 있는 변화의 바람을 드러낸다고 할 수 있다.

남편이 전업주부를 맡는 경우는 여전히 드물지만 예전에 비하면 종종 볼 수가 있다. 특히 여성이 점차 최고위직으로 올라가는 분야, 그로 인한 경제적 풍요로 부모 한 사람은 집에 머물 조건이 되는 분야에서는 더욱 그렇다. 《뉴욕 타임스》에서는 월스트리트에서 일하는 여성 중 배우자가 집에서 가사를 돌보고 자녀를 양육한다고 대답한 여성이 1980년에 2,980명에서 2011년에 21,617명으로 거의 10배 가까이 늘었다고 보도했다.

계층을 불문하고 미국에서 21세기 첫 10년 동안 집에 있는 아버지들은 거의 두 배가 되었다.[26] 한 인구 조사에서는 수입 있는 여성과 결혼해 5세 이하의 아이를 두고 있는 남편의 20퍼센트가 가정의 주 양육자였다. 이렇게 숫자가 갑자기 불어난 이유는 임금 노동을 하는 아내가 증가하고 경제 둔화와 제조업 붕괴로 남성들의 취업률이 줄어들었기 때문이다. 비평가들은 주 양육자 아버지들의 증가를 경제난의 징후로만 취급하지만 높은 실업률이 이들을 부족한 아빠로 만드는 것은 아니다. 젠더 고정관념을 갖고 있는 세대가 일하지 않는 엄마를 부족한 엄마로 보지 않는 것과 마찬가지다.

새로운 규범에 적응하기란 가능하고도 남고 현재 일어나고 있다. 최근 바르셀로나 대학교의 연구자들은 1968년부터 2009년 사이 57개국의 인구 조사 결과를 자세히 연구하여 결혼 유형이 바뀌고 있음을 보여주었다. 실제로 고등 교육을 받은 여성이 더 교육 수준이 낮은 남성과 결혼하는 횟수가 증가하고 있다. 최근까지만 해도 고학력의 성공한 여성들과 수입이 적은 저학력 남성들이 가장 많이 미혼으로 남아 있었지만 이제 그 상황이 바뀌고 있다는 것이다.[27] 이 연구에 참여했던 알베르트 에스테브는 조사에 대해 이렇게 말했다. "이런 구조적 변화에 상당히 잘 들어맞는 커플 구성이 이루어지고 있다. 이런 변화가 계속된다면 조만간 결혼 시장에도 변화가 일어날 것이다."

노처녀와 동성애 결혼

2013년 6월 대법원이 연방 결혼 보호법이 위헌이라고 판결한 후 저널리스트인 제시 옥스펠드는 〈어제의 억압받는 소수, 오늘은 노처녀〉라는 제목의 신문 칼럼을 썼다. 동성애자였던 옥스펠드는 위헌 판결이 난 그 주에 남자친구와 헤어졌다. "나는 37세 싱글이다. 그리고 나는 남편을 원한다." 나아가 그는 주장했다. "이 같은 이성애 규범화는 나의 둔한 이성애 규범적 욕구를 부추길 뿐이다. 즉 나는 그저 남편을 원하는 게 아니라 내가 결혼할 나이일 때 남

편을 원한다. … 나는 생이 거의 끝나갈 때가 아니라 생이 시작할 때 결혼하고 싶다."²⁸

《슬레이트》에 〈아내가 되지 마세요〉라는 제목으로 실린 칼럼에서 레즈비언인 준 토머스는 동성 결혼에 기뻐하는 이들을 향해 결혼의 덫을 과소평가하지 말라며, 특히 결혼을 반대하는 페미니스트 입장에서 결혼은 불만을 가져다주는 제도일 뿐이라고 통렬히 충고했다. "나는 16년 동안 한 사람과 행복한 생활을 이어오고 있다. 우리는 재산을 공유하고 같이 고양이를 키운다. 하지만 나는 누군가의 아내가 되고 싶지 않다. 그리고 나 또한 아내를 원치 않는다." 토머스는 젊은 시절 여성운동에 몸 담았던 경험을 이야기했다. "우리는 결혼을 할 수가 없어 하지 않았지만, 어떤 면에서 이 제도는 가부장제를 대표했고 어떤 남성들은 아내를 '소유'하고 아내의 삶을 통제할 수 있다고 믿는 경향도 있었다." 젊은 레즈비언과 게이 들이 이제 결혼이 합법화되었으니 당장 결혼하겠다고 이야기하면 그녀는 혼란스럽다고 썼다. "그들은 정말로 평생 동안 함께 살 짝을 정할 생각일까? 플랫 슈즈를 신은 한 쌍의 백조가 되고 싶은가? 서른다섯 살에는 그게 매력적으로 보일지 몰라도 스물다섯 살이라면 좋게 말해 문명거부론자처럼 보일 것이다."²⁹

최근 동성애 커플들이, 너무나 많은 여성들이 어떻게든 멀리하려고 했던 이 제도 안에 성공적으로 안착하는 현상을 보면 우리가 결혼을 성인기의 유일한 규범으로 여기지 않으려 했던 진보적 사고와는 반대되는 것처럼 보이기도 한다. 옥스펠드와 토머스의 이야기는 보수 성향의 컬럼니스트 메간 맥카들Megan McCardle의 예상을 뒷받침해 주는 것처럼 보인다. "동성애 결혼 합법화는 부르주아 성적 도덕성의 힘의 승리다. 게이도 결혼할 수 있다면 이성애자들은 당연히 결혼 기대를 받을 것이다."

그러나 동성애 결혼에는 이성애 결혼과는 다른 급진적 측면들이 많은데 그중에서도 가장 주된 것은 전체 제도의 권력 구조 프레임을 완전히 뒤엎어 버리고 과거 강압적 힘을 행사했던 성별화된 메커니즘을 못쓰게 만들어버린다는 점이다.

이는 시대를 앞질러 동성애를 옹호했던 무정부주의자 엠마 골드만이 1911년에 이성애 결혼에 관해 예측했던 것과도 꼭 들어맞는다. "언젠가 남자와 여자는 비상할 것이다. 그들은 산 정상에 올라 크고 강하고 자유로운 존재를 만날 것이다. 사랑을 주고받을 것이며 사랑이라는 황금빛 햇살 속에 머물 것이다. … 만약 세상이 진정한 교제와 하나 됨을 낳는다면 결혼이 아니라 사랑이 그 부모일 것이다."[30]

동성애 결혼은 본질적으로, 또 이상적으로 젠더가 정의한 사회적·경제적 권력이 아니라 사랑과 친밀함과 협력을 기반으로 한다. 이런 결합은 이성애 결혼까지도 다시 상상하게 해줄 열쇠가 될 수 있다.

물론 모든 종류의 결합에서 한 사람이 다른 한 사람보다 조금 더 많은 권력을 가질 수 있다. 한쪽은 잔인하거나 냉정하고 다른 한쪽은 수동적이고 희생적으로 살 수 있다. 서로 권태로워지고 서로를 이용하거나 헤어질지도 모른다. 하지만 복종하는 자와 지배하는 자가 각각 출생 시 갖고 태어난 신체 하나로 결정되지는 않을 것이다. 결혼은 결코 완벽하지 않겠지만 지금보다 훨씬 더 공정하고, 여성과 함께이건 남성과 함께이건 그 제도 속으로 들어간 또 다른 여성과 남성은 훨씬 더 자유로워질 것이다.

결혼 개념에서 갑자기 불평등이 둔화되면서 심오한 변화가 일어났다. 2013년 《뉴욕 매거진》 보도에 따르면, 한 이성애자 커플이 평등한 결합을 대표할 만한 글을 간절히 찾다가 매사추세츠의 법원이 처음으로 동성애 결혼을 합법화하면서 내건 선언문인 '굿리치 대 보건복지부 판결문Goodrich v Department of Public Health'을 낭독했다고 한다. [31]

"시민의 결혼은 개인이 한 인간에 대해 깊이 헌신하겠다는 약속이며 교제, 친밀함, 신뢰, 가족이라는 이상을 공적으로 축복하는 것이다." 판결문은 이렇게 이어진다. "결혼은 안정성, 안전한 피난처, 우리의 인간애를 표현할 유대감이라는 욕구를 채워주기 때문에 시민 결혼은 훌륭한 제도이며 누구와 결혼하는가의 문제는 인생에서 가장 중대한 자기 결정권에 해당한다."

결혼의 본질과 목적을 설명한 이런 법적 선언문에는 어느 누구의 힘이 다른 누구보다 더 크다는 말이 전혀 나오지 않으며 복종하거나 존경한다는 단어도 없다. 그저 교제의 기쁨과 축복받는 선택이 있을 뿐이다. 누구와 결혼할지 뿐만 아니라 결혼해야 할지에 관해서도 강제성이 없다. 이처럼 새로운 혼인 세계에는 자아가 있고 자신이 자아를 결정한다.

바로 이 사람이야!

아다 리는 중국 광저우에 살던 열아홉 살 때 처음 남자친구를 만났다. 이제 41세의 그녀는 그 남자친구가 "굉장히 착하고 순수한 남자"였다고 말한다. 친구와 가족들 모두 그를 좋아했고 바른 남자라고 칭찬했다. 두 사람은 서로 사랑했다. 1년 정도 교제했을 때 그가 청혼을 했다. "너무 어리잖아요. 나는 아직 준비가 안 되었다고, 싫다고 말했어요."

남자친구는 절망했다. 그녀는 몇 년만 더 기다리면 준비될 거라고 설득했다. 하지만 그는 화를 냈고 연락을 끊어버렸다. 3개월 후 아다는 그가 다른 여자와 결혼했다는 소식을 들었다. "그때는 저도 화가 났어요. 정말 좋은 남자였어요. 착실하고 저를 아꼈어요. 왜 기다리지 못했을까요?"

아다 또한 상처받았고, 더 이상 상처받기 싫어 접근하는 남자들을 차단해 버렸다. "끔찍했어요. 잘 수도, 먹을 수도 없었죠." 3년 후에 그녀는 길에서 그 남자를 만났다. 그는 아다에게 다가오더니 결혼 생활이 불행하다고 고백했다. 왜 자신을 기다리지 못했냐고 묻자 그는 자신이 다니는 정부기관에서 결혼한 직원에게만 아파트를 제공했기 때문이라고 설명했다. "그 사람은 아파트 때문에 결혼한 거예요. 그게 이유더라고요. 너무 한심하지 않아요? 그러니 행복하지 않았겠죠. 그 사람도 [아내가] 잘 맞는 짝이 아니란 걸 알았으니까요. 둘 다 아파트 때문에 결혼했어요. 멍청한 거죠." 아다는 그를 다시 보지 못했지만 마음의 상처는 사라졌다. "그 이야기를 듣고 나니 미련이 사라졌어요."

나이가 차면서 아다에게도 결혼 압박이 심해졌다. 1990년대 그녀의 고향에서는 여자가 20대 중후반까지도 결혼을 안 했다는 건 있을 수 없는 일이었다. 그녀의 엄마는 딸이 스물다섯 살이 될 때부터 근심걱정이 끊이지 않았다. 엄마와 이모들이 남자를 소개시켜 주려고 난리였다. "아마 내가 돌았다고 생각했을 거예요. 아니면 남자를 안 좋아한다고 생각했겠죠. 결혼 안 한 여자는 어딘가 정상이 아니라고 여겼어요." 아다는 정말 사랑하는 사람이 나타날 때까지 결혼하지 않겠다고 결심했다. "그저 결혼을 위한 결혼은 절대 안 되죠. 아무리 미남에 재산가여도 필요없어요."

아다는 2001년에 뉴욕으로 왔고 재봉사로 일했다. 그때 같이 일하던 직장 동료가 조카를 소개해 주려고 했다. 아다는 관심이 없었다. 동료가 재차 제안하자 아다는 그 남자에게 전화해 보기로 했다. "가끔 이야기할 사람 하나 정도 있는 건 나쁘지 않으니까요."

"말해 보니 편하고 좋더라고요." 그녀는 첫 통화를 이렇게 기억했다. 자신을 만나고 싶으면 퀸즈에서 브루클린으로 지하철을 타고 와야 한다고 그에게 말했다. 그들은 처음 만나는 날 서로를 알아보기 위해 같은 재킷을 입기로 했다. 긴 코트를 입은 남자가 지하철에서 나오는 걸 보자마자 아다는 생각했다. "저 남자야, 내가 결혼하고 싶은 사람. 어쩌면 저 남자랑 결혼할지도 몰라."

그 남자는 일찍 결혼해 두 아이가 있었고 아내는 다른 남자와 살고 있었다. 그는 열한 살, 여덟 살 아이를 홀로 키우고 있었다. 아다도 알고 있는 사실이었다. "좋은 남자예요. 아빠 혼자 두 아이를 직접 키우는 게 얼마나 힘든데요." 둘은 데이트를 시작했고 아다는 곧 임신했다. 아다의 엄마가 궁합이 맞지 않는다며 극구 반대했지만 둘은 결혼했다. 그들은 10년째 같이 살고 있으며 둘 사이의 아들도 잘 키우고 있다.

최근에 아다의 62세 엄마와 68세 아버지가 중국에서 건너와 퀸즈에 있는 그녀의 가족과 살게 되었다. 시골에서 쌀농사를 짓던 엄마는 고등학교도 졸업하지 못했고 열아홉 살에 중매결혼을 해 두 아이를 낳았다. 아다가 말하길 뉴욕에 오자마자 엄마 얼굴에 꽃이 피었다고 한다. 하지만 아버지는 뉴욕 생활에 적응하지 못했고 중국으로 돌아가고 싶어 했다. "엄마가 '돌아갈 거면 당신 혼자 가세요' 그러더라고요." 아버지는 그렇게 했다.

아다의 엄마는 더 젊어지고 더 행복해졌다. 처음 몇 달 동안은 영어를 읽지도 말하지도 못해 지하철에서 길을 잃곤 했다. 이제는 버스와 지하철을 자유자재로 이용해 브루클린에 가고 차이나타운은 집처럼 편하게 다닌다. 가정 방문 요양사로 일도 하고 있다.

"직접 돈을 버니까 더 신나나 봐요." 사실 아다의 엄마는 이제까지 자기 수입이 한 번도 없었고 그것 때문에 아버지가 심하게 대할 수 있었다고 생각한다. "엄마가 아침을 차려주면 아빠는 '이게 뭐야? 안 먹어' 그랬어요. 별로 좋지 않은 모습이었고 가끔 내가 따졌어요. '엄마가 정성껏 만들었잖아요. 그냥 드세요. 불평 좀 하지 말고요.' 어쩌면 그래서 아버지는 중국으로 가버렸는지 모르죠. 난 항상 엄마에게 변화가 필요하다고, 아빠도 변해야 한다고 말했죠. 세상이 변했으니까요."

아다는 엄마의 모습을 보면 기쁘다. "엄마 인생이 변했으니까요. 아마 다른 시대에 태어났다면 엄마도 다른 걸 원했을 거예요. 공부도 하고 그렇게 빨리 결혼하지 않았겠죠."

아다는 이제 스물한 살이 된 남편의 딸 제니퍼에게 이렇게 말한다. "네가 힘을 키우고 싶다면 일찍 결혼할 생각일랑 하지 마. 더 나은 인생을 살고 싶지? 그냥 누군가의 아내가 된다는 생각만 안 하면 돼." 아다는 자신이 이렇게 만족스럽게 사는 이유가 10년 넘게 싱글로 살았기 때문이라고 말했다. "싱글로 지내면서 나 자신을 돌보는 법을 배웠고 내가 원하는 게 뭔지 알았어요. 우리는 나 자신 외에는 아무도 줄 수 없는 최고의 것이 무엇인지 알아야 해요. 그래서 항상 제니퍼에게 너무 빨리 결혼하지 말라고 하죠. 남자친구가 괜찮은 사람인지 확인 또 확인하고, 남자가 그녀를 좋은 쪽으로 갈 수 있게 하는지 살펴보라고요." 그러면 제니퍼는 이렇게 대답한다고 한다. "나 그렇게 멍청하지 않아. 걱정 마세요."

아다의 이야기, 아다 엄마의 역사, 아다 의붓딸의 미래는, 갖가지 통계와 숫자와 데이터가 있긴 하지만 우리가 결혼과 독신 생활이라는 문제 앞에서 어떤 결정을 내릴지, 그리고 그 둘 사이에서 여성이 어떻게 움직일지는 알 수 없다는 것을 보여준다. 전환은 복잡하고 까다롭고 예상을 뛰어넘는다. 고집 센 싱글 여성이 지하철역에서 나오는 인상 좋은 남자에게 반해 다른 결정을 할 수도 있다. 평생 남편에게 경제적으로 의존해 온 여성이 드디어 62세에 새로운 정체성을 갖고 날개를 펼 수도 있다.

혹은 그 나이까지 기다리지 않아도 된다.

결혼, 이혼 그리고 그 사이

뉴욕에서 국선 변호사로 일하는 몰리는 20대에 품성 바른 남자에게 반해 결혼했다. 몰리는 유타에서 태어나 자랐는데 그곳은 모르몬교의 영향 때문에 전국에서 가장 이른 나이에 결혼하는 경향이 있다. 그녀는 모르몬교는 아니었지만 고향의 관습을 자연스레 받아들였고 좋아하는 사람과 안정적인 교제를 하게 되자 크게 망설이지 않고 결혼했다. 하지만 결혼한 지 얼마 되지 않아 마음이 흔들렸다. 그녀와 남편은 비슷한 직업에 사회생활도 같이 했다. 하지만 그녀는 결혼 때문에 옴짝달싹할 수 없는 기분이 항상 들었다. 어느 날 밤 그런 감정을 남편에게 토로했다. "당신이 내 날개를 싹둑 잘라버렸어!" 그녀는 울부짖었고 곧 이혼했다.

몰리의 남편은 결혼 생활이 맞는 사람이었다. 실제로 그는 바로 재혼해 아이를 가졌다. 그와 몰리는 같이 키우던 강아지의 공동 양육자이며 최근까지도 같은 사무실에서 일했다. 몰리는 서른일곱 살이고 결혼을 절대 원하지 않는다. 그녀는 싱글로 남아 있다.

결혼 생활이 이전보다 개선되었고 어떤 여성들에게는 더 매력적으로 다가올지 모르지만 그렇다고 해서 모든 여성에게 그런 것은 아니다. 여전히 결혼의 한계를 견디지 못하는 이들이 있고 결혼하고 나서야 그 한계를 알게 되기도 한다.

하이디 시엑은 네브라스카 시골 마을에서 자랐다. 역시 다들 일찌감치 결혼하는 동네다. 그녀에게는 부모님도 좋아해 얼른 사위로 삼고 싶어 하는 남자친구가 있었다. "하지만 나는 결혼하기 싫었어요. 무조건 네브라스카에서 뛰쳐나오고 싶었어요." 그녀는 일부러 다른 도시의 대학을 갔고 졸업 후 워싱턴 D.C.로 갔다가 한 법대생을 만났다. "동화 속에서 막 걸어 나온 듯 키 크고 잘생긴 남자였어요. 하버드를 졸업해 《로 리뷰Law Review》 잡지에서 일했고 농구도 잘하고 훌륭한 가족이 있고 쾌활하고 유머감각도 있는 남자였어요." 시엑은 결혼하면 경제적으로 안정되고 사회적 지위도 올라가리라는 생각에 적극적으로 약혼을 추진했다. 하지만 결혼 준비를 시작하자마자 고등학교 때 앓았던 섭식 장애가 다시 찾아왔고 술을 많이 마셨으며 약혼자와 섹스도 잘 되지 않았다. 성대한 결혼식을 마친 후 그녀의 말에 따르면 "극심한 신경쇠약으로 쓰러졌다".

하이디는 자신이 "두려움과 경제적 불안과 아무도 자신을 사랑해 주지 않을 거라는 생각 때문에 결혼을 택했음"을 깨달았다. '완벽한' 남편감과 결혼했지만 그녀는 결혼 자체를 거부하는 사람이었다. 부부간 불화가 계속되었다. 5년 동안의 결혼 생활과 2년 동안의 결혼 상담 치료 끝에 그녀는 이혼을 요구했고 둘은 6개월 만에 합의 이혼을 했다.

하이디는 지난 12년 동안 싱글로 지내고 있으며 매우 만족한다고 했다. "내가 선택한 생활이죠. 아주 구체적으로요." 그녀는 이혼 후에 술을 끊고 심리 상담을 받았으며 하버드에서 석사 학위를 받았다. 하버드 출신의 남편이 있다고 자랑할 필요 없이 자신이 그 학교 졸업생이 된 것이다. "나는 결혼을 해야 그런 학벌을 얻을 수 있다고 생각했는데 해보니 내가 직접 가질 수 있더라고요."

하이디의 남편은 결혼 생활이 맞는 사람이었기에 곧 재혼했고 아이도 생겼다. 전남편은 여전히 친구로 지내고 있으며 그녀가 하버드 동료와 시작한 사업의 고문 변호사가 되어주기도 했다.

여러 측면에서 보았을 때, 이혼이 보편화되면서 여성들이 해방감을 느낀 것은 사실이다. 불행한 결혼을 탈출할 수 있고 가정 폭력도 줄어들었다. 남편의 폭력을 참던 아내가 남편을 살해하는 일도, 불행한 결혼에 아이들이 볼모처럼 잡혀 있는 경우도 줄어들었다. 몰리와 하이디 같은 여성들에게 이혼은 해방으로 가는 길이었다.

하지만 이혼은 결혼의 직접적 결과 가운데 가장 위험한 것이다. 여러 연구 결과에 따르면, 이혼한 여성은 처음부터 결혼하지 않은 여성보다 더 불행하고 더 건강하지 않고 더 가난해진다.

따라서 여성이 더 늦게, 더 적은 빈도로 결혼한다는 것은 좋은 소식이다. 1970년대에 치솟았던 이혼율은 1980년대부터 느리지만 꾸준히 낮아지고 있으며 이 시기는 여성들이 이른 결혼을 회피하던 때와 겹친다.[32] 놀랍게도, 이혼 비율을 낮추는 데 가장 극적으로 기여한 사람은 가장 오래 싱글로 남아 있는 사람들이다.

지난 20년 동안 이혼율을 높인 인구는 베이비부머들이다(1946년에서 1964년 사이에 태어난 이들). 이들은 대체로 일찍, 결혼제도가 지금처럼 개선되기 전에 결혼했다.[33]

싱글과 결혼 사이 어딘가에 있는 이들 또는 언제 어디서 결혼이라는 정체성에 착륙할지 아닐지 확신하지 못하는 이들은 수백만 명이다. 해나 로진은 자신이 깨달은 바를 이렇게 묘사한다. "우리는 성적으로 만족스럽고 감정적으로도 만족스러우며 친밀한 표현을 많이 하는 세 번째 종류의 관계를 고안했고 결혼으로 가는 길 위에 있지 않다. 상상하기 어렵지만 뭔가 다른 종류의 것이다."[34]

나는 그런 관계를 상상하는 일이 어렵지 않다! 우리 세대 중 내가 아는 많은 이들이 그렇게 살고 있기 때문이다. 각기 다른 상태에 기간도 천양지차로 관계를 맺었다가 그만둔다. 우리는 사랑에 빠졌다가 다시 나오고, 욕정에 빠졌다가 다시 나오기도 한다. 우리를 감정적으로, 또 가끔은 지리적으로 새로운 장소에 데려다 줄 멋진 사람을 만나기도 하고, 우리가 인생이나 연인 관계에서 무엇을 원치 않는지 알게 해주는 끔찍한 남자와 연을 맺기도 한다.

플라토닉한 친구들과 마찬가지로 동반자와 연인과 여자친구와 남자친구와 고락을 함께하며 상실과 슬픔과 아픔을 경험한다. 암 치료와 당뇨 진단, 부모의 죽음과 실업 등을 동반자와 함께 겪으며 그 사람과 나중에 깨질지언정 위안이나 슬픔, 좋은 느낌이나 고약한 감정을 함께하는 이들도 있다. 하지만 성인기의 결정적 시기를 함께 여행한 이 경험은 그들 마음속에 깊이 새겨져 있다. 그때 함께 했던 유대감은 그들 곁에 머문다. 우리의 과거 파트너들은 결혼하지 않았다고 해서 더 이상 중요하지 않은 사람이 아니고 우리 기억이나 우리라는 사람 됨됨이 속에서 완전히 사라지는 것도 아니다.

저널리스트 젠 돌은 《빌리지 보이스》 칼럼에서 뉴욕에 사는 싱글 여성들의 이야기를 이렇게 결론 내린다. "당신에게 고급 버번위스키 맛을 처음 알려준 남자, 자녀를 키우고 있어서 당신이 아이를 원하는지 원치 않는지를 알게 해준 남자, 양성애자인 직장 동료, 천하의 바람둥이, 당신을 떠난 남자, 당신이 먼저 떠나도록 만든 나쁜 남자. 이 모두가 당신 안에 한 자리를 차지하고 있다. 그걸 후회할 필요는 없다."

우리가 한 사람과 영원히 같이 살기로 결심할지 안 할지, 한다면 언제 할지 모르지만 우리는 과거의 파트너들에게 배우고 영향받아 그 결정을 하게 된다. 그러니 그 경험들은 전혀 나쁜 것이 아니다.

혼인율이 상당히 낮아졌지만 결혼하지 않고 동거하거나 생활을 같이 하는 사람들의 비율은 무척 높아졌다. 2008년 미국 여성의 출산율 통계를 보면 비혼모의 거의 30퍼센트가 동성이건 이성이건 믿음직한 파트너와 같이 살고 있었다.[35] 미국인들은 결혼하지 않는다고 해서 동거인이나 애인을 내키는 대로 갈아치우지는 않는다. 한 집에서 살고 서로에게 헌신하는 그 관계는 결혼이 아닐지라도 진실성이 떨어지지 않는다.

동거는 여러 가지 이유로 결혼하고 싶지 않은 많은 이들에게 통하는 방법이다. 법적 독립성을 보장해 주고, 커플들에게 같이 살때 어떤 식으로 역할을 맡고 공간을 공유할지, 어떤 식으로 일상적 친밀감을 나눌지 생각할 기회를 준다. 함께 살기는 결혼으로 가는 길이 되거나 대안이 될 수도 있다. 매일 만나면서 애정을 나누고 생활비를 분담하는 장기적 파트너 관계의 이득을 얻지만 좀더 형식적이고 그래서 사회적·법적 기대를 하게 만드는 관계의 부담이 없다. 그래서 어쩌면 더 행복한 약속이 되기도 한다.

여론 조사 기관 갤럽은 2006년과 2007년에 136개국을 방문해 응답자들에게 그 전날 사랑을 경험했는지 물었다. 사랑을 가장 적게 느꼈다고 대답한 집단은 이혼한 이들과 사별한 이들이었고, 결혼한 사람들은 싱글들보다 확실히 긍정적으로 대답했다. 동거 커플은 결혼한 부부보다 사랑을 더 많이 느낀 것으로 조사되었다.[36]

독립의 길은 외로워?

1991년에 절박하고 미친 여자로까지 취급되던 아니타 힐은 척 말론이라는 오래된 연인과 수년째 사귀고 있다. 그녀는 브랜다이스 대학교에서 가르치기 위해 보스턴으로 이사 온 지 얼마 되지 않았을 때 레스토랑에서 그를 만났다. 두 사람은 따로 살지만 거의 매일 만나는 편이다. 그들은 결혼할 수도 있었다. "하지만 그런 관습에 기대고 싶지 않았어요. 결혼할 수도 있었지만 우리 둘 다 결혼을 꼭 해야 할 이유를 찾지 못했어요." 힐은 말한다. "잘 지내요. 우리는 지금 이대로 행복해요."

"어떤 면에서 내가 척과 만난 이후로는 그전처럼 완전히 싱글이 아니라고 생각해요. 하지만 나는 사람들이 결혼하지 않고도 행복한 생활을 만들어갈 수 있다는 걸 이해했으면 하죠." 그녀는 이 메시지가 특히 흑인 여성에게 중요하다고 말했다. "우리는 그 통계들을 익히 알고 있어요. 특히 아프리카계 미국인 여성들 중에 결혼하지 않은 여성의 비율이 다른 어떤 인구층보다 높다는 것을요. 나는 사회적 관습이 어떻게 되건 간에 모두가 싱글로도 안정적인 생활을 할 수 있다는 것을 이해했으면 좋겠어요. 결혼에 반대할 필요는 없지요. 그저 사회가 당신에게 억지로 부과할 수 없는 선택들이 있다는 뜻이에요."

힐은 아프리카계 미국 여성들에게 이 메시지를 직접 전하고 싶다고 했다. 이들은 결혼하지 않는다고 틈만 나면 질책당하는 집단이다. 내가 이 책을 위해 인터뷰 한 많은 아프리카계 미국 여성들은 동반자 관계의 기회가 막혀 있다고 말했다. 부분적으로는 인종 때문이고 이 사회의 근거 없는 가정 때문이라고 했다.

저널리스트 도다이 스튜어트는 젊은 시절 온라인 데이팅이 잘 맞았는데 그녀의 프로필을 클릭한 남자들은 그저 재미있고 가벼운 연애 상대를 원했기 때문이었다. 나이 들면서 그들이 이렇게 말하는 모습이 상상되었다. "나는 이제 정착하고 싶은데 흑인 여자와 할 것 같진 않아." 스튜어트는 멕시코계 미국인, 한국인 등과 오래 사귄 적이 있었다. "하지만 그 숫자가 많지는 않아요. 흑인 여자는 맨 밑바닥에 있어요. 남자들은 젊은 여자를 원하고, 백인이나 아시아인, 또는 라틴계를 원하죠. 흑인 남자들만 그런 것도 아니에요. 아시아 남자들도 그렇죠. 백인 남자들도 그래요. 기본적으로 흑인 여자를 원하는 남자는 없다고 봐야죠."

오케이큐피드 같은 데이팅 사이트도 이 성향을 연구했다. "남자들은 흑인 여성에게 온 쪽지에 답하지 않는다. 흑인 여성들은 답장을 가장 잘 하지만 가장 덜 받는다. 근본적으로 다른 흑인들을 포함해 모든 인종들로부터 냉대를 당한다."[37]

텔레비전 비평가인 낸시 자일스는 흑인 여성에게 파트너가 될 만한 매력적인 흑인 남성이 적다는 사실에 거의 체념한 상태다. 그

녀는 2004년 민주당 전당대회에서 연설하는 버락 오바마를 보며
옆에 있던 친구와 농담을 했다. "저 남자 오벌린 어디에 있었어?
아니 어디 있었던 거야? 많이 배우고 똑똑하고 웃긴 흑인 남자라
는 신인류는? 우리가 학교 다닐 때는 한 명도 없었잖아." 그녀 또
한 온라인 데이팅을 고려했지만 그곳에서도 흑인이 아닌 남자들을
찾을 때면 고민이 되기도 했다. "유색인종 여성으로서 선택이 어려
워요. 우리 인종을 배신한다는 문제가 있거든요." 한번은 그녀의
친구가 구걸하는 노숙자를 무시하고 지나가자 그 흑인 남자가 그
녀의 뒤에 대고 이렇게 소리 질렀다고 한다. "너도 백인 남자 좋아
하지? 같은 인종끼리 그러면 안 돼!"

흑인 여성들에게 던져지는 우울하고 보통은 모순되는 메시지
들이 수도 없이 많다. 너희들은 너무 독립적이야. 아무도 너희를
원치 않을 거야. 흑인 남자와 사귀고 싶겠지만 남자들이 많지가 않
지. 그런데 너희는 왜 흑인 남자를 원치 않니? 흑인 남자에 비하면
너무 잘났다고 생각하지? 같은 인종끼리 그러면 안 돼. 대체 너희
들 뭐가 문제야?

"이 모든 상황을 생각하면 남자 만나기보다 테러리스트 공격
받기가 더 쉽다 어쩌다 했던 《뉴스위크》 기사로 돌아가게 돼요."
자일스가 말했다. "아주 심술궂고 울적한 이야기잖아요. 잠재의식
속에 있는 이야기도 아니고 굉장히 직접적인 이야기죠. 똑똑한 여
자들이 벌을 받는다고 말하죠." 그 오래된 《뉴스위크》 기사에서 조
사자들은 30세 넘은 대졸 여성의 결혼 확률이 20퍼센트이고 40대
가 되면 2.6퍼센트로 떨어진다고 했다. 저널리스트 수전 팔루디는

1991년 베스트셀러 《역풍Backlash》에서 이 허풍스러운 기사를 면밀히 재분석했다. 이에 따르면 독립적인 여성들이 끊임없이 받는 메시지는 그들이 분명 결혼할 남자 부족[38]에 직면할 것이라는 내용이다.

성공한 여성이 노처녀가 되는 벌을 받는다는 이 메시지는 지난 10년 동안 별로 약해지지 않았지만, 성공한 여성이 점점 더 결혼을 많이 하고 있다는 증거는 간과되고 있다. 사실 결혼을 장려할 때는 인종과 종교를 가리지 않지만 유독 흑인 여성에게는 비판의 잣대를 들이댄다. 백인 보수주의자들도 이들을 정치적으로 공격하고, 흑인 남성들은 흑인 여성들이 너무 독립적이라고 비난한다. 하지만 저널리스트 타미 윈프리 해리스는 50세가 넘은 흑인 여성 45.5 퍼센트가 한 번도 결혼한 적이 없고 흑인 남성 48.9퍼센트 역시 결혼을 안 했다고 지적했다.[39]

연예인 스티브 하비는 성공한 흑인 여성들을 대상으로 남자를 찾으려면 눈을 낮추라는 내용의 텔레비전 프로그램 몇 개를 공동으로 진행했다. 2009년에 그는 베스트셀러가 된 연애 자기계발서 《여자처럼 행동하고 남자처럼 생각하라Act Like a Lady; Think Like a Man》를 출판했고 〈오프라 쇼〉에서도 비슷한 메시지를 전했다. 2011년 R&B 가수 타이레스는 인터뷰 중 흑인 여성들에게 말했다. "혼자 잘 살아가면서 나는 남자가 필요없다고 말하죠. 그렇게 계속 독립적으로 살면 결국 외로움을 향해 가겠죠."[40]

이런 모든 메시지가 놓친 현실이 하나 있다. 아프리카계 미국인들의 결혼 형태와 독립적 생활이 백인들의 유형과 항상 다르긴 했지만 흑인 여성들이 영원한 싱글로 사는 것이 위기라는 세간의 믿음이 실상은 그렇게 극단적으로 나타나지 않는다는 점이다. 《뉴욕 타임스》에서 안젤라 스탠리Angela Stanley는 "흑인 여성들을 가장 짜증나게 하는 건 그들이 결혼하지 않아 문제라는 원치 않는 충고를 받는 일"이라며 70퍼센트의 흑인 여성들이 결혼하지 않고 있다지만 그 숫자는 25세에서 29세 여성에게 국한되는 것이며, 55세가 넘은 사람 중에 한 번도 결혼하지 않은 여성은 13퍼센트밖에 안 된다고 주장한다. 스탠리에 따르면 "흑인 여성은 아주 늦게 결혼한다. … 그러나 하기는 한다."

영문학 교수인 수사나 모리스는 30대 때 백인 친구들은 대부분 결혼했지만 흑인 친구들은 여전히 독신이었다고 말했다. 하지만 그녀는 결혼에 대해 별다른 부담을 느끼지 않는다. "데이트를 많이 하면 되죠." 모리스는 대화가 되는 사람을 찾는다. "나는 결혼보다 파트너 관계에 더 관심이 많아요." 불안감을 조장하는 것이 있기는 하다. "잡지를 읽거나 책을 펴거나 텔레비전을 켤 때마다 흑인 여성인 당신은 뭔가 잘못되었다는 말을 듣게 되죠. 당신들 너무 뚱뚱하다, 너무 시끄럽다, 아무도 결혼하고 싶어 하지 않을 것이다. 그런 말이 정말 불안하고 짜증나죠." 그녀의 의견은 스탠리와 아니타 힐의 말과 맥을 같이한다. 미디어가 흑인 여성들의 여성성을 왜곡하는 것으로, "자의적이며 그릇된 설명이자 잘못된 정보"이며 "싱글들이 겉으로 눈에 띄거나 수량화되지는 않더라도 다양한 방식으로 건강하게 살고 있다는" 사실을 덮는 것이라고 주장한다.

작가 헬레나 앤드루스Helena Andrews는 2012년에 이렇게 썼다.

"데이터에 따르면, 그리고 데이터에 집착하는 언론에 따르면 나는 완전 망한 인생이다. 서른한 살이고 대졸 흑인 여성으로 결혼한 적이 없다. 고개를 돌릴 때마다 좋은 남자를 찾을 가능성은 제로에 가깝다고 말한다. 그런데 고개를 돌리면 매일 아침 내 옆에서 자고 있는 남자를 볼 수 있다. 그 남자는 (숨 한번 쉬고) 흑인이고 또 이 남자는 (이런 놀라워라!) 대학 나온 남자다. 이 남자는 중죄인도 아니고, 빈둥거리는 게으름뱅이도 아니고, 다른 여자와 낳은 애가 있는 남자도, 바람피우는 남자도 아니다. 흑인 여성의 '위기'라는 끝나지 않는 이야기에서 내가 고를 수밖에 없는 남자 부류에 속하지 않는다. 잘 들어, 언론! 내 침대에 위기 같은 건 없다고."[41]

결혼의 혜택

아니타 힐은 척 말론과 결혼하지 않고 연인으로 지내는 이야기를 하면서도 결정적으로 그들 사이에 아이가 없기 때문에 이런 느슨한 사이로 지낼 수 있다고 인정한다. "아이를 원하고 그 아이를 파트너와 같이 키우고 싶은 여성들에게는 문제가 훨씬 복잡하죠." 힐은 기혼자 위주로 설정된 이 세상에서 결혼하지 않고 남아 있는 선택에는 분명 불이익도 존재한다는 것을 이해하게 되었다.

그렇다. 낭만적으로 들리지는 않지만, 어떻게 살아야 하고 어떻게 사랑하는가에 관한 선택권이 점점 더 다양해지는 시대에 결혼 여부, 언제, 왜 결혼을 할지에 대한 문제는 지극히 세부적인 절차상의 문제로 귀결된다. 보험 혜택, 건강보험, 접근, 권리, 인정 등이다. 사실 병원 입원 시의 보호자 자격 갖기, 근친관계의 재산 상속권, 건강보험 등은 동성애자들이 합법적 결혼을 원했던 근본 적인 이유였다.

특히 결혼을 하는 것은 미국에서 태어나지 않은 사람들이 미국 비자를 받는 가장 좋은 때로는 유일한 방법이다. 소설가 엘리자베 스 길버트가 자신의 베스트셀러 저서 《먹고 기도하고 사랑하라Eat, Pray, Love》에서 고통스러운 이혼 후 독신을 선언했지만, 다시 사랑 하게 된 새로운 파트너가 미국 재입국이 거부되었을 때 깊은 고민 에 빠진 이유도 바로 이 문제 때문이었다. 그들은 결국 결혼하기로 하지만 결혼에 트라우마가 있었던 길버트는 이 문제를 주제로 또 다른 에세이를 쓴다. 《결혼해도 괜찮아Committed》는 그녀가 결혼 제도를 두고 느낀 양가적 감정을 탐구한다.

최근에 '환자 보호 및 부담 적정 보험법'('오바마 케어'라고도 하 며 미국 국민의 건강보험 가입을 의무화하는 법안-옮긴이)이 제정되면 서 사람들은 건강보험을 위해 결혼하기도 한다. "나는 남편을 진정 사랑하고 그와 같이 살고 있고 앞으로도 여생을 함께 보낼 생각이 다." 노나 윌리스-아로노비츠Nona Willis-Aronowitz는 2011년에 이렇 게 썼다. "그럼에도 나는 우리가 결혼하지 않았으면 더 좋았을 것 이라 생각한다." 노나와 남자친구는 응급실에 한 번 갔다가 건강보 험 행정 담당에게 그녀가 정식 아내로서 법적으로 그의 병원비를 부담해 줄 수 있느냐는 질문을 받은 후 바로 결혼했다. 노나의 부 모는 페미니스트 문화 비평가인 엘렌 윌리스Ellen Willis와 사회학자인 스탠리 아로노비츠Stanley Aronowitz로 20세기 중반인 매우 젊은 시절에 결혼했다가 이혼했고 노나가 열다섯 살 때 "어쩔 수 없이" 결혼했는데 "동거 상태로는 가족들의 법적 권리와 자산을 보호해 줄 수 없었기 때문"이었다. 노나는 그 시간에 공부하느라 부모 결혼식에 참석도 못 했다.[42] 노나 또한 남편과 오직 건강보험 때문에 결혼했을 때 검은색 옷에 조리를 신고 시카고 시청으로 갔다.

이미 눈이 높아졌다

여기 한 가지 문제가 있다. 많은 이들에게 결혼하거나 같이 살고 싶은 사람, 같이 휴가 가거나 생활비를 분담할 사람을 찾는 일이 결코 쉽지 않다.

"천 명에 한 명 정도, 이 세상에 그런 존재가 있겠지. 나를 위해 태어난 완벽한 사람." 제인 오스틴은 조카딸에게 이렇게 편지를 썼다. "고상한 품격과 뛰어난 정신과 경제적 능력을 갖춘 사람, 훌륭한 매너에 어울리는 따뜻한 심장과 이해심이 있는 사람. 그런 사람은 네 앞에 나타나지 않을 거야. 만약 나타난다 해도 그 남자는 유복한 귀족의 장남이 아닐 테고, 너의 친구와 친인척도 아닐 테고, 어쩌면 이 나라 사람이 아닐지도 모르지."[43] 오스틴은 나에게 딱 맞는 인연을 찾는 문제가 전부가 아니라는 사실도 알고 있었다. 딱 맞는 조건과 딱 맞는 시점에 딱 맞는 사람을 찾아야 하는 대단히 복잡한 가능성인 것이다.

자신을 충분히 부양할 수 있게 되면서부터 어쩌면 우리의 기준은 결혼 외의 대안이 거의 없었던 제인 오스틴 시대보다 더 높아졌을지도 모른다. 사실 아주 많이 높아졌다. 현대 여성들이 아무리 절실하게 사랑에 빠지고 싶다 해도 그들은 끔찍한 결혼이 주는 잠재적 불행에서 최대한 멀찍이 떨어져 자신만의 충만한 삶을 살기를 원한다.

워싱턴 D.C.의 소설가 엘리엇은 자신이 한 사람과 정착하지 못한 점이 무척 슬프다고 말했다. 하지만 후회하지는 않는다고도 했다. "복잡한 게 뭐냐면요. 내가 정말로 결혼을 원했다면 지난 10년 동안 만난 사람들 중에서 그럭저럭 괜찮은 사람과 결혼했을 거라는 거죠. 하지만 난 하지 않았어요. 한편으로는 원치 않는데도 눈을 낮춰서 결혼하지 않았다는 점이 자랑스러워요. 하지만 그렇다고 해서 내가 정말 꼭 원하는 것을 돌려받았다고는 할 수 없죠."

엘리엇은 이제 데이트의 성질이 변했음을 알아챘다. "이제 사람을 만나도 완전히 콩깍지를 쓰는 일이 없어요." 현실을 더 많이 알게 되었고 사람을 더 잘 이해하게 되었기 때문이다. 한번은 빚이 10만 달러 있다고 고백한 남자와 사귄 적이 있었다. "그런 것은 문제가 안 되던 시절이 있었죠. 하지만 지금 나한테는 빚이 없거든요. 솔직히 두려웠어요. 이제까지 재정적으로 나 스스로 책임져왔고 힘겹게 내 길을 만들어왔는데 적자 상태인 누군가와 함께한다는 생각만 해도 말이죠."

눈에 콩깍지를 씌워줄 인연은 나무에서 주렁주렁 열리지 않는다. 그리고 우리 인생은 그런 특별한 누군가가 없이도 충분히 멋지고 충만하기에 우리의 기준은 더 높아진다. 어쩌면 그렇게 까다로운 기준이 독립성의 부작용인지도 모른다. 하지만 여자에게 남자가 필요했을 때, 내 말은 정말 필요해서 필요했을 때, 돈을 벌어다 주고 사회적 입지와 지붕을 제공해 주고, 사회적으로 인정받는 성생활을 하고 배척당하지 않고 아이를 키우기 위해서 반드시 결혼을 해야 했을 때는 그 기준이 낮을 수 있었다. 어쩌면 필요에 의해 낮을 수밖에 없었다. 남자들은 월급과 페니스가 있고 심장만 뛰면 결혼할 수 있었다.

오늘날의 여자들은 그 이상을 원한다. 더 나은 파트너를 찾고 기다린 덕분에 우리가 결혼을 이만큼이나 발전시키고 결국 구했다.

사랑 찾기는 아무래도 운이며 특권이기도 하다. 누군가를 만날 환경을 만들어주는 것은 기회이기 때문이다. 그 기회는 타고나기도 하고 자라면서 다양한 자원과 선택권이 생기기도 한다.

내가 결혼한 것도 결국 이런 환경 때문이었다. 그날 밤 나는 퇴근 후 집으로 가고 있었다. 늦게까지 일할 생각에 지하철에서 잠깐 내려 단골 음식점의 파스타를 포장해 가려고 했다. 주문을 하고 바에 앉아 물 한 잔을 마시는데 옆에 잘생긴 남자가 혼자 앉아 식사를 하고 있었다. 그는 잡지를 읽으며 와인도 한 잔 들고 있었다. 나는 바의 천장 거울로 그를 보았고 갑자기 그에 대해 조금 더 알고 싶어졌다. 그런데 내가 무심코 유리컵을 떨어뜨리는 바람에 그가 고개를 들었고 우리는 자연스레 대화를 시작했다.

나는 사랑을 찾고 있지 않았고 찾지 않고 있지도 않았다. 그저 저녁거리를 찾고 있었다.

어떤 전략도 없었다. 아무 일도 일어나지 않을 수 있었다. 내가 하던 일이나 내가 입은 옷이나 나의 행동이나 내가 남자에게 어떻게 다가가는지 그가 나에게 전화할지 안 할지에 관해서도 특별한 점은 하나도 없었다. 사실 그는 실연의 아픔에 젖어 있던 터라 처음에는 새로운 사람을 사귀는 데 머뭇거렸다. 만약 내가 《그는 당신에게 반하지 않았다》류의 조언을 믿고 따랐다면 그에게 다가가지도 못했을 것이고, 우리가 얼마나 쉽게 서로에게 빠졌는지 발견하지 못한 채 끝나 버렸을 것이다.

그때 내가 결국 결혼할 남자를 만나기 위해 취한 유일한 행동은 그를 만날 때까지 결혼하지 않고 있었다는 것뿐이었다. 일부러 그런 것도 아니다. 이전에 몇 번이나 별로 괜찮지 않은 사람과 결혼할 마음이 생기길 바란 적도 있었다. 왜냐하면 이보다 더 나은 사람이 나타나거나 어딘가에 있으리라는 보장이 없었으니까. 나는 언젠가 정말 사랑에 빠지고 싶다면 그 사랑은 완벽하지 않을 것이라는 사실을 인정한 후 시작해야 한다고 생각했었다.

하지만 대체로 내가 푹 빠지지 못한 사람과는 사귀지 않았는데 그런 남자와 같이 있는 것보다 더 즐거운 일이 많았고 그 일에 바빴기 때문이다. 그렇게 자제한다는 것은 곧 내가 좋아하는 사람과의 관계가 가능해졌을 때는 얼마든지 사귀기 위해 노력할 수도 있다는 의미였다.

내가 결국 행복하게 결혼할 수 있었던 이유는 내가 행복하게 싱글로 살았던 시기가 있었기 때문이다.

스타이넘의 청바지

페미니스트 리더 글로리아 스타이넘, 한때 속박되고 싶지 않아 결혼을 원하지 않는다고 했고 "우리는 우리가 결혼하고 싶은 남자가 되고 있다"고 말했고, 결혼이란 한 사람과 반쪽짜리 사람의 결합이라며 대학교 때 약혼자에게서 도망치기 위해 인도까지 가버렸던, 평생 결혼 반대론을 펼쳤던 그녀가 결혼했다.

그녀는 남아프리카 태생의, 환경과 동물권 활동가인 데이비드 베일과 오클라호마 시골에서 결혼했다.

스타이넘은 베일을 만나기 전의 긴 독신 생활을 이렇게 말했다. "페미니즘이 내 인생에 들어왔을 때 깨달은 것이 있다면 첫째, 내가 결혼하지 않아도 된다는 것이다. 사람들은 (여자라도) 각각 다른 삶을 선택할 수 있다. 둘째, 나는 어차피 결혼하지 못할 것이다. 내가 (신용 등급, 법적 거주권, 이름 기타 등등) 시민의 권리를 포기할 것이기 때문이다." 그녀는 20대 이후의 관계들을 이렇게 말했다. "결혼으로 이어질 수 있다거나 이어져야 한다는 것을 상상도 하지 않은 관계였다. 또한 내가 아이를 원치 않는다는 것을 발견한 이후에는 더욱 그랬다."

똑같은 말이 베일과의 관계에도 적용될 수 있었다. "우리는 서로 사랑했고 늘 같이 있었지만 그 사람과 내 나이가 각각 59세, 65세라는 점을 고려하면 대체 우리가 법적으로 결합해야 할 이유 같은 건 지구상에 존재하지 않는 듯했다."

문제는 그 번거로운 혜택이었다. 베일의 만기된 미국 비자가 얼마 전 거부당한 것이다. 그는 이민 문제를 고민했다. 두 사람은 변호사와 상담했고 베일이 그린 카드, 즉 입국 허가증을 받을 수 있는 가장 쉽고 확실한 방법은 결혼이라는 답변을 들었다.

스타이넘은 오랜 세월 동안 여성운동이 어떻게 결혼 관련 법들을 개선시켜 왔는지를 지켜보았다. 그녀는 결혼한다고 해서 자신의 권리를 빼앗길 필요가 없다는 것도 알고 있었다. 가장 친한 친구 윌마 맨킬러에게 상담했다. 체로키 민족의 전 대표였던 그녀는 별 아래에서 밤을 꼬박 새우며 이 문제를 고민했고, 스타이넘에게 하라고 조언했다.

스타이넘과 베일은 오클라호마의 체로키 민족 명절 즈음에 이 근방을 여행할 계획이었다. 이곳에 도착한 두 사람은 오클라호마의 작은 법원에 가서 결혼 증명서를 받았다. 스타이넘은 결혼 증명서와 함께 그 지역 상인이 주는 세제와 각종 청소 도구 샘플이 들어 있는 꾸러미를 받았다고 한다. 베일의 딸 한 명과 체로키 모임 행사에 참여하러 와 있던 스타이넘의 친구 두세 명이 함께 있었다.

해 뜨는 시각에 맨킬러의 남편 찰리 소프가 바깥에 피워놓은 캠프파이어 옆에서 체로키식 결혼식을 진행했다. 맨킬러의 친구인 여성 판사가 주례를 하고 법적으로 두 사람의 결혼을 발표했다. "우리는 멋진 아침을 먹었어요." 스타이넘이 말했다. "그게 끝이었어요!"

스타이넘은 언론이 그들의 시골 혼인식을 너무나 빨리 알아내 놀랐다고 말했다. 하루 만에 신문 기사가 나왔고 그녀가 끝까지 결혼하지 않기를 바라던 여성들에게 실망했다는 말도 들어야 했다.

물론 그녀가 그렇게 오래 저항하고 바꾸려 노력했던 그 제도에 결국 굴복했다며 승리의 미소를 짓는 이들도 있었다. 그래도 대개의 반응은 따스했다. 스타이넘은 66세였고 자신의 독립성 일부를 포기해야 될까 봐 불안해하지도 않았다. 이유가 무엇이건 사람들은 그녀가 과거에는 원하지 않았던 이 일을 하기로 결정한 사실에 진심으로 기뻐하는 것 같았다.

《오프라 매거진, 오》에서 결혼사진 한 장을 요청하자 그녀는 몇 장 보내주었다. "보내자마자 연락이 왔어요. '아니요, 결혼사진 부탁드렸는데요. 이 사진은 청바지 입고 계시잖아요.'" 그러나 스타이넘은 이렇게 대답했다. "내 청바지 중에 제일 좋은 거라고요!"

베일은 스타이넘이 대학에서 강연할 때 같이 다녔고 강연 후 그 주변에 몰려든 여학생들과 몇 시간 동안이나 대화를 나누었다. 대부분 젊은 여성이었던 그 학생들이 얼마나 열광적이었는지 스타이넘은 기억하고 있었다. "우리 관계와 그 사람 자체에게 관심을 보였는데, 여자가 자신을 포기하지 않고도 남자에게 사랑받을 수 있다는 사실을 보여준 남자와 이야기하고 싶었던 거죠." 스타이넘은 "그 허기와 갈망이 얼마나 크고 깊은지, 그리고 그 허기를 채워줄 실례가 얼마나 없었는지" 미처 깨닫지 못했었다고 한다.

나중에 안 일이지만 결혼하기로 한 건 스타이넘과 베일에게 탁월한 결정이었다. "우리가 결혼하지 않았다면 데이비드는 의료보험 혜택을 받지 못했겠죠. 결혼하고 2년 후에 그는 뇌 림프종 진단을 받았고 거의 1년 동안 병원에 입원해야 했습니다. 아마 그의 자녀들까지도 경제적 곤란에 처했을 겁니다."

베일은 스타이넘과 결혼한 지 3년 만에 저세상으로 떠났다.

스타이넘은 회고했다. "그 강렬했던 시간이 우리 모두를 심오하게 바꾸었습니다." 어떤 면에서 그녀는 베일의 병을 지켜보며 깨달았다. "고통스럽고 비극적인 사건이 사람들 인생에 어떤 의미를 갖는지 그제야 깨달았어요. 결혼을 안 했다면 아마 몰랐겠죠. 나는 그가 이 세상을 떠나기 전, 조금 더 삶을 즐길 수 있도록 보내진 사람이었다고 생각해요. 그 사람은 내가 현재를 더욱 강렬하게 살도록 도와주기 위해 보내졌고요."

스타이넘은 결혼 생활을 경험한 후 이 제도가 '구시대적 사고의 가장 큰 잔재'로 느껴지는 이유가 무엇인지를 알게 되었다. 다른 모든 종류의 애정 관계보다 이상적이고 가치가 높다고 생각하는 것이었다.

"어떤 사람들은 여전히 그렇게 생각해요. 우리가 법적으로 결혼했으니까 그는 내 평생 가장 사랑하는 사람이고, 나 역시 그에게 그럴 거라고." 스타이넘은 말했다. "그건 사람들 각각의 특별함을 오해하는 거예요. 그는 전에 두 번 결혼했고 아주 잘 자란 아이들이 있었어요. 나는 여러 남자와 사랑하며 행복했고 아직까지도 친구로, 제2의 가족으로 지내요. 어떤 사람들은 평생 파트너가 한 명이지만 대부분은 그렇지 않지요. 우리 인생에 찾아온 모든 사랑은 하나하나가 중요하고 특별하지요."

아이는? 언제쯤?

홀로 엄마 되기

▶▶

아만다 네빌은 브랜드 만족 분석가로, 독일과 버지니아에서 자랐고 지금은 뉴욕에서 산다. 30대 초반에 진지하게 사귀던 남자와 헤어졌다. 그녀는 2003년 CBS에서 방영된, 가정을 필요로 하는 아이들에 관한 프로그램을 보고 나서 입양에 관심이 생겼다. 누군가 자신을 골라주길 기다리는 입양 전시회에 나온 것 같다는 한 아이의 말이 가슴을 울렸다. "가슴이 찢어지는 것 같더니 제 마음에 씨

하나가 심어졌어요." 그녀가 말했다. "고아들이 누군가 자신을 사랑하게 만들기 위해 뭐든 해야 한다고 느낀다고 생각하니 견딜 수 없었죠." 20대 초반 대학 시절 잠깐 결혼했었던 아만다는 남편과 입양 이야기를 한 적이 있었지만 그 생각이 진지한 계획으로 자라기 전에 헤어졌다.

30대에 사귄 남자친구와는 입양 절차를 알아보는 단계까지 갔다. 그 남자와 헤어졌지만 입양 의지는 바뀌지 않았다. "내 인생의 어떤 결정을 내릴 때도 동반자 유무는 중요하지 않아요. 이 문제라고 그러겠어요? 말이 안 되죠." 30대 싱글이고 파트너가 없다 해도 오래전부터 품어온 소망을 포기할 수 없었던 그녀는 당시 유일하게 싱글 부모 입양이 가능했던 에티오피아에서 입양하는 일을 추진했다. 입양 기관으로부터 소식을 기다리는 동안 러시아의 특별한 아이가 입양을 기다리고 있다는 연락이 왔다. 아만다는 러시아를 세 차례 방문했고 청각 장애가 있는 네 살짜리 니나를 뉴욕의 집으로 데리고 왔다. 그녀 나이 서른다섯 살 때였다.

"놀라운 아이예요. 사랑스럽고 귀엽고 웃기고, 이 우주가 우리를 맺어주어서 너무 감사할 뿐이에요." 아만다가 말했다. "하지만 손이 많이 가긴 하죠. 정말 힘들긴 했어요." 다섯 살인 니나는 달팽이관 이식 수술을 했고 조금씩 소리를 식별하고 언어도 배우고 있다. 니나와 아만다는 수화로 의사소통을 한다. 돈이 문제이긴 하다. 아만다는 컨설팅 업체를 경영하고 2013년에는 와인숍을 냈다. 니나가 이제 공립학교에 다녀 오후 세시에 집에 오지만 그래도 보육료가 한 달에 천 달러 이상 든다. 니나가 가끔 발작적으로 소리를 지르기도 해서 (아만다 생각에는 고아원에서 너무 오랫동안 소리 지르기가 다른 사람의 관심을 끄는 유일한 방법이어서 생긴 증상인 듯하다) 두 사람은 자주 외출하지 않는다. 아만다는 "너무나 너무나 소외되는 경험"이라고 말했다.

홀로 아이를 갖고 키우기로 결정하는 싱글 여성들이 가장 자주 언급하는 혼란과 공포는 바로 이런 사회적 단절감이다. 아이를 키우게 되면 새로운 사랑을 시작하기가 어려우리라는 두려움도 있다. 하지만 니나가 집에 온 후 얼마 되지 않아 아만다는 몇 달 전 만났던 남자에게 이메일을 받았다. "그 남자가 이렇게 편지를 썼더라고요. '당신이 지금 하는 일이 어떤 일인지 나는 상상조차 되지 않아. 어디에서부터 시작해야 할지도 모르겠어. 하지만 내가 요리를 할 줄 알고 집안 수리도 할 수 있으니 도움이 필요하면 언제든지 연락해 줘.'" 아만다는 남자를 집으로 초대했고 그들은 데이트를 하기 시작했다. 2013년에 그는 아만다와 니나의 집으로 들어와 함께 살기 시작했다.

임신과 출산으로 인해 여성의 자유는 한계에 처한다. 아마도 미국의 싱글 여성들이 자신의 독립성을 지키기 위해 한 결정 중에서 가장 크고 가장 강하고 가장 인상적인 것은 지난 40년 동안 여성의 신체와 임신과 출산 체계 때문에 만들어진 데드라인을 미루거나 돌아가거나 바꾸어 버린 현상일 것이다. 현대 여성들은 자신이 언제 어떻게 엄마가 될지 아닐지를 다시 정하고 있다.

하지만 출산에 관한 냉정한 방정식에서 손쉬운 대안은 그리 많지 않다. 간단히 말해 여성의 몸은 대부분 쉽게 임신할 수 있는 기간이 한정되어 있다. 보통 10대 후반에서 20대 후반에 결혼하고 아이를 갖던 시기에는 임신 출산 가능 시기가 결혼 적령기와 맞아 떨어졌고, 그런 면에서 부부 생활과 결혼 생활은 오랫동안 불가분의 관계로 여겨졌다. 하지만 이제는 그 시기가 그처럼 깔끔하게 겹치지 않는다.

과학기술의 혜택

여성의 결혼 유형 변화와 그와 관련된 가장 큰 문제 중 하나가 임신 미루기다. 그런데 과연 만혼과 노산이라는 대중의 흐름이 폭발적 이윤을 창출하는 생식 기술 분야를 앞당긴 것일까? 아니면 출산 기회를 확장시킨 새로운 과학 기술이 도입되면서 여성이 조금 더 편안히 결혼과 아이를 미룰 수 있게 된 것일까? 어떤 발전이 어떤 변화에 기여했는지 정확히 판단 내리기는 어렵다. 하지만 이 둘은 거의 동시에 피어났다.

여성들이 좀더 나중에 아이를 갖도록 해주는 기술은 싱글이나 만혼 여성의 증가와 함께 발전된 것이 아니지만 오늘날 싱글 여성들이 성년기 초기를 충분히 누리게 해준 직업적·정치적·성적 해방의 시기에 탄생한 것만은 분명하다.

1978년에 최초로 체외수정이 성공했다. 루이스 조이 브라운은 호들갑스러운 언론으로부터 역사상 첫 '시험관 아기'로 불렸다. 그 아기의 엄마는 30세의 레슬리 브라운이었다. 그녀는 20대 초반에 결혼해 9년 동안 아이를 가지려고 노력했지만 계속 실패했다. 영국의 생리학자 로버트 에드워즈와 외과 의사 패트릭 스텝토는 1950년대부터 시험관에서 난자를 수정시킬 방법을 연구했고 10년이 넘는 연구 끝에 초현대적 목표를 이루었다. 심지어 성공도 하기 전에 이 작업에 대한 소문이 새어나가자 과학 공동체와 대중 언론에서는 종말이 가까워졌다는 두려움이 퍼졌다. 1953년 DNA 공동 발견으로 노벨상을 탄 생물학자 제임스 왓슨은 1974년에 의회에서 패트리 접시 위에서 아기를 만드는 행위는 "모든 종류의 나쁜 시나리오"를 이끌 수 있으며 "전 세계에 종말을 부를 정치적·도덕적 대혼란이 일어날 것"이라고 주장했다.[1]

왓슨이 옳았다. 누가 아기를 만드는가, 언제 어떻게 만드는가에 관한 문제에서라면 정말로 대혼란이 일어난 것이 맞다. 몇 세대 동안 가족생활을 지배하고 형성했던 수많은 법칙과 한계가 사라져버린 것이다. 오늘날까지 대략 500만 명의 시험관 아기가 태어났다. 2012년 로버트 에드워즈는 공동 연구자였던 동료 스텝토가 세상을 떠난 뒤, 체외수정 기술IVF technology을 성공시켜 세상을 변화시킨 공로로 노벨 생리의학상을 수상했다.

체외수정이 여성에게 미친 영향은 굉장히 놀랍고 때로 충격적이다. 2012년 62세의 브라질 여성이 쌍둥이를 출산했다. 오스트레일리아에서는 50세 이상 산모의 숫자가 1996년에 11명에서 2006년 22명, 2011년 53명으로 늘었다.[2] 2010년 영국에서는 45세 이상 산모가 1,758명에 달했는데 2000년의 663명과 비교하면 10년 사이 거의 세 배나 증가했다.[3]

체외수정 기술은 남편 없이 아기를 갖고 싶어 하는 싱글 여성들이 임신과 출산을 할 수 있는 기간과 범위를 바꾸었다. 현재는 기증된 정자를 이용해 가능하다. 이 기술은 다양한 이유로 30대 후반, 40대, 때로는 50대에도 출산하고 싶은 여성들과 아이를 원하는 동성애 커플에게 신세계를 열어주었다. 이 기술을 최초로 탄생시킨 이유였던 여성들의 출산 조건도 바꾸었다. 전통적인 이성애자 남편이 있고 때로는 일찍 결혼한 여성 중에서 난임이나 불임 여성의 임신 가능성도 획기적으로 높아졌다.

두 사람이 성관계를 하지 않고도 여성의 체외에서 난자를 수정시키는 기술은 이 밖에도 다른 발전과 변수를 가져와 우리가 언제, 누구와 함께(만약 함께라면) 아기를 가질지에 대한 가능성의 범위를 확장했고 기간을 늘렸다. 남녀 모두 이제 난자 기증에도 도움을 받고 있으며 다양한 형태의 대리모 계획을 할 수 있으며 미래에 사용하기 위해 난자를 냉동시킬 수도 있고 배아를 자궁에 이식하기 전에 배아의 건강과 생존성을 테스트 할 수도 있다.

하지만 오해해서는 안 된다. 생식 기술은 완전무결하지 않고 긍정적 측면만 있는 것도 아니다. 일단 대부분의 사람들이 범접하기 어려울 정도로 고액이다. 기본 시술비가 수천 달러이고 가끔은 시술 종류에 따라, 성공하기까지 소요되는 횟수에 따라 수만 달러까지 들 수 있다. 그것은 몸에 호르몬을 넣는 일이다. 성공하지 못할 때가 많고 고통과 상실과 후회가 반복되기도 한다. 미국 질병예방 센터에서는 의료적으로 생식 주기를 맞춘 40세 여성 중 22퍼센트만이 생명을 탄생시키는 데 성공했고 그 숫자는 44세일 경우에 5퍼센트까지 추락했다.[4] 물론 성공률은 계속 바뀌고 난자 기증과 난자 냉동 기술 같은 새로운 기술이 도입되어 매년 성공 확률이 갱신되고 있기는 하다.

이러한 단점에도 나날이 증가하는 독립적인 여성들이 임신 출산의 한계를 뛰어넘으려는 노력은 결코 끝나지 않는다. 그러다 보니 이 시장의 규모가 천문학적으로 커졌다. 미국인들이 한 해 인공 임신을 위해 쓰는 금액은 1년에 50억 달러가 넘는다.[5] 성인 여성이 결혼을 점차 미루는 추세에서 인공 임신 기술의 획기적 발전은 보수주의자들이 생각하는 최악의 공포를 점점 현실로 만들어주고 있다. 체외수정으로 인해 이성애자 남녀의 핵가족 구조는 문화적·사회적으로, 이제는 생물학적으로도 표준 원칙이 아니게 되어버렸다. 이제 더 이상 이성애 결혼만이 이 사회를 재생산하는 유일하게 승인받은 구조가 아니다. 세상은 가족 구성이라는 면에서 끝없이 다양해지고 있다.

나이 많은 엄마

여성 독립이 길어지면서 나타난 가장 놀라운 결과는 아마도 예전보다 훨씬 많은 나이에 아기를 갖게 되었다는 사실일 것이다. 미국에서 여성의 첫 출산 평균 연령은 1970년에 21.4세였으나 2013년에는 26세가 되었다. 2010년에는 아기 10명 중 4명 이상이 30세 이상 산모에게서 태어났고 7명 중 1명은 35세 이상 산모였다.[6] 더

한 것도 있다. 2009년에는 첫 출산한 산모 중 35세 이상 여성이 8 퍼센트였으나 1970년대에는 고작 1퍼센트에 불과했다.[7] 35세 이상 산모의 숫자는 1990년과 2008년 사이에 무려 64퍼센트가 증가했다.[8]

아이 미루기에는 고유한 어려움과 특이점이 있다. 아마 24세 이상의 비혼 여성이라면 당신의 자궁이 시들고 있고 난자 상태도 점점 나빠지고 있다는 이야기를 무수히 들었을 것이다. 바로 지금 이 순간에도 그렇다고. 이 모든 것을 안다 해도 임신을 위해 취할 조치는 없다.

2001년 내가 스물여섯 살 때 미국 생식 의학회The American Society for Reproductive Medicine에서 뉴욕 시 곳곳에 광고를 게시했다. 모래시계 모양의 아기 우윳병에서 우유가 점점 사라지는 그림이었다. 째깍째깍. "나이 들수록 임신 능력은 떨어진다." 그 광고의 카피였다. 이 소름끼치는 광고가 부착된 버스 옆으로 캐리 브래드쇼 사진이 붙은 버스가 지나가던 모습이 기억난다.

이듬해 내가 스물일곱 살이었을 때 경제학자 실비아 앤 휴렛Sylvia Ann Hewlett은 베스트셀러인 《직장과 아이, 둘 다 가져라Creating a Life》를 발표했다. 그녀는 야심만만한 여성들이 20대에 결혼하지 않고 출산을 미루는 것은 크나큰 실수라고 썼다. 27세부터 난자의 질이 떨어지다가 35세에는 수직 낙하한다는 것이다. 우리모두 자신을 속이고 있다고 그녀는 경고한다. 우리는 이렇게 빠른 속도로 시들어가는 자신의 생식력을 잘 모르고 있다고. 째깍째깍.

휴렛의 책은 즉각 돌풍을 일으켰다. CBS 시사 교양 프로그램

〈60분〉에서도 관련 꼭지가 방송되었다. 《타임》은 〈아이 대 직장〉이라는 제목의 커버스토리를 실었는데 주제는 째깍째깍이냐 째깍째깍이 아니냐였다고 할 수 있다. 《뉴욕》 매거진의 〈베이비 패닉〉이라는 제목의 기사에서 저널리스트 바네사 그리고리아디스는 29세 여성을 인터뷰했다. 그 여성은 〈60분〉 에피소드를 보고 난 후의 감상을 이렇게 말했다. "그다음 날에는 《타임》지 커버와 《더 뷰 The View》에 관련 이야기가 나왔어요. 어딜 가나 다들 베이비 패닉을 말해요. 마치 유행병처럼! 뉴욕에 이 병이 퍼졌다면서 모든 사람이 입을 모아 경고하는 것 같았죠. '밖에 나가지 마시오! 비상경보 발령. 당신의 난자가 늙고 있다!'"

그때 스물여덟 살이었던 그리고리아디스는 자신이 느낀 두려움을 고백했다. 20대 내내 그녀는 자신만의 계획에 집중했다고 한다. "정복하기와 모험하기가 나의 계획이었다. 더 나은 기자가 되는 것, 세계를 여행하는 것, 내가 할 수 있는 한 최대한 실험해 보다가 가장 마지막 순간에 정착해서 완벽한 가정을 만들고 싶었다. 가족이란 내가 원하는 대로만 산다면 얼마든지 얻을 수 있을 거라 확신했다. … 요즘엔 예전에 멋지게 느껴지던 독립이 그렇게까지 근사해 보이지 않는다."9 째깍째깍.

난자에 관한 공포를 조장하는 이들에게 악의적 의도가 있었던 것은 아니다. 젊은 여성들이 어쩌다 보니 리히텐슈타인 카툰 속 여자처럼 우는 걸 막아주고 싶었을지도 모른다. "오, 마이 갓, 어떡해, 나 아기 갖는 걸 까먹었어!"

그러나 불안이 과장되었다고 말할 수 있는 이유는 시대가 달라졌기 때문이다. 진 트웬지는 30대 초반일 때, 휴렛의 생식 능력 퇴화 강조로 한바탕 난리법석이 일어난 직후 이 주제를 면밀히 조사해 보기로 했다. 35세에서 39세 사이 여성은 1년 동안 노력해도 임신 성공률이 30퍼센트밖에 되지 않는다는 주장이 2004년 과학 저널《인간 생식Human Reproduction》에 발표되어 자주 언급되었는데 이는 사실 1670년에서 1830년 사이 프랑스 출산율을 바탕으로 한 조사 결과였다. 트웬지는 수백만 명의 여성이 "전기, 항생제, 임신 촉진제가 발견되기 훨씬 전의 통계에 기반해" 임신 시기에 관한 이야기를 듣고 있다고 꼬집었다.

최근 이야기도 있다. 제2의 물결 세대 이후의 세대들, 즉 우리보다 훨씬 더 힘들게 노를 저어 갔던 이들의 상황을 보자. 그들은 숫자가 적었고 그들의 선택에는 한계가 있었고 결혼을 더 심하게 강요받았으며 전통적 가족 구조와 가임기 개념에 더 밀착되어 있었다. 그 결과 직업적으로 성공했으나 결혼하지 못했던, 지극히 적은 숫자의 그 시대 여성들은 당연히 출산율이 낮을 수밖에 없었다.

그러나 휴렛과 추종자들은 과거의 유형을 가지고 오늘날 비혼 여성들에게 직접 적용하는 오류를 범했다. 사실 휴렛은 56세에 《직장과 아이, 둘 다 가져라》를 출간했을 때 다섯 아이의 엄마였고 막내가 다섯 살이었다. 그녀 자신도 임신 촉진 치료 덕분에 51세에 임신했던 것이다.

그것은 직업을 가진 싱글 여성들이 자신이 살아가는 새로운 종류의 삶에 어떻게 반응하는지를 보여주는 테스트였다. 난자가 늙는다고 아무리 협박해도 이들을 다시 일찍 결혼하게 만들거나 초산 연령을 낮출 수도 없다.

어쩌면 싱글 여성들은 그런 경고에 일희일비하고 싶지 않을지도 모른다. 이런 경고들이 아무리 불안을 야기해도 지금 당장 할수 있는 일이 없기 때문이다. '싱글후드Singlehood'란 주변 사람들이 그 옷이 별로 따뜻하지 않으니 갈아입으라고 해서 바로 갈아입을 수 있는 옷이 아니다. 남편 없이 존재하는 여성들은 손가락 하나 까딱해서 코스를 바꾸지도 못한다. 이것은 그들의 삶이다. 그런데 여기서 뭘 어쩌라고?

내가 스물일곱 살 때 늘 친절하던 산부인과 의사가 정기 검진을 끝내더니 나의 자궁 근종의 상태를 알려주었다. 내 자궁에 양성종양이 자라나고 있다며 아이를 갖고 싶다면 수술로 제거해야 한다고 말했다. "계속 커지고 있네요. 그 외에 다른 건 다 괜찮아요. 난 환자분이 조금 서둘러서 결혼하면 좋겠어요. 그러면 우리가 이문제에 대해 걱정하지 않아도 되는데 말이죠!"

그 후로 다시는 그 병원에 가지 않았다. 이건 내 삶이다. 여기서 내가 뭘 어쩌라고?

진 트웬지는 자기 이야기를 하며 2002년에 방송된 〈새터데이나이트 라이브〉 에피소드를 곁들였다. 그때 진행자였던 티나 페이는 '위켄드 업데이트' 코너에서 말했다. "실비아 휴렛에 따르면 커리어 우먼들은 서둘러 아기를 가져야 한답니다. 27세 이후부터 우리의 생식 능력이 가파르게 하락하기 때문이라고 하는데요. 실비아가 옳습니다. 나는 스물일곱 살 때 아기를 가졌어야 했어요. 시카고에서 폭주족 술집 건너편에 살면서 1년에 12,000달러를 벌던 그 시절에 말이죠. 결과가 아주 훌륭했을 거예요."

레이철 드래치가 바로 말을 받았다. "네, 실비아, 어서 빨리 아기를 가져야 한다고 말해 주셔서 감사합니다. 음. 나와 나의 네 마리 고양이들도 당장 어떻게 해보겠습니다."

에이미 폴러가 덧붙였다. "우리 옆집 사람들이 아주 귀엽고 사랑스러운 중국 아기를 키우는데 이탈리어를 해요. 그러니까 나도 그런 아기 한 명 사겠습니다."

이어서 마야 루돌프가 말했다. "실비아, 다음 책에서는 우리 시대 남자들에게 그랜드 테프트 오토 게임 그만하고 〈앨리어스〉 주인공 같은 여자를 찾아보라고 말씀해 주세요."

네 명의 코미디언들이 이런 촌극을 벌이던 시절, 그들에게는 아이가 하나도 없었다. 오늘날 트웬지가 득의만만하게 지적한 것처럼 이 네 명은 총 아홉 명의 아이를 갖고 있다. 한 아이만 빼고 모두 산모 나이 35세 이후에 출산했다.

늦게 낳는 것이 완벽한 해결책이라는 이야기가 아니다. 나와 내 동료들을 봐도 20대 때는 더 쉬웠을 임신이 30대에는 더 힘든 것도 사실이다. 하지만 지금까지 상황만 보면, 임신 촉진 치료를 받은 내 친구들 대부분은 결국 아이를 가졌고 아직 부모가 되지 않았더라도 정신적으로 끔찍한 고통과 높은 비용으로 괴로워하는 친구는 거의 없다.

30대 후반과 40대, 50대에 아이를 양육하는 것이 육체적으로 더 고생스럽고 부담스러운 것은 사실이다. 부모 나이가 많을수록 염색체 이상, 발달 장애, 자폐 아이가 태어날 확률은 높아진다. 고령의 난임 임산부들에게 임신 촉진 치료는 매우 지난하고 괴로운 과정일 수 있고 아직 의사들은 대량의 호르몬 투입에 장기적 부작용이 없다고 장담하지 못한다.

또 늦은 나이에 부모가 되면 20대에 임신을 시작했을 때보다 더 적은 수의 자녀를 가질 수밖에 없다. 로렌 샌들러는《똑똑한 부모는 하나만 낳는다One and Only》에서 외동아이 가정이 점점 많아지는 현상을 짚으며 외동 엄마 비율이 1990년에는 10퍼센트에 불과했으나 2013년에는 23퍼센트로 두 배 이상 늘어났다고 지적한다.[10] 첫아이를 늦게 출산하면 연이어 아이를 낳고 키울 시간이 부족하고 둘째가 생기지 않을 확률도 높다. 그러나 출산을 미루는 많은 여성들은 다 이유가 있어서 그렇게 한다. 다른 일에 집중했거나 망설였을 수도 있고, 경제적 문제나 다른 책임감이 더 중요했거나 시급했을지 모른다. 이런 여성들에게 자녀 수가 적다는 건 반드시 부정적인 결과는 아니다. 이 나라는 가정과 직장 생활의 조화를 이루기가 무척 어려운 구조이고, 아이를 하나만 낳아 키우는 것이 경제적 안정성, 좋은 결혼, 왕성한 성생활, 만족스러운 커리어를 지키기 위한 똑똑한 전략이 될 수도 있다.

나아가 이제 수많은 남녀가 혼자 살고 그 기간도 길어지면서 깨달은 사실이 있다. 이 세상은 아이를 사랑하고 아이를 낳아 키우는 일을 가장 행복해하는 사람으로 넘쳐나지만, 어떤 이들에게는 부모 대열에 합류하는 것이 삶에서 의미와 정체성을 끌어낼 유일한 혹은 가장 중요한 역할은 아니라는 사실이다.

무자녀 선택

여성의 삶을 형성하고 동기를 부여하는 것이 무엇인가에 대한 낡은 가정은 워낙 깊이 박혀 있어 잘 변하지 않는다. 그래서 어떤 여성이 진정으로 확고부동하게 마음 깊숙한 곳에서부터 아이를 원치 않을지도 모른다는 생각을 쉽게 받아들이지 못한다. 휴렛의 책과 관련해 2002년 《타임》에 실린 글은 독자들에게 이렇게 말했다. "성공했지만 아이 갖기에는 실패한 여성들의 이야기를 들어보라. 아마도 쓰디쓴 후회와 회환의 겹겹마다 슬픔이 배어나올 것이다."[11] 이런 단순한 가정 안에 박혀 있는 사고는 우리의 젠더 정체성에 관한 오랜 믿음이다. 여자에게 아이가 없으면 실패라는.

그러나 실패하지 않은 아주 많은 여성들에 따르면 전혀 그렇지 않다. "만약 내가 아이를 가졌다면 그 애들은 날 증오했을 거예요." 오프라 윈프리는 최근 인터뷰에서 이렇게 말했다. "아마 〈오프라〉 쇼 같은 데 나와서 내 이야기를 할지도 모르죠. 왜냐하면 [내 인생의 어떤 부분은 고통에 시달려야 했을 거고 아마도 그건 아이들이었을 테니까요."

윈프리는 모성 본능만큼은 모든 여성이 다 똑같지 않다는 사실을 잘 이해하는 듯하다. 그녀는 자신의 인생행로를 절친인 게일 킹과 비교했다. "그런 애 있잖아요. 중학교 1학년 가사 시간에 자기 이름 쓰고 그 밑에 자기 아이들 이름 쓰는 애요." 윈프리가 말했다. "친구가 그런 상상의 나래를 펴는 동안 나는 어떻게 하면 여자 마틴 루터 킹이 될 수 있을까 공상에 빠져 있었죠."[12]

2009년 푸드 네트워크 스타 셰프 레이철 레이Rachael Ray에게 저널리스트 신시아 맥패든이 "아기 갖기엔 너무 바쁘다고 말한 것으로 유명한데" 어떠냐고 묻자 레이철이 설명했다. "저는 이제 마흔이에요. 제 인생 대부분의 시간을 일에만 쏟고 있습니다." 윈프리처럼 레이도 출산과 육아를 위해서 일을 포기해야 하는 세상을 상상조차 하지 못한다. "난 우리 개한테도 경계성 인격 장애 엄마처럼 느껴지는데 사람 아기였다면 어떻게 키웠을지 상상도 안 돼요. 누가 나한테 아기 가지라고 3개월에서 6개월의 시간을 줄 것 같지도 않아요. 육아 휴직은 고사하고 말이죠."

여성이 이 세상에 자취를 남길 방법은 수백만 가지가 있고 아기는 그중 하나라는 사실을 사람들은 잘 받아들이지 못하는 경향이 있다. 너무나 오랫동안 모성은 여성 삶을 이루는 원칙이었고 엄마라는 위치만이 여성과 관련된 단 하나의 흥미로운 사실로 여겨지면서 그 외에 다른 모든 흥미로운 사실들은 부차적인 것으로 치부되곤 했다. 로켓 과학자인 이본느 브릴Yvonne Brill은 인공위성이 궤도를 벗어나지 못하게 하는 인공위성 추진기를 발명한 여성이다. 그녀가 2013년에 88세로 별세했을 때《뉴욕 타임스》부고 기사에는 그녀의 업적을 돌아보기 전에 이런 문장이 등장한다. "기막힌 비프 스트로가노프를 만들 줄 알았고, 직업을 바꾼 남편을 따라 여러 곳으로 이사했으며, 8년 동안 일을 쉬고 세 자녀를 키웠다. '세상에서 가장 훌륭한 엄마'라고 그의 아들 매튜가 전했다."

인터뷰 할 때도 그 주제가 아이 이야기인지 직업 이야기인지에 상관없이 아이가 없는 여성에게는 아이를 원하느냐, 아이를 계획하고 있느냐, 아이가 없어서 후회하지는 않느냐 같은 질문이 수시로 아무렇지 않게 올라온다. "그 질문에는 대답하지 않겠습니다." 서른세 살의 배우 주이 디샤넬은 2013년 아이가 우선순위에 있느냐고 묻는 《마리 클레르》 기자에게 이렇게 말했다. "그 질문을 하셔서 제가 화난 건 아닙니다. 다만 전에도 대답한 적이 있고 남자배우들에게는 그런 질문 하지 않잖아요."

정말 그렇다. 만약 남성에게 물었다면 자신에게는 일이나 야망이 우선이고 이 세상에 여러 다른 애착 대상이 있다고 대답한다고해서 놀랄 사람은 없을 것이다. 남자들은 자유롭게 자기들이 아기를 갖지 않으려는 이유를 말하고, 사람들은 이들이 다른 면에서 만족스럽다면 아이를 갖지 않아도 괜찮다고 여긴다. 여성도 이들과 마찬가지로 다른 것에 야망과 만족을 가질 수 있다.

작가 로빈 콜드웰은 전설적인 인권운동가 도러시 하이트가 세상을 떠나자 〈도러시 하이트의 딸들〉이라는 제목의 포스팅을 올렸다. "도러시 하이트는 아이 없이 세상을 떠났고 결혼하지 않았다. 아마 어떤 여성들에게 그것은 죄이고 수치일 것이다. 그러나나를 비롯한 수많은 사람에게는 인권운동가이자 여성 '클럽' 운동의 리더로서 그녀의 존재가 너무나도 소중하다. 그녀는 나 같은 딸들을 수없이 남기고 세상을 떠났다."[13]

2015년 〈섹스 앤 더 시티〉의 스타인 킴 캐트럴은 또 다시 튀어나오는 아이 질문에 이렇게 대답했다. "나도 부모 맞아요. 저를 엄마처럼 따르는 수많은 젊은 남녀 배우에게 말이죠. 그리고 조카들과 굉장히 가깝게 지내고 있습니다. 이 시대에는 아이의 출생증명서에 이름을 넣지 않고도[14] 엄마가 될 방법은 많습니다. 당신 안에 있는 그 모성애를 아주아주 명징하게, 아주 강력하게 표출하면서 살 수 있습니다. 그렇게 하면 매우 만족스럽기도 하고요."

이런 감성을 갖고 있는 사람 중에는 캐트럴과 콜드웰 이전에도 원조 비혼 엘리자베스 튜더 여왕이 있었다. 그녀는 1558년 영국 의회가 지속적으로 결혼하라고 요청하자 이렇게 답했다. "여러 의원 분들께 간곡히 호소합니다. 저에게 후손이 없다는 말은 하지 마십시오. 여러분 모두가 그리고 모든 영국 국민이 나의 자녀이고 친척입니다.[15] 내가 죽으면 앞으로 여러분은 많은 계모를 갖게 될 것입니다. 그러나 진실로 이르되 그중 나보다 더 생모 같은 어머니는 없을 것입니다."[16]

아이가 없어도 여성은 다른 사람이나 일, 동료에게 책임감을 갖고 자기만의 소유가 아닌 가족의 일원이 될 수 있다.

1970년대 미국 여성 10명 중 1명이 가임기에 아이를 갖지 않았다. 2010년에는 거의 5명 중에 1명꼴이다.[17] 무자녀 여성 중 절반 정도는[18] 아이를 원하는 여성들이다. 생체 시계가 허락하는 동안 아이를 가질 방법을 찾지 못한 여성들이다. 또 다른 절반은 이전보다 가시적이고 가능한 여성 삶의 대안 모델이 많아지면서 자신이 아기를 원하지 않는다고 결론 내린 여성 인구를 대표한다. 원한다 해도 다른 것을 포기할 만큼은 원하지 않는다.

역사학자 루이즈 나이트는 자신은 물론 자신의 연구 대상들에게도 창작욕이 출산 욕구를 압도한다고 이야기했다. "이건 실제 감정이다. 그들 안에 있는 것을 밖으로 꺼내야만 했다." 그녀는 제인 애덤스와 사라 그림케를 이야기한다. "어떤 여성들에게 그 열정은 부모가 되는 것이다. 하지만 내 안에는 그런 열정이 없었다. 만약 있었다면 나도 다른 선택을 했을 것이다." 나이트는 일곱 살 때 언니가 장난감 유모차와 인형을 갖고 노는 모습에 어리둥절했다. "왜 저러지?" 그녀는 이렇게 생각했다. "독신 생활은 나 같은 사람이 아이를 원하지 않는데도 아이에 대한 갈망이 있는 척하지 않아도 되게 해주었다."

이 자유는 나이트처럼 비혼 여성에게만 적용되지 않는다. 부부 생활을 영위하지만 부모가 되고 싶지 않은 사람들에게도 도움이 되었다. 자발적 무자녀를 고수하는 부부들이 모이는 인터넷 사이트가 천여 개가 넘는다.

저널리스트 파이퍼 호프만은 독실한 유대인이다. 그녀와 남편은 둘 다 아이 때문에 일을 포기할 생각이 없다는 것을 서서히 깨달았지만 종교적인 가족과 친구들의 압박이 심했다. 그녀는 자신들과 같은 사람들의 커뮤니티를 발견하고 큰 해방감을 느꼈다. "아기를 만들어 키우려는 동력이 부족한 사람들"은 얼마든지 있었다. 그리고 그들은 행복했다! "그들이 아이 없이 사는 생활의 이점을 많이 이야기해 주었다. 그중 내가 가장 솔깃했던 건 서로를 더 아끼고 사랑하게 되어 더 헌신적이고 만족스러운 부부 관계를 가꾸어갈 수 있다는 점이었다."[19]

글로리아 스타이넘은 아이를 갖지 않은 것을 후회하느냐는 질문을 아직도 꾸준히 받고 있다. 가장 인상적인 경험은 인도의 가난한 지방에 있는 여성 주민 센터에서 그 질문을 받았을 때였다. "한 명이 물었습니다. '아기 없는 걸 후회하지 않으세요?' 생각했죠. '내가 솔직히 말하면 이 사람들이 날 싫어할 수도 있겠지. 여기는 전통을 중시하는 작은 시골 마을이잖아.' 하지만 바로 생각을 바꿨죠. '그래, 솔직하지 못할 거 뭐 있어?' 그래서 진실을 대답했어요. '아뇨, 전혀. 1초도 해본 적 없어요.' 그러자 다들 박수를 쳤어요. 그들은 아기를 가져야 해서 가졌거든요. 꼭 그러지 않아도 된다는 말을 들으니 기뻤던 거죠."

아기를 가져야 해서 가지지 않아도 되는 자유라니! 이것이 현실이고 이 현실이 세상에 영향을 미치고 있다.

로스 다우댓은 2012년 《뉴욕 타임스》 칼럼 〈아기 좀 낳아주세요More Babies, Please〉에서 이렇게 가정한다. "출산 기피는 어떤 면에서 보면 후기 현대 사회의 피로 증상이라고 할 수 있다. 서구 사회에서 일어난 퇴폐주의는 이제 전 세계의 부유한 사회를 덮치고 있다. 사람들은 현대성의 안락함과 쾌락만을 끌어안고 태고부터 우리 문명 건설에 가장 중요한 기초적인 희생을 털어버리려 한다."

어떤 사람들의 '퇴폐주의'는 다른 사람들의 '해방'일 수가 있다. 다우댓이 문제 삼은 후기 현대 사회의 피로는 여성들의 피로다. 아이를 임신하고 최근까지도 도움 없이 홀로 키워야 했던 여성의 피로. 그들의 '기초적인 희생'은 바로 정체성의 희생이었고 사회적 관계의 희생이었고 평등 추구의 희생이었다.

여성들이 조금 더 동등한 파트너 관계를 이끌어내고 희생을 조금 더 공평하게 나누기 시작했지만 생물학과 사회 정책이라는 이중 타격 아래 여전히 돈 버는 남자와 아이 만드는 아내 중심으로 짜여진 이 사회는 여성에게 이런 것들을 감수하라고 말한다. 줄어 드는 월급, 승진 기회 지연, 병가와 휴식 제도, 부족한 수유실, 구석자리 사무실 등 아이와 함께 필연적으로 따라오는 것들 말이다. 여성들은 아이 낳기로 선택했을 때 얻는 것과 잃는 것을 너무나 잘 알고 있다.

"우리 모두 어떤 나이 이상이 되면 아기 갖기 힘들어진다는 사실을 잘 안다."[20] 앤 프리드먼이 썼다. "하지만 우리는 아이를 가지면 직업적으로 힘을 잃는다는 사실 또한 알고 있다." 가수 바네사 칼튼은 저널리스트 자다 유안Jada Yuan에게 말했다. 자신의 멘토 스티비 닉스가 인생을 락앤롤에 바쳤던 젊은 시절에 한 번도 엄마가 될 생각이 없었다는 이야기였다. "그분은 말했어요. '나는 무대 위에서 사내 녀석들 모두에게 존경받고 싶었어. 만약 내가 걸어 나가서 그런 선택을 했다면 그 역학관계가 완전히 달라졌을 거야.'"

여건이 안 돼서

40세에서 45세 사이 무자녀 여성의 절반 정도는 선택해서가 아니라 어쩌다 보니 그렇게 된 경우다.

멜라니 노킨은 《아더후드Otherhood》에서 그녀가 일컬은 '상황적 불임'의 연대기를 적으며 이것은 "우리 세대의 짝사랑 이야기"라 했다. 노킨의 경우, 아이가 없지만 처음부터 그런 운명을 바라지는 않았다. "파트너가 없었기에 아이가 없었고 안 그래도 그 때문에 속상한데 모성이 부족해 일부러 아이를 낳지 않았다는 신화 때문에 속병이 더 심해진다."[21] 노킨은 아이를 원했지만 갖지 못한 여성들 또한 '아이 가득한' 삶을 산다고 말한다. "내가 낳은 아이는 아니지만 사랑하는 조카들과 친구의 아이들로 내 인생을 채우고 있다."

크리스티나는 비스마르크에서 걸 스카우트를 지도한다. 신청서를 작성할 때 "애 없는 여자가 하기엔 좀 징그러운 일 아닌가 싶었다"고 한다. 하지만 크리스티나는 아이들을 무척 사랑한다. "이 소녀들한테 서른다섯 살 독신 여성이 아기 없이도 일로 성공하고 행복할 수도 있다는 걸 직접 보여주고 싶었어요." 그녀는 자기를 따르는 걸 스카우트 소녀들을 보며 생각한다. "어린이들 삶 속으로 들어갈 기회이자 어쩌면 부모로서 근육을 미리 키우는 길이기도 합니다."

하지만 남의 아이들에게 애착을 느낀다고 해서 선택과 우연 사이 수많은 복잡다단한 이유로 아이가 없는 여성들 마음이 온전히 채워지지는 않는다. 홀로 아이를 낳아 키우는 걸 생각해 보지 않은 것도 아니다. 사실 그런 일이 가능하고 흔해지면서 아이 낳기를 고려하지 않기가 더 불가능해졌다.

소설가 엘리엇에게는 남자친구가 없어 매우 심란해하는 서른여덟 살 친구가 있다. "그 친구는 항상 아기를 갖고 싶어 했어요. 오래전부터 결혼해서 가정을 꾸리고 싶어 했죠." 엘리엇이 말했다. "하지만 아무리 계산해 봐도 혼자 아이를 갖는 건 불가능하다고 느껴지나 봐요. 학교 교사 월급으로는 한 달 살기도 빠듯하다고요."

엘리엇이 워싱턴 D.C.로 이사간 이유는 두 조카딸과 가까이 지내고 싶어서이기도 했다. 자신에게 아이가 없는 미래가 그려졌기에 이제는 마음을 접고 그 미래를 받아들여야 한다고 생각했다. 재정적으로나 감정적으로나 아이는 벅찼다. "내가 혼자 아이를 갖는다면 할 일이 너무 많고 복잡해질 것 같았어요. 나는 원래 아이가 내 전부이거나 삶의 목표인 사람은 아니거든요. 그래서 엄마가 되지 않겠다는 결정 앞에서 마음의 평화를 유지하는 게 결혼 없이 사는 것보다는 더 쉬웠어요."

엘리엇도 30대 중반에 엄마가 되고 싶은 갈망이 갑자기 커진 적이 있었다. 그때 책을 썼다. "더 이상 그 갈망이 안 생기는 이유는 어쩌면 다른 것을 탄생시켜서일지도 모르죠. 굉장히 만족했거든요. 창작자로서." 엘리엇은 두 번째 책 집필을 시작했다. "어쩌면 세상일은 순리대로 흘러가는 건지 몰라요. 나에게 글 쓸 정신적·시간적 여유가 있어서 무척 운이 좋다고 생각해요."

도다이 스튜어트는 39세 때 웹사이트 '제저벨'에 글을 썼다.[22] 그녀는 자신의 인생에 아이가 없을 수도 있겠다는 사실을 깨닫고 마주한 "혼란스러움, 망설임, 두려움" 때문에 글을 썼다고 밝혔다. "친구와 동료가 하나둘 결혼하고 아기를 낳기 시작하면서 나는 파티에 남겨진 낙오자처럼 느껴졌다. 다들 집에 갔는데 나 혼자 여기서 뭐 하는 거지?" 스튜어트는 미디어가 어떻게 여성들을 '마미 프로파간다'로 폭격하는지, 왜 그렇게 임신한 연예인들, 임신 후의 다이어트, 제니퍼 애니스톤의 텅 빈 자궁에 대해 끝도 없는 추측과 서사들을 쓰는지를 이야기한다. "애니스톤은 사람이 아니라 하나의 캐릭터다. 언제나 웃고 있고 몸매는 여전히 늘씬하고 건강하며 행복해 보이지만 사실은 결혼하지 않고 아이가 없어서 매우 슬프고 불행해하는 어떤 캐릭터 말이다." 그녀는 서사에서 이런 면을 관찰했다. "당신에게 기대되는 것, 즉 짝짓기, 결혼하기, 출산하기를 하지 않았을 때 당신이 무언가 잘못했음이 틀림없다는 것을 끊임없이 주지시키려는 내러티브다. 바로 이런 말을 하고 싶은 것이다. '너한테 뭔가 문제가 있겠지.'"

완벽한 세상에서라면 다를 것이다. "그것은 이슈조차 안 될 것이다. 이런 식으로. 이봐, 당신은 당신이고 나는 나야. 그러니 됐지, 안 그래? 하지만 실제 세상은 그렇지 않고 혼란스럽다. 당신은 당신 안에서 무언가 만들어내야 한다. 열심히 일해야 하고 이 사회에 뜻있는 방식으로 기여해야 한다. … 당신은 꾸짖음당한다. '뭐라고? 아이가 없다고?'" 스튜어트는 아마도 이런 걸 꿈꾼다. "나를 파티의 낙오자처럼 그리지 말고, 이 모든 베이비 마마 드라마를 초월할 수 있어야 한다. 울타리 이쪽에도 사랑이 많고, 좋은 시간이 있고, 늦은 밤 약속이 있고, 늦잠, 여행, 쇼핑, 즐거움, 게으름, 쾌락, 성취가 있다는 것을. 내가 만약 다른 파티로 넘어가지 않고 이 파티에 남아 있기로 결정해도 이 역시 파티다. 칭찬받지 못하면 우리가 우리 자신을 칭찬하면 된다."

아이가 없어 상심한 이들에게도 아이 없음은 기대치 못한 보상이 될 수 있다.

텔레비전 비평가 낸시 자일스는 살면서 내내 자신이 귀여운 딸 하나를 키우는 엄마가 되리라 상상했다. 그녀는 서른여덟 살 때 어머니를 여의었다. "엄마가 돌아가시고 나서 거리에서 모녀들만 보면 가슴이 미어졌어요." 그녀의 자매 둘은 모두 결혼해서 아이가 있었다. "동생과 언니는 자식들에게 의지하더군요. 일단 아침에 일어나 밥을 먹여서 학교에 보낼 애들이 있잖아요. 자기 가족에 집중하는 거죠. 하지만 나는 완전히 세상에 혼자 뚝 떨어진 기분이었어요. 너무나 외로웠어요." 하지만 어머니를 보내고 난 후에 자일스는 아버지와 더 많은 시간을 보내게 되었다. 다른 자매들은 그렇게 하지 못했다. 어린 시절에 몰랐던 아버지의 모습을 발견했고 이전보다 다정한 부녀 사이가 되었다. "평생 처음으로 내가 '대디 걸'이 되었지 뭐예요!" 그녀는 상담사에게 이렇게 말했다. "아버지와 다시 친해지면서 특별한 사랑을 느끼는 건 정말 멋진 일이었어요. 늦게라도 그렇게 되었으니 얼마나 다행이에요."

지금 이 시점에서는 아이를 홀로 낳아 키우는 게 상상도 안 된다.

오직 내 힘으로

그러나 그렇게 하는 여성들도 정말 많다.

파멜라는 24세의 시티 칼리지 4학년이다. 그녀는 17세 때 뜻하지 않게 임신했다. "완전히 낙인 찍혔죠." 그녀가 말했다. "주변 사람들 모두가 나를 가만히 두지 않았어요. 앞으로 어떡할 거냐, 애 아빠는 누구냐, 애 아빠가 옆에 있으면 결혼할 거냐." 그녀에게는 남자친구가 있었고 주변에서 결혼을 강요했지만 그녀는 결혼해서 더 나아질 게 없어 보였다. "결혼으로 그를 묶어두고 싶지 않았어요. 그러니 결혼한다고 크게 달라질 것도 없었죠." 이제 와 돌아보면 임신 사실을 알자마자 바로 시청으로 달려가지 않은 건 탁월한 선택이었다. 파멜라는 싱글맘이 될 여성들은 출산 여부와 파트너 여부를 신중하게 거듭 고민한 뒤 결정해야 한다고 믿는다. "아이를 원하지 않았는데 결국 갖게 되면 누군가에게 재정적으로 의지하게 돼요. 만약 그 사람이 떠난다고 해도, 옆에서 도와줄 아이 아빠가 없다고 해도 그런 삶을 살고 싶은지 생각해 봐야 해요. 나는 결혼을 꼭 해야 하는 나이 같은 건 없다고 생각했어요. 결혼할 필요도 없다고 생각했고요."

하지만 그녀는 이렇게 말을 이었다. "그래도 사회는 아이를 갖지 않은 여성에게 낙인을 찍지 않나요?" 그것은 그들에게 아주 복잡한 덫이 되기도 한다. "열여덟 살에서 스물두 살 사이는 엄마 될 준비가 되지 않았다고 말하죠. 아직 학교에 다녀야 할 나이니까요. 무척 어렵긴 어려워요. 그건 사실이에요. 매일매일이 전쟁 같지요. 하지만 그와 동시에, 나중을 생각해 보면 내가 나의 모든 에너지와 관심을 요구하는 직업을 갖게 된다면요. 그때는 아이 가질 시간이 있을까요? 내가 언제 아이를 갖게 될까요? 반드시 언제 아이를 가져야 한다는 법칙이 있는 건지도 잘 모르겠어요."

싱글맘은 저소득 집단에서 평범한 현상이다. 그 집단에서 일찍 결혼하는 일은 드물지만 부모가 되는 것은 여성들에게 의미와 목표를 가져다줄 수 있다. 특권층 여성들에게도 그런 선택이 점점 더 받아들여지고 있다. 싱글이지만 언제 아이를 갖게 될지 확신할 수 없고 아이 키울 자원은 있다고 판단한 여성들에게 남편 없이 아이를 가질 수 있다는 가능성은 굉장한 해방감을 주기도 한다.

서른이 넘었을 때 나는 몇 년째 사귀는 사람이 없었고 자궁 근종이 점점 악화되었다. 근종 제거 수술을 해야 한다는 것을 알았고 수술 후에는 다시 커지기 전에 바로 임신해야 한다는 사실도 알았다. 출산 가능 시기가 단축되었지만 그때까지 길게 사귀거나 결혼하고 싶은 남자는 없었다.

서른 살에 나는 3년 전 산부인과 진료실을 나오면서 느꼈던 그 느낌을 재현할 수밖에 없었다. 이것이 내 삶이다. 여기서 뭘 어쩌라고?

나 혼자 아기 낳을 계획을 세우기 시작했다. 우리 부모님은 얼마든지 지지해 줄 것이고 그렇게 하라고 말씀하신 적도 있었다. 나는 돈을 따로 저축하면서 준비하기 시작했다. 서른네 살이 되면 냉동 난자 시술을 하고 임신하는 방법을 알아봐야지. 서른다섯이 되면 정자 기증으로 할 수도 있고 이성 친구 중 한 명과 임신을 노력해 볼 수도 있어. 나는 친구랑 같은 시기에 임신하는 것도 생각해보았고 옆집에 살면서 육아나 식사 준비를 도와주며 같이 키우자는 이야기도 했다.

그 시나리오를 상상하는 것만으로도 이루 말할 수 없을 정도로 자유로워졌다. 그 아이디어가 너무나 사랑스러워서 그랬던 것은 아니다. 사실은 내가 정한 시한까지 천생배필이 기적처럼 나타나 그렇게 할 필요가 없기를 빌었다. 하지만 내 인생에서 내가 원하는 그 부분, 가족을 만드는 일이 반드시 그런 수동적 희망에 의해서만 이루어지는 것이 아니라는 생각만으로도 충분히 들떴다. 상상 속이지만 남편 찾기 문제와 엄마 되기 문제를 분리하자 그것만으로도 해방감이 느껴졌다.

그 시절 내가 세워놓은 타임라인은 예상과 정확히 들어맞았다. 다만 동반자와 함께였다는 점이 달랐다. 나는 서른둘에 사랑에 빠졌고 서른셋에 근종 제거 수술을 했고 서른다섯에 첫아이를 낳고 서른아홉에 둘째를 낳았다. 시기적으로나 사랑 운으로 보나 나는 행운아였다. 만약 그렇지 않았다면 내 인생이 어떻게 달라졌을지 모르겠다. 용감하게 싱글맘이 되었을 수도 있고 아닐 수도 있다. 다만 나에게 가족이 생길 가능성을 상상했던 것만으로도 에너지를 얻었고 낙관주의로 무장해 우울증 없이 내 삶을 잘 살아갈 수 있었다.

노스다코타 주 비스마르크에서 일하는 크리스티나도 나와 같은 계획을 고려하고 있다. 그녀는 자기 아버지가 결혼과 아이 낳기를 꼭 동시에 하지 않아도 된다는 기사를 보여준 후, 그 두 가지를 분리해서 바라보기 시작했다. 최근에 비스마르크에 있는 새로운 산부인과 의사를 찾아갔다. "너무 놀랐어요. 그제야 서른다섯 살이라는 것도 실감했죠. 그런데 정말 아이를 갖고 싶더라고요." 크리스티나는 30대 후반에 기존의 자궁 내 피임 장치를 제거하게 되어 있었는데 새로운 의사는 새 장치로 바꾸지 않아도 될 거라고 말했다. 크리스티나는 30대 후반이면 불임이 되리라는 뜻에서 한 말인 줄 알고 기겁했다.

하지만 놀랍게도 의사는 이렇게 말했다. "아이 갖고 싶으세요? 그럼 해봅시다. 크리스티나!" 알고 보니 그 의사도 의대 다닐 때 홀로 첫아기를 낳았었다. 크리스티나의 새해 결심은 이것이다. "서른

여섯이 되면 본격적으로 준비하려고요. 지금부터 건강관리를 잘해야죠. 그래야 아기를 가질 수 있어요. 요즘에 비타민과 철분제를 먹고 있는데 그랬더니 손톱과 머리 영양 상태부터 좋아지네요."

법대 교수인 퍼트리샤 윌리엄스는 마흔 살에 남자친구와 "나의 생물학적 시계가 가장 존중받아야 할 때 그렇게 되지 못하게 한" 이별을 했다. 그 순간에 이런 생각을 했다. "교차로에 서서 나 자신에게 질문했어요. 네 인생에서 아이를 포기할 거니?" 그녀는 그래도 운이 좋았다. "훌륭한 직업이 있고 출산을 반드시 남자와 연결시킬 필요가 없음을 이해하고 소통할 수 있는 멋진 부모님이 있었죠."

윌리엄스는 가족과 인종 주변에 놓인 모든 한계들은 사회구조적 한계라 느끼고 있었고 체외수정에 드는 막대한 비용에도 불만이었고 "여자가 아기 낳기 전에는 완전한 여자가 아니라는" 사고가 꼭 옳지는 않다고 생각했다. "대안 가족 모델, 종족 모델, 입양 모델, 친척 모델에 관심이 많았어요. 현재 우리가 갖고 있는 가족과 결혼이라는 계량 경제학식 모델과는 다른 여러 대안들이 있어요."

윌리엄스는 아들을 입양했다.

사람들 시각이 달라지는 걸 느꼈다. "입양 전에는 전문적 일에 매진하는 사람, 우리 인종의 승리를 쟁취한 강한 흑인 여성으로 보았죠." 입양 후에는 "그냥 또 한 명의 흑인 싱글맘이 되더군요." 아들이 생후 5주였을 때 공화당 전당 대회 참석했다가 기독교 연합의 랄프 리드와 토론하게 되었다. 리드의 공격에 그녀는 화가 났다. "나는 아이 아빠 없이 아이를 입양할 수 있었어요. 랄프 리드는 아니었죠. 우리 가족 중에도 정확히 똑같이 느끼는 사람들이 있었죠." 뉴욕의 사립학교 시스템에서는 이렇게 보기도 한다. "사람들에게 내가 싱글 엄마라고 말하니 내가 누군가의 유모이고, 돈 많은 가족들이 우리 아들 교육비를 내준다고 생각하더군요."

하지만 그녀를 더 화나게 한 건 따로 있었다. "내가 마더 테레사이고 이 아이는 나 아니었으면 이런 기회를 얻지 못했을까요? 흑인 싱글 엄마를 보는 시선보다 그게 더 싫었어요. 우리 아이가 잃어버린 영혼이라도 되나요? 우리 아이는 예쁘고 건강한 아이랍니다. 시궁창에서 건져주었으니 이 아이가 감사해야 한다는 내러티브도 싫습니다. 아이의 생물학적 부모는 똑똑한 대학생들이었어요. 하지만 사람들은 이 아이가 마약 중독자의 아이일 거라고 단정해 버리죠."

싱글맘의 삶은 계획되지 않은 것이라거나 정체성으로 인정하기 어렵다는 시각도 종종 있다. 레티샤 마레로가 서른다섯 살이었을 때는 장거리 연애가 끝나려는 시점이었다. 그녀는 마지막으로 하룻밤 로맨스를 불태웠고 임신했다. "그 시점에서는 아내가 되기보다 엄마가 되고 싶었습니다." 그녀가 말했다. "그것이 내 인생의 목표였어요. 임신하는 순간 그 동안 내가 겪었던 모든 우울증, 좌절감, 감정 기복이 사라졌어요. 내 생애 처음으로 내가 해야 할 일이 무엇인지 확신했습니다. 나는 임신했을 때의 나를 가장 사랑했습니다. 자연 분만을 했는데 이 경험을 다시는 할 수 없다는 걸 알았거든요. 내 몸이 허락하는 한 오래 모유 수유를 하고 싶었어요."

임신 중이었을 때 레티샤는 《스타》 매거진 교열 담당자로 일하고 있었다. 출산 휴가 중에는 월급의 절반을 받았지만 직장으로 복귀할 때가 되니 파트너 없이 하루에 15시간 일하면서 모유 수유하는 건 거의 불가능하다는 사실을 실감했다. 그녀는 직장을 그만두었고 그 후로 서너 곳의 직장을 알아보았지만 육아와 병행할 수 없어 금방 그만두어야 했다. 아이 아빠와 여전히 관계가 있었지만 뉴욕에 살면서는 1년에 몇 번 정도만 얼굴을 볼 수 있었고 그의 경제적 형편도 그리 좋지 않았다. 이 도시의 가장 저렴하고 가장 거친 동네를 전전하다가 레티샤는 최근에 생활비를 감당하기 쉬운 버지니아로 이사했다.

그 모든 일을 겪은 레티샤는 말했다. "나는 지금 길을 만들어가고 있는 거예요. 우리 딸이 잘 살 수 있는 길을 내가 직접 개척하고 있죠. 우리 딸은 내 통장에 35달러가 있는지 3,500달러가 있는지 절대 모르게 할 거예요."

베이비 패닉

가족 구조의 변화에 관해서는 여러 가지로 말들이 많은데 특히 늦게 결혼하거나 결혼하지 않는 여성에 대해서는 다양한 이념의 비평가들이 불안 섞인 목소리를 쏟아낸다. 그중 일부는 '여자들이 결혼도 안 하고 아기를 낳고 있어! 그러고도 너무 조금 낳잖아!'라고 말하는데, 마치 끔찍한 음식인데 양까지 적은 값비싼 레스토랑을 이야기하는 코미디언의 농담처럼 들린다. 하지만 국가적 수준에서 쏟아져 나오는 그런 불안의 목소리들, 즉 비혼이나 만혼 여성들이 자신과 이 나라에 피해를 끼치고 있다는 이런 주장이 우리 여자들에게는 전혀 웃기지 않다. 칼럼니스트나 대통령들은 그토록 오랫동안 여성을 억압했던 결혼 양식을 바꾸고 있다는 이유로 그런 여성들을 특정 성향으로 유형화하고 꾸짖고 있기 때문이다.

여성들이 결혼을 늦게 하거나 안 하고 인생의 많은 시간을 아내의 일과는 거리가 먼 일을 하며 보내고 게다가 아이도 낳지 않는다는 것은 사실이다. 미국의 출산율은 계속 하락하다가 2013년에 최저점을 기록했다. 가임기 여성 1,000명에게서 62.5명의 아기들이 태어났고 이는 베이비붐이 가장 치솟았던 1957년의 여성 1,000명당 123명과 비교하면 거의 절반 수치다.[23] 물론 베이비붐 세대만의 사회구조적 이유가 있고, 그 시절의 비정상적인 출산율 또한 기이한 현상이었으며, 이 국가의 건강한 생식력을 현명하게 판단할 때 일반적 기준이 되어서는 안 되는 숫자다. 그런데도 어떤 사람들은 자꾸 그 시절과 비교하며 한탄한다.

조너선 라스트도 걱정이 태산이다. 2013년의 책 《아무도 아기를 기대하지 않는데 무엇을 기대하리》의 부제는 '미국에 다가오는 인구 재앙'이었다. 《월 스트리트 저널》에 실린 저출산 문제에 관한 글에서도 100년 전 '인종 자멸'이라는 단어까지 들먹였던 테디 루스벨트의 주장을 상기시키듯 라스트는 이렇게 썼다. "우리 앞에 놓인 문제 대부분의 가장 뿌리 깊은 원인은 출산율 저하다." 출산율 저하가 임금 인상 정체와 연관되는 한 이 역시 여성들의 책임이라는 것이다. "여자들이 남자와 같은 숫자로 (어쩌면 더 많이) 대학에 다니고 있다. 더 중요한 것은 여자들이 교사와 간호사 같은 직업 외에도 분야를 넓혀가고 있다는 사실이다. 피임과 동거가 결합하면서 섹스, 결혼, 출산을 하나로 묶는 철의 삼각형이 분해되었다."24 이 변화에 따른 발전이라는 긍정적인 측면을 조심스럽게 인정하면서도 라스트는 확고하다. "좋은 방향으로 이끄는 사회 발전에도 심각한 대가가 따를 수 있다." 그리고 그가 '미국 중산층의 훌륭한 대리인'이라 일컫는 백인 지식층 미국 여성의 출산율이 1.6밖에 안 된다는 사실은 곧 이런 의미다. "미국이 외동아이 정책을 실시하고 있는 것만 같다. 국가에서 시킨 것이 아닌데 그렇게 하기로 선택했다."

보수주의 성향의 칼럼니스트 메간 맥카들 또한 한숨을 쉰다. 그는 출산율 저하 문제를 중요시하지 않는 사람들에게, 멀리 볼 것도 없이 그리스를 보라고 경고한다. "그리스는 우리의 미래가 과거보다 더 가난해질 수도 있다는 냉혹한 사실을 보여준다. 사회 구조가 붕괴되고 정치가 붕괴되고 또 다시 경제공황이 닥칠 수 있다."

보수적인 사람들만 우려를 표하는 것이 아니다. 우리의 민주당 대통령 또한 싱글 부모 가정을 사회악이나 재앙이라 표현하며 공공연하게 이 나라의 인구 감소가 문제라고 지적한다. 2008년 아버지의 날에 초대 연사로 나온 오바마 대통령은 아버지 부재 문제로 청중의 관심을 돌렸다. 특히 흑인 아버지들을 '무단 이탈AWOL'이니 '전시 행방불명MIA' 혹은 "철없는 소년들처럼 행동한다"는 표현을 사용해 꾸짖었다. 그는 아버지 부재가 흑인 아동 빈곤에 부분적인 책임이 있으며, 학교 중퇴나 수감이나 10대 임신 또한 그들의 책임이라고 말했다.

오바마는 "영웅적인" 싱글맘들을 적절하게 치켜세우는 것도 잊지 않았다. "우리는 홀로 아이들을 키우는 수많은 어머니들을 도와주어야 합니다. 그들은 도움이 필요합니다." 하지만 결론은 또 이렇다. "그들이 받아야 할 도움은 집에 있는 또 한 명의 부모입니다. 왜냐하면 그것이 지지 기반이고, 그것이 우리나라를 강하게 만들기 때문입니다." 오바마는 자신 또한 아버지 없는 싱글맘 가정의 아들이었고 그럼에도 대통령이 되었지만 매우 전형적인 주장을 펼친다. 가족 구조와 사회 기반과 정서적 지지에는 오직 단 하나의 건강하고 올바른 모델이 있다는 것이다. 그는 두 명의 부모가 파트너를 이룬 가정만이 우리 모두가 동경할 만한 가정이라고 강조한다.

멜리사 해리스-페리는 싱글 부모 가정을 향한 오바마의 관점에 대해 이런 글을 기고했다. "아이들을 사랑하고 가정적이고 경제적으로 책임감 있는 남성들이 그들 자녀의 삶과 지역사회에서 중요하다고 오바마 대통령이 지적한 부분은 옳다." 문제는 이 부분이다. "그는 어린이의 미래와 성공에 꼭 필요한 요소들을 분석하는 데는 상상력이 부족했다. … 자신의 이력에 그 방안이 확실히 드러나는데 참 이상하다." 해리스-페리의 지적에 따르면 그 방안은 "여러 세대의 지원과 네트워크, 질 높은 교육 가능성, 여행과 풍부한 감성이 자랄 수 있는 기회" 등이다."[25]

싱글 엄마들이 아이들에게 좋지 않다고 확신한 건 오바마뿐이 아니다. 2010년 퓨 연구소에서는 싱글맘들이 '사회에 악영향'을 미친다고 믿는 미국인이 69퍼센트이며, 아이가 행복하게 자라려면 엄마와 아빠 두 사람이 꼭 필요하다고 답한 비율이 61퍼센트라고

밝혔다.[26]

　진보주의 성향의 비평가인 글로리아 스타이넘 또한 싱글 부모뿐 아니라 싱글맘이 되는 것을 새로운 표준으로 받아들이기에는 우려스러운 문제들이 있다고 걱정한다. "어린이들이 사랑이 많고 자신을 돌봐주는 부모로서 남성들을 보고 자라는 것이 매우 매우 매우 중요합니다." 스타이넘은 이렇게 덧붙이기도 했다. "반드시 생물학적 부모일 필요는 없고 친인척이 아니라도 괜찮습니다. 하지만 남성들이 사랑을 베푸는 부모가 될 수 있다는 사실, 자녀를 돌보고 양육하는 부모가 될 수 있다는 사실을 모르고 자랐을 때 우리는 오직 여성만이 양육을 모두 담당해야 한다는 과거의 고정적 젠더 역할로 돌아가게 됩니다."

　물론 이 사회가 가족 구조의 변화를 받아들이기까지는 시간이 필요하고 길게는 몇 세대가 걸릴지도 모른다. 여성이 과거의 기대에서 벗어났을 때 이 변화한 세상에 적응하고 사고를 재배치하는 방법들이 즉각적으로 생기지는 않았다. 우리는 적응해야 하고 변해야 한다. 캐스린 에딘은 《내가 지킬 수 있는 약속》의 후속작으로 2013년 싱글 아빠들에 관한 책 《할 수 있는 한 최선을Doing the Best I Can》을 티머시 넬슨Timohty Nelson과 함께 썼다. 에딘은 도심 지역에서 경제적으로는 어렵지만 전 세대 부재한 아버지들보다는 더 열심히 자녀들과 유대감을 쌓고 책임감을 발휘하는 남성들을 인터뷰 했다. 인간은 먼저 행동을 바꾸고 이렇게 바뀐 새 양식에 적응하기 위해 또 변한다. 우리는 이제 주변을 단순하게 보거나 지금 존재하는 것들이 늘 어떻게 되리라 말할 수 없다.

하지만 현재를 살아가는 여성과 남성과 어린이들에게는 오늘날의 환경에서 '우려스러운 문제'들이 심각한, 매우 심각한 수준이며 조사 결과도 그 점을 뒷받침해 준다. 브루킹스 연구소의 사회과학자들은 2014년, 결혼한 엄마 밑에서 자란 자녀들이 싱글 부모 밑에서 자란 자녀들보다 훨씬 더 경제적으로 안정적인 생활을 한다고 발표했다.[27]

볼링 그린 주립 대학교의 사회과학자 수전 브라운은 모든 아동의 대략 절반이 인생의 특정 시기에는 결혼한 부모로 이루어진 가정 말고 다른 양식 속에서 살게 될 것이라 예측했다. 브라운은 여러 연구 결과를 제시한다. "결혼한 두 명의 생물학적 부모와 사는 아이들이 교육적·사회적·인지적·행동적 결과에서 다른 아이들보다 평균적으로 더 나은 경험을 한다." 그러나 기본적으로 저소득 지역에서 싱글 부모들이 많이 살기 때문에 과연 이들 중 얼마나 많은 아이들이 결혼한 부모의 부재로 영향을 받았으며 또 빈곤의 영향을 받았는지 분리해서 말하기는 어렵다. 브라운에 따르면 "한 명의 부모(보통은 엄마)는 부모로서의 부담을 의논하고 협동할 파트너가 없고, 스트레스 요인을 자제하지 못한 채 표출하며, 자녀들과 보낼 시간도 부족하다. 물론 이런 문제들은 사회경제적으로 혜택받지 못하면서 더욱 심화된다."[28]

브라운이 지적했듯이 결혼 자체나 생물학적 부모 자체로만 각각 다른 가족 구조 속 아이들의 각각 다른 결과를 설명하기는 힘들다. "미래에 이루어져야 할 연구의 목표는 보다 미묘한 점까지 포함되는 이론을 발전시키고 더 풍부한 데이터를 통해 이러한 차별

점을 유발하는 메커니즘을 감식해 내는 것이다." 새로운 가족 구조, 여성과 남성의 새로운 역할을 수용하고, 이런 새로운 역할들이 기존의 이성간 결혼을 표준으로 보는 사회 정책에 어떻게 지지 혹은 방해를 받을지 연구하는 데 따라서 그런 이론과 데이터는 부분적으로 영향을 받을 것이다. 우리는 지금 새로운 세상에 살고 있고 이 세상을 모든 종류의 개인, 커플, 어린이가 더 인간답게 살아갈 세상으로 만들기 위해 노력해야 한다.

작가 겸 논객인 케이티 로이프는 말하기를, 20대 후반에 자신을 비롯해 영원히 싱글일 것만 같던 친구들은 가벼운 섹스와 직업적 야망을 즐기면서도 제인 오스틴 식의 혼인 결말을 공공연히 마음에 품고 있었다고 한다. 이제 40대 초반이 된 그녀는 결혼하지 않았고 아버지가 다른 두 아이를 키우고 있다.

로이프는 싱글맘의 삶에 관해 정기적으로 매우 솔직하게 쓰고 있다. 《뉴욕 타임스》에 기고한 글에서는 경제적 능력이 있고 교육적으로 혜택 받은 자신이 "전형적인 싱글맘은 아니지만, 사실 전형적인 엄마가 없는 것처럼 이제 전형적인 싱글 엄마도 없다"고 말했다. 싱글맘을 한 가지 종류로만, 즉 이상하게 보려는 그 시선이 "좀 더 이성적이고 열린 마음으로 다른 종류의 가족들이 지닌 다양함과 풍부함을 이해하는 데 방해가 된다"고 주장했다.[29]

로이프는 사라 맥라나한Sara McLanahan의 〈취약 가정 연구〉를 언급한다. 이 연구에서는 싱글맘 생활의 가장 큰 위험은 빈곤에서 나오고 그보다는 덜하지만 연애 상대가 계속 바뀌는 것도 문제가 될 수 있다고 했다. (아마 빈곤 때문에도 위험이 가중되고, 그 연애 상대가 우울증을 겪거나 실업 상태이거나 가족을 괴롭히거나 가족의 재정을 어렵게 하는 등 더 큰 위험을 가져올 수도 있다.) 그러나 그저 아이를 가졌다는 것이나 결혼을 하지 않은 것 자체가 문제를 만들지는 않는다. 실제로 로이프는 〈취약 가정 연구〉를 통해 이런 결론을 도출했다. "재정적으로는 안정되어 있지만 스트레스와 갈등이 있는 두 부모 가정이 재정적으로 안정되어 있고 스트레스와 갈등도 없는 한부모 가정보다 아이에게 더 악영향을 미친다."

로이프는 말한다. "우리는 모든 대화를 도덕적으로 만들려다가 자칫 잊어버리는 것이 있다. 이 세상의 가정 형태는 너무나 다양하고, 그 안에는 점수를 매길 수 없는 다양한 요소들이 있으며 어떤 가족 구조도 행복을 보장하거나 불행을 확신할 수 없다."[30]

미래의 개척자

체외수정처럼 난자 냉동도 싱글 여성들을 위해 발명된 것은 아니다. 이는 1990년대 초반에 이탈리아 의사들이 발전시킨 기술로, 수정란 동결 보존을 반대하는 로마 가톨릭의 원칙을 피하기 위해서였다.[31]

2012년까지만 해도 미국 생식 의학회에서 '실험적'인 것으로 여겨졌으나 2012년 이 학회는 수차례 실험을 거친 결과, 체외수정 시 일반 난자를 사용할 때와 냉동 난자를 사용할 때의 차이가 없다는 사실을 발표했다.

난자 냉동 초기 방식은 그리 성공률이 높지 않았으나 유리화 동결법vitrification이라는 급속 냉동 방식이 도입되면서, 냉동할 때 생기는 얼음 결정이 염색체에 손상을 입히는 일이 적어지고 성공률이 40퍼센트까지 높아졌다.[32] 미국 생식 의학회는 아직 이 시술을 '생식 시기를 늦추는 방식'으로 정식 도입하지는 않았지만 비혼 여성과 만혼 여성 집중도가 높은 지역에서는 전국적으로 클리닉이 번성하고 있다.

배아와 달리 난자 냉동은 이론상으로는 여성이 난자와 결합할 정자를 제공할 남자를 고르거나 만나기 전까지 난자를 보관해 준다. 언젠가는 파트너를 만나고 싶지만 그때까지 생식 능력을 잃지 않기를 바라는 싱글 여성들에게 이것은 완벽하고 획기적인 기술이다.

여성의 생식권 통제를 도와주는 대부분의 기술과 마찬가지로 난자 채취와 냉동, 저장을 위해서는 기본 1만 달러에서 2만 달러(1천만 원에서 2천만 원 상당-옮긴이)가 든다. 그 시술에는 호르몬 주사도 포함된다. 난자 냉동 시술의 정확한 효과에 관해서는 아직 데이터가 별로 없다. 《모성, 기한 연장Motherhood, Rescheduled》의 작가 사라 엘리자베스 리처즈Sarah Elizabeth Richards는 난자 냉동을 하는 여성들 대부분이 만약을 위해 대비하는 것이지 실제 적극적으로 이용할 계획은 갖고 있지 않다고 설명했다. 2013년 말에 1만 명 이상의 여성들이 이 시술을 받았지만 실제로 이 난자를 이용하러 다시 온 여성은 1,500명도 채 되지 않았다.[33]

이것이 잠재적으로 여성의 임신 시간을 늘려주는 도구일 수는 있지만, 일단 가임 시기를 놓친 다음에는 거의 실행하지 않는 방법이기도 하다. 38세 이상의 여성들은 난자 질이 이미 떨어진 상태라 냉동시키는 게 낭비라는 조언을 종종 듣기도 한다.[34]

다시 말해, 여성들이 실제 가임 시기를 늦출 적절한 방법으로 난자 냉동을 이용할 수 있으려면 그 시술 비용이 낮아져야 하고 가임기가 거의 끝날 때가 아니라 가임기 중간에 선택지가 되어야 한다. 하지만 당장 쓸 돈도 부족하고 이런 데 돈 쓸 생각도 못 하는 젊은 여성들에게는 쉽지 않은 일이다. 그들은 당연히 그전에 누군가가 나타나서 전통적인 방식으로 아이를 갖게 될 거라 믿는다. 대부분의 여성들에게 아이의 존재는 애인이나 남편의 존재와 여전히 연결되어 있다. 그래서 이 두 가지가 예상대로 같은 시간대에 존재하지 않을 수도 있다는 사실을 자연스럽게 깨닫기까지는 이 두 가지를 떼놓고 생각하지 못한다.

하지만 난자 냉동 기술은 점점 향상되어 성공률도 높아지고 있고, 몇몇 의사들이 (더불어 42세에 처음 결혼해 본인 아이를 갖지 않았던 ABC 앵커 다이안 소여 같은 보스들이) 여성들에게 좀더 일찍 난자 냉동을 고려해 보라고 조언한다. 뉴욕 대학교 클리닉의 냉동 난자 전문가이며 소여가 추천했던 의사 니콜 노이스Nicole Noyes는 《뉴스위크》에서 자신의 환자들 중 4분의 3이 아직 아이 가질 준비가 되지 않았지만 그들 부모가 보내서 온 경우라고 말했다. 아이가 없는 40대 여성도 같은 매체에 이렇게 말했다. "나는 다이안이 대단히 훌륭한 일을 하고 있다고 생각하며 꽃다발이라도 보내고 싶습니다." 2014년 실리콘 밸리의 회사인 애플과 페이스북 등이 회사의 복리 후생 제도 중 하나로 직원들의 난자 냉동 비용을 지급하겠다고 발표했다.

사라 리처즈는 난자 냉동을 하는 여성들 나이가 "서서히 낮아지고 있다"고 2013년 《월스트리트 저널》에 발표했다. 240명의 여성을 대상으로 조사한 결과 뉴욕에서 2005년에서 2011년 사이에 불임 기관에서 불임이나 임신 관련 상담을 받은 여성의 평균 나이는 39세에서 37세로 내려갔다. 리처즈는 이렇게 썼다. "여러 의사들이 35세 이하의 여성들도 드문드문 오는 편이라고 말한다. 이 나이는 여성의 생식력이 조금씩 내려가는 터닝 포인트이자 의료 차트에 '고령 산모'라는 라벨이 붙는 나이다."[35]

이런 현상을 통해 미래를 앞당겨 볼 수 있다. 모든 사람이 막대한 돈을 들여 난자를 냉동하지는 않을 것이다. 하지만 아기 갖기와 파트너 관계를 절대 분리할 수 없었던 우리의 태도는 드디어 변하기 시작했다. 미래의 여성들은 '째깍째깍, 시간이 가고 있어. 아기 갖는 거 잊지 마'라는 휴렛의 경고를 일정 부분 받아들이면서도 점점 더 독립적으로 변하는 젊은 성인의 삶에 그것을 맞춰갈 것이다. 미래에는 아이에 관한 선택과 짝에 대한 선택을 구분하기가 더 쉬워질 것이다.

리처즈는 난자 냉동에 관한 책을 쓰면서 미리 난자 냉동하기를 비판하는 사람들이 "생물학적 데드라인이 있어야 사람들은 인생의 목표를 갖게 된다"고 주장한다는 것을 알게 되었다. 데드라인 같은 것이 없으면 여성은 굳이 애인을 찾으려 하지 않으며 애인의 장점도 사라진다는 것이다. 하지만 리처즈가 인터뷰 한 여자들은 그렇게 생각하지 않았다. 그녀의 글에 따르면 "냉동 난자를 남자가 아닌 DVD와 데이트 할 핑계로 사용하지 않았다. 사실 그들은 냉동 난자를 보존해 놓고 나니 자신의 인생을 통제하는 기분이 들어 더 적극적으로 동기 부여가 된다고 했다. 그들은 마음이 편안해졌다. 그리고 데이트를 했고 결혼했고 아이를 가졌다."

이야기는 계속된다

2013년 내 친구 사라는 서른아홉 살이 되었다. 보스턴에서 돌아와 계속해서 여러 가지 일을 했고 마음에 쏙 드는 아파트를 발견했고 인맥을 계속 넓혀가면서 생활이 확장되었다. 그녀는 (나와 함께) 아프리카 출장 여행을 갔고, 아이슬란드와 쿠바를 갔고, 친한 싱글 친구의 40세 생일을 축하하기 위해 코스타리카에서 일주일 동안 서핑 캠프에 가기도 했다.

사라는 뉴욕으로 돌아온 후 8년 동안 애인이 있기도 하고 없기도 했다. 가볍게 만난 사람도 있고 오래 사귄 이도 있었다. 40세가 되어갈 무렵 예전 애인들 중 몇 명을 아쉬워하면서도 혼자라서 평온했다. 계속해서 사람들을 만났고 자신이 만들어온 충만하고 만족스러운 생활을 이어갔다.

39세 생일이 지나고 두 달 후에 우리는 같이 저녁을 먹고 집으로 가는 길이었다. 그녀는 난자 냉동 문제를 상담하기 위해 의사에게 가볼 생각이라고 말했다. 나는 깜짝 놀랐다. 이전에도 아이 이야기를 한 적이 있지만 혼자 낳고 싶지는 않다고 말했었기 때문이다. 그녀는 사랑을 포기하지 않는 사람이었고 함께할 파트너가 생기기까지 기다리겠다고 결심하는 쪽이었다.

일주일 후 사라는 병원 바로 앞에서 전화를 했다. 산부인과 의사와 상담했더니 아주 좋은 후보자라고 말했다는 것이다. 당장 시작하겠다고 했다. 목소리가 한 옥타브 올라가 있었다. 그렇게 흥분한 목소리는 처음 듣는 것 같았다.

"들어가자마자 의사에게 이야기했어. 나는 확신한다고. 바로 하고 싶다고." 목소리가 한껏 고무되어 있었다. "무슨 기분이냐면 내 힘으로 내 인생을 만들 수 있다는 생각이 들어."

의사가 시간표를 설명해 주며 몇 달 후에 시작하는 것이 좋겠다고 제안했지만 사라는 그 과정이 월경부터 시작되는데 자신은 바로 그날 아침에 월경을 했기 때문에 바로 시작하겠다고 고집했다. 다음날 그녀는 혼자 호르몬 주사를 놓았다.

사라의 시술은 매끄럽게 진행되었다. 난자 배출을 충분히 많이 했고, 의사는 그 난자들이 건강하다며 높은 등급을 매겼다. 물론 몸은 힘들었다. 호르몬제, 배출 주사, 추출, 자궁 붓기 등등으로 가끔은 끔찍하게 아프고 피곤했다. 그 과정이 모두 끝났을 때는 약간 우울해졌다. 호르몬 때문에 기분이 널뛰기했고 실제로 임신이 결정되지도 않았는데 아기를 만들 때와 같은 감정을 느꼈다. 어쨌든 난자는 무사히 냉동되었다. 그녀는 미래를 위해 무언가 했고 그것이 옳다고 느꼈다.

11월 초반 사라는 저녁을 먹고 나서 지금 가볍게 만나는 남자와 감정이 뜨뜻미지근하다고 말했다. 어쩌면 예전 남자친구를 잊지 못해서일지도 모른다고 했다. 그녀는 잠시 말을 멈추더니 내 얼굴을 보며 말했다. "아니면 내가 누구인지 이제 알아낸 것 같기도 해. 난 혼자 살아야 할 사람인가 봐."

난자 냉동 후에 혼자서도 충분하다는 기분을 조금 더 받아들였다고 했다. 그녀는 독립적으로 행동할 때가 최고였고 가장 그녀다웠다. "어쩌면 나는 이렇게 혼자 살도록 생겨먹었는지도 몰라. 그게 정말 나를 행복하게 하는지도."

열흘 후에 그녀는 내게 전화해서는 놀랄지도 모르니 잠깐 어디에 앉으라고 했다.

"나 결혼했어."

가볍게 만나던 그 남자와? 깜짝 놀란 내가 물었다. 아니, 전 남자친구. 사라가 오랫동안 잊지 못하고 그리워했던 남자였다. 그들의 이야기는 정말 복잡하지만 간단하게 정리하면 이렇다. 그가 먼저 연락을 해왔고 그녀와 평생을 보내고 싶다고 말했다. 그는 냉동 난자에 대해 알고 있었다. 그도 아이를 갖고 싶었다. 그는 그녀를 사랑하고 그녀 없이 살고 싶지 않다고 했다. 그들은 4일 후에, 그날 오후에 산 드레스를 입고 시청에서 결혼식을 올렸다.

그녀는 정말이지 행복해했다.

결혼하고 몇 주 후에 사라와 남편은 같이 사는 생활에 약간의 불편함을 느꼈고 두 사람이 각자의 집을 유지하는 방법을 고려 중이라고 말했다. 물론 둘 다 그 생각을 했지만, 사라는 약간 받아들이기가 쉽지 않았는데 그해 여름에 사라 부모님의 결혼 50주년 기념일이 있었고 그녀에게 여전히 '결혼'이란 그런 것이라는 생각이 있었기 때문이다.

"그냥 우리 둘 다 혼자 살아야 가장 편안한 사람들인가 봐." 그녀가 내게 설명했다. "오랫동안 나 혼자 살았잖아. 마지막으로 룸메이트와 살았던 것도 11년 전이야. 어쩌면 내가 이 방식을 정말 좋아하나 봐. 브라이언을 무척 사랑하고 생을 함께하고 싶지만 말이야. 그래도 내가 언제나 생각해 온 결혼과는 너무 다른 것 같아서 아직은 소화가 잘 안 돼."

사라는 앞으로 어떤 일이 생길지 확신하지 못했다. 그들이 같이 살지, 같이 아이를 가질지, 계속 함께할지 아니면 그러다가 끝낼지 알 수 없었다. 한 가지는 확신했다. "그런 식으로 빠르게 후딱 팡파르도 없이 결혼식을 해치워 버린 건 내가 한 일 중에 가장 자유로운 일이었어. 난자 냉동 다음으로."

그렇겠지. 내가 대답했다. 어쩌면 그 결혼은 그 커플의 변덕스러운 역학을 가장 잘 반영한 것일 테니까. "그렇겠지." 그녀가 대답했다. "아니면 나를 가장 잘 반영한 건지도 몰라. 내가 원하는 것과 내가 원하지 않는 것이 뭔지를 보여준 거 아닐까."

사라는 자신의 결혼이 한 가지 행복만을 바라보며 자기 인생을 어딘가에 단단히 고정시키는 그런 종류는 아니라는 걸 나에게 확실히 말하고 싶어 했다. 사라는 마흔 살, 인생의 한복판에 와 있었다. "우리 부모님 세대와 우리는 많이 다르잖아." 그녀는 이 인생이 앞으로 어떻게 흘러갈지 전혀 예측할 수 없었다.

"친구. 이거 하나만 약속해 줄래? 이 결혼이 내 이야기의 끝인 것처럼 만들지만 말아줘. 알았지?" 그녀가 내게 간곡히 부탁했다.

결론

21세기 초반 대선 기간에 민주당과 공화당 양측 모두 비혼 여성 유권자들에게 비상한 관심을 보였다. 그들이 선거에 막강한 힘을 행사할 수 있다는 사실을 그제야 파악했기 때문이다.

2012년 버락 오바마 선거 본부는 줄리아라는 캐릭터를 주인공으로 하여 색다른 캠페인을 벌였다. 줄리아가 태어나 대학을 졸업하고 직업을 갖고 아이를 낳고 부분적으로 정부 지원 프로그램의 도움을 받는 과정이 일러스트 동영상으로 만들어졌다. 줄리아 인생의 굵직한 사건들을 다루었지만 여기에 결혼은 따로 들어가지 않았다. 보수주의자들은 뒷목을 잡았다. 《워싱턴 포스트》의 한 논평가는 줄리아가 "정부 용돈에 의지하는 메리 타일러 무어"라고 말했다. 그러고는 과거에는 싱글 부모가 되는 것이 수치스러운 일이었는데 이제는 싱글맘들이 "새롭고 자랑스러운 미국인 인구 집단"에 들어간다고 한탄했다. 혼자 사는 여성에게 정부 혜택을 주는 미국은 측은한 남편 국가hubby state라고도 했다.

점점 힘이 커지고 숫자가 많아지는 비혼 여성들이 정부로부터 얻어내고자 하는 것이 남편이라는 발상에는 다분히 문제의 소지가 있다. 이는 여성이 결혼 생활에서 배우자에게 기대하는 관계의 장점을 축소한다. 또한 여성은 본질적으로 누구에겐가 의지하는 존재이기에 남편이 아닐지라도 당선된 정치인이나 공공 정책의 도움을 받아야만 살 수 있다는 뜻을 내포한다.

하지만 여기에 포함된 잘못된 의미는 차치하더라도 비판자건 찬성자건 싱글 여성이 정부와의 결합을 시도하고 있다는 사실은 올바르게 이해하고 있다. 자신들의 야망, 선택, 독립성을 위해 더 나은 정책과 정부의 지원을 바라는 것, 싱글 여성들이 자신을 시민으로, 완전한 시민으로 주장하는 것은 그동안 미국의 남성들이 수 세대 동안 해온 일이다.

싱글 여성들이 '남편 국가'를 만들어달라고 정부에 요구하고 있는 게 사실이라면, 남성들은 이제까지 '아내 국가'라는 열매를 향유해 왔다는 것 또한 진실이다. 이 국가와 정부는 남성들의 독립성을 다양한 방식으로 지원해 주었다. 남성들, 특히 기혼의 중산층 이상 백인 남성들은 오래전부터 정부 보조에 의지해 왔다. 지난 역사의 일부만 돌아보아도 알 수 있듯이 정부는 백인 남성들에게 집을 주고 사업 자금을 주고 보조금을 주고 대출을 해주고 인센티브를 주고 세금 감면을 해주면서 사업가의 길을 열어주었다. 이 정책들로 인해 남성들은 재산을 증식했고 지름길을 찾고 보너스를 받아 자녀들에게 자산을 물려줄 수 있었다.

정부는 이 국가가 설립될 때부터 백인 남성에게 참정권을 보장해 주었기에 그들은 이 정부에 압력을 행사했고 그때부터 지금까지 자신의 선거권을 지켜오고 있다. 또한 남성들은 참정권이라는 힘으로 여성의 경제적 전망을 억압하면서 자신들의 경제적·직업적 전망을 강화했다. 여성을 경제적으로 보호해 주기를 거부하면서 여성이 어쩔 수 없이 남자들에게 의지할 수밖에 없는 환경을 조성하고 노동력에 성별 격차를 만들어 여성에게는 저임금이나 무임금으로 가사노동과 돌봄 노동을 맡기고 자신들은 공공 영역을 지배했다.

하지만 그런 의존적 환경에서 벗어나 독자적으로 사는 여성 인구가 급증했고 이들은 이제 정부를 향해 새로운 압력을 행사하고 있다. 혼자 사는 여성에게 더 호의적인 환경을 만들라고 요구한다. 이제 미국 시민 안에는 경제적·직업적·성적·사회적으로 더 해방된 삶을 달라고 요구하는 다수의 여성이 포함되어 있다.

우리가 바꾸어야 하는 것은 개인의 자유와 인생행로에 관한 고정관념만이 아니다. 수세기 동안 남성을 지원했던 것처럼 여성을 중시하고 인정하고 지원할 수 있도록 사회적·경제적 구조를 바꾸어야 한다.

이전 세대의 여성들이 낙태, 참정권, 금주, 노동 분야에서 사회진보를 추구하는 데 시간과 에너지를 들였다면 오늘날 싱글 여성들은 더욱 다양한 분야에서 압박을 가하고 있다. 과거 여성들의 존재 자체가 우리를 밀어붙여 근본적 정책들을 변화시키고, 독신 여성들을 살기 힘들게 했던 문화와 사회적 기대치를 바꾸게 한다. 싱글 여성들은 그들의 자유로운 생활을 뒷받침해 줄 새로운 보호 정책을 요구한다. 그런 정책은 남성 동료들이 오랫동안 누려온 것과 동등한 기회를 누리게 해줄 것이다.

물론 결혼 모델을 유일한 모델로 유지시키려는 정책들은 놀라울 정도로 다양하고 꼼꼼하다. 보육 정책 부족에서부터 낮에 끝나버리는 학교 수업(모두가 일하는데 결국 누가 아이를 보게 될까? 일하지 않는 부모나 다른 누군가에게 맡긴다면 그 돈은 누가 낼까?), 빈곤 여성이 낙태를 할 때 정부가 절대 지원해 주지 않는 하이드 헌법 수정 조항 같은 것들이 여성이 자신의 가족, 직업, 자기 몸에 대한 통제권을 발휘하지 못하게 만든다.

아니타 힐이 2013년에 내게 말한 것처럼 정치가들과 사회가 급증하는 싱글 여성을 두려워하는 진짜 이유는 전반적으로 여성이 성적 자유와 직업적 능력이 있다는 사실을 인정하게 되면 우리는 힐이 말한 대로 "여성의 경력을 다르게 생각할 수밖에 없고, 여성의 노동 시간과 노동 일수를 다르게 생각할 수밖에 없고 경제적 함의를 다시 고려하고 완전한 성인으로서 여성의 문화적·정치적 함의를 수정할 수밖에 없기 때문"이다.

"싱글맘은 괴물이 아닙니다." 힐은 이렇게 말했다 "진짜 문제는 아이를 키우고자 하는 여성들에게 지원이 없는 것이죠. 두려워하는 이유는 여성이 홀로 아이를 키울 수도 있다는 사실을 인정하면 정치적으로 다른 판단을 내려야 하기 때문이죠. … 앞으로 경제적·문화적·정치적 함의가 계속 변할 테고 우리도 변화를 같이 의논해야 합니다."

싱글 여성들은 그들을 위해 세워지지 않은 세계에서 자신이 설자리를 만들어가고 있다. 우리는 새로운 범주의 시민들로 이루어진 새로운 공화국이다. 우리가 번영하려면 자유로운 여성들을 위해 더 많은 공간을 만들어야 하고, 결혼하지 않은 여자는 중요하지 않다는 가정 하에서 만들어진 경제적·사회적 제도를 수정해야 한다.

우리 앞으로 다가온 싱글 여성들의 시대를 눈 크게 뜨고 호기심을 가진 채 맞아들여야 할 때다. 그렇게 될 때 우리는 수전 B. 앤서니가 상상했던 진보의 길로 떠날 수 있다. 여성을 독립적이고 동등한 독립체로 여길 때 비로소 우리 가족, 우리 제도, 우리의 사회적 계약은 더 강해질 것이다.

우리 할머니들, 우리 증조할머니들, 그 시대의 결혼하지 않았던 동지들이 지금 우리가 사는 이 급진적 미래를 꿈꾸었다면, 그들이 이룬 성과와 무너뜨린 벽을 우리 시각에서 기리는 것은 우리의 의무다. 그 어느 때보다 자유롭게 살아가는 다양한 여성들이 세상을 다시 건설해야 할 때다.

점점 더 많이 쏟아져 나오는 비혼 여성들이 세상의 중심 무대로 나설 때 반드시 재고하고 재정립해야 할 정책과 태도들을 여기에서 살펴본다.

◆ 더 강력한 동일 임금 보호. 이것이 아마도 독립적인 여성들이 경제적인 면에서 요구하는 핵심 사항일 것이다. 그들 노동의 대가가 깎이지 않도록 보장하는 것. 특히 여성이 한 집안의 가장이 아니라는 생각, 또는 그들의 젠더를 이유로 남편의 경제력에 의지하고 있으리라는 가정에서 그런 일이 벌어져서는 안 된다.

◆ 최저 임금 인상. 이는 여성과 남성 모두에게 이익이 돌아가는 정책이지만 특히 여성에게 큰 도움이 된다. 최저 임금을 받는 노동자의 3분의 2가 여성이기 때문이다. 최저 임금 인상은 미국에서 가장 빈곤하고 가장 임금이 적은 노동자들의 짐을 덜어주고 혼자 사는 여성의 삶을 더 개선하며 미래에 그들이 만나게 될 파트너, 친구, 그들이 같이 사는 가족을 위해, 때로는 아이를 키우는 데도 큰 도움이 된다.

◆ 계층에 상관없이 모든 여성의 생식 시스템을 진단하고 진료할 수 있는 의료 제도를 마련해야 한다. 생식권을 뒷받침해 줄 수 있는 의료 제도가 갖추어져야 한다. 홀로 아이를 갖고자 하거나 더 나이 들 때까지 기다리는 여성, 파트너를 만나기 위해 기다리거나 돈을 저축하거나 성인기의 첫 10년 동안 부모 되기 말고 다른 일을 하기 위해 기다리는 여성들이 혼인 여부나 수입에 상관없이 부모가 될 때 최고의 의료 지원을 받을 수 있어야 한다.

◆ 보험 회사들이 체외수정을 포함한 보조 생식술에 드는 비용을 부담해 준다면 보조 생식에 수반되는 복잡한 의료 절차가 생략될 것이다. 배아를 이식하는 (위험한) 선택을 하는 여성들에게 높은 비용이 결정을 방해하는 요소가 되지 않도록 해야 한다.

◆ 싱글들에게 더 많은 주택을 공급해야 한다. 보다 실용적이고 환경 친화적인 소형 주택을 선택한 싱글들에게 임대 보조금 (그리고 세금 감면) 등의 혜택을 주어야 한다. 또한 정부는 인척 관계가 아닌 성인들의 법적인 동거를 인정해 주어야 한다. 파트너 없는 미국인들에게 공동생활은 점점 더 흔한 선택이 될 것이기 때문이다.

◆ 정부가 부분적으로 혹은 완전히 보조하는 보육 프로그램을 제공해야 한다. 그렇게 되면 더 다양한 구조의 가족들이 질 높은 일상생활을 누리고 급여가 더 높은 보육 일자리가 생길 것이다.

◆ 정부는 출산한 여성, 그리고 남성에게도 유급 출산 휴가를 주어야 한다. 나이 든 부모나 아픈 가족들을 돌보기 위해 휴가를 낼 때도 유급 휴가가 필요하다. 이런 정책은 모든 종류의 가족들을 지원하며, 모든 예비 부모에게 강제적으로 적용한다면 육아를 담당하는 전업 남편에 대한 편견이 사라질 것이며 파트너가 있건 싱글이건 남녀간에 더 동등한 가사 분담이 이루어질 것이다.

◆ 젠더, 환경, 직업에 상관없이 유급 병가를 낼 수 있어야 한다. 독립적으로 사는 여성들 혹은 가족과 같이 사는 여성도 일자리를 잃을 걱정 없이 본인이나 가족들을 위해서 병가를 쓸 수 있어야 한다.

◆ 모든 국민에게 복지 혜택을 줄이는 것이 아니라 서서히 늘려야 한다. 정부의 보조는 언제나 시민들의 생활, 자유, 행복 추구에 가장 중요한 요소였음을 인정해야 한다. 경제적 기반이 더 든든해지면 더 많은 가족이 구성될 수 있고 혼인율도 높일 수 있다.

◆ 자녀의 유무, 돌보아야 할 노부모의 유무에 상관없이 모든 국민이 자신을 돌볼 수 있도록 경제적 지원이 있는 휴가 제도가 마련되어야 한다. 전통적 가정을 갖고 있지 않은 사람도 일을 잠깐 그만두고 감정적·육체적·정신적 여유를 누릴 수 있어야 한다.

◆ 생식의 자유를 보장하고 피임과 성교육을 늘려야 한다. 그렇게 되면 여성들이 계획하지 않은 임신을 했을 때 경제적으로 의지해야 하는 관계로 뛰어들지 않는다. 빈곤층 여성들이 법적 낙태권을 행사할 때 도움받지 못하게 하는 하이드 헌법 수정 조항을 폐지해야 한다. 모든 계층의 여성들에게 아이를 가질지, 언제 가질지의 문제와 관련해 가능한 한 많은 자율권을 주어야 한다.

◆ 대안 가족 구조를 지원해야 한다. 같이 사는 동성 친구, 혼자 살거나 여럿이 사는 사람들, 파트너와 함께 혹은 따로 양육하는 사람들을 지원해야 한다. 과거의 이성애적 결혼 조합과 전혀 닮지 않은 개인이나 가족 구성을 포함한 새로운 표준에 우리의 시각을 적용시킬 필요가 있다.

◆ 일, 여가, 보상을 바라보는 사람들의 태도에 수정이 필요하다. 이곳은 자유롭게 사는 사람들의 땅이다. 어떤 시기에는 누군가와 같이 살고 도움을 받을 수도 있고 어떤 시기에는 그렇지 않을 수도 있다. 모든 노동자의 집에 공짜로 가사노동을 하고 아이를 키우는 아내가 있거나 모든 아내에게 월급을 받아 오는 남편이 있을 것이란 가정 아래 행동해서는 안 된다. 노동 일수를 줄이고 사회적·감정적·심리적·가족적 발달을 위한 더 많은 공간을 만들어야 한다.

도다이 스튜어트Dodai Stewart 아직 싱글이다. "요즘에는 만남에 대해서 조금 더 편안해지고, 덜 빡빡해졌어요. 기준을 낮추었다기보다 마음을 열었다고 하는 편이 맞겠죠. 작년에는 여행을 많이 다녔고 틴더와 오케이큐피드를 통해 데이트를 하기도 했어요. 최근 한 남자를 만나고 있는데 나보다 (상당히 많이) 나이가 어리고, 굉장히 재미있는 시간을 보내고 있습니다. 대체로 나는 내가 자유로울 때 가장 행복하다고 느끼는 것 같습니다. 최근에 이혼한 친구들, 이혼 과정 중인 친구들, 결혼 생활이 별로 행복하지 않아 이혼을 생각 중인 친구들과도 대화를 나누었고, 그들 눈으로 나 자신을 보기도 했습니다. 이렇게 이기적으로, 나 하고 싶은 대로 하는 것이 얼마나 호사스러운 일인가 생각하게 되더군요. 평화로운 고독의 시간 (아무에게도 방해받지 않는 독서/넷플릭스 타임)에서 나오는 선Zen 스타일의 기쁨이 좋네요. 나는 사랑을 하고 싶지만 이미 나 자신을 사랑하고 받아들이는 면에서 새로운 단계로 올라섰습니다. 요즘 잘 지내고 있습니다."

키티 커티스Kitty Curtis 뉴저지에서 플로리다로 이주해 헤어스타일리스트로 일하고 있다. 싱글로 남아 새 동네에서 친구들을 사귀고 있고 아주 행복하게 지낸다.

앤 프리드먼Ann Friedman 여전히 로스앤젤레스에 산다. 얼마 전 영국인 남자친구가 로스앤젤레스로 와 같이 살게 되었다. 2015년 아미나와 함께 친구 간의 장거리 우정을 주제로 한 팟캐스트 '친구에게 전화해Call Your Girlfriend'를 시작했다.

아미나투 소우Aminatou Sow 캘리포니아 북부에 산다. 친구 앤과 '친구에게 전화해' 팟캐스트를 만들었다. 현재 싱글이다.

아다 리Ada Li 중국에 돌아갔던 아버지가 아내 없이 혼자 중국에서 살고 싶지 않다고 미국으로 돌아오기로 통보했다. 하지만 상황이 이전과는 다르다. 두 가지 일을 즐겁게 하면서 돈을 벌고 있는 아다의 어머니 마음이 달라졌기 때문이다. "아버지에게 오지 말라고 말하라고 하네요. 지금 모두가 여기서 더 행복하게 지내고 있다고요. 엄마가 아주 독립적으로 살고 있어요." 아다 남편의 딸도 결혼하지 않았고 대학원을 다니기 시작했다. 남자친구가 있는데 아다의 마음에 든다고 한다.

퍼트리샤 윌리엄스Patricia Williams 60대 초반에 몇십 년 만에 다시 연락된 남자와 사귀기 시작했다고 한다. "우리는 20대 때 좋은 친구였는데 그동안 연락이 끊겼죠. 내 인생 대부분의 시간을 의지적으로 혼자 살아왔기에 이렇게 누군가와 친밀한 관계를 맺으며 매일 타협하는 생활이 낯설기도 하고 신기하고 재미있기도 합니다. 사실 우리가 원래 친구였다는 점이 도움이 되는 듯해요. 우리도 나이가 나이인 만큼 조금 더 안정되고 조용한 결합을 유지할 수 있죠. 아마 20대였다면 지금처럼 쉽게 사랑하지 못했을 것 같습니다. 기다린 값어치가 있어요."

케이틀린 지간Caitlin Geaghan 항공기 조종사 강습을 받다가 강사와 사랑에 빠져 약혼했다. "이보다 더 행복할 수는 없을 것 같아요. 내 인생의 다른 누구보다도 나를 지지해 줘요." 케이틀린은 직장에서도 성과를 거두고 있으며 최근에 시니어 프로젝트 매니저로 승진했다. 여전히 여행은 자주 한다. 최근에도 아일랜드, 캘리포니아, 유타를 여행했다. "굉장한 변화인 것 같아요." 그녀가 젊은 시절 결혼을 거절했을 때와는 매우 다른 삶이다. "나는 그저 내가 생각했던 것보다 이른 시기에 나와 맞는 사람을 우연히 만났어요." 케이틀린은 그래도 너무 빨리 결혼하는 것에는 위험이 따른다고 생각한다. "그것이 항상 나쁘다는 말은 아니에요. 다만 역사적으로 여성에게만 지워진 사회적 압박이 있을 때에는 어떤 나이이건 결혼을 해서 행복하기란 어려울 거라고 느낄 뿐이죠."

엘리엇 홀트Elliott Holt 파리에 거주하고 있다. 그녀가 인터뷰 했을 당시에는 싱글로 지내는 것을 어떻게 느꼈는지 기억하고는 깜짝 놀랐다. "인터뷰 한 지가 벌써 몇 년 전이잖아요. 그때 오래 사귄 남자친구와 끝내고 실연의 아픔을 극복하고 있었어요. 커플이었을 때의 생활에 미련이 있었던 것 같아요. 물론 지금도 파트너를 바라고 평생 함께할 사람을 찾고 있지만 고독한 이 생활을 무척 소중히 여기고 있습니다. 내가 결혼하지 않아서 너무 기쁘고, 지금은 누구와도 같이 살고 싶은 생각이 없네요. 사실 데이트도 부담스러워요. 내 소중한 시간을, 모르는 사람과 데이트 하면서 쓰고 싶지 않아요. 보통은 오래 만나온 사람들과 어울리는 편이죠. 나는 싱글이지만 내 인생에는 많은 사랑이 있어요. (친구들, 내 여동생과 언니, 세 명의 여조카, 남자 조카 한 명) 나는 내가 원하는 대로 사는 것이 좋아요. 혼자서 열심히 살기도 했고, 이 생활을 포기한다는 건 상상이 되지 않네요."

앨리슨 터코스Alison Turkos 싱글이고 브루클린에 살고 있다. 낙태 운동자금 모금도 하고 버몬트에 대한 사랑을 표현하는 글도 쓴다. 부모가 된다거나 결혼하려는 욕망이 없다는 것만큼은 확신하고 있다. 하지만 물어봐 주어서 고맙다고 말했다.

사라 스테드먼Sarah Steadman 결혼했다. "이 책을 인터뷰할 때 만나고 있던 남자와 결혼했어요. 최근에 우리는 샌안토니오로 이사했고 여기서 6학년 아이들에게 사회 과목을 가르칠 거예요. 결혼 생활도 무척 좋고 행복해요."

아만다 네빌Amanda Neville "6개월 동안 어머니가 돌아가셨고, 사랑하던 반려 동물이 무지개다리를 건넜고, 애인과 헤어졌고, 그리고 또 다른 동물이 떠났어요. 몇 달 동안은 매일 밤 니나에게 《공룡의 이혼》이라는 책을 읽어주었고 니나는 몇 주 동안 자기의 동물 인형과 아기 인형들과 함께 장례식을 치러주었죠. 슬픔에 목이 메었지만 그래도 아이를 위해서 정신을 차려야 했어요. 우리는 결국 두 마리의 동물을 입양했고 그 여름에 우리 둘이 할 만한 재미있는 일들을 많이 계획했고, 서서히 우리의 평범한 일상으로 돌아올 수 있었어요. 니나는 무럭무럭 자라고 있고 나는 조금씩 치유받고 있습니다. 아마 앞으로도 우울하고 슬픈 날들이 찾아오겠지만 이겨낼 힘은 있어요. 시간이 약이라는 것도 잘 알고 우리 아이와 반려 동물들과 나 자신에 집중하면서 하루하루 살아봐야죠."

메간 리치Meaghan Ritchie 2015년 봄에 대학을 졸업했다. 초등학교와 중학교에서 교사로 일하면서 경증 장애부터 중증 장애가 있는 아동을 돕는 일도 한다. 이탈리아 피아첸차에서 4주 동안 교사 연수를 받았는데 '내 인생에서 가장 소중했던 경험'이었다고 말한다. "아직 싱글이에요.

서둘러 바꿀 마음도 없어요. 다른 사람과 만나서 행복해지기 전에 혼자서 행복하고 만족해야 된다고 굳게 믿고 있어요. 요즘에 그 어느 때보다 행복하고 하나님이 나를 위해 계획하신 것이 무엇인지 빨리 알고 싶어요. 그래서 지금은 그냥 내 삶을 살고 또 하나님께 영광을 돌리며 살고 싶어요."

카르멘 웡 울리치 Carmen Wong Ulrich 사장이자 공동 소유자였던 재무 회사를 떠나 엔터테인먼트 업계에서 일한다. 인터뷰 할 당시 가졌던 경제적 독립에 대한 생각이 바뀌었다. "독립적으로 살면서 상호 의존의 가능성도 열어놓아야 한다고 생각합니다. 우리는 인간이고 아마도 수명이 길어져 오래 살겠지요. 그것은 곧 우리에게 후퇴의 시간도 있다는 의미이지요. 우리는 여성으로 천하무적은 아닙니다. 도움을 요청하고 받아들이는 것에는 아무 문제가 없습니다."

낸시 자일스 Nancy Giles "두 가지 요건을 갖춘 남자를 찾고 있었어요. 유머 감각이 풍부하고 전화를 바로바로 해주는 남자요." 그녀는 우연치 않게 그런 남자, 아니 그 이상인 남자를 만났고, 두 사람은 '천천히 서로를 알아가는 중'이다.

크리스티나Kristina 현재 한 남자와 진지하게 만나고 있다. 그를 만나자마자 그에게 아이 낳을 계획이 있다고 말했다. 필요하다면 혼자서라도 낳아 키우고 싶다고 했다. 작년에 그녀는 반려 동물 두 마리를 떠나보냈고 자궁 내 피임 장치를 제거했다. 요즘 행복하게 지낸다.

레티샤 마레로 Letisha Marrero 딸 롤라와 버지니아의 작은 아파트에서 살다가 메릴랜드의 넓은 주택으로 이사했고 롤라의 아빠와 같이 산다. 결혼은 생각하지 않지만 같이 살기로 했고 열 살 딸아이를 같이 키우는 중이다. 일과 생활의 조화와 재정 관리를 하는 것이 여전히 쉽지는 않지만 레티샤는 엄마로 사는 경험을 그 무엇과도 바꾸고 싶지 않다.

홀리 클락Holly Clark "자기가 직접 엄마가 되려는 여성들을 존경합니다. 하지만 지금은 내가 자랑스러워하는 직업이 있고, 내가 하는 일의 양에 불만이 없는 남자를 만나고 있어요. 앞으로 같이 살 집을 찾아보기로 했고 결혼이나 자녀 문제도 우리가 그리는 미래 그림에 있어요. 아직 한 가지도 포기할 생각은 없습니다."

수사나 모리스Susana Morris 애틀랜타에서 행복한 싱글로 지낸다.

파멜라Pamela 브롱스 지구 변호사 사무실에서 법률 사무 보조로 일한다. "법대에 지원했고 꼭 합격했으면 좋겠어요." 그녀는 둘째딸을 임신 중이며 같은 파트너와 여전히 같이 살고 있다. 둘은 결혼하지 않았다.

사라Sara 남편과 헤어졌다. 사라가 떠나기로 결정했다. 결혼 생활이 맞지 않아서는 아니었고 그녀가 결혼으로 뛰어들며 기대했던 일들이 이루어지지 않았기 때문이다. 그렇게 성급히 결혼을 했다가 바로 이혼했다는 사실을 괴로워했다. "친구와 살건 남자와 살건 진실한 동반자 관계를 맺고 싶었어. 나의 결혼 생활이 사람들이 생각하는 결혼의 모습과 똑같지는 않더라도 그 안에 진실은 있어야 한다고 생각해. 내 결혼은 진실하지 않았고 그래서 내게는 맞지 않았어."

참고문헌

Addams, Jane. *The Spirit of Youth and the City Streets*. New York: MacMillan, 1909.

Alcott, Louisa May. *An Old-Fashioned Girl*. Seven Treasures Publications: 2009.

Alexander, Michelle. *The New Jim Crow: Mass Incarceration in the Age of Color Blindness*. New York: New Press, 2010.

Bartlett, Elizabeth Ann, ed. *Sarah Grimké: Letters on the Equality of the Sexes and Other Essays*. New Haven: Yale University Press, 1988.

Baxandall, Rosalyn and Linda Gordon, eds. *America's Working Women: A Documentary History, 1600-The Present, Revised and Updated*. New York: W.W. Norton & Company, 1976 & 1995.

Bennett, Judith M. and Amy M. Froide, eds. *Singlewomen in the European Past, 1250– 1800*. Philadelphia: University of Pennsylvania Press, 1999.

Bolick, Kate. *Spinster: Making a Life of One's Own*. New York: Crown, 2015.

Brown, Kathleen M. *Good Wives, Nasty Wenches, and Anxious Patriarchs: Gender, Race and Power in Colonial Virginia*. Chapel Hill and London: The University of North Carolina Press, 1996.

Burnap, George Washington. *The Sphere and Duties of Woman: A Course of Lectures*. Baltimore: John Murphy, 1848.

Chambers-Schiller, Lee Virginia. *Liberty, A Better Husband: Single Women in America: The Generations of 1780–1840*. New Haven and London: Yale University Press, 1984.

Chevigny, Bell Gale. *The Woman and the Myth: Margaret Fuller's Life and Writings*. Revised ed. Boston: Northeastern University Press, 1994.

Clinton, Catherine and Michele Gillespie, eds. *The Devil's Lane: Sex and Race in the Early South*. New York: Oxford University Press, 1997.

Collins, Gail. *America's Women: Four Hundred Years of Dolls, Drudges, Helpmates and Heroines*. Paperback ed. New York: Harper Perennial, 2004/2003.

——. *When Everything Changed: The Amazing Journey of American Women from 1960 to the Present*. New York: Little, Brown and Company, 2009.

Coontz, Stephanie. *Marriage, A History: From Obedience to Intimacy or How Love Conquered Marriage*. New York: Viking, 2005.

——. *A Strange Stirring: The Feminine Mystique and American Women at the Dawn of the 1960s.* New York: Basic Books, 2011.

Cott, Nancy. *Public Vows: A History of Marriage and the Nation.* Cambridge: Harvard University Press, 2000.

———. *The Bonds of Womanhood: "Woman's Sphere" in New England, 1780–1835.* New Haven: Yale University Press, 1977 and 1997.

DePaulo, Bella. *Singled Out: How Singles are Stereotyped, Stigmatized, and Ignored, and Still Live Happily Ever After,* New York: St. Martin's, 2006.

Dubois, Ellen Carol, ed. *Elizabeth Cady Stanton and Susan B. Anthony: Correspondence, Writings, Speeches.* Introduction by Gerda Lerner. New York: Schocken Books, 1981.

Edin, Kathryn and Kefalas, Maria. *Promises I Can Keep: Why Poor Women Put Motherhood Before Marriage.* Paperback ed. Berkeley and Los Angeles: University of California Press, 2011 and 2005.

Ephron, Nora. *Crazy Salad: Some Things About Women.* New York: Alfred A. Knopf, 1975.

Faludi, Susan. *Backlash: The Undeclared War Against American Women.* New York: Crown, 1991.

Firestone, Shulamith. *The Dialectic of Sex: The Case for a Feminist Revolution.* New York: Bantam Books, 1971.

Friedan, Betty. *The Feminine Mystique: Twentieth Anniversary Edition.* New York: Laurel Books, 1983.

Giddings, Paula. *When and Where I Enter: The Impact of Black Women on Race and Sex in America.* New York: Bantam Books, 1984.

Gilbert, Elizabeth. *Committed: A Love Story.* New York: Penguin, 2010.

Glenn, Cheryl. *Rhetoric Retold: Regendering the Tradition from Antiquity Through the Renaissance.* Southern Illinois University: 1997.

Goldman, Emma. *Anarchism and Other Essays.* Second revised ed. New York and London: Mother Earth Publishing, 1911.

Goldstein, Dana. *The Teacher Wars: A History of America's Most Embattled Profession.* New York: Knopf Doubleday, 2014.

Gordon, Ann D. *The Selected Papers of Elizabeth Cady Stanton and Susan B. Anthony, Volume I, In the School of Anti-Slavery,* 1840–1866. New Brunswick: Rutgers University Press, 1997.

Gould, Stephen Jay. *The Mismeasure of Man: The Definitive Refutation to the Argument of the Bell Curve.* New York: W.W. Norton & Company, 1996.

Gunning, Sandra. *Race, Rape, and Lynching: The Red Record of American Literature, 1890–1912.* Oxford and New York: Oxford University Press, 1996.

Guy-Sheftall, Beverly, ed. *Words of Fire: An Anthology of African-American Feminist*

Thought. Afterword by Johnnetta B. Cole. New York: The New Press, 1995.

Hadfield, Andrew, ed. *The Cambridge Companion to Spenser*. United Kingdom: The Press Syndicate of the University of Cambridge: 2001.

Hamilton, Susan, ed. *Criminals, Idiots, Women & Minors*, second ed., Ontario: Broadview Press, 2004.

Hayden, Dolores. *The Grand Domestic Revolution*. Cambridge and London: The MIT Press, 1981.

Henry, Astrid. *Not My Mother's Sister: Generational Conflict and Third-Wave Feminism*. Bloomington: Indiana University Press, 2004.

Hill, Anita Faye and Emma Coleman Jordan, eds. *Race, Gender, and Power in America: The Legacy of the Hill-Thomas Hearings*. New York: Oxford University Press, 1995.

Israel, Betsy. *Bachelor Girl: 100 Years of Breaking the Rule—A Social History of Living Single*. Paperback ed. New York: Harper Perennial, 2003.

Kessler-Harris, Alice. *Out to Work: A History of Wage-Earning Women in the United States*. New York: Oxford University Press, 1982 & 2003.

Klinenberg, Eric. *Going Solo: The Extraordinary Rise and Surprising Appeal of Living Alone*. New York: Penguin, 2012.

Last, Jonathan. *What to Expect When No One's Expecting: America's Coming Demographic Disaster*. New York: Encounter, 2013.

Le Faye, Deirdre, ed. *Jane Austen's Letters, Fourth Edition*. Oxford: Oxford University Press, 2011.

Lovett, Laura. *Conceiving the Future: Pronatalism, Reproduction and the Family in the United States, 1890–1938*. Chapel Hill: University of North Carolina Press, 2007.

Maines, Rachel P. *The Technology of Orgasm: "Hysteria," The Vibrator, and Women's Sexual Satisfaction*. Baltimore: Johns Hopkins University Press, 1999.

May, Elaine Tyler. *Homeward Bound: American Families in the Cold War Era*. New York: Basic Books, 1999.

————. *Barren in the Promised Land: Childless Americans and the Pursuit of Happiness*. Cambridge and London: Harvard University Press, 1995.

Meyerowitz, *Joanne. Women Adrift: Independent Wage Earners in Chicago, 1880–1930*. Chicago: University of Chicago Press, 1988.

Moran, Rachel F. "How Second Wave Feminism Forgot the Single Woman." *Hofstra Law Review*. Volume 33, Issue 1, article 5. 2004.

Morton, Patricia, ed. *Discovering the Women in Slavery: Emancipating Perspectives on the American Past*. Athens: University of Georgia Press, 1996.

Norton, Mary Beth. *Founding Mothers and Fathers: Gendered Power and the Forming of*

American Society. New York: Alfred A. Knopf, 1996.

———. *Liberty's Daughters: The Revolutionary Experience of American Women 1750–1800*. 1996 paperback ed. (Cornell Paperbacks). Ithaca: Cornell Press, 1980.

Peiss, Kathy. *Cheap Amusements: Working Women and Leisure in Turn-of-the-Century New York*. Philadelphia: Temple University Press, 1986.

Randall, Mercedes Moritz. *Improper Bostonian: Emily Greene Balch, Nobel Peace Laureate, 1946*. New York: Twayne Publishers, 1964.

Roiphe, Katie. *Last Night in Paradise: Sex and Morals at the Century's End*. New York: Little, Brown and Company, 1997.

Rosenberg, Rosalind. *Beyond Separate Spheres: Intellectual Roots of Modern Feminism*. New Haven: Yale University Press, 1982.

Rosenthal, Naomi Braun. *Spinster Tales and Womanly Possibilities*. Albany: State University of New York Press, 2002.

Sandler, Lauren. *One and Only: The Freedom of Having an Only Child and the Joy of Being One*. New York: Simon & Schuster, 2013.

Sawhill, Isabel V. *Generation Unbound: Drifting into Sex and Parenthood Without Marriage*. Washington: Brookings Institution Press, 2014.

Smith, Margaret, ed. *The Letters of Charlotte Bronte, Volume Three: 1852–1855*. Oxford and New York: Oxford University Press, 2004.

Smith-Foster, Frances. *Till Death or Distance Do Us Part: Love and Marriage in African America*. New York: Oxford University Press, 2010.

Smith-Rosenberg, Carroll. *Disorderly Conduct: Visions of Gender in Victorian America*. Paperback ed. New York: Oxford University Press, 1986/1985.

Stansell, Christine. *City of Women: Sex and Class in New York City 1789–1860*. Paperback ed. Urbana and New York: University of Illinois Press, 1987/1982.

Sugrue, Thomas J. *Sweet Land of Liberty: The Forgotten Struggle for Civil Rights in the North*. Paperback ed. New York: Random House, 2009.

Traub, Valerie. *The Renaissance of Lesbianism in Early Modern England*. Cambridge: Cambridge University Press, 2002.

Trimberger, Ellen Kay. *The New Single Woman*. Boston: Beacon Press, 2005.

Vapnek, Lara. *Breadwinners: Working Women and Independence, 1865–1920*. University of Illinois, 2009.

Walsh, Joan. *What's the Matter with White People: Finding Our Way in the Next America*. New York: Simon & Schuster, 2012.

Watson, Elwood and Darcy Martin, eds. *There She Is, Miss America: The Politics of Sex, Beauty and Race in America's Most Famous Pageant*. New York: Palgrave MacMillan,

2004.

Willard, Frances and Hannah Whitall Smith. *The Autobiography of an American Woman: Glimpses of Fifty Years*. Evanston: National Women's Christian Temperance Union, 1889.

주석

서문

1. Mather, Mark and Diana Lavery, "In U.S. Proportion Married at Lowest Recorded Levels," *Population Reference Bureau*, 2010 http://www.prb.org/Publications /Articles/2010/usmarriagedecline.aspx.
2. Census Bureau의 Robert B. Bernstein에 따르면 1979년에 평균 초혼 연령은 22.1세까지 올라갔다.
3. Mather and Lavery, "In U.S., Proportion Married at Lowest Recorded Levels," 2010.
4. Cohn, D'vera, Jeffery S. Passel, Wendy Wang and Gretchen Livingston, "Barely Half of U.S. Adults Are Married—A Record Low," Pew Research Center, December 14, 2011, http://www.pewsocialtrends.org/2011/12/14/barely-half-of-u-s-adults -are-married-a-record-low/.
5. Mather and Lavery, "In U.S., Proportion Married at Lowest Recorded Levels," 2010.
6. Betts, Hannah, "Being Single by Choice Is Liberating," *The Telegraph*, March 21, 2013.
7. Roiphe, Katie, *Last Night in Paradise*, via *New York Times* excerpt, 1997, http://www.nytimes.com/books/first/r/roiphe-paradise.html.
8. Gardner, Page, "Equal Pay Day: Unmarried Women Bear the Brunt of the Pay Gap," The Voter Participation Center, August 13, 2015, http://www.voterparticipation.org/equal-pay-day-2015/.
9. Mather, Mark and Beth Jarosz, "Women Making Progress in U.S. But Gaps Remain," Population Reference Bureau, 2014, http://www.prb.org/Publications / Reports /2014/us-inequality-women-progress.aspx.
10. "America's Families and Living Arrangements: 2014: Adults" (Table 1A), United States Census Bureau http://www.census.gov/hhes/families/data/cps2014A.html via Lake Research Partners, "The Power of Unmarried Women," The Voter Participation Center, March 2012.
11. Fry, Richard, "No Reversal in the Decline of Marriage," Pew Research Center, November 20, 2012, http://www.pewsocialtrends.org/2012/11/20/no-reversal-in-decline-of-marriage/#src=prc-newsletter.
12. Anthony, Susan B., "The Homes of Single Women," October, 1877. Anthony의 글

은 *Elizabeth Cady Stanton and Susan B. Anthony: Correspondence, Writings, Speeches* 를 비롯한 여러 문헌에 인용되었음. 이 책에는 Ellen Carol DuBois의 비평과 Gerda Lerner의 서문이 포함되어 있음. (New York: Schocken Books, 1981), 148–149.

1 저런 여자를 조심해 : 비혼 공화국의 정치사회적 힘

1. 'drapetomania'를 참조할 것. 도망갔다가 잡힌 노예들이 이 정신 질환을 앓고 있다고 의사 Samuel Cartwight가 보고함. Melissa Harris-Perry가 "Melissa Harris-Perry"에서 인용함. MSNBC, April 7, 2014.

2. Safire, William, "The Plot to Savage Thomas," *New York Times*, October 14, 1991 http://www.nytimes.com/1991/10/14/opinion/essay-the-plot-to-savage-thomas. html.

3. Hill, Anita Faye, "Marriage and Patronage in the Empowerment and Disempowerment of African American Women," in *Race, Gender and Power in America*, 283.

4. 2013년 9월 25일 *The Atlantic*의 "Women in Washington" 이벤트에서 Patty Murray 가 Karen Finney와 나눈 대화. http://www.murray.senate.gov/public/index .cfm/ newsreleases?ContentRecord_id=bc16d80a-aca9-43cc-864a-c645ab30c2cd.

5. "Social Indicators of Marital Health and Well-Being," State of Our Unions Report,2011, http://www.stateofourunions.org/2011/.social_indicators.php.

6. *Anita: Speaking Truth to Power*, directed by Frieda Mock, Goldwyn Films,2013.

7. Quayle, Dan, "The Murphy Brown Speech," May 19, 1992 via Michael A. Cohen's *Live From the Campaign Trail*, 2008, http://livefromthetrail.com/about-the-book / speeches/chapter-18/vice-president-dan-quayle.

8. Hymowitz, Kay, Jason S. Carroll, W. Bradford Wilcox, Kelleen Kaye, "Knot Yet: The Benefits and Costs of Delaying Marriage in America," The National Marriage Project at the University of Virginia, The National Campaign to Prevent Teen and Unplanned Pregnancy, and the Relate Institute, 2013, http://twenty some thingmarriage.org/summary/.

9. Friedan, Betty, *The Feminine Mystique*, 1963/1983, 1.

10. "140만 부~" Menand, Louis, "Books as Bombs: Why the Women's Movement Needed The Feminine Mystique," *The New Yorker*, January 24 2011. "페미니즘 제2의 물결을 알린~", Nora Ephron의 다음 저작과 다른 글들에 근거함. "Miami," published in *Crazy Salad*, 37–46.

11. Henry, Astrid, *Not My Mother's Sister*, 64.

12. Episode One, *Makers: Women Who Make America*, PBS, February 26, 2013.

13. Friedan, Betty, "The National Organization for Women's 1966 Statement of Purpose," October 29, 1966.

14. Guy-Sheftall, Beverly, *Words of Fire*, 97. Via Coontz, *A Strange Stirring*.

15. "Median Age at First Marriage: 1890 to the Present," U.S. Census Bureau, Decennial Censuses, 1890 to 1940, and Current Population Survey, Annual Social and Economic Supplements, 1947 to 2014 and via The U.S. Census Bureau.

16. Friedan, Betty, "Up From the Kitchen Floor," *The New York Times Magazine*, March 4, 1973.

17. Friedan, Betty, *The Feminine Mystique*, 18–19.

18. "Gloria Steinem 'Irons Out' a Few Things with Moses Znaimer," CBC, November 4, 1968, http://www.cbc.ca/player/Digital+Archives/CBC+Programs/Television / The+Way+It+Is/ID/2575079962/.

19. Steinem, Gloria, *Time*에 보낸 편지, September 16, 2000.

20. Moran, Rachel F., "How Second Wave Feminism Forgot the Single Woman," *Hofstra Law Review*, vol.33, issue 1, article 5, 2004.

21. Cott, *Public Vows*, 199.

22. Faludi, *Backlash*, 108.

23. Moran, Rachel F., "How Second Wave Feminism Forgot the Single Woman," *Hofstra Law Review*, vol. 33, issue 1, article 5, 2004.

24. "1890–2010년 35세 이상 남녀 가운데 한 번도 결혼하지 않은 사람의 비율"은 다음에 근거함. from Elliott, Diana B, Kristy Krivickas, Matthew W. Brault, and Rose M. Kreider, "Historical Marriage Trends from 1890–2010: A Focus on Race," 2012. U.S. Decennial Census (1890–2000) American Community Survey (2010), http://www .census.gov/hhes/socdemo/marriage/data/acs/ElliottetalPAA2012figs.pdf.

25. Rivers, Caryl, "Newsweek's Apology Comes 20 Years Too Late," *Women's eNews*, June 14, 2006, http://womensenews.org/story/uncovering-gender/060614/newsweeks -apology-comes-20-years-too-late.

26. 질병 예방 센터에 따르면 정확한 수치는 57.5퍼센트다.

27. "Marriage, More than a Century of Change," National Center for Family and Marriage Research at Bowling Green State University, July 18, 2013.

28. Martin, Jonathan, "A New Firm Sets Out to Secure Women's Votes for a Vulnerable G.O.P.," *New York Times*," November 11, 2013.

29. Lake Research Partners Election Eve Omnibus, November 4–6, 2012.

30. Last, Jonathan V., "Start a Family . . . And Before You Know It, You'll be Voting for the GOP," *Weekly Standard*, April 22, 2013.

31. Stan, Adele M., "After a Generation of Extremism, Phyllis Schlafly Still a Leading

General in the War on Women," *Alternet*, April 22, 2012.

32. Kotkin, Joel, ""Demographic Dead End?" Barack Obama's Single Nation," *The Daily Beast*, October 18, 2012, http://www.thedailybeast.com/articles/2012/10/18/demographic-dead-end-barack-obama-s-single-nation.html.

33. Gardner, Page, "How Unmarried Women Can Change the World," *Role Reboot*, August 18, 2015, http://www.rolereboot.org/culture-and-politics/details/2015-08-how-unmarried-american-women-can-change-the-world/.

34. Babbin, Jed, "Fluke the Welfare Queen," *The American Spectator*, March 12, 2012, http://spectator.org/blog/29164/fluke-welfare-queen. Via Joan Walsh, *What's the Matter With White People*.

35. Sawhill, Isabel V., "Beyond Marriage," *New York Times*, September 13, 2014. http://www.nytimes.com/2014/09/14/opinion/sunday/beyond-marriage.html.

36. Wakeman, Jessica, "Bad Advice? Or Worst Advice? Mitt Romney Urges 3012 College Grads to Get Married, Have Kids," *The Frisky*, May 1, 2013, http://www.thefrisky.com/2013-05-01/bad-advice-or-worst-advice-mitt-romney-urges-2013-college-grads-to-get-married-have-kids/

37. Last, Jonathan V., "America's Baby Bust," *The Wall Street Journal*, February 12, 2013.

38. Carmon, Irin, "Pregnancy is Patriotic!" *Salon.com*, February 21, 2013, http://www.salon.com/2013/02/21/decoding_the_fertility_panic/?source=newsletter.

2 노처녀에서 비혼까지 : 싱글 여성들의 역사

1. "여왕 폐하~" Hadfield, Andrew, *The Cambridge Companionto Spenser*, 191; "검은 국가와~" Glenn, Cheryl, Rhetoric Retold, 162; "남편이라는 주인을 두지 않은~" *Oxford Dictionary of Political Quotations*, 2012; "대사에게 내가 선호하는~" Traub, Valerie, *The Renaissance of Lesbianism in Early Modern England*, 128.

2. Bennett and Froide, *Singlewomen in the European Past*, 6–7

3. Nellie Bly interview with Susan B. Anthony, *The World*, February 2, 1896, http://www.rarenewspapers.com/view/621269?acl=851761768&imagelist=1#full-images&rc=blog.

4. Gordon, Ann D., *The Selected Papers of Elizabeth Cady Stanton and Susan B. Anthony*, 316.

5. Norton, Mary Beth, *Founding Mothers and Fathers*, 39–40; 41.

6. Baxandall, Rosalyn and Linda Gordon, *America's Working Women*, 17.

7. Kessler-Harris, Alice, *Out to Work*, 11.

8. Cott, Nancy, *Bonds of Womanhood*, 27.

9. Chambers-Schiller, *Liberty: A Better Husband*, 11.

10. Dubler, Ariela, "In the Shadow of Marriage: Single Women and the Legal Construction of the Family and the State," *The Yale Law Journal*, May 1, 2003, http://www.highbeam.com/doc/1G1-102910521.html.

11. Cott, *Bonds of Womanhood*, 22.

12. Moran, Rachel F., "How Second Wave Feminism Forgot the Single Woman," *Hofstra Law Review*, vol. 33, issue 1, article 5, 2004.

13. Norton, *Liberty's Daughters*, 299.

14. Chambers-Schiller, *Liberty*, A Better Husband, 1.

15. Goodbeer, Richard, *Sexual Revolution in Early America*, 200.

16. Foster, *Till Death or Distance Do Us Part*, 37. Foster's book also included the reference to Harriet Ann Jacobs' Incidents in the Life of a Slave Girl, 1861.

17. Hanger, Kimberly S., "The Fortunes of Women in America: Spanish New Orleans's Free Women of African Descent and Their Relations With Slave Women," in *Discovering the Women in Slavery*, 153–178

18. Hanger, Kimberly S., "Free Black Women in Colonial New Orleans," in *The Devil's Lane*, 226.

19. *The Young Lady's Book: A Manual of Elegant Recreations, Exercises and Pursuits*. London: Vizetelly, Branston and Co, 1829, 28.

20. Welter, Barbara, "The Cult of True Womanhood: 1820–1860," *American Quarterly*, Volume 18, Issue 2, Part 1, Summer 1966.

21. Collins, *America's Women*, 92.

22. Chambers-Schiller, *Liberty, A Better Husband*, 41.

23. Burnap, George Washington, *The Sphere And Duties of Woman: A Course of Lectures*, Baltimore: John Murphy, 1848, 121–122. Via Chambers-Schiller, Liberty, *a Better Husband*.

24. Chambers-Schiller, Liberty, *A Better Husband*, 54.

25. Ibid., 10.

26. Goldstein, Dana, "The Chicago Strike and the History of American Teachers," *Dana Goldstein*, September 12, 2012, http://www.danagoldstein.net/dana_goldstein/2012/09/the-chicago-strike-and-the-history-of-american-teachers-unions.html.

27. Goldstein, "The Woman Upstairs and the Pedagogy of Love," http://www.danagoldstein.net/dana_goldstein/2013/06/the-woman-upstairs-and-the-pedagogy-of-love.html.

28. Betsey "A Letter About Old Maids," *The Lowell Offering*, October 1840, 4–5.

29. Olson, Lynne, *Freedom's Daughters: The Unsung Heroines of the Civil Rights Movement 1830–1970*, New York: Scribner, 2001. Via excerpt, *The New York Times*, http://www.nytimes.com/books/first/o/olson-daughters.html.

30. Israel, *Bachelor Girl*, 33; *Encyclopedia of African American History, 1619–1895*, Paul Finkelman, ed. 332.

31. Governor's Address on "the emigration of young women to the West," March 29, 1865, http://archive.org/stream/reportma00mass/reportma00mass_djvu.txt. Via Collins, *America's Women*.

32. Vapnek, Lara, *Breadwinners*, 19–20.

33. Chambers-Schiller, *Liberty. A Better History*, 7–8.

34. "The Stakeholder: A quarterly publication of the Cherokee Strip Regional Heritage Center," Winter, 2008.

35. Chambers-Schiller, *Liberty, A Better Husband*, 2–3.

36. "Transcript of the Morrill Act," 1862, http://www.ourdocuments.gov/doc.php?-flash=true&doc=33&page=transcript; Linda Eisenmann, *Historical Dictionary of Women's Education in the United States*, 275. Via Chambers-Schiller, 191.

37. Peischl, Bridget Smith,"The History of Mississippi University for Women," *Mississippi History Now*, March, 2012, http://mshistorynow.mdah.state.ms.us/articles /379/the-history-of-mississippi-university-for-women.

38. Chambers-Schiller, *Liberty, A Better Husband*, 176.

39. Ibid.

40. "Myra Bradwell v. State of Illinois," 1873.

41. Gould, Stephen Jay, *Mismeasure of Man*, 135–137. Also via Chambers-Schiller.

42. Gould, Stephen Jay, *Mismeasure of Man*, 135–137.

43. Chambers-Schiller, *Liberty a Better Husband*, 192.

44. Ibid.

45. Ibid., 196.

46. Cott, *Bonds of Womanhood*, 7.

47. Peiss, Kathy, *Cheap Amusements*, 34.

48. Goldstein, Dana, "The Chicago Strike and the History of American Teachers' Unions," *Dana Goldstein*, September, 12, 2012, http://www.danagoldstein.net/dana_goldstein/2012/09/the-chicago-strike-and-the-history-of-american-teachers-unions.html.

49. Giddings, Paula, *When and Where I Enter*.

50. Peiss, *Cheap Amusements*, 57–58.

51. Ibid.

52. Coontz, *A Strange Stirring*, 41.

53. Coontz, *Marriage: A History*, 200.

54. "Before the Mother's Conference," *A Compilation of the Messages and Speeches of Theodore Roosevelt*, 576.

55. Lovett, Laura, *Conceiving the Future*, 91–92.

56. I first found reference to this in Coontz, *Marriage a History*, 201, though some discrepancy about Sumner's date of death led me to Bruce Curtis, "Wlliam Graham Sumner on the Family, Women and Sex" in *Victorians Abed*, 101.

57. Hamlin, Kimberly A., "Bathing Suits and Backlash: The First Miss America Pageants, 1921–1927," in *There She is, Miss America*, 28.

58. Coontz, *A Strange Stirring*, 45.

59. May, Elaine Tyler, *Homeward Bound*, 95.

60. Ibid, 101.

61. Heidel, Don, "Coeds: Is It Too Late? Manless Juniors Said Old Maids," *The Florida Flambeau*, February 22, 1957. Via Gail Collins, *When Everything Changed*. https://news.google.com/newspapers?id=4vsyAAAAIBAJ&sjid=4hAGAAAAIBAJ&pg=2112%2C606968

62. Collins, *When Everything Changed*, 38.

63. Coontz, Stephanie, "Marriage: Saying I Don't," *Los Angeles Times*, January 19, 2012. http://articles.latimes.com/2012/jan/19/opinion/la-oe-coontz-marriage-20120119.

64. Friedan, Betty, *The Feminine Mystique*.

65. Episode One, *Makers: Women Who Make America*, PBS, February 26, 2013.

66. Davis, Kingsley, *Contemporary Marriage*, The Russell Sage Foundation, 1985.

67. Elliott, Diana B., Kristy Krivickas, Matthew W. Brault, Rose M. Kreider, "Historical MArriage Trends from 1890–2010: A Focus on Race Difference," SEHD Working Paper Number 2012-12, 12–13. https://www.census.gov/hhes/socdemo/marriage/data/acs/ElliottetalPAA2012paper.pdf.

68. Margo, Robert A. "Explaining Black-White Wage Convergence, 1940–1950," *Industrialand Labor Relations Review*, Vol. 48, No. 3, April 1995, 470–481, http://www.jstor.org/stable/2524775?seq=1#page_scan_tab_contents.

69. Katznelson, Ira, *When Affirmative Action Was White: An Untold History of Racial Inequality in Twentieth Century America*, New York: W.W. Norton and Company, 2005. Via Ta-Nehesi Coates, "A Religion of Colorblind Policy," TheAtlantic.com, May 30, 2013. http://m.theatlantic.com/national/archive/2013/05/a-religion-of-colorblind-policy/276379/.

70. Sugrue, Tom, *Sweet Land of Liberty: The Forgotten Struggle for Civil Rights in the*

North, Via Ta Nehesi here: http://www.theatlantic.com/national/archive/2013/02/
the-effects-of-housing-segregation-on-black-wealth/272775/

70. Sugrue, *Sweet Land of Liberty*, 200–201.

3 도시의 성별: 도시 생활과 여성의 자립

1. Wile, Rob, "This Southern City has the Most Single Person Households in America,"
   Business Insider, April 26, 2012.

2. Klinenberg, Eric, *Going Solo*.

3. Venugopal, Arun, "New York Leads in Never Married Women," wnyc.org, Septem-
   ber 22, 2011, http://www.wnyc.org/story/160010-blog-new-york-never-married-
   women/.

4. Nanos, Janelle, "Single By Choice," *Boston Magazine*, January 2012. "보스턴에 거주
   하는~" 이 수치는 2009–2013년 5개년 American Community Survey를 바탕으로 한
   Population Reference Bureau 도표에 근거함, http://www.prb.org/DataFinder/Topic/
   Rankings.aspx?ind=133.

5. Bennett and Froide, *Singlewomen of the European Past*, 2–3.

6. Kowaleski, Maryanne, in Bennett and Froide's *Singlewomen of the European Past*,
   53–54.

7. Stansell, Christine, *City of Women*, 13–14.

8. Israel, *Bachelor Girl*, 58.

9. McDougald, Elise Johnson, "The Double Task: The Struggle of Negro Women for
   Sex and Race Emancipation," *Survey* 53, March 1, 1925, 689–691. Via Giddings,
   When and Where I Enter.

10. Peiss, *Cheap Amusements*, 13.

11. Nellie Bly interview with Susan B. Anthony, *The World*, February 2, 1896, http://
    www.rarenewspapers.com/view/621269?acl=851761768&imagelist=1#full-images
    &rc=blog.

12. Peiss, *Cheap Amusements*, 58.

13. Israel, *Bachelor Girl*, 106.

14. Kaufman, Gena, "Where the Single Men Are," *Glamour*, June 5, 2013, http://www
    .glamour.com/sex-love-life/blogs/smitten/2013/06/where-the-single-men-are-um-ev.

15. "The Woman with the Flying Hair," *Swarthmore College Bulletin*, February 1991,
    http://bulletin.swarthmore.edu/bulletin-issue-archive/index.html%3Fp=1052.html.

16. Israel, *Bachelor Girl*, 112.

17. Stansell, *City of Women*, 255.

18. Stansell, *City of Women*, 84.

19. Meyerowitz, Joanne, *Women Adrift*, 80.

20. Chambers-Schiller, *Liberty, a Better Husband*, 72.

21. Ibid., 74.

22. "15세 이상 남성의 3분의 1에서~" Moran, "How Second Wave Feminism Forgot Single Women." "이곳의 신사들은~" Katherine Snyder, "A Paradise of Bachelors: Remodeling Domesticity and Masculinity in the Turn of the Century New York Bachelor Apartment," 23 Prospects: An Annual of American Cultural Studies, 1998, Moran의 글에 인용됨.

23. Gray, Christopher, "For Career Women, A Hassle-Free Haven," *New York Times*, June 28, 2012.

24. Israel, *Bachelor Girl*, 4.

25. Dvorak, Petula, "A City Divided and Increasingly Unaffordable," *The Washington Post*, April 3, 2014.

26. Wax, Emily, "Home Squeezed Home: Living in a 200 Square Foot Space," *The Washington Post*, November 27, 2012.

27. Thompson, Lynn, "Critics of Micro-Apartments Calling for a Moratorium," *Seattle Times*, April 23, 2013.

28. North, Anna, "What the Single Ladies Have Wanted for More Than A Century," *The New York Times*, April 24, 2015, http://www.nytimes.com/2015/04/24/opinion/what-the-single-ladies-have-wanted-for-more-than-a-century.html.

29. Stansell, *City of Women*, 72.

30. Meyerowitz, *Women Adrift*, 115.

31. Stansell, *City of Women*, 221.

32. Lovett, Laura, *Conceiving the Future*, 88.

33. "A Deadly Encounter" *Dateline*, NBC, January 20, 2007, http://www.nbcnews.com /id/16713078/ns/dateline_nbc/t/deadly-encounter/#.UbtL8yMkchw.

34. Nussbaum, Emily, "Difficult Women," *The New Yorker*, July 29, 2013.

4 루시퍼 성냥처럼 위험한 것: 여자들의 우정

1. Angier, Natalie, "The Changing American Family," *New York Times*, November 26, 2013, http://www.nytimes.com/2013/11/26/health/families.html.

2. Smith-Rosenberg, Carroll, *Disorderly Conduct*. 61–62.

3. Bennett and Froide, *Singlewomen in the European Past*, 85.

4. Smith-Rosenberg, *Disorderly Conduct*, 60.

5. Ibid., 71–75.

6. Norton, Mary Beth, *Founding Mothers and Fathers*, 354.

7. Lincoln, Abraham, "Dear Speed, Springfield, Ills., Feby 13. 1842," *Collected Works of Abraham Lincoln*, http://quod.lib.umich.edu/l/lincoln/lincoln1 /1:292 ?rgn =div1;view=fulltext, via Jennie Rothenberg Gritz, "But Were they Gay? The Mystery of Same-Sex Love in the 19th Century," *The Atlantic.com*, September 7, 2012.

8. Gritz, "But Were They Gay?" *The Atlantic.com*.

9. Willard, Frances, *The Autobiography of an American Woman*, 642.

10. Chevigny, Bell Gale, *Margaret Fuller the Woman and the Myth* 113.

11. Coontz, Marriage, *A History*, 205–206.

12. 인용된 모든 편지는 1854년 8~10월에 쓰였다. Margaret Smith, ed., The Letters of Charlotte Bronte: Volume Three 1852–1855.

13. Mailer, Norman, "The Mary McCarthy Case," *The New York Review of Books*, October 17, 1963, in Nussbaum, Emily, "Hannah Barbaric," The New Yorker, February 11, 2013.

14. Episode One, *Makers: Women Who Make America*, PBS, February 26, 2013.

15. Syme, Rachel, "The Broad Strokes," *Grantland.com*, January 14, 2015, http://grant-land.com/features/broad-city-season-2-comedy-central-abbi-jacobson-ilana-glazer/.

5 나의 고독, 나 자신: 혼자 있는 시간

1. Ortberg, Mallory, "What the Happiest Woman in the World Looks Like," *The Toast.com*, February 11, 2015, http://the-toast.net/2015/02/11/happiest-wom-an-world-looks-like/#GjSEZ1Sf1HaxYbj6.99.

2. Kurutz, Steven, "One if the Quirkiest Number," *The New York Times*, February 22, 2012.

3. Schwartz, Benjamin E., "Selfishness as Virtue," *The American Interest*, June 10, 2012, http://www.the-american-interest.com/article-bd.cfm?piece=1272#sthash.Rdg Q6T9c.dpuf.

4. Parker-Pope, Tara, "In a Married World, Singles Struggle for Attention," *The New York Times*, September 19, 2011, http://well.blogs.nytimes.com/2011/09/19/the-plight-of-american-singles/?_php=true&_type=blogs&_r=0.

5. Bennett and Froide, *Singlewomen in the European Past*, 60–63.

6. Farmer, Sharon, in Bennett and Froide, *Singlewomen in the European Past*, 87.

7. Chambers-Schiller, *Liberty, A Better Husband*, 159.

8. Goldstein, Dana, *The Teacher Wars*, 33.

9. Walker, Ruth, "Why Wait? Single Women Want to Live in Style," *Christian Science Monitor*, February 4, 1979. Via Israel, *Bachelor Girl*.

10. Faludi, Susan, *Backlash*, 108.

11. Gross, Jane, "Single Women: Coping With a Void," *The New York Times*, April 28, 1987, http://www.nytimes.com/1987/04/28/nyregion/single-women-coping-with-a -void.html?pagewanted=all&src=pm.

12. Klinenberg, Eric, *Going Solo*, 5.

13. Williamson, Kevin, "Five Reasons Why You're Too Dumb to Vote," *National Review. com*, September 28, 2014, http://www.nationalreview.com/article/388945/five -rea- sons-why-youre-too-dumb-vote-kevin-d-williamson.

14. DePaulo, Bella, "That Spinster Stigma Study: Others are Intrusive or they Ignore You," *Psychology Today*, June 10, 2010, http://www.psychologytoday.com/blog/liv ing -single/201006/spinster-stigma-study-others-are-intrusive-or-they-ignore-you.

15. Maria Mitchell Papers Diary 1854–1857; Box One, Folder One. Courtesy of the Nantucket Maria Mitchell Association.

16. Gallagher, Maggie and Linda Waite, *The Case for Marriage*, New York: Crown, 2002, 52.

17. Parker-Pope, Tara, "Married Cancer Patients Live Longer," *New York Times*, Septem- ber 24, 2013. http://well.blogs.nytimes.com/2013/09/24/married-cancer-patients -live-longer/?hpw&_r=1.

18. Gottlieb, Lori, "Marry Him! The Case for Settling for Mr. Good Enough," *The Atlan- tic*, March 2008.

19. Kreider, Rose M. and Renee Ellis, "Number, Timing, and Duration of Marriages and Divorces, 2009," U.S. Census Bureay, May 2011, http://www.census.gov/prod/ 2011pubs/p70-125.pdf.

20. Israel, *Bachelor Girl*, 42.

21. Goldstein, *The Teacher Wars*, 31.

22. Burnap, George Washington, *The Sphere And Duties of Woman: A Course of Lectures*, Baltimore: John Murphy, 1848, 64. Via Chambers-Schiller, *Liberty, a Better Husband*.

23. Chambers-Schiller, *Liberty, a Better Husband*, 50.

24. Ibid., 55.

25. Collins, *America's Women*, 138.

26. Rogers, Anna A., "Why American Marriages Fail," *The Atlantic Monthly*, Cambridge:

The Riverside Press, 1907, via Coontz, *Marriage: A History*.

27. Esfahani Smith, Emily, "Science Says Lasting Relationships Come Down to Two Basic Traits," *The Atlantic.com*, November 9, 2014.

28. Barker, Eric, "These Four Things Kill Relationships," *Time.com*, August 26, 2014, http://time.com/3174575/these-4-things-kill-relationships/.

29. Klinenberg, *Going Solo*, 157.

30. Cobbe, Frances Power, "Celibacy vs. Marriage," in *Criminals, Idiots, Women & Minors*, Susan Hamilton, ed, 57, via Israel, *Bachelor Girl*.

6 가진 여성들: 일, 돈, 독립성

1. Friedan, *The Feminine Mystique*, 158.

2. Rinehart, Mary Roberts, "A Home or a Career?" *Ladies Home Journal*, April 1921. Via "These Working Wives: The 'Two-Job' Woman in Interwar Magazines," a paper presented by Jane Marcellus in 2004.

3 "Estimated Median Age at First Marriage, by Sex, 1890 to Present," US Bureau of the Census, 2010.

4 DePaulo, *Singled Out*, 144.

5. Brown, Campbell, "Sexism Sneaks In Over and Open Mic," *Cnn.com*, November 19, 2008.

6. "On Pay Gap, Millennial Women Near Parity—For Now," Pew Research Center, December 11, 2013, http://www.pewsocialtrends.org/2013/12/11/on-pay-gap-millennial-women-near-parity-for-now/.

7. Chambers-Schiller, *Liberty, A Better Husband*, 68.

8. Guy-Scheftall and Johnnetta Cole, *Words of Fire*, 99.

9. Gunning, Sandra, *Race, Rape, and Lynching*, 122.

10. Chambers Schiller, *Liberty, a Better Husband*, 66.

11. Ibid., 98.

12. Rosin, Hanna, "The End of Men," *The Atlantic*, July/August 2010, http://www.theatlantic.com/magazine/archive/2010/07/the-end-of-men/308135/.

13. "Percentage Degrees Awarded to Women," *The Washington Post online*, May, 2013, http://www.washingtonpost.com/blogs/wonkblog/files/2013/05/its_getting_better-degrees-women.jpg.

14. Mercado, Monica and Katherin Turk, "On Equal Terms: Educating Women atthe University of Chicago," The University of Chicago Library, http://www.lib.uchicago.

edu/e/webexhibits/OnEqualTerms/NoneDebateOverSexSegregation.html.

15. Rosenberg, Rosalind, *Beyond Separate Spheres: Intellectual Roots of Modern Feminism*, 44.

16. Bronski, Peter, "A Woman's Place," *Vassar Alumnae Quarterly*, January 2011, http://vq.vassar.edu/issues/2011/01/features/a-womans-place.html.

17. D'Emilio, John and Estelle B. Freedman, *Intimate Matters: A History of Sexuality* in *America*, 1988, 190.

18. Israel, *Bachelor Girl*, 30.

19. Ibid., 39.

20. Weiss, Sasha, "A Study in Farewells: Kristin Wiig and Peggy Olson," *The New Yorker.com*, June 1, 2012, http://www.newyorker.com/online/blogs/culture /2012/06 / a-study-in-farewells-kristen-wiig-and-peggy-olson.html.

21. Chambers-Schiller, *Liberty a Better Husband*, 164.

22. Venker, Suzanne, "Why Women Still Need Husbands," foxnews.com, December 6, 2013, http://www.foxnews.com/opinion/2013/12/06/why-women-still-need-husbands/.

23. "Many Millennials Say Women Are More Focused on Careers than Men," in "On Pay Gap, Millennial Women Near Parity, Pew Research Center, December 10, 2013, http://www.pewsocialtrends.org/2013/12/11/on-pay-gap-millennial-women-near-parity-for-now/sdt-gender-and-work-12-2013-0-08/.

24. Flock, Elizabeth, "Book Says Supreme Court Crashed Sonia Sotomayor's Personal Life," *USNews.com*, July 17, 2012.

25. Klein, Ezra, "Nine Facts About Marriage and Childbirth in the United States," *The Washington Post*, March 25, 2013, http://www.washingtonpost.com/blogs/wonkblog/wp/2013/03/25/nine-facts-about-marriage-and-childbirth-in-the-united -states/.

26. Ibid.

27. Coe, Alexis, "Being Married Helps Professors Get Ahead, but Only if They're Male," *The Atlantic.com*, January 17, 2013.

28. Miller, Claire Cain, "The Motherhood Penalty vs. The Fatherhood Bonus," *The New York Times*, September 6, 2014.

29. Lemmon, Gayle Tzemach, "I'm Not Your Wife! A New Study Points to a Hidden Form of Sexism," *The Atlantic.com*, June 5, 2012.

30. Rikleen, Lauren Stiller, "Are Working Women Held Back?" *Harvard Business Review*, December 2012.

31. Alazraki, Melly, "Young Single Women Now Earn More than Men," *Daily Finance.com*, September 1, 2010, http://www.dailyfinance.com/2010/09/01/young -single-

women-earn-more-than-men/.

32. Miller, Claire Cain, "The Motherhood Penalty vs. The Fatherhood Bonus," *The New York Times*, September 6, 2014.

33. Cardona, Mercedes M.,"Single Minded Marketing: A Multitrillion Dollar Opportunity," cmo.com, April 17, 2013, http://www.cmo.com/articles/2013/4/16/single_minded_marketing.html.

34. Swartz, Jon, "How Women are Changing the Tech World," *USA Today*, June 6, 2012.

35. "Indie Women," *The Curve Report*, NBC Universal, http://thecurvereport.com/category/films/indie-women/.

36. Bolick, Kate, "For Women, Is Home Really So Sweet?" *The Wall Street Journal*, February 18, 2012.

37. "Field Guide to Women Homebuyers," Realtor.com, June 2015, http://www.realtor.org/field-guides/field-guide-to-women-homebuyers.

38. Elmer, Vickie, "Wed, in all but Finances," *New York Times*, July 5, 2012, http://www.nytimes.com/2012/07/08/realestate/mortgages-wed-in-all-but-finances.html ?_r=1&hp.

39. Coontz, *Marriage a History*, 168.

40. Ibid., 169.

7 가난한 여성들: 성차별과 인종 차별 그리고 빈곤

1. Crenshaw, Kimberle Williams, "The Girls Obama Forgot," *The New York Times*, July 7, 2014.

2. Hollar, Julie, "Wealth Gap Yawns, and so does Media," FAIR Fairness and Accuracy in Reporting, June 1, 2010, http://fair.org/extra-online-articles/wealth-gap-yawns-s8212and-so-do-media/.

3. Fairchild, Caroline, "Number of Fortune 500 Women CEOS Reaches Historic High," *Fortune.com*, June 6, 2014, http://fortune.com/2014/06/03/number-of-fortune-500-women-ceos-reaches-historic-high/.

4. Howard, Caroline, "The New Class of Female CEOs" *Forbes*, August 22, 2012, http://www.forbes.com/forbes/welcome/.

5. Rivers, Caryl, "The End of Men? Not so Fast," *The Huffington Post*, http://www.huffingtonpost.com/caryl-rivers/the-end-of-men-eyewash_b_624309.html.

6. Luscombe, Belinda, "Workplace Salaries: At Last, Women on Top," *Time*, September1, 2010.

7. Coontz, "The Myth of Male Decline," *New York Times*, September 29, 2012, http://www.nytimes.com/2012/09/30/opinion/sunday/the-myth-of-male-decline.html?pagewanted=all.

8. "On Pay Gap, Millennial Women Near Parity for Now," Pew Research Group, December 11, 2013, http://www.pewsocialtrends.org/2013/12/11/on-pay-gap -millennial-women-near-parity-for-now/. And "Do Men Really Earn More Than Women?" *Payscale.com*, http://www.payscale.com/gender-lifetime-earnings-gap.

9. Coontz, "The Myth of Male Decline," *New York Times*, September 29, 2012.

10. Schwartz, Madeleine, "Opportunity Costs: The True Price of Internships," Winter 2013, http://www.dissentmagazine.org/article/opportunity-costs -the-true-price -of-internships.

11. DeParle, Jason, "Two Classes, Divided By I Do," *New York Times*, July 7, 2012, http://www.nytimes.com/2012/07/15/us/two-classes-in-america-divided-by-i-do.html.

12. Confessore, Nick, "Tramps Like Them: Charles Murray Examines the White Working Class in 'Coming Apart,' " *New York Times*, February 10, 2012.

13. Rampell, Catherine, "Bundled Households," *New York Times*, November 12, 2012, http://economix.blogs.nytimes.com/2012/11/12/bundled-households/.

14. Arnold, Lisa and Christina Campbell, "The High Price of Being Single in America," January 14, 2013, http://www.theatlantic.com/sexes/archive/2013/01/the-high -price-of-being-single-in-america/267043/.

15. Palmer, Kimberly, "Why Single People Are So Financially Stressed," *USNews.com*, October 17, 2010.

16. Correll, Shelley, Steven Bernard, In Paik, "Getting a Job: Is there a Motherhood Penalty?" *American Journal of Sociology*, Vol. 112, No. 5, March, 2007, 1297–1339, http://gender.stanford.edu/sites/default/files/motherhoodpenalty.pdf.

17. Coontz, Stephanie, "Progress at Work, But Mothers Still Pay a Price," *New York Times*, June 8, 2013, http://www.nytimes.com/2013/06/09/opinion/sunday/coontz-richer-childless-women-are-making-the-gains.html.

18. Wang, Wendy and Kim Parker and Paul Taylor, "Breadwinner Moms," Pew Research Center, May 29, 2013, http://www.pewsocialtrends.org/2013/05/29/breadwinner-moms/.

19. Hymowitz, Kay and Jason S. Carroll, W. Bradford Wilcox, Kelleen Kaye, "Knot Yet Report: What Does the Rising Marriage Age Mean For Twentysomething Women, Men and Families?" 2012, http://twentysomethingmarriage.org/.

20. Castillo, Michelle, "Almost Half of First Babies in US Born to Unwed Mothers," CBS

News, March 15, 2013, http://www.cbsnews.com/news/almost-half-of-first-babies-in-us-born-to-unwed-mothers/.

21. Angier, Natalie, "The Changing American Family," *The New York Times*, November 26, 2013, http://www.nytimes.com/2013/11/26/health/families.html.

22. Sawhill, Isabel, "The New White Negro," *Washington Monthly*, January/February 2013, http://www.washingtonmonthly.com/magazine/january_february_2013/features /the_new_white_negro042050.php?page=all.

23. Edin, Kathryn and Maria Kefalas, "Why Poor Women Put Motherhood Before Marriage," published by the National Poverty Center, March 12, 2013, https://www.youtube.com/watch?v=wRUj_C5JdHs. Talk stems from *Promises I Can Keep* by Edin and Kefalas.

24. "Phyllis Schlafly Still Championing the Anti-Feminist Fight," *Tell Me More*, NPR, March 30, 2011, http://www.npr.org/templates/story/story.php?storyId=134 981902.

25. Fleischer, Ari, "How to Fight Income Inequality: Get Married," *The Wall Street Journal*, January 12, 2014.

26. Bruenig, Matt, "The Single Mother, Child Poverty Myth," Demos, April 14, 2014, http://www.demos.org/blog/4/14/14/single-mother-child-poverty-myth.

27. Rector, Robert, "Marriage: America's Greatest Weapon Against Child Poverty," The Heritage Foundation, September 5, 2012, http://www.heritage.org/research/reports/2012/09/marriage-americas-greatest-weapon-against-child-poverty.

28. Mencimer, Stephanie, "The GOP's Dead End Marriage Program," *Mother Jones*, June 25, 2012, http://www.motherjones.com/politics/2012/06/gops-dead-end-marriage-program.

29. Covert, Bryce, "Heritage Panel tells Women that the Road to Economic Security is Marriage, not Feminism," *Think Progress*, April 1, 2014, http://thinkprogress.org / economy/2014/04/01/3421603/heritage-marriage-poverty/.

30. "Minnesota Family Investment Program," Minnesota Department of Human Services.

31. Fremstad, Shawn and Melissa Boteach, "How Progressive Policies Can Strengthen Marriage and Family Life," *Family Studies*, February 10, 2015, http://family-studies.org/how-progressive-policies-can-strengthen-marriage-and-family-life/.

32. "New Hope Project," Promising Practices, http://www.promisingpractices.net/program.asp?programid=269.

33. Gassman-Pines, Anna and Hirokazu Yoshikawa, "Five Year Effects of an Anti-Poverty Program on Marriage among Never-Married Mothers" *Journal of Policy Analysis and*

Management, Vol. 25, No. 1, 2006, 11–30, http://steinhardt.nyu.edu/scmsAdmin/media/users/jr189/Five_Year_Effects_of_Antipoverty_Program.pdf.

34. Covert, Bryce, "Senator Floats Idea to Penalize Low-Income Women Who Have Children," *Think Progress*, January 29, 2014, http://thinkprogress.org/economy/2014/01/29/3220881/rand-paul-welfare-cap-children/.

35. "Rand Paul and the Extent of Marital Poverty in Kentucky," CEPR Blog, Center for Economic and Policy Research, January 30, 2014, http://www.cepr.net/blogs/cepr-blog/rand-paul-and-the-extent-of-marital-poverty-in-kentucky. Via Shawn Fremstad, "Temporary Assistance Doesn't Help Impoverished Married Parents," Talk-Poverty.org, May 1, 2015, http://talkpoverty.org/2015/05/01/temporary-assistance/.

36. Senate Bill 518, General Assembly of North Carolina, Session 2013, April 1, 2013, http://www.ncleg.net/Sessions/2013/Bills/Senate/PDF/S518v1.pdf.

37. Marcotte, Amanda, "The Worst State for Women?" *The American Prospect*, January 13, 2013, http://prospect.org/article/worst-state-women.

38. Hymowitz, Kay and Jason S. Carroll, W. Bradford Wilcox, Kelleen Kaye, "Knot Yet Report: What Does the Rising Marriage Age Mean For Twentysomething Women, Men and Families?" 2012, http://twentysomethingmarriage.org/.

39. Angier, Natalie, "The Changing American Family," *The New York Times*, November 26, 2013, http://www.nytimes.com/2013/11/26/health/families.html.

40. Edin, Kathryn and Maria Kefalas, "Unmarried with Children," *Contexts*, Vol. 4, No. 2., May, 2005, http://ctx.sagepub.com/content/4/2/16.abstract.

41. Edin, Kathryn and Maria Kefalas, *Promises I Can Keep*, 185.

42. Fragile Families and Child Wellbeing Study. "Why Poor Women Put Motherhood Before Marriage" 연설에서 Edin과 Kefalas가 언급한 Kathryn Edin의 연구에서 인용됨.

43. Wang, Wendy, "The Best Cities for Women Looking to Marry," Pew Research Center, October 2, 2014, http://www.pewresearch.org/fact-tank/2014/10/02/the-best-and-worst-cities-for-women-looking-to-marry/.

44. Knafo, Saki, "1 in 3 Black Men Will Go To Prison in their Lifetimes, Report Warns," *Huffington Post*, October 4, 2013, http://www.huffingtonpost.com/2013/10/04/racial-disparities-criminal-justice_n_4045144.html.

45. Porter, Eduardo, "In the U.S., Punishment Comes Before the Crimes," *The New York Times*, April 29, 2014.

46. Coates, Ta-Nehesi, "The Black Family in the Age of Mass Incarceration," *The Atlantic*, October, 2015.

47. 미국 연방 수사국에 따름.

48. "Criminal Justice Fact Sheet," National Association for the Advancement of Colored

People, naacp.org, http://www.naacp.org/pages/criminal-justice-fact-sheet.

49. Angier, Natalie, "The Changing American Family," *New York Times*, November 26, 2013, http://www.nytimes.com/2013/11/26/health/families.html.

50. *The Melissa Harris Perry Show*에서 Marian Wright Edelman, Vivian Nixon, Glenn Martin, Bob Herbert 사이에 벌어진 토론, MSNBC, July 14, 2012.

51. "Know Your Rights: Housing and Arrests or Criminal Convictions," The Bronx Defenders, October 2, 1010, http://www.bronxdefenders.org/housing-and-arrests-or-criminal-convictions/.

52. Alexander, Michelle, "The Zimmerman Mindset: Why Black Men Are the Permanent Undercaste," July 29, 2013.

53. Ludden, Jennifer, "Can Marriage Save Single Mothers From Poverty?" *Morning Edition*, NPR, September 13, 2012, http://www.npr.org/2012/09/13/161017580/can-marriage-save-single-mothers-from-poverty.

54. Stevenson, Betsey and Justin Wolfers, "Valentine's Day and the Economics of Love," *Bloomberg View*, February 13, 2013, http://www.bloombergview.com/articles /2013-02-13/valentine-s-day-and-the-economics-of-love.

55. Fremstad, Shawn, "Temporary Assistance Doesn't Help Impoverished Married Parents," TalkPoverty.org, May 1, 2015, http://talkpoverty.org/2015/05/01/temporary-assistance/.

56. Edin and Kefalas, *Promises I Can Keep*, 199.

57. Coontz, Stephanie, "The Triumph of the Working Mother," *New York Times*, June 1, 2013, http://www.nytimes.com/2013/06/02/opinion/sunday/coontz-the-triumph-of-the-working-mother.html?ref=global-home.

58. Ibid.

59. Boo, Katherine, "The Marriage Cure," *The New Yorker*, August 18, 2003.

60. Coates, Ta-Nehesi, "Of Baguettes and Black Families," *The Atlantic*, September 13, 2013, http://www.theatlantic.com/national/archive/2013/09/of-baguettes-and-black-families/279678/.

8 섹스와 싱글 걸스: 처녀성 대 난잡함을 넘어

1. Coontz, Stephanie, *Marriage: A History*.

2. Addams, Jane, *The Spirit of Youth and the City Streets*, 15–16. Via Louise Knight.

3. Grimké, Sarah, "Marriage," in Sarah Grimke, *Letters on the Equality of the Sexes and Other Essays*. Elizabeth Ann Bartlett, ed., 148.

4. Ibid., 148.

5. Randall, Mercedes Moritz, *Improper Bostonian: Emily Greene Balch*, 398.

6. Caplan, Paula J., "Sex and the Myth of Women's Masochism," *Psychology Today*, August 14, 2012, https://www.psychologytoday.com/blog/science-isnt-golden/201208/sex-and-the-myth-women-s-masochism.

7. Trimberger, Ellen Kay, *The New Single Woman*, 14.

8. Firestone, Shulamith, *The Dialectic of Sex: The Case for Feminist Revolution*, 152.

9. Bilton, Nick, "Tinder, The Fast Growing Dating App, Taps and Age-Old Truth," *New York Times*, October 30, 2014, http://mobile.nytimes.com/2014/10/30/fashion/tinder-the-fast-growing-dating-app-taps-an-age-old-truth.html?referrer=&_r=0.

10. Sales, Nancy Jo, "Tinder and the Dawn of the 'Dating Apocalypse,'" *Vanity Fair*, August 2015, http://www.vanityfair.com/culture/2015/08/tinder-hook-up-culture-end-of-dating.

11. Massey, Alana, "The Dickonomics of Tinder," *Matter*, April 30, 2015, https://medium .com/matter/the-dickonomics-of-tinder-b14956c0c2c7.

12 McCracken, Amanda, "Does My Virginity Have a Shelf Life?" *The New York Times*, November 13, 2013, http://opinionator.blogs.nytimes.com/2013/11/13/does-my-virginity-have-a-shelf-life/?smid=tw-share.

13. Tyler May, Elaine, *Homeward Bound*,.

14. "Sex Will Change Totally, Liza Mundy Predicts in New Book, 'The Richer Sex,'" *Huffington Post*, March 19, 2012, http://www.huffingtonpost.com/2012/03/19/sex-richer-liza-mundy-gender-gap_n_1363917.html#s790489title=Women_Will_Refuse.

15. Freitas, Donna, "Time to Stop Hooking Up (You Know You Want To)" *The Washington Post*, March 29, 2013.

16. Plank, Elizabeth, "There's A Way to Discuss Hookup Culture and this Wasn't It," *mic. com*, July 15, 2013, http://mic.com/articles/54701/there-s-a-way-to-discuss-hook-up-culture-and-this-wasn-t-it.

17. Sessions Stepp, Laura, "Cupid's Broken Arrow," *The Washington Post*, May 7, 2006, http://www.washingtonpost.com/wp-dyn/content/article/2006/05/06/AR2006050601206.html.

18. Douthat, Ross, "Love in the Time of Hookups," *New York Times*, July 18, 2013, http://douthat.blogs.nytimes.com/2013/07/18/love-in-the-time-of-hookups/.

19. Rosin, Hanna, "Boys on the Side, *The Atlantic*, September 2012, http://www.theatlantic.com/magazine/archive/2012/09/boys-on-the-side/309062/3/.

20. Ingeno, Lauren, "Let's Talk (Differently) About Sex," *Inside Higher Ed*, July 29, 2013,

http://www.insidehighered.com/news/2013/07/29/changing-hook-culture-conversation-college-campuses.

21. Rosin, Hanna, "Boys on the Side, *The Atlantic*, September 2012, http://www.theatlantic.com/magazine/archive/2012/09/boys-on-the-side/309062/3/.

22. Paquette, Danielle, "Why Millennials Have Fewer Sex Partners than their Parents Did," *The Washington Post*, May 6, 2015, http://www.washingtonpost.com/news/wonkblog/wp/2015/05/06/why-millennials-have-sex-with-fewer-partners-than-their-parents-did/.

23. Ingeno, Lauren, "Let's Talk (Differently) About Sex," *Inside Higher Ed*, July 29, 2013, http://www.insidehighered.com/news/2013/07/29/changing-hook-culture-conversation-college-campuses.

24. Rosin, "Boys on the Side," *The Atlantic*.

25. Ibid.

26. Friedman, Ann, "When Women Pursue Sex, Even Men Don't Get It," *New York*, June 4, 2013, http://nymag.com/thecut/2013/06/when-women-pursue-sex-even-men-dont-get-it.html.

27. Kitroeff, Natalie, "In Hookups, Inequality Still Reigns," *New York Time*s, November 11, 2013, http://well.blogs.nytimes.com/2013/11/11/women-find-orgasms-elusive-in-hookups/.

28. Maines, Rachel P., The Technology of Orgasm: "Hysteria," the Vibrator, and Women's Sexual Satisfaction. Via *New York Times* excerpt, http://www.nytimes.com/books/first/m/maines-technology.html.

29. Hess, Amanda, "Abstinence Won't Solve Hookup Culture," *Slate*, April 1, 2013, http://www.slate.com/blogs/xx_factor/2013/04/01/abstinence_won_t_solve_the_hookup_culture_donna_freitas_is_wrong_about_sex.html.

9 사랑과 결혼: 싱글 시대의 선택

1. Waldman, Katy, "Young People in Japan Have Given Up on Sex," *Slate*, October 22, 2013, http://www.slate.com/blogs/xx_factor/2013/10/22/celibacy_syndrome in_japan_why_aren_t_young_people_interested_in_sex_or.html.

2. Haworth, Abigail, "Why Have Young People in Japan Stopped Having Sex?" *The Guardian*, October 20, 2013, http://www.theguardian.com/world/2013/oct/20/young-people-japan-stopped-having-sex.

3. "Survey Shows One Third of Japanese Think Marriage Is 'Pointless,'" *Japan Daily*

Press, July 2, 2013, http://japandailypress.com/survey-shows-one-third-of-japa nese-think-marriage-is-pointless-0231559/.

4. Haworth, "Why Have Young People in Japan Stopped Having Sex?" The Guardian.

5. Eurostat, Statistics Explained, http://ec.europa.eu/eurostat/statistics-explained/index.php/Main_Page.. Via Hillary White, "Italians Not Having Kids and Now, Not Getting Married Either, New Stats," Lifesite News, June 6, 2011.

6. Evans, Stephen, "Is the German Insult 'Raven Mothers' Holding Back Women at Work?" BBC News, March 11, 2011, http://www.bbc.com/news/business-12703897.

7. Eurostat, 해석된 통계, http://ec.europa.eu/eurostat/statistics-explained/index.php/Main_Page.

8. Luscombe, Belinda, "Who Needs Marriage? A Changing Institution," *Time*, November 18, 2010, http://content.time.com/time/magazine/article /0,9171,2032116,00.html.

9. "Crude Marriage Rate," Chartsbin.com, http://chartsbin.com/view/3219

10. Hess, Amanda, "When It Comes to 'Having it All,' Men Want More," *Slate*, October 31, 2013, http://www.slate.com/blogs/xx_factor/2013/10/31/work_life_balance_study_professional_men_are_more_likely_than_women_to_want.html.

11. Wade, Lisa, "Most Women Would Rather Divorce than be a Housewife," *The Society Pages*, December 29, 2013, http://thesocietypages.org/socimages/2013/01/28/mens-and-womens-gender-ideologies-ideals-and-fallbacks/.

12. Cherlin, Andrew J., "In the Season of Marriage, a Question: Why Bother?" *New York Times*, April 27, 2013, http://www.nytimes.com/2013/04/28/opinion/sunday/why-do-people-still-bother-to-marry.html?pagewanted=all.

13. Adelman, Lori, "Amelia Earhart's Prenup from the 1930s Lays Out a Pretty Darn Modern Vision of Marriage," *Feministing.com*, December 12, 2010, http://feministing.com/2012/12/10/amelia-earhart-prenup-from-1930s-lays-out-a-pretty-darn-modern-vision-of-marriage/.

14. Cotten, Trystan T. and Kimberly Springer eds., *Stories of Oprah: The Oprahfication of American Culture*, University Press of Mississippi, 2010, 23.

15. Tauber, Michelle, "Oprah at 50: Prime Time of Her Life," *People*, February 2, 2004.

16. Rauch, Jonathan, "Red Families, Blue Families, Gay Families and the Search for a New Normal," *Journal of Law and Inequality*, Summer 2010, via http://www.jonathanrauch.com/jrauch_articles/red-blue-and-gay-marriage/. And "Women's Median Age at First Marriage by State," *LiveScience.com*, March 18, 2013, http://www.livescience.com/27974-women-media-age-marriage-states.html.

17. "Women Who Get Hitched Early, Divorce Early," *Indian Express*, November 10, 2011.

18. "U.S. Divorce Rate Statistics," Centers for Disease Control, National Survey of Family Growth, May 23, 2015.

19. Nellie Bly interview with Susan B. Anthony, *The World*, February 2, 1896, http://www.rarenewspapers.com/view/621269?acl=851761768&imagelist=1#full-images&rc=blog.

20. Coontz. Stephanie, "The Disestablishment of Marriage," *The New York Times*, March 23, 2013, http://www.nytimes.com/2013/06/23/opinion/sunday/coontz-the-disestablishment-of-marriage.html?pagewanted=all.

21. "The Decline of Marriage and Rise of New Families," Pew Research Center, November 18, 2010, http://www.pewsocialtrends.org/2010/11/18/the-decline-of-marriage-and-rise-of-new-families/3./

22. Parker, Kim, "5 Facts About Today's Fathers," PEW Research Center, June 18, 2015, http://www.pewresearch.org/fact-tank/2015/06/18/5-facts-about-todays-fathers/.

23. "American Time Use Survey—2014 Results," Bureau of Labor Statistics, U.S. Department of Labor, June 24, 2015, http://www.bls.gov/news.release/pdf/atus.pdf.

24. Chernoff, Allan, "The Millennials—Ever Optimistic about Jobs," *CNN Money*, May 18, 2011.

25. Dewan, Shaila and Robert Gebeloff, "More Men Enter Fields Dominated By Women," *The New York Times*, May 20, 2012, http://www.nytimes.com /2012/05/21/business/increasingly-men-seek-success-in-jobs-dominated-by-women.html ?pagewanted=2&_r=1&emc=eta1.

26. Livingston, Gretchen, "Growing Number of Dads Home with Kids," Pew Research Center," June 5, 2014, http://www.pewsocialtrends.org/2014/06/05/growing-number-of-dads-home-with-the-kids/. Via Miller, Claire Cain, "More Fathers Who Stay at Home By Choice," New York Times, June 5, 2014 http://www.ny times.com/2014/06/06/upshot/more-fathers-who-stay-at-home-by-choice.html.

27. Esteve, Albert and J. Garcia-Roman and I. Permanyer, "The Gender-Gap Reversal in Education and Its Effect on Union Formation: The End of Hypergamy," *Population and Development Review*, vol. 38, issue 3, September 2012, http://www.sciencedaily.com/releases/2012/10/121030093739.htm.

28. Oxfeld, Jesse, "Yesterday an Oppressed Minority, Today an Old Maid," *New York Observer*, June 2013, http://observer.com/2013/06/yesterday-an-oppressed-minority-today-an-old-maid/#ixzz2nJtZg4lX.

29. Thomas, June, "Don't Be a Wife: I'm a Lesbian and I'm Never Getting Married. Why

Are You?" *Slate.com*, November 2012.

30. Goldman, Emma, *Anarchism and Other Essays*, 233–245.

31. Issenberg, Sasha, "With These Words," *New York*, July 27, 2012.

32. Walsh, Susan, "The Chances of Divorce May Be Much Lower Than You Think," *Hooking Up Smart*, June 13, 2012, http://www.hookingupsmart.com/2012/06/13/relationshipstrategies/your-chances-of-divorce-may-be-much-lower-than-you-think/.

33. Angier, Natalie, "The Changing American Family," *The New York Times*, November 26, 2013, http://www.nytimes.com/2013/11/26/health/families.html.

34. North, Anna, "Hanna Rosin: Hookup Culture is Changing," *Salon.com*, September 1, 2013, http://www.salon.com/2013/09/01/hanna_rosin_hookup_culture_is_changing/.

35. Lewin, Tamar, "Census Finds Single Mothers and Live-In Partners," *The New York Times*, November 5, 2010.

36. Stevenson, Betsey and Justin Wolfers, "Valentine's Day and the Economics of Love," *Bloomberg View*, February 13, 2013, http://www.bloombergview.com/articles /2013-02-13/valentine-s-day-and-the-economics-of-love.

37. Rudder, Christian, "How Your Race Affects The Messages You Get," *Ok Trends Dating Research*, okcupid.com, October 5, 2009, http://blog.okcupid.com/index.php/your-race-affects-whether-people-write-you-back/.

38. Faludi, *Backlash*, 1.

39. Harris, Tami Winfrey, "Marriage Is Like Kitchenware and It Doesn't Matter What Men Want," *Clutch*, February, 2013. http://www.clutchmagonline.com/2013/02/marriage-is-like-kitchenware-and-it-doesnt-matter-what-men-want/.

40. "Real Talk: Tyrese Says You Need a Man," *Essence.com*, November 17, 2011.

41. Andrews, Helena, "Setting the Record Straight," *Marie Claire*, April 12, 2012, http://www.marieclaire.com/sex-love/advice/a7010/interracial-relationships/.

42. Aronowitz, Nona Willis, "I Wish I Wasn't Married: In Defense of Domestic Partnerships for Straight Couples," *Good*, July 16, 2011, http://www.good.is/posts/domestic-partnerships-should-be-an-alternative-to-marriage-for-all-couples.

43. *Jane Austen's Letters*, 292.

10 아이는? 언제쯤?: 홀로 엄마 되기

1. Garber, Megan, "The IVF Panic: All Hell Will Break Loose, Politically and Morally, All Over the World," *The Atlantic*, June 25, 2012, http://www.theatlantic.com /

technology/archive/2012/06/the-ivf-panic-all-hell-will-break-loose-politically –and-morally-all-over-the-world/258954/.

2. Davey, Melissa and Philip Ly, "Doctors Warn Women Not to Rely on IVF As More Give Birth in their 50s," *Sydney Morning Herald*, June 15, 2013.

3. Martin, Daniel, "Number of Babies Born to Women 45 and Older Trebles in Just Ten Years," *Daily Mail*, January 27, 2012.

4. Kluger, Jeffrey and Alice Park, "Frontiers of Fertility," *Time*, May 30, 2013, http://healthland.time.com/2013/05/30/frontiers-of-fertility/.

5. Ibid.

6. "Common Myths About Having a Child Later in Life," CBS News, August 7, 2012.

7. "Births: Final Data for 2013," National Vital Statistics report, Centers for Disease Control, http://www.cdc.gov/nchs/data/nvsr/nvsr64/nvsr64_01.pdf.

8. Livingston, Gretchen, and D'Vera Cohn, "The New Demography of Motherhood," Pew Research Center, May 6, 2010, http://www.pewsocialtrends.org/2010/05/06/the-new-demography-of-american-motherhood/.

9. Grigoriadis, Vanessa, "Baby Panic," *New York*, May 20, 2002, http://nymag.com/nymetro/urban/family/features/6030/index2.html.

10. Aronowitz, Nona Willis, "Mo' Children Mo' Problems," *The American Prospect*, June 14, 2013, http://prospect.org/article/mo-children-mo-problems.

11. Twenge, Jean, "How Long Can You Wait to Have a Baby?" *The Atlantic*, July 2013, http://www.theatlantic.com/magazine/archive/2013/07/how-long-can-you-wait -to-have-a-baby/309374/.

12. Rothman, Michael, "Oprah Winfrey Reveals Why She Never Had Children," *Good Morning America*, ABC News, December 12, 2013.

13. Caldwell, Robin, "The Daughters of Dorothy Height," *politic365.com*, April 21, 2010, http://politic365.com/2010/04/21/the-daughters-of-dorothy-height/.

14. Interview with Kim Cattrall, "Woman's Hour," BBC, September 14, 2015.

15. Glenn, Cheryl, *Rhetoric Retold*, 162.

16. Hadfield, Andrew, *The Cambridge Companion to Spenser*, 192.

17. Sandler, Lauren, "Having It All Without Having Children," *Time*, August 12, 2013, http://time.com/241/having-it-all-without-having-children/.

18. Abma, J., and G. Martinez, "Among Older Women in the United States: Trends and Profiles," *Journal of Marriage and the Family*, Vol. 68, 2006, 1045–1056.

19. Hoffman, Piper, "Be Jewish and Multiply? Perhaps Not," JTA.org, November 20, 2013, http://www.jta.org/2013/11/20/life-religion/be-jewish-and-multiply-per-haps-not#ixzz2nlqB7srr. not#ixzz2nlqB7srr.

20. Friedman, Ann, "The Real Reason Twentysomething Women Are Worried," *New York*, December 17, 2013, http://nymag.com/thecut/2013/12/real-reason-20-something-women-are-worried.html.

21. Notkin, Melanie, "The Truth About the Childless Life," *Huffington Post*, October 1, 2013.

22. Stewart, Dodai, "When Motherhood Never Happens," *Jezebel.com*, May 8, 2012, http://jezebel.com/5908514/when-motherhood-never-happens.

23. Jacoby, Jeff, "The Baby Bust Generation," *The Boston Globe*, December 6, 2012, http://www.jeffjacoby.com/12678/the-baby-bust-generation.

24. Last, Jonathan, "America's Baby Bust," *Wall Street Journal*, February 12, 2013. 25. Harris-Perry, Melissa, "Obama and the Black Daddy Dilemma," *The Nation*, June 17, 2009, http://www.thenation.com/article/obama-and-black-daddy-di lemma/.

26. "Disapprove of Single Mothers," Pew Research Center, January 6, 2011, http://www.pewresearch.org/daily-number/disapprove-of-single-mothers/.

27. Kurtzleben, Danielle, "Two Parents, Not Just Two Incomes, Are What Help Kids Get Ahead," *Vox.com*, September 16, 2014, http://www.vox.com/2014 /9/16 /6135445/marriage-cohabitation-inequality-social-mobility-children-contraception.

28. Brown, Susan L.,"Marriage and Child Wellbeing: Research and Policy Perspectives," *Journal of Marriage and Family*, vol. 72, October 2010, 106201063.

29. Roiphe, Katie, "In Defense of Single Motherhood," *The New York Times*, August 11, 2012, http://www.nytimes.com/2012/08/12/opinion/sunday/in-defense-of-single-mother hood.html?pagewanted=all.

30. Ibid.

31. "Why I Froze My Eggs," *Newsweek*, May 1, 2009, http://www.newsweek.com/why-i-froze-my-eggs-79867.

32. Dana, Rebecca, "The Vitrification Fertility Option," *Newsweek*, January 23, 2012, http://www.newsweek.com/vitrification-fertility-option-64265.

33. American Society of Reproductive Medicine.

34. Richards, Sarah Elizabeth, "We Need to Talk About Our Eggs," *The New York Times*, October 22, 2012.

35. Richards, Sarah Elizabeth "Why I Froze My Eggs (And You Should Too)" *The Wall Street Journal*, May 3, 2013.

지은이 레베카 트레이스터(Rebecca Traister)

《뉴욕》 매거진 기자이며 《엘르》 객원 에디터로 활동했다. 《뉴 리퍼블릭》, 《살롱》 등에 정치, 미디어, 엔터테인먼트 분야를 페미니스트 시각에서 관찰한 여러 칼럼을 발표했으며 《네이션》, 《뉴욕 옵서버》, 《뉴욕 타임스》, 《워싱턴 포스트》, 《보그》, 《글래머》, 《마리 클레르》에도 기고해 왔고 '내셔널 매거진 어워드' 최종심에 오른 바 있다. 2008년 미국 대선과 선거에 참여한 여성들을 다룬 첫 번째 저서 《다 큰 여자는 울지 않는다Big Girls Don't Cry》가 2010년 《뉴욕 타임스》에서 주목할 만한 올해의 책으로 꼽혔고, 여권 신장에 기여한 여성 작가에게 수여하는 '어네스타 드링커 발라드 도서상Ernesta Drinker Ballard Book Prize'을 받았다.

옮긴이 노지양

연세대 영문과를 졸업하고 라디오 방송작가를 거쳐 현재 전문 번역가로 활동하고 있다. 《나쁜 페미니스트》, 《#걸보스》, 《여자들의 사회》, 《북유럽 스타일 100》, 《무서운 공주들》, 《You're so French!》, 《마음에게 말걸기》, 《나는 그럭저럭 살지 않기로 했다》, 《예술가의 인테리어》, 《세상 모든 행복》, 《스틸 미싱》, 《나는 왜 패션을 사랑하는가》, 《오드리와 티파니에서 아침을》 등 70여 권의 책을 번역했다.

트위터 @villette420

싱글 레이디스

혼자인 우리가 세상을 바꾼다

1판 1쇄 찍음 2017년 6월 10일
1판 1쇄 펴냄 2017년 6월 15일

지은이 | 레베카 트레이스터
옮긴이 | 노지양
펴낸이 | 김정호
펴낸곳 | 북스코프

책임편집 | 정정희
디자인 | 정은경디자인, 이대웅
마케팅·제작 | 양근모
관 리 | 안선옥

출판등록 2006년 11월 22일(제406-2006-000184호)
주소 | 10881 경기도 파주시 회동길 445-3 2층
전화 | 031-955-9515(편집)·031-955-9514(주문)
팩스 | 031-955-9519
전자우편 | editor@acanet.co.kr
홈페이지 | www.acanet.co.kr | www.facebook.com/bookscope

ISBN 978-89-97296-65-1 03300

「이 도서의 국립중앙도서관 출판예정도서목록(CIP)은 서지정보유통지원시스템
홈페이지(http://seoji.nl.go.kr)와 국가자료공동목록시스템(http://www.nl.go.
kr/kolisnet)에서 이용하실 수 있습니다. (CIP제어번호: CIP2017013065)」